POLÍTICA Y ACADEMIA ESCRITURALES

Las Conferencias Unionville 1959–1961

Autor: **H. Evan Runner**   Traductores: **Adolfo** y **Luz María García de la Sienra**

POLÍTICA Y ACADEMIA ESCRITURALES

LAS CONFERENCIAS UNIONVILLE

1959-1961

H. Evan Runner

Traducción de

Adolfo y Luz María
García de la Sienra

cántaro
publications

Segunda edición, 2023

Runner, H. Evan.
Política y Academia Escriturales
Traducción de Adolfo y Luz María García de la Sienra
Jordan Station, Ontario, Cántaro Publications, 2023
Título original: *The Relation of the Bible to Learning* (Paideia Press)
ISBN: 978-1-990771-31-6
Cántaro Institute, Jordan Station, Ontario, Canada,
L0R 1S0

PREFACIO A LA TRADUCCIÓN
CASTELLANA

Congruente con su misión de poner al alcance de los hispanoparlantes las obras de filosofía cristiana más importantes, la Biblioteca de Filosofía Cristiana de Cántaro Institute se complace en presentar al pueblo cristiano de habla hispana las importantes Conferencias Unionville del profesor H. Evan Runner en un solo volumen.

El profesor Runner ha sido, sin lugar a dudas, uno de los más consistentes y preclaros defensores de la tesis de que es necesario reformar la academia y la política desde una perspectiva escritural. Esta tesis —sin lugar a dudas escandalosa para los que ubican a la "religión" como algo que no tiene que ver con la práctica social extraeclesial— es expuesta por el profesor Runner con denuedo, claridad conceptual y fundamento bíblico en estas históricas Conferencias Unionville.

Quiero agradecer aquí el valioso apoyo financiero prestado por la organización canadiense *Partners in Reformation-Latin America* para la realización de esta traducción. Si bien las conferencias estuvieron dirigidas originalmente a los jóvenes canadienses descendientes de los holandeses que se vieron obligados a emigrar de los Países Bajos hacia el Canadá después de la Segunda Guerra Mundial, y fueron impartidas hace ya casi medio siglo, su mensaje ha sido y sigue siendo vigente para la iglesia cristiana universal aun hoy en día. Su enseñanza es pura y simple: servir a Dios con todo el corazón en todas las áreas de la vida, reconociendo la plena vigencia de Su Ley en ellas, convirtiéndose así en agentes de la obra restauradora y redentora de la buena Creación ejecutada por Cristo Jesús en la cruz del Calvario. Podría decirse que este texto es una de las mejores exposiciones de la "ética protestante", pero aplicada en particular a la academia y la vida política. El lector encontrará en estas páginas una idea precisa de cómo debe el cristiano cumplir con su llamamiento en estas áreas y, en todo caso, una exposición consistente de la filosofía evangélica de la educación y la práctica política.

Dr Adolfo García de la Sienra
Universidad Veracruzana
Xalapa, Veracruz

CONTENIDO

EL AUTOR

El doctor H. Evan Runner nació en Oxford, Pensilvania, y se graduó en el Wheaton College, Illinois, en 1936. Continuó luego sus estudios en el Seminario Teológico Westminster, en Filadelfia, la Escuela Teológica de las Iglesias Reformadas en Kampen, Países Bajos, y la Escuela de Divinidades de la Universidad de Harvard. De 1941 a 1943 fue un *Junior Fellow* de la *Society of Fellows* de la Universidad de Harvard. En 1951 obtuvo el grado de doctor en filosofía *cum laude* por la Universidad Libre de Amsterdam, habiendo sometido una tesis intitulada *The Development of Aristotle Illustrated from the Earliest Books of Physics* [*El desarrollo de Aristóteles ilustrado con los primeros libros de la Física*].

El Dr. Runner ha enseñado latín, griego, inglés e historia en escuelas tanto públicas como privadas. Es bien conocido como conferencista en los Estados Unidos y Canadá y ha publicado varios artículos. Desde 1951 ha enseñado en el Departamento de Filosofía del Calvin College, en Grand Rapids, Michigan, donde llegó a ser profesor emérito de filosofía en 1981.

PREFACIO A RUNNER

Bernard Zylstra

Este libro contiene las conferencias que el Dr. H. Evan Runner presentó en dos simposios estudiantiles en 1959 y 1960. Runner fue profesor de filosofía en el Calvin College en Grand Rapids, Michigan, desde 1951 hasta 1981, cuando se convirtió en profesor emérito de filosofía. Los simposios fueron patrocinados por la Asociación para los Estudios Científicos Reformados, ahora llamada Asociación para el Progreso de la Educación Cristiana, la que ahora pertenece a y es dirigida por el Instituto de Estudios Cristianos en Toronto. Fueron presentadas en un centro de conferencias en Unionville, un encantador pueblito justo al norte de Toronto. El público estuvo integrado primariamente por estudiantes, maestros y predicadores de trasfondo Reformado que habían emigrado de Holanda a Canadá después de la Segunda Guerra Mundial.

Estas conferencias por todos lados exhiben las marcas de la muy específica situación para la que fueron preparadas. Estas marcas pueden ser un obstáculo para la comprensión del mensaje de Runner por una nueva generación de lectores. En este ensayo explicaré los antecedentes de los eventos que condujeron a la presentación de estas conferencias para que el lector pueda captar el significado de aquellos eventos, así como el mensaje de Runner mismo.

Lo primero que impacta acerca de estas conferencias es que fueron presentadas por Evan Runner, un estadounidense de ascendencia escocesa, irlandesa y galesa, para un público integrado casi exclusivamente por jóvenes inmigrantes holandeses en Canadá. ¿Qué hizo que se juntaran el expositor y el público? ¿Por qué fue su encuentro, en aquella ocasión, en términos de estas conferencias, tan importante para desarrollos subsecuentes? Necesitamos un poco de antecedentes históricos para ver esto.

ANTECEDENTES HISTÓRICOS

Runner nació en 1916 en Oxford, Pensilvania, siendo hijo único de una familia presbiteriana sólidamente evangélica. Su vida estuvo dividida entre la intensa devoción en el hogar y la iglesia y el impacto neutralizante del "estilo de vida americano", evidente en las escuelas públicas y en la marejada de un barrio proletario en el que se mezclaban católicos irlandeses, judíos y protestantes. La congregación presbiteriana local, de la cual sus padres eran miembros activos, estaba profundamente envuelta en el conflicto entre el liberalismo y la ortodoxia que dividió a la iglesia presbiteriana y condujo a la fundación del seminario teológico de Westminster en Filadelfia, en 1929, y de la Iglesia Presbiteriana Ortodoxa en 1936 bajo el liderazgo de J. Gresham Machen. La devoción de su padre y de su madre no hicieron que cuestionara la penetrante influencia del humanismo liberal en el estilo de vida americano. En lugar de eso, nutrió su deseo de llegar a ser misionero en tierras extrañas –Corea o China. En medio de la Depresión, sus padres hicieron un gran sacrificio para enviarlo al Wheaton College, el principal centro evangélico de aprendizaje en artes liberales de los treintas. Estuvo ahí de 1932 a 1936 –por el mismo tiempo que Billy Graham y Carl F. H. Henry– excepto en su primer año de universitario, que pasó en la Universidad de Pensilvania para aprender más griego que el que Wheaton ofrecía. Es importante observar eso. Desde el momento en que Runner entró al colegio, su deseo de ser un misionero se restringió por su amor a la filosofía y a una educación clásica. Aquí detectamos la tensión creada en la vida de un joven estudiante por el choque entre el evangelio interpretado en el entorno evangélico fundamentalista y el mundo académico en su interpretación humanista clásica. Una conciencia creciente de ese choque condujo gradualmente a Runner a darse cuenta de que hay fundamentalmente dos espíritus religiosos en conflicto operando en la cultura moderna –la fe en Jesucristo y la fe en la personalidad humana. El desarrollo de Runner de 1936 a 1951 se puede describir en términos de su conciencia creciente del alcance y profundidad de ese conflicto. Al principio lo vió primariamente en términos de teología; se dió cuenta de que la batalla por la dirección de las escuelas teológicas en las iglesias de la corriente principal giraba en torno a un acomodo de la teología al espíritu del pensamiento moderno, secular. Por esta razón, fue al seminario teológico de Westminster en 1936 para estudiar con Cornelius Van Til. Y, por la misma razón, en 1939 fue a estudiar con Klaas Schilder en la escuela teológica de Kampen, Países Bajos. Entonces comenzó a sentir que el conflicto espiritual en nuestra cultura no es acerca de la teología sino que va más allá, abarca el todo de la filosofía y la ciencia. Esta conciencia aumentó mucho durante su estancia en la Universidad de Harvard de 1940 a 1943, donde estudió con George LaPiana y Werner Jaeger. Y a causa de esta conciencia regresó a Holanda inmediatamente después de la guerra para estudiar con D. H. T. Vollenhoven, de la Universidad Libre.

El periodo de 1946 a 1951 fue decisivo. Durante ese tiempo Runner aprendió que el conflicto entre la fe cristiana y la fe humanista no es en primer lugar un conflicto teórico —sea teológico o filosófico— sino de *la vida en su práctica concreta*, en política, economía, cultura, docencia, etcétera.

Esto explica el interés de Runner en el protestantismo reformado en Holanda. Así es como recientemente describió este interés:

> Comencé a darme cuenta de que había un amplio espectro de vida reformada, y que nunca antes había experimentado algo como esto. Y empecé a preguntarme: ¿De dónde vino todo esto? Ahí estaba la teología a la que estaba acostumbrado, ahí estaba la filosofía que estaba ocupado estudiando, pero ahora aprendí que estaba también una vida práctica. ¿Cómo estaban relacionadas? No recuerdo cómo es que por primera vez me vi dirigido hacia Groen van Prinsterer[1] —probablemente a través de una plática con Leo[2] en alguna comida o también en la casa de las muchachas— pero me compré un ejemplar de *Ongeloof en Revolutie* [*Incredulidad y revolución*] y lo leí... Y entonces el problema que tenía originalmente entre la filosofía y la teología como dos formas de vida científica se amplió para también incluir la vida precientífica— ¿Qué se encuentra detrás de todo esto? Y comencé a ver la importancia de la dimensión religiosa del corazón y el pacto de Dios, y que todos los varios aspectos de nuestra vida están abarcados en eso, y *cómo la apertura o cerrazón del corazón a Su revelación, la que nos impacta y a la que debemos responder, da dirección a todas las variadas expresiones de nuestra vida, sean científicas o precientíficas*. Aquello comenzó a tomar alguna forma, pero sólo gradualmente, y de veras no pienso haber elaborado todo eso hasta que había empezado a enseñar en Calvin.[3]

Runner comenzó a entender que el trabajo de los cristianos en la política, en el trabajo, en el periodismo, en el trabajo social y en la academia presuponía "la restauración de la religión bíblica que ocurrió durante el curso de los siglos diecinueve y veinte en los Países Bajos".[4]

> En los Países Bajos la aparición en escena de Groen van Prinsterer, Kuyper, la filosofía de la idea-ley..., etcétera, marcó un deseo de un rompimiento radical con los patrones largamente establecidos de pensamiento

---

[1] *Ongeloof en revolutie* [*Incredulidad y revolución*] de Guillaume Groen van Prinsterer, primeramente publicada en 1847, es la enunciación clásica del conflicto entre el cristianismo y el humanismo en el primer periódo de la reforma de la iglesia holandesa del siglo pasado. Hay una edición abreviada en inglés, con un amplio estudio introductorio, publicada por Harry van Dyke: *Lectures on Unbelief and Revolution* (Jordan Station: Wedge Publishing Foundation, 1989).

[2] Leo Oranje, quien después se convirtió en cuñado de Runner.

[3] Harry van Dyke y Albert M. Wolters, "Interview with Dr. H. Evan Runner" ["Entrevista con el Dr. H. Evan Runner"], en John Kraay y Anthony Tol, comps., *Hearing and Doing: Philosophical Essays Dedicated to H. Evan Runner* [*Escuchar y hacer: ensayos filosóficos dedicados a H. Evan Runner*] (Toronto: Wedge Publishing Foundation, 1979), p. 348. (Énfasis aumentado).

[4] Runner, *The Relation of the Bible to Learning* [*La relación entre la Biblia y la ciencia*], infra, p. 36.

sintético en favor de una perspectiva y una aproximación a la vida radicalmente escriturales. Eso es lo que ha hecho al calvinismo holandés
diferente; eso ha sido la fuerza de la renovación de la vida cristiana y la
academia en los Países Bajos.[5]

Cuando Runner regresó a los Estados Unidos en 1951 estaba convencido
de que el cristianismo en Norteamérica necesitaba "una restauración de la
religión bíblica", esto es, "un rompimiento radical con los patrones largamente establecidos de pensamiento sintético en favor de una perspectiva y
una aproximación a la vida radicalmente escriturales". Su misión en la vida
consistía en un esfuerzo por contribuir a tal renovación de la religión bíblica
en Norteamérica. Esta misión reformadora estuvo dirigida primariamente
hacia tres preocupaciones principales interrelacionadas. En primer lugar,
quería contribuir a una nueva conciencia de la relación entre la revelación
de las Escrituras y la civilización occidental, especialmente en el contexto de
la cultura de los Estados Unidos.[6] En segundo lugar, impulsó una manera
distintivamente nueva en que los cristianos debieran intentar ayudar a con-
formar la cultura que comparten con los humanistas en la Era Moderna.
Aquí Runner estuvo muy influenciado por Abraham Kuyper,[7] el reformador eclesiástico y líder político holandés que había continuado en el camino
de testimonio y acción comunal organizados por parte de los cristianos que
están fuera de la iglesia institucional.[8] En tercer lugar, Runner intentó desarrollar una nueva mentalidad cristiana que él consideraba esencial para las
esferas decisivas de la sociedad moderna. Las conferencias incluidas en *The*

---

[5] Ibid., p. 97.

[6] Ver H. Evan Runner, "The Christian and the World: An Historical Introduction to a Christian Theory of Culture" ["El cristiano y el mundo: Una introducción histórica a una teoría
cristiana de la cultura"]. Un artículo leído en la conferencia del comité de la Facultad del Colegio y Seminario Calvin en septiembre 9-10, 1953. Publicado en *Torch and Trumpet* [*Antorcha y
trompeta*] (abril, mayo, julio, septiembre, octubre) 1955.

[7] Para una introducción popular a la vida de Kuyper, ver F. Vanden Berg, *Abraham Kuyper*
(1960) (St. Catharines, Ontario: Paideia Press, 1978); para una introducción a su concepción del
cristianismo y la cultura ver S. U. Zuidema, "Common Grace and Christian Action in Abraham
Kuyper" ["La gracia común y la acción cristiana en Abraham Kuyper"], *Communication and
Confrontation* [*Comunicación y confrontación*] (Toronto: Wedge Publishing Foundation, 1972, pp.
52-105); y para su visión del estado ver James W. Skillen, "The Development of Calvinistic
Political Thought in the Netherlands" ["El desarrollo del pensamiento político calvinista en los
Países Bajos"]. Disertación de doctorado, Duke University, 1973, pp. 225-273.

[8] Ver H. Evan Runner, "Can Canada Tolerate the CLAC? The Achilles' Heel of a Humanistic
Society" ["¿Puede Canadá tolerar el CLAC ? El talón de Aquiles de una sociedad humanista"].
Un discurso dado en 1967 en Toronto en la convención del décimoquinto aniversario de la
Asociación Cristiana del Trabajo de Canadá. Republicada en Edward Vanderkloet (comp.), *A
Christian Union in Labour's Wasteland* [*Una unión cristiana en el yermo laboral*] (Toronto: Wedge
Publishing Foundation, 1979), pp. 71-106. [CLAC son las siglas de la Asociación Cristiana del
Trabajo de Canadá, un sindicato de inspiración cristiana que opera en el Canadá. N. del T.].

Relation of the Bible to Learning[9] y en su volumen acompañante,[10] son sus declaraciones más importantes acerca de los fundamentos y contornos de tal mentalidad cristiana.

¿Por qué dirigió estas conferencias a un grupo de jóvenes estudiantes holandeses inmigrantes en Canadá? ¿Era una indicación de un peculiar parroquialismo por parte de Runner? Alguien podría verdaderamente desear que hubiera eliminado alguna de las características "holandesas" de la edición publicada de estas conferencias. Pero el encuentro de H. Evan Runner con los hijos e hijas de los inmigrantes holandeses reformados en Canadá a fines de los cincuentas no debería ser visto como un estrechamiento étnico de una tarea ampliamente cultural y eclesiástica. En lugar de eso, debe ser visto como parte de la estrategia de Runner. De hecho, los que a primera vista parecen ser signos de idiosincrasias parroquiales son en efecto evidencias de una batalla muy vital por la dirección espiritual de la comunidad de inmigrantes holandeses reformados que buscaba un hogar en Canadá después de 1945. Si lo anterior se entendió, el lector identificará rápidamente estas idiosincrasias como indicios vivos de una verdadera lucha por el compromiso y la dirección espirituales de un segmento potencialmente poderoso del pueblo de Dios.

Considere los factores en la situación.[11] Runner, como un "forastero", había recibido muy poca reacción positiva a su llamado a un cambio de dirección entre los líderes de la Iglesia Cristiana Reformada en los Estados

---

[9] Las conferencias de 1959 fueron presentadas bajo el tema "The Relation of the Bible to Learning" ["La relación entre la Biblia y el saber"]. Se publicaron junto con las conferencias de H. van Riessen en "The Relation of the Bible to Science" ["La relación entre la Biblia y la ciencia"] y las de Allan Leonard Farris en "The Relation of the Bible to History" ["La relación entre la Biblia y la historia"], en *Christian Perspectives 1960* [*Perspectivas cristianas 1960*] (impresa por Pella Publishing Company en Pella, Iowa). Glenn Andreas, amigo de Runner de los días del Wheaton College, quien vivía en Pella, se encargó personalmente de preparar la publicación de estas conferencias. El nombre "Perspectivas cristianas" sirvió como título para la mayoría de las conferencias presentadas bajo el auspicio de la Asociación para los Estudios Científicos Reformados en los 60s. Las conferencias de Runner de 1959 estuvieron combinadas con sus conferencias de 1960 en "Scientific and Pre-scientific" ["Precientífico y científico"] y "Sphere-Sovereignty" ["Soberanía de las esferas"] en un volumen único titulado *The Relation of the Bible to Learning* [*La relación entre la Biblia y el saber*] en 1967 (Rexdale (Ontario): The Association for Reformed Scientific Studies). Este volumen se fue reimpreso por la Wedge Publishing Foundation, en Toronto, en 1970 y 1973.

[10] Ver H. Evan Runner, "Scriptural Religion and Political Task" ["Religión escritural y tarea política"], *Christian Perspectives 1962* (*Perspectivas cristianas 1962*) (Hamilton, Ontario: Guardian Publishing Company, 1962), pp. 135-257. Estas conferencias se reimprimieron separadamente bajo el título *Scriptural Religion and Political Task* [*Religión escritural y tarea política*] (Toronto: Wedge Publishing Foundation, 1974). Este texto está incluido en la tercera parte de este volumen.

[11] He explorado el contexto de Runner en "H. Evan Runner: An Assessment of His Mission" ["H. Evan Runner: Una evaluación de su misión"], en Henry Vander Goot (comp.), *Life Is Religion: Essays in Honor of H. Evan Runner* [*La vida es religión: Ensayos en honor de H. Evan Runner*] (St. Catharines (Ontario): Paideia Press, 1981), pp. 1-14.

Unidos o entre sus colegas en el Calvin College. Cuando aproximadamente cuarenta mil calvinistas holandeses se establecieron en Canadá en la década después de 1947, Runner supo que serían rápidamente absorbidos como un grupo étnico por el modo de vida de Norteamérica —la historia había mostrado eso numerosas veces antes— a menos que se hiciera un gran esfuerzo para sensibilizar a estos inmigrantes hacia las diferencias fundamentales en las bases espirituales entre la sociedad holandesa y la sociedad canadiense. Comparemos brevemente estos fundamentos.

RAÍCES ESPIRITUALES DE LA CULTURA ANGLOSAJONA

Desde el principio de la Era Moderna, las culturas anglosajonas han estado marcadas por un acomodo no violento entre la religión cristiana y la religión humanista, la cual se centra en la autorrealización de la personalidad humana sobre la base de la autonomía, esto es, sin el beneficio de la revelación divina. En su expresión radical, el humanismo propone la autonomía de la voluntad humana —ya sea en su forma individual o colectiva— como la última fuente de los "valores" por los que los individuos y las sociedades han de vivir. Ve la realidad como "naturaleza" en el sentido moderno, e.e. como el objeto para la autorrelización de la voluntad humana en el análisis científico, la innovación tecnológica, y la producción industrial. Ve la historia como la realización progresiva de un paraíso terrenal en el que los obstáculos al desarrollo material del yo humano son eliminados y que de este modo presupone una abundancia de bienes económicos. En su nivel más profundo, el humanismo es la religión postcristiana de Occidente. Otra vez, en su radicalidad *niega* la relevancia del ser de Dios, la importancia de la revelación divina, la estructura creada de las entidades naturales y sociales, la esencia espiritual de la naturaleza humana, la apertura de los seres humanos hacia Dios, y el enraizamiento de las tradiciones culturales y las instituciones sociales en los fundamentos cristianos más tempranos de la civilización occidental. Al mismo tiempo, el humanismo en la Era Moderna es una secularización de la religión cristiana: ubica las realidades espirituales *trascendentes* de la fe cristiana dentro de los confines de un proceso histórico *inmanente* sujeto al control de la voluntad humana autónoma.

Los movimientos espirituales inmanentizados como una regla se expresan históricamente en tres modos dialécticamente interrelacionados: el radicalismo, el liberalismo y el conservadurismo. (Los movimientos políticos seculares paralelos a estas expresiones son generalmente designados como la izquierda, el centro y la derecha.) El radicalismo es la elaboración más consistente del ímpetu postcristiano hacia la autonomía. Implica una secularización bien definida de religiones existentes y su incorporación en la cultura y la sociedad para aclarar el sendero hacia una modernización completamente de acuerdo con las exigencias de una libertad irrestricta para la personalidad humana. Este radicalismo fue articulado por Rousseau y Marx. El liberalismo también procede de la premisa de la autonomía de la persona individual pero es más acomodaticio en la instrumentación de esa premisa, dispuesto a aceptar una estrategia de gradualismo en sus demandas de secularización, modernización y reestructuración social. John Locke es el fundador de este liberalismo tolerante.[12] El conservadurismo ha asimismo abandonado la religión revelada como la base para el orden social, y ve los valores culturales como la expresión de la voluntad humana autónoma. Pero difiere del radicalismo en su énfasis sobre los valores conocidos y las instituciones del pasado en contra de los valores no conocidos y las estructuras de un futuro inexplorado. Además difiere del liberalismo en su énfasis en el bien colectivo dentro del que el individuo tiene que alcanzar su autorrealización. El conservadurismo, temeroso del caos y la destrucción que las exigencias de cambio pueden implicar, se aferra al viejo orden tanto como le es posible y entonces, quiéralo o no, se ajusta a los cambios que un régimen liberal ha logrado mientras tanto. Pero las tres ideologías dentro del humanismo están de acuerdo en esto: que el ámbito público es autónomo, secular, y que la religión revelada debe estar confinada a la privacidad del hogar y de la iglesia.

La sociedad canadiense —especialmente su parte de habla inglesa— presupone esta división entre el ámbito secular público, y el ámbito religioso privado.

Desde 1867, cuando Canadá llegó a ser políticamente independiente, el debate político primario se ocupó de la pregunta de si los liberales o los conservadores habrían de liderar al joven, diverso y extenso país.[13] Debido a que los liberales se las arreglaron para obtener apoyo tanto del Canadá de habla inglesa como del Quebec francés, el Partido Liberal ha sido dominante en la política federal. Los conservadores han sido fuertes en la política provincial. A diferencia de los Estados Unidos y más en línea con Gran Bretaña, Canadá también tiene un movimiento socialista activo de un empuje moderado, organizado en el nuevo Partido Democrático. En resumen, Canadá ideológica, cultural y socialmente, encaja bien en los patrones establecidos de la Era Moderna.[14]

Por su experiencia americana Runner sabía que las comunidades inmigrantes de Europa rápidamente se acomodan al espectro liberal-conservador

[12] Cf. John Locke, *A Letter on Toleration* [*Una carta sobre la tolerancia*] (1689).

[13] Ver William Christian and Colin Campbell, *Political Parties and Ideologies in Canada* [*Partidos políticos e ideologías en Canadá*] (Toronto: McGraw-Hill Ryerson, 1974).

[14] Para una discusión más detallada de este tema, ver Bernard Zylstra, "Modernity and the American Empire" ["La modernidad y el imperio estadounidense"], *International Reformed Bulletin*, trimestres primero y segundo, 1977, pp. 3-19. Runner mismo discute las ideologías políticas humanistas en *Religión escritural y tarea política*, *infra*, pp. 226ss. Comparar con Eric Voegelin, "Liberalism and Its History" ["El liberalismo y su historia"], *The Review of Politics*, 1974-1975, pp. 504-520.

de las ideologías públicas. También sabía que un reavivamiento de la religión bíblica no sería cultural y socialmente relevante a menos que pudiera romper el monopolio de las ideologías humanistas en el ámbito público. Tenemos que buscar un equivalente moderno del desafío de la Iglesia primitiva a la tiranía del Imperio romano y el desafío de la Reforma a la posición monopólica de la Iglesia católica romana en el siglo dieciséis. Así, Runner se volvió a los inmigrantes calvinistas holandeses, pues ellos sabían por experiencia de primera mano que las sociedades pueden estructurarse de modo diferente.

LA DEMOCRACIA PLURIFORME EN HOLANDA

En 1945, la sociedad holandesa fue estructurada para dar protección legal igualitaria a las instituciones humanistas, católicas romanas y protestantes en los sectores de la salud, la educación y el bienestar. Esta estructura no fue un remanente de la Edad Media. Fue el resultado directo del desafío al monopolio liberal-conservador que controló la política holandesa después de la Revolución Francesa. Ese desafío fue en buena medida iniciado por Groen van Prinsterer, organizado por Abraham Kuyper, y apoyado por los católicos romanos. El desafío ocasionó medio siglo de batallas especialmente en contra del liberalismo individualista. Estas batallas condujeron a la desaparición del partido político conservador, la disminución de la influencia de los liberales y los socialistas, y el nacimiento de dos prominentes partidos políticos calvinistas y uno católico romano.[15] Esta democracia religiosamente pluriforme garantizó la igualdad ante la ley de espiritualmente diferentes escuelas, universidades, sindicatos, rediodifusoras, instituciones de salud y bienestar, etcétera. En otras palabras, la sociedad holandesa estaba estructurada para dar justicia proporcional a instituciones tanto humanistas como cristianas.[16] El "acomodo" entre el humanismo y el cristianismo tomó una forma drásticamente diferente de la de los países anglosajones.

En 1945 este acomodo consocial en el dominio público experimentó una severa tensión. La laxitud espiritual había trepado en el círculo calvinista tanto como en el católico romano. La misma noción de relacionar el compromiso cristiano con la política y la cultura estaba sujeta a una persistente crítica por parte de los barthianos. Y el desafío de reconstruir la economía holandesa después de la devastación de la Segunda Guerra Mundial mediante los

---

[15] En 1980 estos tres partidos se unieron para formar el Partido Demócrata Cristiano.

[16] Ver Hans Daalder, "On Building Consociational Nations: The Cases of the Netherlands and Switzerland", *International Social Science Journal*, ["Sobre la construcción de naciones consociales: Los casos de los Países Bajos y Suiza"] **23** (1971), pp. 355-370. Reimpreso en Kenneth McRae (comp.), *Consociational Democracy: Political Accommodation in Segmented Societies* [*Democracia consocial: acomodo político en sociedades segmentadas*] (Toronto: McClelland and Stewart, 1974), pp. 107-124.

esfuerzos combinados de los cristianos y los humanistas en el partido socialista intrigó a muchos. Al mismo tiempo, este mismo desafío contribuyó a un breve resurgimiento del calvinismo holandés, en el que los exponentes del nuevo movimiento filosófico cristiano en la Universidad Libre jugaron un papel significativo. Herman Dooyeweerd emprendió la batalla cultural con un penetrante análisis de las fuerzas espirituales operantes en la civilización occidental, así como con un llamado a la renovación social y política con base en el motivo básico bíblico.[17] Hendrik van Riessen publicó *The Society of the Future* en 1952, en el que perceptivamente advertía en contra de la sociedad gerencial que entonces se hallaba en proceso de construcción.[18] En este contexto tuvo lugar la gran emigración de la posguerra al Canadá. El segmento calvinista de los inmigrantes se unió principalmente a la Iglesia Cristiana Reformada, la cual a su vez había crecido debido a la emigración de cristianos reformados de Holanda a los Estados Unidos en el siglo diecinueve, pero tenía unas cuantas avanzadas en el Canadá.

Desde el comienzo, la dirección espiritual de esta comunidad de inmigrantes se convirtió en un asunto debatido. Los líderes de la iglesia —había unos cuantos en otras áreas de la vida— habían venido tanto de Holanda como de los Estados Unidos. Ambos grupos estaban divididos. ¿Debiera la recién establecida comunidad reformada unirse a la corriente principal de los cristianos en Norteamérica, *o debiera empezar a articular la importancia cultural y social de su herencia espiritual en su recién adoptado país?* Esa era la gran cuestión. Al nivel de las bases, la distintividad de la fe y la práctica reformadas estaba todavía muy viva. Frecuentemente de manera algo ingenua —una marca de fe, sin duda— procedieron desde el principio básico de la reforma de que la luz de las Escrituras es una guía no meramente para el hogar y la iglesia, sino también para la cultura y la sociedad. Es así que con sacrificios fenomenales empezaron a establecer un sistema de escuelas cristianas por todo Canadá. En los centros industriales, muchos de los trabajadores inmigrantes se rehusaron a integrarse a los sindicatos afiliados a la AFL-CLO y en vez de ello organizaron secciones de la Asociación Cristiana del Trabajo. Tanto en Toronto como en Edmonton se lanzaron iniciativas que posteriormente condujeron a la organización del Comité para la Justicia y la Libertad, un activo grupo de interés público. Y en junio 16, 1956, unos cuantos líderes cristianos, algunos de los cuales eran pastores, formaron la Asociación para los Estudios Científicos Reformados.

Runner estuvo involucrado en este esfuerzo desde el principio. Y, cuando fue invitado a ser uno de los tres conferencistas en el primer "Simposio de

---

[17] La mayoría de los artículos de Dooyeweerd dirigidos a estos temas, publicados en entregas semanales en *Nieuw Nederland*, forman el contenido de su *Raíces de la cultura occidental: las opciones pagana, secular y cristiana* (Barcelona: CLIE, 1998).

[18] Hendrik van Riessen, *The Society of the Future* [*La sociedad del futuro*] (Filadelfia: Presbyterian and Reformed Publishing Company, 1957).

Unionville" en 1959, aprovechó la oportunidad para articular lo que desde su punto de vista era el significado de la inmigración de estos calvinistas a una cultura anglosajona. Su significado último consiste en la recuperación de la religión bíblica. Esto implicaba una elección religiosa omniabarcante.

> Tenemos que elegir qué camino seguir en Canadá... También en nuestra práctica académica. Es la elección entre un camino radical (e.e. desde la raíz o centro de nuestra existencia) y por ende exclusivamente dirigido por la Escritura y un camino que busca una síntesis entre la Verdad de la Palabra de Dios y la Mentira de la apostasía.[19]

La elección que Runner planteó era clara: vivir por la luz de las Escrituras o vivir por el principio de la síntesis. Al articular esta central elección, las conferencias de Runner adoptaron una importancia que va mucho más allá de los confines de los inmigrantes holandeses reformados en Canadá en 1960. Más aún, la elección que entonces articuló es todavía la cuestión preeminente con la que los cristianos tienen que vérsela hoy.

CAMBIO EN EL CLIMA ESPIRITUAL

Al decir esto no quiero implicar que no ha habido un cambio significativo en el clima espiritual de Norteamérica desde 1960. De hecho, estamos experimentando actualmente una reorientación espiritual que puede muy bien llegar a ser un punto de inflexión, especialmente en los Estados Unidos. Esta reorientación es doble. En primer lugar, está la crisis del liberalismo humanista. En segundo lugar, está el resurgimiento de la religión bíblica evangélica, primeramente dentro del protestantismo pero también dentro del catolicismo romano.

Arriba describí brevemente el liberalismo mediocre que ha sido el espíritu guía en los países anglosajones en la época moderna. Cuando Runner presentó sus conferencias en 1960, este liberalismo estaba experimentando la cima de sus triunfos en los Estados Unidos,[20] con Canadá siguiéndolo muy de cerca.[21] Pero hoy ese liberalismo ha perdido su sentido de triunfo porque su ideología ha dejado de proveer un marco de referencia adecuado para vérselas con las severas tensiones económicas, políticas y sociales en

---

[19] Runner, *La relación entre la Biblia y el saber*, infra, p. 81.

[20] Ver Louis Hartz, *The Liberal Tradition in America* [*La tradición liberal en América*] (New York: Harcourt Brace Jovanovitch, 1955).

[21] Ver Frank H. Underhill, *In Search of Canadian Liberalism* [*En busca del liberalismo canadiense*] (Toronto: Macmillan, 1960). *Lament for a Nation: The Defeat of Canadian Nationalism* [*Lamento por una nación: La derrota del nacionalismo canadiense*] de George Grant (Toronto: McClelland and Stewart, 1965) es la crítica más satírica del impacto del liberalismo estadunidense en la sociedad canadiense.

los países industrializados avanzados. Una creciente literatura testifica la crisis del liberalismo tanto en los Estados Unidos[22] como en Canadá.[23] Dentro del humanismo hay un marcado giro hacia el "neoconservadurismo", el cual intenta revivir una fase más temprana del individualismo como una solución a los problemas concretos del desempleo, la inflación, etcétera.[24] En el dominio de la política, las elecciones de Richard Nixon, Jimmy Carter y Ronald Reagan todas testifican esta reorientación en el liderazgo humanista dentro de los Estados Unidos.

El resurgimiento del protestantismo evangélico es el segundo ejemplo de reorientación en el clima espiritual en Norte América. Estos dos desarrollos nos confrontan con esta posibilidad: ¿Puede un protestantismo evangélico reavivado llenar el vacío del liderazgo cultural creado por la decadencia del humanismo liberal? Formular el asunto de ese modo nos da un paralelo a los desarrollos en Holanda en el último siglo. En ese tiempo un protestantismo reformado espiritualmente revitalizado desafió al liberalismo en su ambición de convertirse en la ideología pública dominante en Holanda, atemperado sólo por un ala conservadora. Después de una larga lucha, este desafío tuvo éxito debido al liderazgo profético de Guillaume Groen van Prinsterer, la concientización gradual de los segmentos católico romano y protestante de la población, las habilidades organizativas de hombres como el calvinista Abraham Kuyper y el sacerdote católico romano H. J. A. M. Schaepman, el desarrollo a nivel nacional de cuadros de liderazgo en los sectores clave de la cultura, y más tarde la aparición del movimiento social-demócrata. La lucha condujo a la reestructuración de la sociedad holandesa para dar lugar a una democracia religiosa o "ideológicamente" pluriforme, esto es un sistema social en el que los demócratas liberales, los

---

[22] Ver, por ejemplo, Daniel Bell, *The Cultural Contradictions of Capitalism* [*Las contradicciones culturales del capitalismo*] (New York: Basic Books, 1976) y Norman Podhoretz, *Breaking Ranks: A Political Memoir* [*Rompiendo filas: Una memoria política*] (New York: Harper & Row, 1979). Para un análisis crítico de esta nueva conciencia en el humanismo, ver Bernard Zylstra, "Daniel Bell's Neoconservative Critique of Modernity" ["La crítica neoconservadora de la modernidad de Daniel Bell"], *Christian Scholar's Review* 7(4) (1978), pp. 337-355. Este ensayo está reimpreso en John Kraay y Anthony Tol (comps.), *Hearing and Doing: Philosophical Essays Dedicated to H. Evan Runner* [*Escuchando y haciendo: Ensayos filosóficos dedicados a H. Evan Runner*] (Toronto: Wedge Publishing Foundation, 1979).

[23] Cf. James Laxer y Robert Laxer, *The Liberal Idea of Canada: Pierre Trudeau and the Question of Canada's Survival* [*La idea liberal de Canadá: Pierre Trudeau y la pregunta de la supervivencia del Canadá*] (Toronto: James Lorimer, 1977); y H. J. Groenewold, *Multiculturalism: Can Trudeau's Liberalism Tolerate It?* [*El multiculturalismo: ¿puede el liberalismo de Trudeau tolerarlo?*] (St. Catharines (Ontario): Paideia Press, 1978).

[24] Cf. Peter Steinfels, *The Neoconservatives: The Men Who are Changing America's Politics* [*Los neoconservadores: Los hombres que están cambiando la política de los Estados Unidos*] (New York: Simon and Schuster, 1979).

socialdemócratas, y los demócratas cristianos recibieron una participación proporcional en la dirección de la vida pública.[25]

Hoy en día, cien años después, el liberalismo en Norteamérica está experimentando una crisis no porque sea desafiado desde el exterior por el cristianismo o por el marxismo, sino a causa de sus inherentes limitaciones y contradicciones, evidentes inclusive para sus propios defensores. Mientras esta crisis ocurre, detectamos un simultáneo reavivamiento del cristianismo evangélico. *En téminos de la perspectiva a largo plazo, estamos ante la posibilidad de un nuevo acomodo entre el neoconservadurismo inspirado en el humanismo con los avivamientos religiosos como en la Mayoría Moral,* *o estamos ante el más significativo desafío de una cristiandad revitalizada que hace una contribución a una transformación con sentido de la cultura y la sociedad en los Estados Unidos y Canadá.*

La mera sugerencia de la segunda posibilidad nos confronta con la naturaleza de un cambio social normativo. Tendremos que preguntarnos qué condiciones históricas "objetivas" deben estar presentes en una cultura antes de que pueda ocurrir una transformación social normativa. Más aún, tendremos que abordar nosotros mismos la cuestión de los medios y estrategias propios para alcanzar la transformación social normativa.

Ciertamente este no es el lugar para discutir preguntas de tan amplio alcance. Apenas podemos hacer algo más que plantearlas. Pero quiero sugerir que las condiciones históricas "objetivas" para los cambios sociales normativos incluyen las siguientes: primeramente, la presencia de problemas estructurales u oportunidades que pueden afectar la continuidad cultural y la estabilidad social; en segundo lugar, un vacío de liderazgo en el abordaje de estos problemas u oportunidades; en tercer lugar, la presencia de un depósito de fuerza espiritual desde el cual los cuadros del nuevo liderazgo puedan ser formados; en cuarto lugar, la habilidad y la voluntad de un nuevo liderazgo para traducir el poder espiritual a una nueva fuerza histórica; en quinto lugar, la suficiente libertad política para trabajar hacia el cambio; y, en sexto lugar, apoyo popular adecuado.

A la luz de estas condiciones "objetivas", uno puede comenzar a explicar la transformación social que ocurre en Polonia hoy en día. Uno puede también explicar su ausencia en la Sudáfrica de hoy [1960]. Pero ¿qué con los Estados Unidos y Canadá? Creo que todas estas condiciones históricas "objetivas" están presentes, especialmente en los Estados Unidos, excepto la tercera: el depósito del poder espiritual desde el cual los cuadros del nuevo liderazgo se pueden formar.

---

[25] Ver a Michael P. Fogarty, *Christian Democracy in Western Europe: 1820-1953* [*La democracia cristiana en Europa occidental: 1820-1953*] (London: Routledge and Kegan Paul, 1957).

* Se refiere aquí el autor a la organización política encabezada por Jerry Falwell. [N. de los T.].

Aquí hay un alto grado de ambivalencia. En una crisis del liberalismo, el cual es la posición ideológica centrista del humanismo en la época moderna, el mismo liberalismo tiene dos "vávulas de seguridad". Puede hacer un giro drástico a la izquierda o a la derecha. En países católicos romanos secularizados, debido al holismo social del catolicismo romano, el movimiento se da frecuentemente hacia una izquierda colectivista, como en la Cuenca Mediterránea, o hacia una derecha colectivista, incluso fascista, como en Sudamérica. En países protestantes secularizados, debido al individualismo social del protestantismo, el movimiento es generalmente hacia una izquierda individualista, como en la Alemania y la Escandinavia actuales, o hacia una derecha individualista, como en Norteamérica. El marxismo o la democracia social no aparecen en el horizonte como un depósito viable de poder espiritual. Así que no es sorprendente que haya un reavivamiento del neoconservadurismo dentro del campo humanista.

Pero esta situación ambivalente dentro el humanismo hace que la restauración del cristianismo sea potencialmente importante. Tenemos entonces que preguntarnos si el cristianismo puede cumplir la tercera condición histórica para un cambio social normativo: un depósito de fuerza espiritual desde el cual se puedan formar los cuadros del nuevo liderazgo.

Ésta es realmente la pregunta más grande que Runner abordara en las conferencias contenidas en este libro. Me abocaré aquí a la misma pregunta en términos de un inventario de las concepciones confesionales o sistemas de creencias dominantes presentes en la cristiandad norteamericana. Lo haré en el espíritu del pensamiento de Runner pero en mis propias palabras. Mi tipología de las concepciones confesionales cristianas será muy general; las conferencias de Runner suplen los detalles que omitiré. Bosquejaré los contornos de las concepciones confesionales, expondré brevemente sus implicaciones para la relación entre la religión y nuestra vida en el mundo, y apuntaré a la interacción entre la cristiandad y el saber como una ilustración de esa relación.

CONCEPCIONES CONFESIONALES EN LA IGLESIA

Toda concepción confesional cristiana, por lo menos dentro del rango de la ortodoxia, esta basada en el Credo de los Apóstoles, el más grandioso de los credos ecuménicos formulados por la iglesia primitiva. Estas concepciones comparten así una confesión común concerniente a la creación, la caída y la redención, las cuales son enseñanzas preeminentes en las Sagradas Escrituras. Sin embargo, especialmente desde la Reforma del siglo dieciséis, han aparecido concepciones confesionales diferentes dentro de la cristiandad occidental que difieren fundamentalmente con respecto al *significado* de la creación, la caída y la redención, así como de la *relación* entre ellas. Estas diferentes concepciones han ejercido un impacto fenomenal en el modo de vida de los cristianos en el mundo moderno. Pues estas concepciones son las respuestas humanas al significado del mismo Evangelio, y de ese modo configuran la práctica de la vida de uno, la espiritualidad, la ética, la cosmovisión, y la interpretación de la Escritura. En el ámbito académico, estas concepciones confesionales configuran la filosofía, la teología, y el entendimiento de la historia y la ciencia de uno.

Podemos identificar tres prominentes concepciones confesionales, con numerosas variaciones y traslapes. Entendiendo completamente que las etiquetas pueden mejorarse, me referiré a ellas como la concepción naturaleza-gracia, la concepción anabaptista, y la concepción reformada. Las distinguiré en términos de su respectivo entendimiento de la creación, caída y redención, apuntando sólo a sus características sobresalientes.[26] La división tripartita de mi tipología debería indicar que no estoy discutiendo divisiones denominacionales. En alguna medida, estas concepciones están presentes en cada denominación. Debería también tenerse en mente que escribo desde la tradición reformada, la que estoy aquí articulando a mi manera, sin referencia a los cambios que ha sufrido y sin atención a sus variantes.[27]

1. *La concepción naturaleza-gracia*

En esta concepción la creación es la naturaleza, el relativamente autosuficiente sistema de las cosas, las plantas, los animales, y los seres humanos. Aunque este sistema se originó en la creación, su existencia es relativamente autónoma, independiente de la sustentadora Palabra del Creador. Este sistema de la naturaleza está básicamente en buen orden, no está afectado por la caída en el pecado, y no tiene así tampoco la necesidad de redención. Desde el comienzo, esta posición distingue entre la naturaleza y la relación especial de Dios con los seres humanos, la cual está descrita por el término bíblico "la imagen de Dios". Cuando Adán y Eva cayeron en pecado, rompieron esta relación especial; perdieron la imagen de Dios. Como seres naturales continuaron existiendo muy normalmente, pero con un importante defecto. En la redención, Dios por gracia elimina este defecto. La gracia es así una añadidura al orden natural. La gracia es un *donum superadditum*, un don sobreañadido que sana la pérdida de la imagen de Dios. La gracia perfecciona la naturaleza.

---

[26] Debido al carácter general de mi tipología, he decidido omitir las referencias a pie de página a exponentes de las respectivas concepciones confesionales.

[27] He articulado los fundamentos bíblicos de lo que aquí describo como "la concepción reformada" en "Thy Word Our Life" ["Tu palabra nuestra vida"], en James H. Olthuis *et al., Will All the King's Men?* [¿*Todos los hombres del rey?*] (Toronto: Wedge Publishing Foundation, 1972), pp. 153-221.

En este enfoque, podemos así hablar de dos reinos —el de la naturaleza y el de la gracia— que están jerárquicamente relacionados entre sí. La naturaleza es el preludio, la piedra de paso a la gracia. Podemos también hablar de dos tipos de revelación. Primero hay una revelación general en la naturaleza, la cual alumbra a toda persona que nace en este mundo, y que es así la base de la cooperación entre los cristianos y los no cristianos en la cultura, la sociedad, la filosofía, y la ciencia. Más allá de la revelación general está la Biblia, que es la revelación especial de la graciosa redención de Dios, de su amor al restaurar la imagen de Dios a través de Jesucristo, y de las implicaciones de esta restauración para nuestra vida en la tierra. Esta revelación especial no elimina la revelación general, sino que la suplementa. Si parece haber un conflicto entre ellas, entonces la revelación especial ha de ser seguida.

Esta posición de naturaleza-gracia tiene ramificaciones muy distintivas para la forma en que un cristiano vive en este mundo. Su vida está dividida entre el reino de la naturaleza y el reino de la gracia. En el reino de la naturaleza, construye su matrimonio y familia, se gana la vida, va a la escuela y se involucra en los deportes. La cultura y la sociedad se basan en la naturaleza. El cristiano está muy dispuesto, incluso altamente interesado, en tomar parte en las tareas sociales, culturales y políticas porque, después de todo, es un ser humano con responsabilidades humanas. Lleva a cabo estas tareas en cooperación con los no cristianos sobre la base de una ética común fundada en la revelación natural, la ley natural y la luz común de la razón.

Más allá del ámbito de la naturaleza el cristiano también vive en el ámbito de la gracia. Éste es el ámbito más alto y en última instancia mucho más importante puesto que aquí encontramos el amor de Dios en Jesucristo, quien restaura la imagen de Dios en nosotros a través de su encarnación, muerte y resurrección. Aquí encontramos al Espíritu Santo, quien nos hace miembros del cuerpo de Cristo, la comunión de los fieles, en nuestro camino hacia nuestro final destino celestial. En este ámbito de gracia nos encontramos cara a cara con los misterios divinos que con mucho trascienden nuestra vida natural.

En este enfoque, la tarea del conocimiento está también entendiblemente dividida entre los reinos de la naturaleza y la gracia. La filosofía y la ciencia pertenecen al reino natural y los cristianos son alentados a involucrarse en ellas porque sin ellas nuestra vida sufre. La medicina, la odontología, la ingeniería, la economía, la sicología y todas las otras formas "naturales" del conocimiento son ocupaciones perfectamente legítimas para el cristiano. Aquí otra vez el cristiano y el no cristiano llevan a cabo sus tareas idénticamente sobre la base de una razón común que no ha sido afectada negativamente por el pecado. Dentro del ámbito de la naturaleza, la razón tiene una autonomía propia de modo que no necesita de una revelación especial.

Fundamentalmente, la posición naturaleza-gracia es de acomodo: el discernimiento del no cristiano puede ser acomodado y adoptado por el

cristiano en tanto que esté basado en la razón y no en ideologías sesgadas. Durante mucho tiempo los académicos que aceptaron la concepción
naturaleza-gracia pensaron que las teorías de Platón y Aristóteles eran las
menos sesgadas porque eran racionales y que los cristianos podían hacer
lo mejor al apoyarse fuertemente en ellas. Esto fue especialmente el caso
en la alta Edad Media, cuando grandes pensadores catolicorromanos como
Tomás de Aquino construyeron sus filosofías dependiendo de Aristóteles.
En los tiempos modernos esto ha cambiado desde que se argumenta que los
filósofos como Descartes y Kant, o Hegel y Marx, o Heidegger y Wittgenstein, han presentado una explicación más adecuada de la naturaleza de lo
que lo hicieron Platón y Aristóteles.

Dondequiera que la concepción naturaleza-gracia es aceptada, uno
encuentra diferentes acomodos con el pensamiento y la práctica no cristianos, porque no hay un criterio especificamente cristiano con el que uno
pueda juzgar lo que es más apropiado para el ámbito de la naturaleza. En
la época moderna, marcada por una gran diversidad en el pensamiento y la
práctica humanistas, uno confronta una gran diversidad de acomodos por
parte de los cristianos. La concepción naturaleza-gracia ha contribuido así
grandemente a las divisiones entre los cristianos, tanto en sus prácticas como
en sus teorías.

En la posición naturaleza-gracia, la práctica académica es también muy
importante para el ámbito de la gracia, donde la teología escudriña los misterios de la revelación redentiva. Aquí el saber humano alcanza su clímax
porque nos movemos más allá de la naturaleza a la presencia de Dios. Aquí
comenzamos a entender que la filosofía natural y la ciencia son realmente
sólo un preludio a la teología. Si uno desea ser distintivamente cristiano
en la propia práctica académica tendrá que involucrarse en esta disciplina
sagrada porque lo prepara a uno para los servicios distintivamente cristianos, notablemente dentro del dominio de la iglesia misma.

Aunque uno no puede trazar paralelos inmediatos entre las concepciones
confesionales y las denominaciones, no es enteramente equivocado decir que
la concepción naturaleza-gracia ha configurado la ortodoxia, especialmente
en las iglesias catolicorromana y episcopal. Al mismo tiempo ha ejercido un
impacto fenomenal dentro del protestantismo, especialmente en sus denominaciones principales. Nutre la cosmovisión de la mayoría de los líderes en el
concilio mundial de iglesias. Hoy muchos intelectuales evangélicos se hayan
en el puño de esta concepción. Y ha socavado seriamente la concepción
reformada, especialmente entre los intelectuales, también en las denominaciones que se hayan en la tradición presbiteriana y reformada.

2. *La concepción anabaptista*

Después de la concepción naturaleza-gracia, la concepción confesional anabaptista es la segunda en influencia en los Estados Unidos y Canadá. A veces

su entendimiento de la creación, la caída y la redención es visto como una variante del enfoque naturaleza-gracia, con esta diferencia: que la naturaleza es considerablemente más depreciada en comparación con la gracia. Aunque hay paralelos, creo que la concepción anabaptista es cualitativamente diferente de la posición naturaleza-gracia.

Perteneciente a la familia de la ortodoxia cristiana en la que los credos ecuménicos se aceptan, el anabaptista también confiesa que el cielo y la tierra son la creación de Dios el Padre. Sin embargo, en la concepción anabaptista el significado revelacional y normativo de la creación se nos pierde debido al impacto radical de la caída. Mientras que uno podría decir que la concepción naturaleza-gracia toma su punto de salida en la autosuficiencia o autonomía de la naturaleza, la concepción anabaptista procede a partir del mundo como caído. La caída se mantiene como una barrera entre nosotros y la creación original, a la que ya no tenemos acceso. La creación puede haber sido buena a los ojos de Dios cuando él la terminó, pero esa bondad quedó destruída por el pecado. De aquí que no importa lo que la creación haya revelado de Dios y de su propia calidad normativa antes de que la humanidad cayera en el pecado: esta revelación creacional nos es irrelevante en nuestra situación actual desde el momento que sólo tenemos conocimiento de una creación caída. Las estructuras de la creación pueden haber sido inicialmente condiciones propias para la vida humana en la Tierra, pero ahora las conocemos principalmente en sus formas demoníacas como los poderes del mal.

En vista de ello, no es sorprendente que la redención en la concepción anabaptista no sea vista como la perfección o el complemento de la naturaleza por la gracia, como lo es en la concepción naturaleza-gracia. La caída en el pecado es tan devastadora que no deja nada a ser perfeccionado o completado. De ahí que la redención no sea meramente liberación de la caída, sino de la *creación* caída. No hay realmente un punto de contacto entre la creación y la redención; la barrera del pecado continúa separándolas. En el plan divino, la redención toma el lugar de la creación. La redención no es cuestión de que Dios haga nuevas todas las cosas, sino de hacer todas las cosas nuevas. Aquí vemos el significado original del término "anabaptista". Era una descripción de aquellos cristianos que querían ser bautizados *otra vez* (griego: *ana*). El bautismo de infantes era considerado sin significado por los anabaptistas del siglo dieciséis porque era un sacramento de gracia ministrado a una criatura que se hallaba todavía en el mundo caído. El sacramento tenía que ministrarse otra vez cuando había certeza de que la criatura sí se había movido del reino de este mundo al reino del pueblo redimido de Dios.

Aunque el término *anabaptista* se originó en el siglo dieciséis a causa de la batalla concerniente al bautismo infantil, realmente describe una concepción confesional que se hallaba presente en la iglesia desde el principio.

La primera iglesia lo rechazó en la forma extrema del gnosticismo, que veía la creación como inherentemente mala y la redención como liberación de la mala creación. En formas más moderadas, está concepción se expresó en el ascetismo de la iglesia temprana y la medieval. Continuó influenciando a un segmento significativo de creyentes frecuentemente perseguidos que a veces mantenían una existencia clandestina junto a la dominante posición naturaleza-gracia expresada concretamente en la Iglesia Católica Romana. Con el desafío de la Reforma al catolicismo romano en el siglo dieciséis, la concepción anabaptista inmediatamente salió a la superficie en Suiza, Alemania, Austria y Holanda.

La concepción anabaptista también tiene ramificaciones distintivas para el modo de vida cristiano en este mundo. Como el mundo está caído y no tenemos manera de hallar los buenos elementos que haya en el mismo, no puede ser un hogar para el hijo redimido de Dios. Su espiritualidad y estilo de vida están condicionados por su convicción de que está meramente pasando por el mundo caído hasta que alcance su destino celestial. Es una espiritualidad que nutre el martirio —el ser victimizado por las fuerzas del mal en lugar de combatirlas. El anabaptismo es pacifista en principio, no meramente con respecto a la guerra política sino con referencia a cualquier conflicto que un creyente pueda encontrar durante su jornada terrenal. La atención del fiel no está en la sociedad sino en la construcción del cuerpo de Cristo *al lado de la misma*: la comunidad alternativa de creyentes donde el amor, la justicia, la bondad y todas las otras virtudes del Nuevo Testamento han de ser practicadas. Aquí se encuentra la gran fuerza de los anabaptistas. Las bandas de menonitas, huteritas y cristianos Amish han mantenido su identidad espiritual y comunal durante siglos sin el uso manifiesto del poder político, aunque no sin su protección legal.

Los estilos de vida de los anabaptistas varían. Para algunos grupos el aislamiento del mundo implica distancia geográfica de los centros de la cultura mundana, su ciencia y tecnología. Tales grupos llegan a ser expertos en la agricultura, confiados en las tecnologías y medios de transporte de una época pasada. Para otros el aislamiento es primeramente espiritual, permitiéndose una mayor flexibilidad en el uso de los recursos del mundo caído. Para algunos el mundo ha de ser abandonado a sus propios artefactos pecaminosos. Para otros la tarea sigue siendo la de testificar activa y públicamente contra los males traídos por los poderes demoniacos que operan en el mundo caído. Tal testimonio puede entonces tener lugar en comunidades modelo de amor justo dentro de las ciudadelas de poder económico y político. Pero, no importa cuán diferentes puedan ser los estilos de vida en los que su concepción se expresa, los anabaptistas son unánimes al mantener que el reino de este mundo y el Reino de Cristo se desarrollan en términos de dos culturas separadas y dos historias distintas —la historia de un mundo caído y la historia de un mundo redimido. No hay conexión intrínseca entre estas dos culturas e historias hasta el final día del juicio.

Esta posición tiene implicaciones pesadas para la vida académica. En un nivel el anabaptista tiende a ser un *homo unius libri*, una persona de un libro, la Biblia. Su sabiduría basta. Esto ha permitido una pronunciada indiferencia antintelectual hacia el saber, como entre los Amish que siguen insistiendo en mantener fuera de la secundaria a sus hijos. En otro nivel hay significativa reflexión ética y teológica como una contribución a la vida de las comunidades alternativas de los creyentes. Todavía en un tercer nivel, el conocimiento anabaptista está dedicado a un análisis de las estructuras del poder maligno en el mundo caído. Se ejerce un gran esfuerzo en este tercer nivel hoy en día, especialmente por el grupo *Sojourners* [Moradores] en Washington, D. C. Pero el desarrollo de la filosofía y la ciencia como tales no pertenece a las tareas del cristiano anabaptista. Si ese desarrollo es necesario para mantener el reino de este mundo intacto, entonces más vale que los no regenerados asuman esa responsabilidad, como el soldado en las batallas entre los poderes políticos. También en la batalla por la vida académica cristiana el anabaptista permanece como un mirón pacífico.

La membresía actual en las iglesias anabaptistas o menonitas es relativamente pequeña. A pesar de ello, aventuraría la hipótesis de que la concepción confesional anabaptista es la más aceptada entre los cristianos protestantes comunes y corrientes en los Estados Unidos y Canadá. Fuera de las iglesias de la línea principal, hay cientos de denominaciones que se originaron en los Estados Unidos desde 1850 conforme la frontera se movió hacia el oeste. La mayoría de estas denominaciones, aunque confesionalmente diferentes en muchos puntos, comparten una común concepción anabaptista de la vida. Su impacto en la perspectiva religiosa está aumentando debido al intenso uso de la radio y la televisión por sus exponentes populares, también en las denominaciones con raíces en las concepciones naturaleza-gracia y reformada.

3. *La concepción reformada*

La característica distintiva de la concepción confesional reformada consiste en el modo omnincluyente en el que la creación, el pecado y la redención se entienden. Todo lo que existe —en la naturaleza, la cultura y la sociedad— está fundamentado en la creación, está afectado por el pecado y necesita la redención.

La creación es el teatro de la gloria de Dios. Así es como se hizo en el principio; eso es lo que se pretende para hoy. Desde el principio Dios el Padre estableció un pacto omniabarcante con su creación —un pacto de amor divino por un lado y de alabanza de las criaturas por el otro. El pacto es tan amplio como la creación. El pacto comenzó cuando Dios dijo la palabra, "Hágase", y se hizo. El Creador dice sus palabras majestuosas, pronuncia sus ordenanzas y las criaturas comienzan a ser inmediatamente, conformadas como alabadores, siervos, amantes de su Hacedor. La textura de la criaturidad es un tejido de respuesta obediente. Ser una criatura es ser un destinatario de la Palabra soberana del Señor: "sé mi siervo, canta mi alabanza".

Más aún, las palabras y decretos del Hacedor no solo hacen venir a la creación. Continúan dirigidos a la creación y de este modo son las leyes para la naturaleza, los mandatos para la cultura y los mandamientos de amor para la sociedad. El mandato cultural es una ordenanza de la creación. El mandamiento de amar a Dios y a nuestros semejantes es un decreto de la creación. De hecho, el mandamiento dual de amor constituye el núcleo de todas las leyes que Dios el Padre ha dirigido a la humanidad. Ser humano es ser amante, primero de Dios, después de nuestro prójimo.

El pecado es falta de servicio, desobediencia, deshonor. Es la antítesis a la tesis de Dios. Es la negativa de la humanidad, en Adán su cabeza federal,* a amar, servir y obedecer al Creador. El pecado es omniabarcante porque, como un veneno, permea las cuatro relaciones en las que los humanos existen. Rompe la relación de pacto con Dios. Trae desarmonía a la relación entre el yo ("alma") y sus facultades —incluyendo la razón— poniéndolos en una actitud de desobediencia. Causa odio en las relaciones sociales. Y destruye la paz en la relación del hombre con la naturaleza, de la que la humanidad fue la corona creada.

Sin embargo, el poder del pecado no es igual al poder de la Palabra del Señor. El pecado no puede destruir la creación; sólo la puede descarriar. También después de la caída Dios sigue diciendo su palabra: "Adán, ¿dónde estás?" El pecado no puede eliminar las ordenanzas de la creación. A causa de su gracia universal en el Mesías prometido, Dios sigue profiriéndolas a su creación, aunque ahora en el contexto de un mundo caído. Pero el mundo caído no trae consigo su propio juego de reglas, como si las criaturas pecaminosas fueran llamadas ahora a algo menos que el amor. Más aún, debido otra vez a causa de la gracia universal de Dios que preserva el cosmos, el pecado no conduce a la destrucción del tejido de la creación, estructurado para servir y alabar a su Hacedor. El pecado dirige erradamente a las criaturas. No destruye su estructura, incluyendo sus facultades y potencialidades creadas. Éstas no se convierten en poderes demoniacos, como tienden a pensar los anabaptistas. El pecado descarría el funcionamiento de estas facultades hacia la apostasía, cambiando "la gloria del Dios incorruptible en semejanza de imagen de hombre corruptible, de aves, de cuadrúpedos y de reptiles"

---

* Traducimos *covenantal* como "federal", basándonos en que el significado original de esta palabra, derivada del latín *foederis*, que significa "pacto", es "relativo al pacto" o "del pacto". [N. de los T.]

(Rom. 1:23). Sólo en sus extravíos culturales, intelectuales y sociales pueden estas potencialidades criaturales convertirse en poderes demoniacos reales. Vemos esto en el abuso de la sexualidad, las absolutizaciones de la filosofía, el amor al dinero, la corrupción del poder en tiranías o imperios, o el terror de las armas nucleares.

La redención es la restauración de la creación como el teatro de la gloria de Dios. Dios el Padre concluye esta restauración a través del Cordero que fue inmolado, reconciliando por medio de él consigo todas las cosas, así las que están en la tierra como las que están en los cielos, haciendo la paz mediante la sangre de la cruz (Col. 1:20). La historia del cosmos, desde el paraíso perdido hasta el paraíso ganado, culmina en el coro del Aleluya cantado por cada criatura: "¡Al que está sentado en el trono, y al Cordero, sea la alabanza, la honra, la gloria y el poder, por los siglos de los siglos!" (Ap. 5:13).

Bajo esta luz, la redención no es la reparación de un defecto ocasionado por la caída y resultante en la pérdida de la imagen de Dios, como sostiene la posición naturaleza-gracia. Ni es la redención el comienzo de un nuevo proyecto de creación de Dios porque haya realmente fallado su primer proyecto, como sostiene la posición anabaptista. Debido a la redención, toda la creación gime a una, anhelando ardientemente la manifestación de los hijos de Dios, cuando será libertada de la esclavitud de corrupción, a la libertad gloriosa de los hijos de Dios. (cf. Ro. 8:19ss) De este modo la concepción confesional reformada rechaza tanto el dualismo inherente en la posición naturaleza-gracia, que confina la redención al ámbito de la gracia, como la posición anabaptista de los dos ámbitos, la cual limita la reconciliación de Dios a la comunidad de los fieles.

La concepción reformada de creación/pecado/redención tiene ramificaciones distintivas para el modo en que un cristiano vive en este mundo. El cristiano reformado afirma la creación en toda su bondad. Este es el mundo de su Padre, un hogar para la humanidad. No le importa en lo absoluto ser un cristiano mundano en el sentido de que con alegría asumirá su parte en los muchos llamados para completar la historia de la cultura y la construcción de la sociedad. El cristiano reformado tiene, desde luego, una "ética de trabajo calvinista" en cada dimensión de los asuntos humanos.

El cristiano reformado toma su punto de partida en la tesis de la creación de Dios. Sabe que muchos llamamientos en el mundo sólo pueden hacerse en cooperación con sus prójimos —creyentes y no creyentes— ya que el mandato cultural es dado a la humanidad como un todo. Está consciente del hecho de que, debido a la gracia universal de Dios, los destellos de la revelación creacional, incluyendo el poder eterno y la deidad de Dios, se imponen a los incrédulos, haciéndose claramente visibles por medio de las cosas hechas (cf. Ro. 1:19ss).

Pero en sus ocupaciones mundanas —como trabajador en la casa, carpintero, granjero, maestro, periodista, juez, ingeniero o lo que sea— el cristiano reformado toma al pecado en serio. No transformará la gracia común de Dios a todos los hombres en la noción naturaleza-gracia de neutralidad en los asuntos mundanos. Sabe que el no creyente tiende a cambiar la verdad de Dios por una mentira y a servir a las criaturas antes que al Creador (Ro. 1:25). La antítesis del pecado permanece; el espíritu del anticristo está siempre presente, por ende también en su propio corazón. Sabe que la revelación creacional debe ser leída a la luz de las Escrituras, la luz sobre nuestro camino en este mundo. Las Escrituras nos instruyen para la salvación; son provechosas para enseñar, para redargüir, para corregir y para instruir en justicia, a fin de que los hombres y las mujeres de Dios sean perfectos, enteramente preparados para toda buena obra (cf. II Ti. 3:16).

En este contexto, el cristiano reformado adopta una actitud muy positiva hacia el conocimiento, en teología pero también en filosofía y en las ciencias. La realización de esa tarea es una dimensión del mandato cultural; es indispensable para el desarrollo de los potenciales de la creación y para el alivio del dolor y del sufrimiento. Como las autoridades gobernantes, la ciencia es un regalo de Dios para la humanidad para su bien.

Y, no obstante, los efectos del pecado están presentes también en el ámbito de la academia. Tal vez están presentes ahí más que en cualquier otro sector de la civilización occidental porque sus ídolos han estado en el reino de la teoría por tanto tiempo. La filosofía era un ídolo en la antigüedad y la ciencia es un ídolo en la modernidad. En el ámbito de la academia, el cristiano reformado reconoce el impacto del pecado en la razón humana. Rechaza la autonomía de la mente humana y el acomodo de las filosofías no cristianas con la verdad revelada en las Sagradas Escrituras. Evitará una alianza con Platón y Aristóteles, así como con Marx, Dewey, Whitehead, Russell, Wittgenstein y Heidegger. El cristiano reformado reclama el mundo de la cultura, el arte y la academia para Cristo, pero a la luz de la advertencia de Pablo: "No os conforméis a este siglo, sino transformaos por medio de la renovación de vuestro entendimiento" (Ro. 12:2).

CONCLUSIÓN

En conclusión, regresemos al asunto en juego. Al mencionar las principales condiciones históricas para un cambio social normativo, enlisté como esencial la presencia de un depósito de fuerza espiritual de la que se pueden formar cuadros de nuevo liderazgo en la sociedad. ¿Puede la religión cristiana proveer un depósito tal, de suficiente profundidad y anchura como para llenar el vacío de liderazgo cultural y social creado por la caída del liberalismo?

H. Evan Runner presentó una respuesta afirmativa a esta pregunta en sus *The Relation of the Bible to Learning* y *Scriptural Religion and Political Task*. Presentó esa respuesta cuando el liberalismo estaba en la cima. También indicó que la recuperación de la concepción reformada de la vida sería esencial para venir a atacar adecuadamente los problemas estructurales que confrontamos hoy en día. La concepción naturaleza-gracia, desde su punto de vista, es una de síntesis, una de acomodo con el humanismo en sus expresiones izquierdista, centrista, y derechista. La concepción anabaptista, de la que él trata menos explícitamente, coloca a la cristiandad fuera de la corriente principal de la cultura. Al apuntar hacia la concepción reformada, Runner al mismo tiempo la redefinió, especialmente con respecto al central tema de la Palabra de Dios. Y articuló la relevancia de la concepción reformada con respecto a tres áreas clave. En la conferencia intitulada "Scientific and Pre-scientific" ["Científico y precientífico"] trató los fundamentos del filosofar cristiano. Después, en la conferencia sobre "Sphere-Sovereignty" ["Soberanía de las esferas"], se volvió a la estructura de la sociedad. Finalmente, en *Scriptural Religion and Political Task* [*Religión escritural y tarea política*], presentó su análisis del lugar del Estado y una crítica de las ideologías políticas del humanismo centrista.

Estas conferencias fueron presentadas en 1959, 1960 y 1961 a futuros líderes de la comunidad reformada que emigró de Holanda a Canadá después de la Segunda Guerra Mundial. Configuraron el liderazgo de esa comunidad más que cualquier otra formulación similar. Su impacto fue más allá de los confines de ese entorno original. Hoy en día hay un cambio potencialmente de gran significado en los fundamentos espirituales de la cultura norteamericana. Estas conferencias proféticamente se enfocan en la dirección bíblica de ese cambio. Es por ello que una cuidadosa y paciente lectura de las mismas por una nueva generación será eminentemente recompensante.

Instituto de Estudios Cristianos
Toronto

TESIS, ANTÍTESIS Y SÍNTESIS

CONFERENCIAS UNIONVILLE 1959

INTRODUCCIÓN

Gente joven de la Reforma en Canadá: estoy feliz de participar en este primer simposio estudiantil patrocinado por la Asociación para los Estudios Científicos Reformados. Espero presentar hoy y los dos días siguientes tres conferencias, intituladas: Tesis, Antítesis y Síntesis. En la conferencia del Profesor Farris esta mañana escucharon algo acerca del uso que se hacía de estas tres palabras por el gran filósofo alemán Hegel. No estaré usando las palabras en el sentido de Hegel, pero eso llegará a aclararse como resultado de las conferencias.[1] Mientras tanto, creo que les ayudará a proseguir el sentido de mis observaciones tener en mente esta tríada: tesis-antítesis-síntesis.

PROPÓSITO DE LA CONFERENCIA

Esta conferencia de estudio, que apenas estamos comenzando a disfrutar, está diseñada para proporcionar a los más estudiosos y preocupados de entre ustedes, jóvenes reformados en Canadá, una oportunidad especial para reflexionar sobre su llamado distintivo en el mundo del conocimiento y en la sociedad, para ofrecerles el discernimiento intelectual que los ayudará mientras tengan la posibilidad de asistir a colegios y universidades, escuelas técnicas y profesionales en Canadá, donde la luz, la luz reveladora de la Palabra de Dios, es apartada de cualquier trabajo que estés desempeñando. También es nuestro propósito llamar la atención a la realmente desesperada necesidad que existe aquí en Canadá de un centro de *investigación académica y una instrucción universitaria propia* donde podamos, sobre todo, *ser nosotros mismos*, donde, quiero decir, podamos ir naturalmente y felizmente de la Escritura a nuestro campo de investigación y regresar otra vez, glorificando a Dios nuestro Padre, quien está sobre todas las cosas y es bendito para siempre.

---

[1] Para la muy importante diferencia entre dialéctica religiosa y dialéctica analítica, antítesis y síntesis, ver Herman Dooyeweerd, *Roots of Western Culture* (Toronto: Wedge Publishing Foundation, 1979), pp. 7-14. Hay traducción al castellano: *Las Raíces de la cultura occidental* (Barcelona: CLIE, 1998), pp. 7-14.

LA PREGUNTA

Y ahora no desperdiciaré ninguno de los preciosos momentos a mi disposición, sino que —de acuerdo con el mandamiento encontrado en Eclesiastés
9:10— me meteré de una vez en el núcleo del problema que se me ha asignado, a saber *La relación entre la Biblia y el saber.*

La relación de la Palabra de Dios con el saber —ahí tienes lo que yo no dudo
en llamar *la pregunta más importante que el estudiante cristiano pueda hacerse a
sí mismo.* En su misma naturaleza el problema es uno que *siempre* será de la
importancia más fundamental. Pero, de una manera especial, *nos* presiona
con insistencia y urgencia en esta todavía primera etapa de la emigración de
los Países Bajos. Esto es parte de una gran pregunta: *la relación de la Palabra
de Dios con nuestra vida en el mundo.* En esta forma más amplia es **la** *pregunta
de la emigración.* Y si su emigración les fuerza de una manera nueva y vital
a dar cuenta (escritural) de *esta relación*, entonces podemos mirar hacia un
futuro prometedor.

AMBIGÜEDAD Y CONFLICTO

Después de que ha emigrado a Canadá o a los Estados Unidos (o, podría
agregar, a Australia o a Nueva Zelanda) descubre, para su consternación, que
el *término* calvinismo no siempre representa la misma *cosa;* viene a encontrar
que el calvinismo holandés —el término es desafortunado y debiera significar, si se usa en lo absoluto, simplemente la restauración de la religión bíblica
que ocurrió durante el curso de los siglos diecinueve y veinte en los Países
Bajos— (así entendido) y el calvinismo que se encuentra en círculos limitados de las civilizaciones (predominantemente) anglosajonas no son una y la
misma cosa. La diferencia puede dar y da lugar a conflictos, *serios* conflictos. *Y su generación está históricamente llamada a resolver el conflicto.* Mucha
turbulencia y decadencia espiritual pudieran provenir de un intento bien
intencionado pero mal informado o, mejor dicho, de una *serie* de intentos
de resolución.

INTENTOS DE RESOLUCIÓN EN CONFLICTO

Ya la creciente conciencia del conflicto ha provocado alguna medida de
separación en nuestras filas. Algunos parecerían haber caído víctimas de
la doctrina de la sangre y el suelo —o, viendo la constitución de su antiguo
hogar, tal vez sería mejor hablar de la sangre, el suelo *y el agua*— de que
el calvinismo holandés en algún inexplicable modo está atado a las formas
de vida exclusivas en esa área de la superficie del mundo. Estas personas
están en el proceso de rendirse a un tipo de relativismo y han avanzado
en el camino hacia la impotencia espiritual más de lo que ellos mismos tal

vez perciban.[2] Otros intentan armonizar, mediante un toma y daca de compromiso, los conflictos que surgen, *pero sin realmente penetrar en la causa real de los conflictos*. Como el doctor que frecuentemente sólo puede tratar síntomas, nunca saben lo que va a suceder después y, puesto que la enfermedad que están tratando es tan virulenta, serán confrontados con una crisis tras otra hasta que al final estén en la presencia de la muerte. Otros más, frecuentemente llamados extremistas o fanáticos por representantes de los dos primeros grupos, sienten de algún modo —y por "sentir" aquí quiero significar no un sentimiento meramente psíquico, sino más bien un discernimiento religioso central o profético (lo que una generación anterior sin duda hubiera llamado una "antena reformada"— que la diferencia entre las dos formas de calvinismo demanda una decisión. Nada de relativismo. Nada de rendirse poco a poco, por medio del acomodo, a los nuevos modos (algunas veces llamados eufemísticamente "el proceso de ajuste inevitable" por aquellos que no "ven" en fe las cosas esperadas). Sino una *elección radical*, basada en el discernimiento profético. Escoger un camino diferente no necesariamente significa aislarse de personas que siguen otro "camino". Permite el más grande contacto personal posible. Por "en nuestro aislamiento radica nuestra fuerza" Groen van Prinsterer no quiso decir que debamos separarnos de las personas, sino que en todos nuestros contactos con ellas debemos estar vívidamente concientes de la distintividad de la *regla* que dirige nuestras vidas.

EL "PRINCIPIO" GOBIERNA
LOS INTENTOS DE RESOLUCIÓN

Aquí no podemos, por supuesto, discutir la cuestión en su forma más amplia. Sólo deseo apuntar que en el fondo de la diferencia entre las varias cosas llamadas por el nombre de calvinismo, y consecuentemente también en el fondo de las varias actitudes asumidas hacia esa diferencia, en el muy sólido fondo de todo esto se oculta la cuestión con la que tenemos que tratar, la cuestión de *la relación de las Sagradas Escrituras con nuestra vida en el mundo*. Si me han estado siguiendo hasta aquí, pueden ver que aquí estamos tratando con *cosas fundamentales*.

Poniendo el asunto de manera muy simple, podemos decir que nuestra cuestión es la cuestión acerca del significado del Salmo 119:105: "Lámpara es a mis pies tu palabra, y lumbrera a mi camino".[3] En otra formulación adicional, nuestra cuestión es la cuestión de los *principios*. Ahora sé que en los Países Bajos una generación anterior algunas veces pudo haber exagerado

---

[2] Ver mi *Scriptural Religion and Political Task* [*Religión escritural y tarea política*] (Toronto: Wedge Publishing Foundation, 1974), *infra*, p. 282ss.

[3] Ésta y todas las subsecuentes referencias bíblicas se toman de la versión Reina-Valera 1960.

con la idea de los principios, y también que quizá a veces se habló acerca de la cuestión de los principios, los llamados principios reformados, de manera *demasiado abstracta*. Y estoy muy conciente de que la atmósfera positivista de muchas de nuestras universidades anglosajonas, con su ostentado ideal de factualidad "objetiva", crea confusión en el estudiante inmigrante cristiano en este punto. Pero la cuestión de los principios es, después de todo, simplemente la cuestión de si la Biblia es una *norma*, una regla regulativa (latín: *regula*) para nuestra vida, si da una *dirección* a nuestra vida en este mundo, si nos dirige en cuanto a cómo ir, qué *camino* seguir. Los presbiterianos que se hayan entre nosotros recordarán que la segunda cuestión del Catecismo Menor de Westminster pregunta: "¿Qué regla nos ha dado Dios para dirigirnos en cuanto a cómo podemos glorificarlo y disfrutarlo?" Y sigue la respuesta: "La Palabra de Dios, la que está contenida en las Escrituras del Antiguo y Nuevo testamentos es la única regla para dirigirnos en cuanto a cómo podemos glorificarlo y disfrutarlo".[4] Es todo. Esa es la respuesta a la pregunta de si nuestra vida es gobernada por principios. Y eso es porque simplemente es imposible evitar la pregunta acerca de los *principios* mediante una apelación a la inclinación "práctica" de sus vecinos canadienses. Pues la Palabra del Dios vivo *ha venido* con su luz reveladora a nuestra vida y *toda la vida humana*, ya sea que los hombres sean concientes de ello o no, *es algún* tipo de respuesta a esa *Palabra*. La práctica debe por lo tanto siempre derivarse del principio, aunque la conciencia de su origen principial —p.e. en una práctica vital que se ha convertido en una tradición muerta— pueda volverse vaga con el paso del tiempo. Es decir, *la práctica siempre se deriva de una manera de "ver" su vida que usted considera normativa*. En toda práctica está presente algún tipo de reconocimiento de un Orden o Estructura de las cosas. Es este hecho, y sólo este hecho, lo que constituye la alta seriedad de la vida para ustedes, la juventud reformada, la primera generación de calvinistas holandeses en Canadá. Si se entregan de todo corazón a su consideración indudablemente llegarán a ser hombres, grandes hombres, *hombres de Dios*, caminando con los grandes de Hebreos 11. He aquí todo el valor humano que el humanista se esfuerza vanamente por alcanzar porque "ve" la estructura de la vida erróneamente, porque está guiado por un *principio* equivocado, porque su vida no está dirigida por la luz reveladora de la Palabra de Dios.

NUESTRO PROBLEMA PLANTEADO PARA EL MUNDO DEL SABER: DOS "CAMINOS"

La vida del estudiante es solamente una parte de la vida humana en general, así que la pregunta de la relación de la Palabra de Dios con el saber

---

[4] *The Shorter Catechism of the Westminster Divines* [*El catecismo menor de los teólogos de Westminster*] (Chicago: Seminario Teológico Presbiteriano, 1943), p. 5. Hay traducción al castellano: *Catecismo Menor de Westminster* (México: El Faro, varias ediciones).

es simplemente parte de la pregunta más amplia. No obstante, el área más restringida tiene algunas dificultades propias, y para nosotros que somos estudiantes esas dificultades son barreras reales que deben ser superadas. Para la mayoría de nosotros, por lo menos a primera vista, los principios de las matemáticas y la lógica, por ejemplo, parecerían permanecer iguales, ya sea que la Escritura sea traída a colación o no. El enunciado 2 + 2 = 4 es verdadero para todos, ¿o no? la termodinámica parecería seguir siendo termodinámica; y la agronomía, agronomía. ¿Cuál podría en el amplio mundo ser entonces la relación entre la Escritura y estas y otras áreas del saber? El mismo pensamiento tiende a hacer que muchas personas piensen que cualquier discurso acerca de un cultivo cristiano de los varios campos del saber es un obscurantismo absoluto e hipocrecia plena. ¿Puede uno realmente hablar de una *conexión intrínseca* entre la Palabra de Dios y el mundo del saber?

Hablé a propósito de una conexión *intrínseca*. Podemos todos entender que un *hombre* cristiano puede enseñar biología o química o filosofía. Pero esa no es la cuestión. Eso podría ser una conexión meramente extrínseca. Recuerdo que hace unos cuantos años, después de que un miembro de las iglesias reformadas había sido nombrado profesor de filosofía en una de las universidades estatales en los Países Bajos y algunos padres cristianos en la provincia involucrada comenzaron a preguntar en público si de aquí en adelante sería necesario enviar a aquellos de sus hijos que deseaban estudiar filosofía hasta Amsterdam a la Universidad Libre, el profesor Vollenhoven escribió de manera muy simple al respecto que esos padres tendrían que aprender a distinguir entre un hombre cristiano enseñando filosofía y la enseñanza de una filosofía cristiana o escritural. Y con ello quiso decir que el asunto de importancia suprema es el de si el hombre que en su fe personal es cristiano ha aprendido a través de esa fe, y en ella, *a ver los problemas de su campo de estudio bajo la luz reveladora de la Palabra de Dios.*

Eso nos regresa a nuestra pregunta, la de si hay una conexión *intrínseca* entre la Palabra de Dios y el mundo del saber. ¿Podemos hablar sinceramente de principios *Escriturales* aquí? ¿Es la Escritura también en esta área de nuestra vida lámpara a nuestros pies y lumbrera a nuestro camino? Si no podemos responder honestamente estas preguntas de modo afirmativo entonces nos quedamos meramente con *gente* cristiana que trabaja en una *ciencia*. Una ciencia que, presumiblemente, tiene sus propios principios, cuyos secretos cede a quienes van a trabajar en ella. Una *ciencia autónoma* (del griego *auto* (mismo) *nomos* (ley), e.e. ella misma es su ley, una ley para sí misma), como solemos hablar de ella. Pero si *ese* es el verdadero estado de cosas, *realmente involucra una concepción diferente de la Palabra de Dios y de la religión cristiana.* Pues entonces hay al menos un área en nuestra vida humana en la que la Palabra de Dios no da luz, y que verdaderamente no *requiere* tal luz en tanto que parecería tener una *luz propia* (su propio principio), *al cual podemos llegar sin ayuda*. (La idea de la más antigua metafísica, de una ciencia de un Ser que existe en sí mismo y que tiene una luz —noética— propia.) Entonces la religión cristiana tendría una validez limitada y tendría que estar de acuerdo con, acomodarse a, esa otra luz de la ciencia.

EL "CAMINO" BASADO EN LA RELEVANCIA

Quizá hemos alcanzado ahora el lugar donde podemos resumir nuestra impresión del significado de la pregunta con la que hemos de tratar en estas conferencias. Podemos decir de una vez que ha llegado a ser evidente que nuestra cuestión es nada menos que el *Lugar de la Gran Decisión*. Nuestra cuestión constituye la *Gran Vertiente*, el *Parteaguas* de nuestro curso futuro como estudiantes inmigrantes holandeses de la cristiandad de la Reforma en Canadá. Pues si la Palabra de Dios tiene verdadera relevancia en el mismo mundo del saber, en el sentido de que introduce una *dirección* definida en nuestro trabajo allí que hace que el hablar de una *cultura cristiana del saber* no sólo no sea una charla muy ociosa, inclusive hipócrita, de viejos barbas blancas, sino un *asunto de suprema preocupación para hacer efectiva la redención de Cristo en esa vida de la creación*, entonces será esa fe dirigente la que nos une en compañerismo. Y cualesquiera que fueren nuestras relaciones con otros quienes, en otros espíritus, trabajen las mismas áreas que nosotros, nuestro interés en entender el significado de la Palabra para nuestro campo de estudio nos unirá primeramente a otros estudiantes de la misma convicción de fe. Ya que, como tendremos ocasión de ver, todos los campos del saber constituyen un todo orgánico y sólo en conexión orgánica podemos esperar alcanzar los resultados apropiados en nuestro trabajo, este compañerismo en nuestra convicción de fe requerirá una *comunidad acaémica* propia en Canadá, *un compañerismo de fe que pertenece al mundo del saber*. Esta comunidad académica, que al mismo tiempo sería un compañerismo de fe, sería entonces una configuración (esto es, *Gestalt*) en el Reino de Dios en desarrollo, el Cuerpo de Cristo. La fe habrá asumido una forma o patrón visible.

EL "CAMINO" BASADO EN LA NEGACIÓN DE LA RELEVANCIA

Pero si la relación de la Palabra de Dios con la vida del saber es sólo de la naturaleza de un apéndice o adjunto, de un extra o algo añadido, un *donum superadditum*, por ejemplo, entonces, por supuesto, somos libres de seguir el más fácil curso de adaptación, de ajuste, de acomodo al mundo de la cultura que es el producto de los últimos siglos de las labores culturales del hombre occidental moderno, el mundo que encontramos en nuestro entorno canadiense o, más ampliamente, norteamericano. Pero entonces no será la fe la que nos una en compañerismo en nuestro trabajo académico, sino más bien el trabajo en que estemos involucrados como académicos. Entonces cada uno de nosotros estará ocupado con cualquier luz que nuestros campos se complazcan en entregarnos. Nuestra lealtad última en nuestro trabajo será ahora a la misma profesión, a la *mentalidad* o método de nuestra profesión. Uno se ocupará de adoptar la "mente" del filólogo; otro, la "mente" del abogado; otro más, la "mente" del ingeniero; y todavía uno más, la "mente"que está ocupada, digamos, con el Antiguo Testamento hebreo (y su mundo). Aquí nuestra lealtad, en nuestros respectivos campos del saber, no será para el Reino de Justicia de Dios. Pero eso no puede ser; está ciertamente en conflicto con la idea escritural. Pues *Cristo* es nuestra Justicia y el Reino de Justicia sólo existe donde en Él, por medio de la operación renovadora del Santo Espíritu de Dios, los hombres han llegado a amar la Verdad tal y como está en Jesús, el Señor.

Por lo tanto, si la Palabra de Dios no tiene conexión *intrínseca* con el mundo del saber, nunca tendremos la exultante alegría de trabajar juntos como miembros del Cuerpo de Cristo para manifestar, *en nuestros estudios*, patrones del Reino glorioso de Dios. No nos queda entonces más que caer, como tantos *individuos distintos* —¿tal vez centros de racionalidad?—, dentro de los programas existentes de las diversas universidades, escuelas profesionales y técnicas seculares. ("Secular" aquí significa exactamente que la ciencia brilla por su propia luz y así no tiene necesidad de ninguna supuesta luz de la fe.) En el sentido más amplio de nuestra pregunta eso significa que se nos deja caer en el orden y la práctica prevalecientes —¡excepto, por supuesto, donde es demasiado evidentemente inmoral o injusto o feo, etcétera!— de la sociedad canadiense y, desde luego norteamericana, con todas sus agencias instrumentadoras y hacerlo, si no somos tontos, con toda prontitud. El espíritu que informa la sociedad occidental moderna, la sociedad canadiense y estadounidense, descenderá entonces sobre nosotros.

CADA "CAMINO" DEMANDA EL TODO DE LA VIDA

No nos consolemos diciendo que se nos dejarán nuestras iglesias reformadas, nuestras sociedades juveniles, etcétera. Si en nuestra búsqueda de la verdad ponemos nuestra confianza en nuestra "Razón" y en la sujeción de todas las cosas a la investigación racional de los hombres, hemos cambiado completamente, como *hombres*. Al principio podremos, *por un tiempo*, apegarnos a alguna división de nuestra vida dentro de lo que históricamente han sido llamadas las áreas de la fe y de la razón. Pero la vida es integral; es de una pieza. Y tarde o temprano, si somos directos y nuestro crecimiento no queda truncado debido a que dejamos de encarar la realidad, tendremos que afrontar la decisión de si *el Reino de Cristo* es un asunto de la totalidad de nuestra vida o lo es el *Reino de la razón*. De si la realidad de nuestro mundo está arraigada en el corazón del hombre que estando en Cristo el Redentor, ha de rendir obediencia al Soberano y quien tiene su gran recompensa en guardar así la *Ley de Dios* o de si la realidad es algo que está simplemente allí, teniendo en sí misma alguna capacidad de ser escudriñada por una Luz de la Razón que también está simplemente allí. Ambas son fes por las que los hombres viven. Pero toda fe es totalitaria. Y, tarde o temprano una destruirá a la otra.

LA DECISIÓN

No hagamos leña de eso: ante nosotros, así como ante Heracles, se hayan dos caminos y debemos decidir cual tomaremos. El camino del acomodo a los patrones actuales de nuestro mundo, e.e. *Camino de la Síntesis*, o el *Camino de la Antítesis*. Permítanme recordarles de nuevo lo que dije acerca de la frase "en nuestro aislamiento radica nuestra fuerza" de Groen van Prinsterer. La Antítesis no se toma en un sentido subjetivista, como si *yo* fuera diferente de *él;* no es alguna división estática de la sociedad en grupos o segmentos de la población cristianos y anticristianos. Más bien, la Antítesis es la diferencia de respuesta a la Palabra de Dios, la cual, viniendo al mundo como una *luz reveladora* para nuestra vida (Sal. 119:5), traza con la soberanía de su Divino Autor una línea permanente de división entre los caminos de la obediencia y la desobediencia (cf. Sal. 1; Pr. 1 y 2).

¿Síntesis o Antítesis? ¡Miren nada más que asuntos cuelgan en la balanza! Difícilmente puedo evitar intentar echar una mirada al futuro. ¿Qué clase de Canadá surgirá? ¿Cuál será la naturaleza de sus instituciones? ¿Qué dirección seguirá su Ley Común? ¿Por qué canales correrán sus investigaciones científicas? ¿Se hallará por doquier sólo la muerta uniformidad del racionalismo secular, o habrá crecido el reconocimiento realista del *papel de los principios en toda nuestra vida humana* y del hecho innegable de que no todos seguimos al mismo Señor, no todos somos dirigidos por la misma Regla (Palabra)?

Pero no más de esto. En este sentido el futuro no está "claro". No hay, todavía, un Canadá futuro. De esto podemos estar todos muy seguros: *el tipo de sociedad canadiense que surgirá dependerá en buena medida de ustedes, la juventud reformada de Canadá, y de la respuesta que le den a la pregunta que acabo de describir como la Gran División.*

CONFERENCIA 1

TESIS

Hasta aquí hemos establecido dos actitudes posibles hacia la pregunta relativa a la conexión intrínseca entre la Palabra de Dios y el mundo del aprendizaje. Me gustaría ahora agregar que parecería claro que nuestra elección entre ellas depende de lo que la Palabra de Dios realmente es. Cualquier incertidumbre que todavía pueda quedar entre nosotros sobre el asunto sin lugar a dudas se deberá a que no tenemos suficientemente clara la naturaleza de la Palabra de Dios con respecto al papel que debe jugar en nuestra vida. La primera pregunta, por lo tanto, a la cual quisiera abocarme en estas conferencias, es la pregunta relativa a la naturaleza y el papel de la Palabra de Dios.

LA CRUZ DE NUESTRO PROBLEMA

¿Qué es, después de todo, la Palabra de Dios? Al principio podría impactarle como extraño el que se tenga que hacer esta pregunta, particularmente en nuestros círculos. ¿Qué no fue la Reforma Protestante antes que nada un redescubrimiento del significado de la Palabra de Dios? ¿No estamos todos de acuerdo con respecto al significado de esa Palabra? Creo, sin embargo, que ulterior reflexión nos convencerá a todos nosotros de que estamos aquí en el corazón de nuestro problema y de la causa de cualquier división que pueda haber en cuanto a cómo debiéramos de ir. Pienso que encontraremos que por varias razones —incluyendo la prominencia demasiado grande que se le ha dando incluso en la historia de las iglesias reformadas a la teología a expensas de la tarea profética que cada creyente tiene como *hombre* para entender la Palabra de Dios— incluso nosotros los cristianos de la Reforma muy frecuentemente tenemos un entendimiento inadecuado de la Palabra de Dios.

PALABRA Y PALABRAS

De seguro, estamos familiarizados con este *libro*, la Biblia o las Sagradas Escrituras, una colección de sesentaiséis libros escritos por muchos autores a quienes la Palabra del Señor vino de modos diversos. Pero saber acerca de esta *diversidad de hecho* no es en sí mismo conocer la Palabra de Dios. Entre mis viejos amigos "fundamentalistas" se hallan aquellos que podían decirte, en menos de lo que canta un gallo, cuántos capítulos, incluso versículos, que digo, incluso *palabras*, hay en esta colección de sesentaiséis libros (¡al menos en la versión del *King James!*). No obstante eso no es en sí mismo un conocimiento de la Palabra de Dios. Conozco a muchas personas que pueden decirle en el espacio de un relámpago dónde se encuentra una cierta expresión, capítulo y versículo. Ahora bien, ciertamente también necesitamos estar plenamente familiarizados con la Biblia de este modo, pero incluso tal conocimiento no es todavía el conocimiento requerido de la Palabra de Dios. He conocido personas, convertidas en encuentros evangelísticos, que son de inmediato instruídos en los así llamados métodos de evangelismo personal, es decir, en modos de manejar vesículos bíblicos particulares para responder a diversos tipos de objeción al llamado a una completa "rendición" a Cristo. Ni siquiera por un momento me gustaría desacreditar el aprendizaje de versículos bíblicos específicos y su uso en el ganar almas. En nuestra presente discusión solo quiero decir que tal familiaridad con partes y momentos diversos de las Escrituras no es *por sí mismo* el conocimiento de la Palabra de Dios que debemos tener. Se ha señalado que fue de los expertos en la ley judía, los "nomikoi", que Jesús dijo (Lucas 11:52): "habéis quitado la llave de la ciencia". Es así posible estar muy en casa en los detalles de la Escritura y no conocer la Palabra de Dios.

LA UNIDAD DE LA PALABRA

Pues la Palabra de Dios es *una*. Subyaciendo a toda la diversidad de las Escrituras como las tenemos en esta vida temporal se haya la unidad de la Palabra de Dios. Es, después de todo, la **Palabra**. ¿De qué otra manera podría esta gran colección de sesentaiséis libros ser propiamente llamada la Palabra? ¿Y de dónde entonces el "sistema" de la teología sistemática o dogmática? No es la mente del teólogo al trabajar en los muchos textos de la Escritura, la que construye por primera vez a partir de muchos pasajes una unidad de significado. Esta unidad no la *hace* el teólogo; la *encuentra*. La Palabra Divina *es* una, y *como tal* es el **poder**, vivo y activo, que atraviesa el corazón y convierte el alma (Romanos 1:16; Hebreos 4:12; Salmo 19:7; Santiago 1:18; cf. 1 Corintios 1:18, 24). En primer lugar no somos nosotros los que llegamos con nuestro entendimiento a la Palabra de Dios (tomada, por ejemplo, en el sentido de la colección de muchos juicios lógicos o, si usted prefiere, proposiciones que constituyen nuestras Escrituras), sino que es la **Palabra** que es el **poder** de Dios, la que viene a nuestros corazones y abre nuestros ojos de modo tal que podamos entender la unicidad de significado de todas las muchas Escrituras. Esta palabra viene a nosotros no como teólogos sino como hombres y dirige todas nuestras actividades en la vida, incluyendo aquellas que llamamos teológicas. Nuestro conocimiento de la Palabra no proviene de la aplicación de un método exegético gramatical histórico. Pues un hombre puede leer las Escrituras sin una *cubierta* ante sus ojos (2 Corintios 3:14-16). En nuestra exégesis o esfuerzo de llegar al significado de este o aquel pasaje de la Biblia *la Palabra se halla o no se halla ya operando*. Dios está primero con nuestras almas, también aquí, y no hay un fundamento seguro para nuestras vidas en nuestros métodos. La Palabra de Dios es el único fundamento firme de nuestra vida. Un entendimiento *propio* de las Escrituras solo es posible cuando estamos *ya* en el dominio de la Palabra, la renovadora y activa Palabra de Dios.

Así como las Escrituras son la Palabra de Dios escrita, así Cristo es la Palabra de Dios hecha carne. Por esa razón podemos decir que *Cristo* es el significado, la unidad de las Escrituras. Es así que leemos del encuentro de Felipe con el eunuco etíope que "...Felipe empezó con ese pasaje de la Escritura" —a saber Isaías 53— "y le dijo las buenas nuevas acerca de Jesús". Cuando sin embargo decimos que Cristo es el significado de las Escrituras debemos saber *qué* estamos diciendo. En un momento regresaré a este asunto de la unidad de la Palabra de Dios. Pero primero déjenme sugerir un número de modos en los cuales nuestras propias prácticas reformadas pueden operar para impedir nuestro entendimiento de la misma.

FACTORES POSTERIORES

Tomen, por ejemplo, nuestras *devociones familiares*. En los círculos fundamentalistas estadounidenses, en los cuales crecí, era muy estimulada la lectura personal de la Biblia, pero la lectura de la Escritura en el círculo familiar a la hora de la comida era casi desconocida, al menos en la práctica real. Cuando me familiaricé por primera vez con esta última práctica quedé muy impresionado por ella. Y debo decir que aún siento que es un factor de la mayor importancia de la vida familiar cristiana (¡no somos una mera colección, un agregado de individuos!) Pero esto, pienso, también debía decirse, que si la lectura a la mesa es meramente de unos cuantos versículos de un capítulo, para ser continuada al día siguiente por los siguientes cuantos versículos y si no hay un *comentario conectador* y ninguna otra lectura bíblica se hace —como temo que es frecuentemente el caso— entonces nadie debe sorprenderse de que no conozcamos las Escrituras como una Palabra única. ¿Pues dónde somos confrontados con tal Palabra?

De nuevo, considere nuestros métodos de *catequizar*. ¿Cuán frecuentemente nos perdemos en las subdivisiones de la subdivisiones? ¿*Ubicamos* las lecciones del día en una perspectiva más amplia? ¿Cuándo se reunen las "partes" para reforzar en nuestra conciencia la *unidad* de la Palabra?

Quizá lo más importante de todo aquí es la práctica de la *predicación* en nuestras iglesias. ¿En cuantos de los sermones predicados en nuestros púlpitos somos confrontados con la Palabra y no meramente con algunas de las palabras de la Palabra? Para ser específicos ¿Qué está mal después de todo con tomar algún personaje bíblico, digamos Pedro, y analizar para la congregación sus cualidades buenas y malas, y así con los sermones *moralizantes*? ¿Qué hay de malo con predicar sobre lecciones que debieran aprenderse de los incidentes en la vida de Cristo, con dar una homilía sobre la virtud del amor en I Corintios 13 despojada de toda conexión con la totalidad de la Escritura y la historia de la redención? ¿No es el mal en todos estos casos que no hemos logrado mantener nuestros ojos fijos sobre la *unidad de la Palabra*?

El punto es lo suficientemente importante como para que tome el tiempo para ofrecerle dos ejemplos de lo que quiero decir con sermones predicados dentro del último año en los púlpitos cristianos reformados. Un sermón trata de la historia de la sanidad que Elías hizo de la lepra de Naamán (II Reyes 5) y hubieron seis puntos: (1) tanto los hombres ricos como los pobres tienen sus problemas (la leprosía de Naamán); (2) grandes resultados provienen de cosas pequeñas (la pequeña muchacha israelita sierva tuvo éxito en lograr que el rico hombre de Siria fuera el rey de Israel); (3) los jóvenes debieran estudiar religión (la muchacha sierva estaba familiarizada con el hombre de Dios, Elías y sus milagros); (4) el conocimiento es valioso cuando se pone en práctica (la muchacha sierva *sabía* que el profeta estaba en Israel pero *también pensó en mencionarlo en el momento oportuno*); (5) los hombres a veces solicitan ayuda a las fuentes equivocadas (Naamán fue al rey en vez de ir al profeta, el gobierno en vez de a la iglesia); y —¡finalmente!— (6) los mensajes de Dios son ordenados para mostrar a los hombres el camino de la salvación (Naaman es conducido de la sanidad a la **Sanidad**). He aquí el sermón. Ahora déjeme preguntarle con toda seriedad precisamente ¿de qué modo dirigió este sermón a la congregación al significado de II Reyes 5 en la Palabra Divina? ¿Cómo pueden las congregaciones que son sometidas a tal "predicación" conocer la *Palabra de Dios*?

El segundo sermón es de muchos modos mejor que el primero, pero en el *punto en cuestión* quizás no es diferente. El sermón estaba basado en Jeremías 29. Los judíos habían sido al fin transportados por Nabucodonosor a Babilonia —incluso el rey, la reina y la corte. Y ahora Jeremías es instruído por "Jehová de los ejércitos, el Dios de Israel" a enviar una carta a "aquellos a quienes he causado que sean transportados de Jerusalen a Babilonia". Aquí el pueblo escogido de Dios, debido a su continuada desobediencia y dureza de corazón, ha finalmente experimentado la ira del Dios soberano quien había hecho el pacto con ellos. Ahora son conducidos de la tierra prometida, dispersados entre los paganos. ¿Es éste el abandono final? ¿Es éste el significado de todas las promesas a Abraham, Isaac y Jacob? ¿Es ésta la naturaleza de Jehová? ¿Qué pudiera su Dios tener qué decirles *ahora?* Oir el mensaje es quedar mudo de asombro. "Edificad casas y habitadlas; y plantad huertos, y comed del fruto de ellos. Casaos y engendrar hijos e hijas; dad mujeres a vuestros hijos, y dad maridos a vuestras hijas, para que tengan hijos e hijas; y multiplicaos ahí, y no os disminuyáis. Cuando en Babilonia se cumplan los setenta años, yo os visitaré, y despertaré sobre vosotros mi buena palabra, para haceros volver a este lugar. Porque yo sé los pensamientos que tengo acerca de vosotros, dice Jehová, pensamientos de paz, y no de mal, para daros el fin que esperáis. Entonces me invocaréis, y vendréis y oraréis a mí, y yo os oiré. Y me buscaréis y me hallaréis, porque me buscaréis de todo vuestro corazón. Y seré hallado por vosotros, dice Jehová, y haré volver vuestra cautividad, y os reuniré de todas las naciones y de todos los lugares adonde os arrojé, dice Jehová; y os haré volver al lugar de donde os hice llevar" (Jeremías 29:5-14).

¿Cuál es la Palabra de Dios aquí sino una revelación de la fidelidad de Dios en *esta* porción crítica de la historia a Su Palabra-Pacto soberanamente dada? No obstante el sermón tomó las palabras del versículo 13 *fuera de su contexto* y trató de la "oración en la vida del cristiano". El contexto del versículo 13 fue simplemente utilizado como *material ilustrativo para una verdad general.* Supongo que casi todo lo que se dijo en este sermón fue de este modo escritural. ¿Pero estaba este sermón *predicando la Palabra en estas palabras?* Me atrevo a decir no. Se trató con el texto abstractamente (esto es, arrancado de su lugar) y no concretamente. Pero entonces nuestro veredicto final debe ser que la *Palabra en este lugar en la Escritura* no se predicó. Y creo que toda tal predicación, con todas y sus restantes buenas cualidades, es esencialmente errónea, y no construye en la congregación un conocimiento rico y significativo de la *Palabra* de Dios.

LA PALABRA UNA DE DIOS

Bien, hemos visto ahora algunas prácticas que impiden que lleguemos a conocer la Palabra de Dios en su *unidad.* Debemos retornar a nuestro punto principal, que la Palabra *es* tal unidad. ¿Es posible poner en claro, y quizá de modo más vívido, lo que queremos decir por esta unidad de la Palabra? Pienso que sí. Pero tomaremos un poco de tiempo para hacerlo.

La Palabra de Dios —el **poder** acerca del que hemos estado hablando— opera en nosotros un conocimiento verdadero de Dios, de nosotros mismos y del orden nómico de Dios (el orden del mundo). Pero estos tres "conocimientos" no son tres piezas de conocimiento muy independientes entre sí; están *relacionados.*

DIOS Y LEY

Tomen, por ejemplo, nuestro conocimiento de Dios y nuestro conocimiento de la ley. Debiera explicar que por ley aquí no quiero dar a entender los Diez Mandamientos, el significado religioso concentrado que Cristo expresó en las palabras "Amarás al Señor tu Dios con todo tu corazón, y con toda tu alma, y con toda tu mente. Este es el primero y grande mandamiento. Y el segundo es semejante: Amarás a tu prójimo como a ti mismo". En adición a esta ley religiosa para la central vida religiosa del hombre quiero significar con ello todas las palabras-leyes de Dios que valen para los varios aspectos de las personas y las cosas, y de las cuales nos volvemos concientes al vivir nuestras vidas: leyes matemáticas, leyes físicas, leyes del crecimiento orgánico, leyes del pensamiento, leyes de la economía y la estética, etcétera. Nos hacemos concientes de estas leyes como una fuerza atadora o limitadora en nuestras vidas, como una fuerza que nos sostiene y norma nuestras vidas: hacemos algo; entonces sentimos que no estuvo "bien" y damos un paso atrás. En breve, por ley significo toda Palabra de Dios por la cual Él ha sujetado a la creación a su Voluntad o Gobierno. La ley no es más que la Voluntad del Dios soberano para Su creación. Pero por esa misma razón no es posible tener un verdadero conocimiento de la ley aparte de un verdadero conocimiento de Dios como un Creador soberano.

Piensen en los griegos. Como paganos no conocían ningún Dios soberano. Los dioses que reconocían eran pensados como sometidos a una ley de Necesidad última que llamaban "*Anangké*". Así, en su concepción la ley se había vuelto *abstracta*, es decir, arrancada de su lugar en un contexto más grande de estructura. *Simplemente estaba ahí*, alguna fuerza necesaria que determina todo. Al ser abstracta, se ha absolutizado. En la filosofía realista de Platón tales leyes-esencias absolutas y abstractas —por ejemplo, "la belleza en sí", "lo justo en sí", etcétera— valían para los dioses tanto como para los hombres. Tal absolutización de la ley a costa de Dios no es más que una de las muchas distorsiones de la verdad que son características del hombre en apostasía.

Desafortunadamente, este modo pagano, abstracto de concebir la ley fue adoptado por muchos filósofos de la así llamada Edad Media cristiana. Escuchamos de la ley de la razón (!) y de la ley natural (!). El apartamiento radical de esto que encontramos en Guillermo de Occam no es un retorno a una visión escritural de la ley. Para Occam, Dios y la ley eran irreconciliables. La ley implica universales; Occam era un nominalista, y para el nominalismo solamente las cosas individuales existen realmente (*es decir, in re*). La ley, por lo tanto, solamente puede consistir en *decisiones individuales* de la voluntad de Dios. Si Dios ha de ser libre, no puede estar relacionado con ninguna ley que sea universalmente vinculante. Dios es *ex-lex, Deus Exlex*. No puede haber una ley moral universalmente válida a la cual Dios esté sujeto.

Fue Calvino quien nos puso en la vía de la concepción escritural de la ley cuando: (1) Criticó la teoría de las ideas de Agustín (aquellas son esa ley abstracta del realismo platónico, que en el período intermedio entre Platón y Agustín había sido subjetivada, es decir, declarada como un equipamiento *a priori* de la razón, así una ley abstracta ahora unida a nuestra propia subjetividad humana como su parte *a priori*) diciendo que Dios no está atado por ninguna ley, pero (2) al mismo tiempo rechaza la visión occamiana del *Deus Exlex* y señala la explicación escritural de Dios como *fiel*. En Calvino la soberanía de Dios nunca se concibe aparte de Su justicia (*justitia*). Calvino enseña que Dios por naturaleza ama la rectitud y la justicia. Y esto es simplemente su modo de dar expresión a la idea escritural de que Dios pone la ley a la creación y fielmente la mantiene.

A estas alturas debiera estarle claro que una visión escritural de la ley está íntimamente vinculada con una visión escritural del legislador divino. La ley está relacionada con Dios, y por lo tanto nuestro conocimiento de la ley está relacionado con nuestro conocimiento de Dios mismo.

DIOS Y YO

Pero ahora —debemos proceder—, del mismo modo, un verdadero conocimiento de nuestro propio yo sólo se puede tener en conexión con un verdadero conocimiento de Dios. Calvino no hace sino traer un aspecto de esta relación al comienzo de su famosa *Institución de la religión cristiana*.[1] Pero, en realidad, la correlatividad del autoconocimiento y del conocimiento de Dios esta involucrada en la declaración escritural de que el hombre fue *creado a imagen de Dios*.[2]

A través de los muchos siglos de la reflexión filosófica occidental los hombres han retornado repetidamente a esta cuestión del yo, no obstante sin mucho éxito. El hombre se siente a sí mismo como una unidad radical e integral, pero no alcanza a echarle mano a lo que tal unidad "sentida" es. El muy popular filósofo británico contemporáneo Bertrand Russell ha resumido su reflexión sobre el asunto de este modo: "así, en algún sentido parecería que estamos familiarizados con nuestros yos como opuestos a nuestras experiencias particulares. Pero la pregunta es difícil, y se pueden aducir argumentos complicados de cada lado. Por ende, aunque el conocimiento de nosotros mismos parece *probable* que ocurra, no es sabio afirmar que indudablemnte ocurre".[3] ¡Un resultado no muy recompensador para todo el pensamiento y energía que se dedicó a la discusión!

---

[1] Juan Calvino, *Institución de la religión cristiana* (Rijkswijk: Fundación Editorial de Literatura Reformada, 1986).

[2] Hagan el favor de leer la conferencia de Herman Dooyeweerd "What is Man?" ["¿Qué es el hombre?"] en su libro *In the Twilight of Western Thought* [*En el crepúsculo del pensamiento occidental*] (Filadelfia: The Presbyterian and Reformed Publishing Company, 1960).

[3] Bertrand Russell, *Los problemas de la filosofía* (Oxford: Oxford University Press, 1959), p. 51

No obstante, no es extraño que los hombres no puedan penetrar en los profundos misterios del Yo. Pues han tratado el asunto como si fuera una cuestión filosófica o más recientemente, y particularmente en Estados Unidos, una cuestión de las así llamadas ciencias de la conducta (algo que ciertamente *no* puede ser, como William Barrett ha demostrado recientemente).[4] Es sin embargo, una pregunta *religiosa* y solo puede ser respondida de un modo religioso. La Palabra de Dios, operante como un **poder** en nuestros corazones, nos revela a Dios, pero también nuestra propia yoidad en su unidad radical e integral. Así como Dios es revelado como el creador, el Origen absoluto e integral de todas las cosas, Quien no conoce y no puede tener un segundo origen —por ejemplo la materia— en contra o en adición a Él mismo (esto en contraste con todos los tipos de dualismo: el gnosticismo de los primeros siglos cristianos, el de los maniqueos del tiempo de Agustín de Hipona, el de los cátaros de la iglesia medieval, etcétera), así el hombre, creado a Su imagen, se revela a sí mismo en la unidad religiosa radical de su existencia criatural (el "corazón"). No importa cuanta diversidad pueda haber en su vida, nunca puede ser interpretado como una diversidad de dos tipos fundamentalmente diferentes, esto es como el "ser" de dos "mundos" que no tengan nada que hacer el uno con el otro (por ejemplo la **materia** (*matter*) —¿Qué es eso? (*never mind!*)— y la *mente* (*mind*) —¿Qué es eso? (*no matter!*))— sino que más bien deben ser "vistos" como otros tantos aspectos de su ser religioso central e integral. El hombre no es un espíritu que sirva a Dios y *también* un cuerpo que pertenezca al "mundo" de la física galileana (y ajeno a la relación con Dios); el hombre es un siervo de Dios en su integridad, *sin ningún sobrante*. En la unicidad de corazón el hombre debe servir a Dios. En el hay la misma integridad que hay en Dios, del cual él es imagen.

Estoy tentado aquí a expandirme y también a continuar y mostrar de qué modo en los varios pensadores hay un paralelo sorprendente entre la visión de Dios que desarrollan y su visión del yo humano. Pero no hay tiempo ahora. El punto que nos ha involucrado aquí, recordarán, es que nuestro conocimiento de Dios y nuestro conocimiento de nuestro propio yo no son dos "conocimientos" independientes; están *relacionados*.

LEY Y YO

En tercer lugar, hay una relación entre nuestro conocimiento de la ley y nuestro conocimiento de nuestros propios yos, y eso, de nuevo, debido a que la Ley y el Yo están relacionados.

Lutero, educado en la tradición Occamiana, estaba inclinado a poner la libertad del hombre cristiano en *oposición* a la ley. Estar en Cristo es ser

---

[4] William Barrett, *Irrational Man* [*El hombre irracional*] (Garden City: Doubleday, 1962). Deberían leer este libro. Nunca se arrepentirán.

libre, pero ser libre es estar *libre de la ley*, elevado al plano más alto donde reina el amor. Hay en esta vida un sometimiento voluntario a las leyes del Estado, por ejemplo, de acuerdo con el mandato divino, pero esencialmente el hombre en Cristo está liberado de la ley. Evangelio y ley se excluyen entre si incluso donde el cristiano intenta permear el mundo de la ley con el amor del evangelio.

En la Biblia, por el contrario, la ley no es algo de una naturaleza inferior, no algo de lo que haya de ser liberados, sino la misma *condición* de nuestra existencia como yos. Podemos pensar abstractamente acerca de la libertad, y muchos lo hacen; de hecho, es la maldición del mundo moderno. R. B. Kuiper, presidente durante un tiempo de la facultad del Westminster Theological Seminary y posteriormente presidente del Calvin Seminary, usaba la ilustración —ligeramente peculiar— de una anciana dama que iba a visitar un amiga. Cuando su anfitriona desaparecía en su cocina por unos minutos esta peculiar dama se levantaba de su silla y, caminando por el salón, encontraba una pecera de peces tropicales detrás del gran piano. En una súbita inspiración metía su mano en la pecera, levantaba uno de los peces y lo arrojaba tiernamente sobre la costosa alfombra que cubría el piso. Conforme lo hacía murmuraba, "¡Viejilla malvada, que te mantiene encerrado en esa pequeña pecera vieja! Te voy a dar la libertad de todo este salón". Desde luego, el pez prontamente *expiraba*. ¿Por qué? Porque había sido removido del área nómica para la cual había sido creado. Y pasa lo mismo con el hombre: puede ser libre de vivir como hombre solamente cuando se haya en el ambiente nómico para el cual fue creado. Ese "ambiente" es el pleno rango de la ley divina de la creación, es toda Palabra-Ley que proceda de la boca de Dios. En este sentido la ley es la condición de la libertad del hombre.[5]

El orden del mundo es así un orden de leyes, un orden nómico; la ley vale dondequiera. Vale también para el hombre; es más, el hombre está incrustado en ella. La ley es dondequiera la *condición indispensable de la vida*, el contexto omniabarcante de nuestras vidas. Observe que en Romanos 7:12, 14 Pablo llama a la ley santa, justa y espiritual. Si la creación es buena, también lo es la ley.

Solamente es cuando no estamos en una correcta relación con la ley que sentimos la ley como si fuera una maldición, como algo que nos ata y limita de un modo que es indeseable, algo que nos roba nuestra libertad. Pero entonces no debieramos condenar la ley, sino convertirnos nosotros. Lean nuevamente Romanos 7:14ss. Y debemos adquirir una verdadera visión de la libertad. Cuando cantamos el bien conocido himno "Libre de la ley, Oh condición feliz", no nos estamos declarando como libres de la ley de Dios

---

[5] Sobre esto debieran ver la discusión fundamental de Herman Dooyeweerd en su *New Critique of Theoretical Thought* [*Una nueva crítica del pensamiento teórico*] (Filadelfia: The Presbyterian and Reformed Publishing Company, 1969), vol. 1, pp. 511-523.

como la estructura nómica o la estructura de ley de la creación. Eso sería revolución, pura y simple. Debemos recordar la segunda línea del himno: "Jesús ha sangrado y hay remisión". Y quizá incluso más a propósito es el himno que comienza: "Cautívame, Señor y entonces seré libre; fuérzame a rendir mi espada y seré conquistador".

En el curso de la filosofía moderna han habido aquellos que enfatizaron la ley tanto (en realidad, la absolutizaron), que el yo se desintegró en una mera función de la ley. Consideren los grandes sistemas metafísicos del siglo diecisiete, los cuales miraban a las matemáticas y a la física como sus modelos. Por otra parte, los románticos que reaccionaron contra tal manera de pensar absolutizaron el Yo tanto (el Genio *es* la ley; cuando Mozart toca, es la ley de la producción musical) que la ley se disolvió en el funcionamiento del sujeto humano. La Escritura, sin embargo, nos muestra la relación integral de ley y Yo. El hombre es ubicado en la esfera de la ley divina. Cuando no mantiene su relación justa con la ley se vuelve injusto. Cristo, el segundo Adán, mantiene toda la ley (el hombre debe de vivir por toda palabra que procede de la boca de Dios) perfectamente. Se declara que su justicia es la del pueblo de Dios (justificación), y que es realmente operada en sus vidas a través de las obras del Espíritu Santo (santificación). El hombre se vuelve nuevamente justo, y conoce la ley como algo bueno. Sin un entendimiento verdadero de la relación entre la ley y el Yo o sujeto uno no puede entender la religión cristiana.

A veces uno pasa por un entendimiento de la relación real entre Yo y ley en lugares de lo más inesperado. En su libro *Modern French Literature* Denis Saurat escribe como sigue a cerca de la diferencia en la literatura francesa entre los siglos diecinueve y veinte: "Ha desaparecido la concepción de una ley moral. Mallarme y Baudelaire se revelaron contra la ley moral porque había una... Para Gide, Proust, Valery, Malraux, Montherlant no hay ley. No hay emoción en transgredir la ley... *Le moi* (el Yo) también ha desaparecido. *Le Culte du moi* [El culto al Yo] la obra temprana de Barre ya no significa nada. Ya no hay *moi*. Marcel de Proust no sabe cuál es su *moi* —y no le importa. Quizá *le moi* estaba conectado con la ley, se formaba, como en Corneille, al someterse a la ley o como en Baudelaire, al rebelarse contra ella. Pero ahora, no hay ley y no hay *moi*".[6] ¡Solamente podemos agregar: exactamente!

UN ENTENDIMIENTO

Pienso que hemos ya discutido las relaciones entre Dios, Ley y Yo lo suficiente para nuestros propósitos presentes, y hemos visto que nuestro conocimiento de estos tres no es un asunto de tres "conocimientos" separados.

---

[6] Denis Saurat, *Modern French Literature: 1870-1940* [*Literatura francesa moderna: 1870-1940*] (Londres: J. M. Dent y Sons, 1946), p. 79.

Estos "conocimientos" están *relacionados*. A la luz de nuestra discusión, sin embargo, pienso que podemos dar un paso adicional y decir que *un verdadero conocimiento de los tres llega como un solo entendimiento*. No es que hagamos correcciones analíticas en un "ítem" y entonces procedamos a ajustar los otros dos, o cosa por el estilo. Este conocimiento es un conocimiento del "corazón", el punto de concentración religiosa de nuestra existencia; llega en un solo relámpago de entendimiento; nos trae orientación en el mundo y de esta manera pone nuestras vidas en la dirección correcta (cf. Salmo 86:11 y 25:12-14).

Permítame una ilustración más bien simple de lo que quiero decir. Supongamos que Cristo mismo se apareciera de repente visiblemente en Su gloria justo aquí en este salón. Sabrían lo que sucedería. Cada uno de nosotros se hincaría. Estaríamos vívidamente concientes de tres cosas: (1) que esta Persona es el Señor Soberano; (2) que no somos nada nosotros mismos ante Él, sino sólo completamente Sus siervos; (3) que Su Palabra es nuestra ley. En efecto, estaríamos diciendo: "Habla, Señor; pues tu siervo escucha", y en esa respuesta de nuestros corazones se encuentran los tres "conocimientos" de los cuales hemos estado hablando: (1) Señor (Dios); (2) tu siervo (el Yo); (3) habla... escucha (la Palabra-Ley). Tal conocimiento no es conocimiento analítico, con su multiplicidad de ítems y procesos; es *un entendimiento unitario*, presente en el nivel de profundidad religiosa de nuestra existencia, previo a todo análisis. Viene cuando somos confrontados con la Palabra de Dios.

La Palabra de Dios es el **poder** por el cual Dios abre nuestros corazones para ver esta situación humana en el marco de la realidad completa. Esto es conocer la Verdad. Y conocer la Verdad es sabiduría; pues el temor de Jehová, como usted recordará, es el principio de la sabiduría. Poseedores de sabiduría, sabemos como vivir nuestras vidas. Tenemos los *regula* o principios con los cuales dirigir nuestras salidas.

Pero la Palabra de Dios hace más. No solamente somos hechos concientes de nuestro lugar en la creación, sino que también somos convencidos de nuestro pecado. En la presencia de Cristo no sabemos meramente que no somos más que siervos; sabemos también que somos siervos *indignos*, no en parte, sino totalmente. Y, más aún, conocemos la redención total de Cristo. En un relámpago conocemos nuestro lugar, que hemos caído de nuestro lugar (en el primer Adán), y que en el segundo Adán somos restaurados a nuestro lugar (aunque solamente en Él). No es verdad que solamente una parte de nosotros está caída (por ejemplo, las pasiones corporales), porque no hay "partes". La *integridad* de la creación (particularmente en el corazón del hombre) trae con ella el carácter *radical* de la caída. En la caída del hombre toda la realidad creada fue apartada del servicio a Dios. Pero es también verdad que en la obra salvífica de Cristo en el corazón del hombre toda la creación es redirigida al servicio y glorificación de Dios.

Espero que las discusiones anteriores hayan servido para aclarar lo que pretendemos cuando decimos que la Palabra de Dios es el **poder** que obra en nosotros una conciencia existencial del orden integral de la creación y (con ese Orden) de la caída radical y la restauración radical en Cristo. Ahora, tal vez, podamos comenzar a entender cómo la Palabra de Dios es centralmente pertinente para todo nuestro aprendizaje. Pues en nuestro aprendizaje somos confrontados dondequiera no sólo con una gran diversidad de estados de cosas, sino con un Orden de estados de sucesos. Los hechos no nos "hablan" a menos que los veamos en su Orden. De un modo u otro, el académico debe tener un Orden en sus conclusiones. Si la Palabra de Dios no le enseña lo que este Orden es, debe sustituirlo con algún principio de estructuración total de su propia hechura. Ahora bien, en oposición a tales principios de hechura humana (acerca de los cuales hablaremos en la siguiente conferencia) la Palabra de Dios da la Verdad. Es la *Tesis Divina*, de la que todos los sustitutos humanos sólo pueden ser otras tantas distorsiones.

CONFERENCIA 2

ANTÍTESIS

Ayer fue la Tesis; hoy es la Antítesis. Antes de que termine hoy tendré que clarificar el sentido de la palabra antítesis tal y como la estoy usando aquí. Pienso que primero se haya en orden, sin embargo, una rápida revisión de lo que hemos visto hasta aquí. Uno de los hombres aquí presentes ayer nos recordó que la recapitulación es importante. Me gustaría por esto recapitular muy brevemente lo que traté de decir en la primera conferencia, pero en el proceso simplemente puedo agregar a lo que dije entonces. Es decir, que mi propósito no es meramente recapitular, sino más bien por medio de la recapitulación regresar al curso de pensamiento de estas conferencias.

LA PALABRA Y EL MUNDO DEL SABER

Recordarán que comencé ayer describiendo dos caminos fundamentalmente divergentes que puede tomar la inmigración holandesa calvinista en Canadá, y que entonces propuse que el camino que seguirán en última instancia estará determinado por el que hayan visto claramente, o no, la *conexión interna que existe* entre la Palabra de Dios y nuestra vida en este mundo, más particularmente justo ahora la *conexión intrínseca entre esa Palabra y el mundo del saber*. Lo primero que tenía que ocupar nuestra atención era, por lo tanto, la pregunta: ¿qué es, precisamente, la Palabra de Dios? Ver eso claramente es el primer requisito para ver realmente la necesidad de la acción cristiana en nuestra sociedad y de un centro cristiano de estudios avanzados e investigación en este continente norteamericano.

Tengo una poca de esperanza de que ya muchos de ustedes estén comenzando a ser capaces de imaginarse, por lo menos de modo tentativo, cómo la tierra parece mentirnos. Pero la conferencia de hoy debiera ayudarnos mucho a fijar esa imagen en sus mentes.

Vimos que la Palabra de Dios en todas sus muchas palabras es no obstante una Palabra en que como un **poder** operativo en nuestros corazones nos revela, en un abrir y cerrar de ojos, a Dios mismo, nuestro propio yo y el orden del mundo, el cosmos de las ordenanzas de la creación de Dios en las que hemos sido colocados para servir a Dios ante Su rostro en obediencia federal y amor con un corazón íntegro. Es como si la Palabra (Voz) de Dios se dirigiera a nosotros: "Adán", "Samuel", Tú (pon aquí tu nombre), y de golpe conociéramos toda la verdad. Con Samuel decimos: "Habla, Señor; pues tu siervo escucha". Esto es, Tú eres el **Señor**; Tu palabra es la ley; no soy más que tu siervo. Soy, además, un siervo indigno, pero Tú me has llamado para servir. De este modo, la Palabra de Dios revela a la vez nuestra total situación humana, no meramente la situación como está dada en el orden de la creación sino también, dentro de esa situación, nuestra caída desde nuestro lugar en el cosmos como vicegerentes imágenes —Adán, ¿dónde estás?— y nuestra restauración completa y gloriosa en Cristo Jesús, el segundo y substitutivo Adán.

La Palabra de Dios es, así, la Palabra de Verdad de Dios sobre la naturaleza última de las cosas: quiénes somos nosotros los hombres (nuestra "herencia"); en qué tipo de lugar hemos sido puestos por Dios (nuestro "medio ambiente"); qué tenemos que hacer a la luz de los dos anteriores (e.e. cómo caminar en la verdad). Como tal *poder* la Palabra de Dios es la **tesis** de Dios, la primera y única afirmación verdadera, por la que la naturaleza de nuestra vida en el mundo es dilucidada y su camino (de este modo) dirigido.

Aquí entonces encontramos esa unidad de la Palabra de Dios. En nuestro pensamiento y habla acerca de esa Palabra se nos demanda pensar sucesivamente un número de pensamientos y usar una multiplicidad de palabras. Nunca podemos alcanzar la unidad del todo, no podemos poner nuestros dedos sólidamente sobre ella, como es también el caso con nuestro pensamiento acerca de nuestra yoidad. La unidad está justamente más allá de nuestra comprensión lógica; no obstante, *religiosamente* somos concientes de que la unidad está ahí. Por medio de esta Palabra convertidora, esta Palabra que nos engendra a nueva vida, el Dios viviente y soberano nos sostiene en el corazón religioso o punto de concentración de nuestra existencia y *nos pone en la Verdad*, e.e. en Cristo.

EL SIGNIFICADO DE LA VERDAD

Debo agregar justo aquí que todo esto es de importancia fundamental para nuestro entendimiento del significado de la palabra "verdad". Ayer tuvimos un debate acerca de esa palabra, como ustedes recordarán. Ésta surge repetidamente en mis clases en el Calvin, también. Constantemente se me pregunta: ¿No es una "verdad" que 2 más 2 es igual a 4? ¿No es una "verdad" el hecho de que la combinación de un elemento químico con otro produce uniformemente una cierta clase de combinación química? A todas estas preguntas contesto que debemos distinguir entre una descripción más o menos correcta de aquellos estados de cosas limitados que inmediatamente se nos presentan a todos y la verdad sobre aquellos estados de cosas. La *verdad* sobre ellos no puede ser vista separadamente de la coherencia completa del significado del orden de la creación tal y como es visto a la luz de la Palabra de Dios. Es importante recordar en esta conexión que siempre debemos estar "normados" por la Escritura, y la Escritura nos dice lo que la Verdad es. La Palabra de Dios es la Palabra de Verdad de Dios (Stg. 1:18). Cristo es la Palabra de Dios y la Verdad. La Escritura nos ordena estar en la Verdad, estar en Jesucristo. Y esa es, por supuesto, nuestra norma. Cuando hablamos acerca de la Verdad debemos recordar que la Verdad en la Escritura no es alguna observación discreta (cortada, separada, abstraída de la totalidad) de fenómenos positivamente dados, una noción de "verdad" como la que el positivismo del siglo diecinueve defendió y pasó a la fenomenología. La Verdad en la Escritura tiene que ver con el todo de la realidad en su significado religioso central. ¡Sólo la Palabra de Dios, por la que estamos injertados en Cristo, puede mantenernos en la Verdad!

BORRAR POSIBLES MALENTENDIDOS

Este es probablemente el momento, antes de que sigamos con el nuevo material, de intentar borrar un par de posibles malentendidos con respecto al desarrollo de nuestro pensamiento hasta aquí. Primero, entonces, uno de los ministros que fue presentado ayer preguntó, después de mi conferencia, si había dado el énfasis propio a la iglesia y especialmente al hecho de que llegamos a la Palabra de Dios por medio de la iglesia. Ahora, por supuesto, la iglesia y su proclamación de la Palabra de Dios es de primera importancia en el desarrollo dinámico del Reino de Dios y es ciertamente verdadero que es a través de la presencia de la iglesia en el mundo que llegamos a escuchar de la Palabra de Dios. Pero en estas conferencias estoy interesado en la *trascendencia* de la Palabra de Dios. Es la Palabra lo que está primero. La iglesia confesante es una manifestación del Cuerpo de Cristo, pero el Cuerpo de Cristo (el Reino de Dios) es precisamente ese Cuerpo de creyentes, esa Confraternidad, esa Comunidad de fe que el Espíritu reúne mediante la *Palabra.* Nunca debemos olvidar que la obra de Dios en el corazón está primero; Dios *establece* Su iglesia por Su Palabra. Ese es el por qué no me fue necesario, en el contexto actual, hablar particularmente de la iglesia.

Un segundo malentendido que posiblemente pudo haber surgido en sus mentes tiene que ver con mi declaración de que el sentido central de la Palabra de Dios es la revelación de: (1) una Creación (integral), (2) la Caída (radical); y (3) la (igualmente radical) Restauración en Jesucristo. En los Países Bajos el profesor Dr. C. A. van Peursen en su libro *Filosofische Oriëntatie*[1]

[1] Cornelis van Peursen, *Filosofische Oriëntatie* [*Orientación filosófica*] (Kampen: J. H. Kok, 1958), p. 132.

ha planteado la objeción a este procedimiento de que cualquier declaración tal con respecto al sentido central de la Biblia es, él mismo, el resultado de nuestra propia humana, y por ello falible exégesis o esfuerzo de interpretación, sujeto por lo tanto a toda la relatividad de las influencias históricas y teológicas del pasado, y que otras personas, desde una perspectiva diferente, pueden sugerir también otra formulación. Menciona, por decir algo, el Reino de Dios como una posibilidad.

A esto me gustaría responder, primero, que no puedo ver cómo la sugerencia de Van Peursen de que alguien podría oponer a nuestra formulación la del Reino de Dios, puede hacer algo más que establecer y confirmar lo que hemos dicho aquí. Pues si nos detenemos un minuto para reflexionar sobre la idea del Reino de Dios encontramos que es el Reino de los hombres redimidos en Cristo. Y eso significa que Dios en Cristo ha hecho que el hombre, quien cayó en la totalidad de su ser desde su lugar u oficio representativo, estuviera otra vez de pie, esto es, estuviera justo (en Cristo, por supuesto) en el entero orden de la Ley de Dios. Así que el Reino mismo requiere para su entendimiento el tema central de la Creación integral, la Caída radical y la Restauración radical. Eso *es* el Reino, el Reino de la Justicia re-no-va-da de Dios.

Pero, lo que es segundo y más básico, debemos, repito, huir de la noción de que la Biblia es simplemente una comunicación a este "mundo" (?) objetivamente (e.e. que no incide sobre mí, el sujeto) de un cuerpo de juicios a los que yo, hombre, llego con mi aparato de entendimiento racional. Por Su Palabra Dios nos engendra a una nueva vida. Por su Palabra Él nos *une* a la Verdad. De pronto "vemos" la naturaleza de lo real. "Vemos" que el universo en su corazón es ese gran comercio federal entre Dios y Su imagen y vicegerente, el hombre, quien en el todo de ese Orden Seguro de la Ley, que es la creación, ha de andar en santidad ante su Dios, haciendo toda su obra cultural en la creación (establecida por el mandato cultural) para corresponder con las demandas de las divinas ordenanzas de la Ley y prestar así su servicio religioso a Dios. (Estudiar Ro. 12:1 a la luz de su contexto, e.e. precedida por cap. 11 y seguida por cap. 13). Nos "vemos" como seres integrales (e.e. que no hay *remanente* que *no* esté concentrado en esta relación de pacto) en un orden integral de la creación (e.e. ningún segundo principio tal como la materia en contraposición con, ajena a, o no concentrada en Dios a través del hombre en su integral servicio con el corazón). Desde el punto de vista de la Escritura no puede haber un Ser (materia o substancia) que no esté relacionado con, concentrado en este centro de pacto de la realidad. No puede haber "cualidades" en sí mismas, que no sean vistas como relacionadas con el servicio cultural-religioso del hombre en el Pacto. No puede haber "imagen" de Dios en el hombre separada de su total lugar representativo. Es extremadamente importante que descontinuemos todas las viejas ideas ortodoxas escolásticas de la imagen de Dios como un ser relacionado con alguna substancia, alguna substancia racional en mí, alguna cosa *estructural* que se encuentre en todos los hombres. Me gustaría sugerir un libro a este respecto para que lo lean, uno de los volúmenes de los *Studies in Dogmatics* de G. C. Berkouwer, intitulado *Man: The Image of God*.[2]

EL PRINCIPIO ORDENADOR DE LA VIDA

Pienso que se va haciendo cada vez más claro, conforme avanzamos con las conferencias, que la Palabra de Dios es verdaderamente el principio ordenador de nuestra vida, el principio que da orden a toda nuestra experiencia. Dijimos ayer, como ustedes recordarán, que nuestra pregunta acerca de la relación de la Palabra de Dios con nuestra vida en este mundo, incluyendo nuestra vida en el "mundo" del saber, es la pregunta acerca de los *principios*. Dije que algunas veces pudimos haber hablado demasiado abstractamente acerca de nuestros principios. Nuestro estimado colega aquí en esta conferencia, el profesor van Riessen, ha dicho lo mismo en su libro *The Society of the Future* y lo ha dicho muy bien.[3] Es una de las mejores formulaciones sobre eso que haya jamás leído. Cerciórense de leer especialmente su tercero y séptimo capítulos, intitulados "Structural Principles of Society" ["Los principios estructurales de la sociedad"] y "The Liberation of Society" ["La liberación de la sociedad"], respectivamente. Es mejor leer el texto holandés, si pueden, que el inglés (el cual algunas veces omite el punto aún en cuestiones centrales).[4] "El principio" es el Origen que ordena, estructura. La Palabra de Dios, entendida como el **poder** de Dios que abre nuestros corazones a la Verdad, es así el principio de nuestra vida.

Muchos de los así llamados problemas detallados serán de pronto iluminados cuando se vean en conexión con el principio central. Tomen, por ejemplo, el problema de la responsabilidad, cercanamente relacionado con el asunto del hombre como imagen de Dios. Los pensadores más antiguos, fuertemente influenciados por extraños (al cristianismo) modos racionalistas de pensar, quienes acordemente tomaron como la imagen lo que habían llamado Razón, así supuestamente identificando la imagen con algo en la *estructura* del hombre considerado como separado de la *direccionalidad* de su vida hacia Dios, frecuentemente pensaron que la responsabilidad del hombre se derivaba de su racionalidad. Esto se sigue repitiendo hoy en día por

---

[2] G. C. Berkouwer, *Man: The Image of God* [*El hombre: La imagen de Dios*] (Grand Rapids: Eerdmans, 1962).

[3] Hendrik van Riessen, *The Society of the Future* [*La sociedad del futuro*], (Filadelfia: The Presbyterian and Reformed Publishing Company, 1957).

[4] Hendrik van Riessen, *De Maatschappij der Toekomst* [*La sociedad del futuro*] (Franeker: T. Wever, 1952).

muchos profesores y pensadores calvinistas. El hombre es racional, argumentan. Es decir, puede distinguir por medio de conceptos las diferencias en las cosas. Por esa razón puede también distinguir entre lo bueno y lo malo. Y por eso es responsable. Constantemente te encontrarás con tal línea de pensamiento. Pero no es verdad, como puedes ver tan pronto como relaciones la cuestión de la responsabilidad con nuestro principio central, la Palabra de Dios. A partir de la Escritura debería estar claro que nuestra responsabilidad humana no surge del hecho de que tenemos dentro de nosotros algo llamado racionalidad, sino justo exactamente del lugar religioso central que tenemos en el Cosmos, de representantes de Dios en la Creación, ante Su faz en el Pacto, sujetados a Su Ley, dada nuestra tarea humana para llevarla a cabo en religiosa obediencia de amor. Por supuesto que es verdad que el aspecto racional o analítico de nuestra vida está siempre *presente en* nuestra responsabilidad, pero muchos otros aspectos de nuestra vida temporal están también involucrados. La responsabilidad, sin embargo, no es cuestión de uno de estos aspectos, sino de la situación total en su concentración religiosa de significado.

Basta para señalar el poder que tiene el principio ordenador para "colocar" y así dilucidar mucho de lo que frecuentemente es tomado como cuestiones detalladas. Es verdaderamente a la luz de nuestro principio que vemos la conexión de todos los detalles de nuestra vida. Cristo, el Reino de Dios, la Justicia, el Estado, el Matrimonio, la Familia, el Pacto, la Iglesia, —como se juntan en una hermosa unidad. Lamento que no podamos tomar aquí el tiempo para hablar de eso. En este punto el folleto *The Bible and the Life of the Christian* del Club Groen será, pienso, de gran ayuda para ustedes.[5] Trata especificamente estos tópicos.

DIOS, YO Y COSMOS
LAS CUESTIONES METAFÍSICAS POR EXCELENCIA

Debemos, sin embargo, abordar el material que pertenece más particularmente a nuestro tema de hoy. Y, ahora, lo primero que tiene que señalarse es esto: que desde el comienzo de la especulación filosófica occidental esa especulación se ha centrado en los tres momentos de Dios, Yo y el Orden del Mundo, Orden de la Naturaleza, Naturaleza, o como lo quiera llamar. Pienso que fue el profesor Cornford en su libro *From Religion to Philosophy*[6] quien observó acerca de Tales —muchos han mirado a Tales (pienso que

---

[5] H. Evan Runner, ed., *The Bible and the Life of the Christian* [*La Biblia y la vida del cristiano*] (Filadelfia: The Presbyterian and Reformed Publishing Company, 1968).

[6] F. M. Conford, *From Religion to Philosophy* [*De la religión a la filosofía*] (New York: Harper and Brothers Publishers, 1957).

incorrectamente; cf. Werner Jaeger, *The Theology of the Early Greek Philoso-phers*[7] cap. 1) como el primero de los filósofos griegos— que cuando dijo que todo estaba lleno de dioses y almas, y que todo es agua, estaba operando con las tres concepciones centrales de la antigua religión griega: Dios, Yo y el Orden del Mundo (el mundo todo se reduce a una cosa: el agua). Estas cuestiones que la filosofía hereda eran cuestiones religiosas y, como hemos visto, solo por la vía religiosa *puede* ser conocida la verdad sobre ellos. No obstante, estos problemas se convirtieron en el corazón de la especulación filosófica, de lo que conocemos como metafísica.

Así, la historia de la especulación metafísica nunca puede ser entendida a menos que la veamos como una nueva forma de intentar encontrar respuestas a cuestiones que en realidad son religiosas. Son cuestiones religiosas por-que no podemos propiamente formularlas o responderlas mas que estando en un pacto de compañerismo de vida con Dios, más que siendo tomados en nuestros corazones y puestos en la Verdad. *Se convirtieron* en cuestiones metafísicas cuando se tomaron como preguntas que pueden ser respondi-das por un análisis supuestamente puramente racional de nuestra existencia temporal, considerada como independiente de la relación religiosa.

Este intento *metafísico* de encontrar respuestas a estas preguntas duró a través de los siglos hasta que llegamos a la *Crítica de la razón pura* de Emanuel Kant.[8] En la sección de esa *Crítica* llamada la Dialéctica Trascendental, Libro II, encontramos una discusión de las tres cuestiones de (1) una antropología o psicología racional o especulativa (los Paralogismos), la cuestión del "Yo" o Ego; (2) una cosmología racional o especulativa (las Antinomias), la cuestión del Orden del Mundo; y (3) una teología racional o especulativa, las prue-bas teístas para la existencia de Dios. Aquí tenemos el mismo corazón de esa Dialéctica que llegó a ser muy importante para los posteriores desarro-llos idealistas a través de Hegel. Kant deseaba destruir la metafísica *en este sentido*, que ninguna respuesta *teorética* (teorética en el sentido del método científico de la construcción de conceptos) para estas cuestiones era posi-ble. Propuso, sin embargo, una razón *práctica* la cual se suponía era capaz de ayudar aquí. Tenía que eliminar el *conocimiento* aquí, escribió él mismo, para hacer un lugar a la *fe*. Pero la fe era para Kant un tipo de reflexión moralista, no la fe cristiana. Muchos seguidores de Kant extrajeron una lección dife-rente a partir de su escrito; siguieron el camino fenomenalista-agnóstico: la metafísica es imposible y, puesto que nuestras tres cuestiones fueron toma-das por todos los hombres como cuestiones metafísicas, no podía esperarse ninguna respuesta a estas cuestiones.

---

[7] Werner Jaeger, *The Theology of the Early Greek Philosophers* (Oxford: Clarendon Press, 1947). Hay traducción al castellano: *La teología de los primeros filósofos griegos* (México: Fondo de Cultura Económica, 1952).

[8] Emanuel Kant, *Critique of Pure Reason* (Nueva York: Macmillan, 1977). Hay traducción al castellano: *Crítica de la razón pura* (México: Porrúa, varias ediciones).

Había algo bueno en esta reacción agnóstica a Kant. Estas cuestiones nunca pueden ser resueltas de un modo metafísico. Pero este resultado, el cual es un callejón sin salida, no condujo a los hombres a ver la Luz de la Palabra de Dios. El espíritu positivista tomó posesión de los corazones de muchos hombres a fines del siglo diecinueve en Europa, y desde entonces ha llegado a ser una poderosa fuerza en el centro de la academia del mundo anglosajón en el siglo veinte.

Décadas más recientes están mostrando, sin embargo, que había algo en el movimiento metafísico que no se le puede negar al hombre. Nuestra vida es una vida vivida en un Orden y la conciencia del Orden es necesaria para poseer un conocimiento significativo incluso de los "hechos". Los "hechos" desordenados no nos "hablan". Aun cuando no esté claro el verdadero sentido del Orden, el Orden mismo está ahí y ello como una revelación que nos toca, que se impone y que aparece en las imaginaciones del hombre en alguna forma distorsionada. Pues nosotros los hombres no podemos eludir nuestra situación creacional como hombres: No *somos* máquinas registradoras de hechos analíticos; somos representantes de Dios en la tierra, ante la faz de Dios para conocer (en el sentido hebreo) la Verdad y vivir en ella. Somos esa criatura profeta-rey-sacerdote, caída de nuestro oficio en Adán o restaurado al mismo en Cristo. Esta inevitable situación creacional nos lleva a dar una respuesta a las preguntas religiosas centrales. Kant quería demostrar que la metafísica es imposible. Bien, así es. Pero encontramos que las cuestiones centrales de la metafísica son en realidad cuestiones religiosas (conocidas correctamente sólo cuando estamos en el firme puño de la Palabra de Dios), y como tales permanecen en el centro de nuestra experiencia humana e insisten en nuestra respuesta de profetas-reyes-sacerdotes.

Entendida en el sentido anterior, la metafísica es siempre un *sustituto* humano del vivir una vida verdaderamente religiosa. Esto no es decir, sin embargo, que no haya una tarea propiamente filosófica. Lo que significa es que no hay tarea filosófica *autónoma*, esto es, una que no está dirigida desde el nivel religioso, el cual yace en un nivel más profundo de nuestro ser.

LA NATURALEZA DEL PECADO Y LA GRACIA

Observar el paso actual en el avance de nuestro argumento es de lo más importante. La Caída no cambia nuestra situación creacional. El cosmos de la Voluntad de Dios (la Ley) permanece firme. La humanidad permanece ligada a Dios en una relación de pacto y es por ello culpable. Ese es el significado de su vida. La Caída es simplemente un cambio en la *dirección* que damos a nuestras vidas. Dios sigue siendo el Soberano pero ya no le reconocemos como tal. La Ley sujeta, como la Palabra-Ley santa y dadora de gracia de nuestro Señor-Creador para nuestra vida, pero ya no la reverenciamos como tal. Nosotros los hombres seguimos siendo nada en nosotros mismos; pero reprimimos esto y, separándonos en nuestra imaginación de la relación religiosa que es nuestra verdadera situación, tratamos de hacernos algo que tiene su fundamento en sí mismo. Una *sustancia*, por ejemplo. Algo que está justo ahí, un *Da-sein* [ser-ahí o ente]. El significado de la creación permanece tan fiel como la Palabra de Dios que la llamó a ser y la sustenta. Tenemos que hacer algo con *eso*; es todo lo que hay con lo cual hacer algo; no hay otra realidad que explicar más que la creación de Dios.

Pero, teniendo en nuestra iniquidad suprimida la Verdad, debemos imaginarnos (en nuestros corazones) una Mentira. Es inevitable un cálculo de nuestra situación total debido a nuestra propia naturaleza. De este modo, ideamos (imaginamos, evocamos) algún principio nuevo de estructuración total de nuestra experiencia de la vida. Eso es la Mentira, la cual no está de acuerdo con la realidad sino que es una ficción de nuestra imaginación. La afirmación positiva (la Palabra de Dios, la Verdad) es primero, la **Tesis**. Nuestra Mentira es la colocación de una declaración *represiva* y *suplantadora* frente a la Declaración Verdadera de Dios. La Declaración Falsa nuestra es, así, la Anti-tesis o la **Antítesis**. Como Pablo nos dice en el primer capítulo de Romanos, nosotros los hombres cambiamos "la verdad de Dios por la mentira, honrando y dando culto a las criaturas antes que al Creador, el cual es bendito por los siglos" (vers. 25). El resultado lo describe en los siguientes dos versículos (26, 27): nuestras actividades en la vida vinieron a ser dirigidas en contra de la naturaleza, e.e. en contra del cosmos de la Palabra-Ley de Dios.

El trabajo de Restauración de Cristo no es, así, una añadidura de la Gracia a una Naturaleza que esté meramente aquí (y en una condición natural o normal). La entera creación integral de Dios se centra en el hombre. Cuando los hombres cayeron, toda la creación fue desviada por el corazón del hombre de su propio fin o dirección, esto es, glorificar y servir al Creador. El Reino de la Gracia es el anuncio de que una Cabeza nueva de la raza ha sido por gracia provista en el Segundo y Último Hombre. El Reino de Dios es la renovación del corazón. Es la nueva Justicia. Nosotros hombres podemos sostenernos una vez más en la Verdad y "ver" la realidad como es. Consecuentemente, somos traídos de vuelta a una obediente reverencia bajo las ordenanzas de la creación.

En otras palabras, la gracia no *completa* la naturaleza (donde la naturaleza se toma como algo normal no afectado por la Caída o la Redención internamente), como dijo Tomás de Aquino y creen los católicos romanos. (Trataremos de decir más acerca de esto en nuestra tercera conferencia mañana.) Más bien, la gracia *renueva* la naturaleza. En el Reino de la Gracia las normas de la creación se activan una vez más en las muchas relaciones de la vida: los padres y los hijos, el esposo y la esposa, amos y siervos, gobierno y súbditos.

Justo en el mismo centro del Reino de la Gracia (el instituto eclesial) Cristo
mantiene el orden de la creación.

CRISTO Y LAS ORDENANZAS DE LA CREACIÓN

Es importante enfatizar este punto ahora cuando se nos dice, en los círculos
bartianos y otros círculos de la teología de la crisis, que debemos proseguir
sólo a partir de Cristo y de que no puede hablarse de ordenanzas de la
creación. Permítanme traer a colación en este momento sólo dos ejemplos
de lo que digo. Primero, la cuestión del divorcio. En Mateo 19 leemos lo
que Cristo dijo a los fariseos, quienes le preguntaron acerca del mismo para
tentarle. Cristo los remite a la Creación: "¿No habéis leído que el que los hizo
al principio, varón y hembra los hizo, y dijo: por esto el hombre dejará padre
y madre, y se unirá a su mujer, y los dos serán una sola carne?" Recuerden que
los fariseos le recordaron a nuestro Señor que Moisés mandó dar carta de
divorcio. A esto Cristo les replicó: "Por la dureza de vuestro corazón Moisés
os permitió repudiar a vuestras mujeres; más al principio no fue así". Esto es,
el gobierno (Moisés) debe tomar en consideración la condición de la gente
en la constitución de su legislación; debe trabajar en una forma "histórica
cristiana", como siempre han dicho los hombres de Estado cristianos de
los Países Bajos. Pero la proclamación de la Verdad en Cristo apunta a las
demandas de la Ley del orden de la creación.

Un segundo ejemplo es lo que Pablo dice acerca de las mujeres que usan
sombreros en las iglesias. Su palabra es frecuentemente relativizada como
una simple referencia a los *mores* o costumbres de su época. Pero, significa-
tivamente, eso no es lo que Pablo está haciendo. Apoya su argumento en la
situación de la creación. De acuerdo con la ordenanza original del Padre,
la mujer no está a la par con el hombre. (Leer I Co. 11:5-10, y comparar I
Ti. 2:9-15.) Por *esa* razón, la mujer no debiera entrar a la congregación con
la cabeza sin cubrir. Aquí tenemos otra vez, en la proclamación del Reino
de Cristo, una apelación a la ordenanza original de la creación. Es por tales
razones que el Reino puede también llamarse de Justicia. Pues es a través
del Reino de Cristo, *de acuerdo con la Ley de Dios* que el hombre es otra vez
restaurado a la relación propia con Dios y sus prójimos. Cristo mantuvo la
relación propia como Segundo Hombre: se mantuvo justo. Su justicia es
tomada en cuenta *y hecha* nuestra justicia en el Reino de Justicia.

LA ANTÍTESIS COMO DISTORSIÓN SISTEMÁTICA
(RELIGIOSA) DEL ORDEN DE LA CREACIÓN

Pero debemos regresar al punto principal. Aún en la Caída seguimos siendo
seres *religiosos*, dotados de una vagamente obsesiva conciencia de nuestra

yoidad integral y de una ley cósmica, así como de Dios. Tome el yo, por ejemplo. Tenemos un sentido de que de algún modo todas nuestras actividades de la vida se juntan en un uno, una unidad que es el "Yo", el *moi*, el Ego. Simplemente no podemos *ubicar* o identificar más esa unidad radical de nuestras vidas a nuestra propia satisfacción, y de tal manera que nosotros y otros estemos convencidos. El significado del "yo" se nos escapa. Sin embargo, somos de algún modo impulsados a seguir tratando de fijarlo en un enunciado acerca de qué es esa unidad más profunda. En otras palabras, el hombre caído, justamente porque sigue siendo la criatura religiosa que Dios le hizo ser, no simplemente actúa como un analista racional de los "hechos" que son positivamente presentados a sus sentidos o mente. Como ser religioso es conducido a enunciados religiosos, a buscar la totalidad del significado y a hacer una declaración sobre la unidad de su yoidad.

Ya hemos visto, sin embargo, que el verdadero autoconocimiento surge solo de un compañerismo vivo con Dios. Y es ese compañerismo el que el hombre caído ha roto. Ya no está ahora en posición de ver la gran diversidad de aspectos de su vida temporal *como concentrados en el corazón religioso y dirigidos hacia el Origen de su vida.* Adora a la criatura, despojado en su imaginación de toda relación con el Creador. Piensa de sí mismo como meramente esta cosa aquí. Pero, puesto que ese algo que está justamente aquí, nuestra existencia temporal, exhibe una gran diversidad de momentos o aspectos —p.e. numérico, espacial, físico (cinemático), energético, orgánico, físico, analítico, histórico-técnico, lingual, social, económico, estético, jurídico, ético y pístico—, y todos ellos, vistos a la Luz de la Palabra de Dios, son *aspectos relativos, componentes,* de la unidad de la raíz religiosa (nuestra vida como un todo es religión) que se concentra en el culto a Dios, el hombre apóstata es llevado por sus necesidades religiosas a encontrar un sustituto para llenar la verdadera unidad de la raíz de su vida que está religiosamente eludiendo, para *absolutizar* uno de los aspectos relativos o tomar parte de nuestra vida religiosa y *elevarla* al lugar del corazón. Al hacer esto no está, como pueden ver, meramente recogiendo imágenes del sentido de la realidad en la tablilla en blanco de su mente. Debe encontrar un absoluto en lo relativo. Lo vemos *atado a la estructura de la creación*: debe conocerse a sí mismo. Al mismo tiempo lo vemos *obstinadamente poniendo su Mentira para reemplazar a la Verdad. Debe tener su absoluto, aún si eso significa que debe torcer lo que prontamente descubrirá la observación que es relativo. Su análisis racional está acompañado por el más profundo de los impulsos, que en el estado de caída requiere una distorsión de los mismos "hechos" que está en proceso de analizar.*

Un inmediato ejemplo aparente acerca de lo que estoy pensando es ofrecido por el ataque del irracionalista contemporáneo a la vieja teoría racionalista del hombre como Razón. La "Razón", es de hecho, un concepto apóstata; es un mito. Surge de una absolutización y deificación de nuestra capacidad analítica para distinguir las diferencias conceptualmente. La necesidad apóstata de una entidad "sustancial" que está justamente ahí se ha apoderado de una función relativa de nuestra existencia temporal (relativa porque un análisis de nuestra vida funcional analítica descubre una multiplicidad de momentos en ella que requieren de otros momentos de la vida de nuestra existencia temporal para ser) y la distorsiona haciéndola ser algo, la "cosa" central de nuestra vida. El racionalismo supuso que el corazón del hombre era la Razón.

Sin embargo, esta explicación racionalista se haya, de hecho, en completo conflicto con estados de cosas observables. Recientes investigaciones en psicología, psicoanálisis, y de varios filósofos sociales, parecieran hacer demasiado dudosa la existencia de una Razón tal como la que el racionalismo ha supuesto. Podemos notar el cambio que ha tenido lugar observando el significado cambiado del verbo "racionalizar". En los primeros siglos "racionalizar" la conducta de uno significaba traer a colación los fundamentos racionales o lógicos de la misma. Ahora "racionalizar" más probablemente significaría, por lo menos en muchos ámbitos, "hacer parecer racional lo que fue hecho por "razones" que son realmente subracionales, "razones" que yacen en los obscuros vados y en los lóbregos abismos de la vida psíquica". En otras palabras, "racionalizar" ahora se refiere más a una máscara en la superficie que al corazón central del hombre. En el irracionalismo, la Razón ha sido quitada de su supuesta posición central y hecha periférica y relativa. Por supuesto, podemos agregar que el irracionalismo a su vez ha adoptado algún otro aspecto relativo de nuestra existencia temporal que no es más central que la vieja "Razón" de los racionalistas, para hacer de *ella* el "corazón".

LA GRAN DIVERSIDAD DE ANTÍTESIS

Nuestra ilustración nos lleva al siguiente punto, a saber que los hombres apóstatas no siempre están de acuerdo en lo que absolutizan. Esto no debería sorprendernos en lo absoluto. La unidad de mente (o corazón: concordia), la unidad, la comunidad, la paz —éstas son el fruto de la unión que Dios hace en nuestros corazones en un compañerismo de fe por el **poder** de Su Palabra. Donde los hombres no están así vinculados, no hay nada que impida que tome primero uno y después otro de los muchos aspectos de nuestra vida temporal como siendo desde su punto de vista el origen absoluto de los otros aspectos. Esto se hace posible por el mismo carácter relativo de cada uno de los aspectos de la vida: al ser relativo, los otros aspectos de significado de la vida están involucrados en su misma naturaleza. La totalidad del significado está presente universalmente de cierta manera en cada aspecto. Se requiere una distorsión de esta estructura de la creación para ver un aspecto como la *plenitud* de significado, requerida por el corazón, de todos los otros aspectos de significado. Regresaré a este todavía obscuro punto la próxima vez.

Es así que una gran diversidad de Antítesis ha surgido en el curso de la historia de la filosofía. Hemos hablado del racionalismo; pero conocemos también un esteticismo, un materialismo, un organicismo, un tecnicismo, y así consecutivamente. El hombre ha sido concebido como un ser racional, como una organización material, como un ser técnico, como un ser económico. Probablemente han escuchado los términos: el hombre máquina, *homo faber, homo oeconomicus*, etcétera. Estos, y otros que no mencionaré, son todas concepciones de totalidad acerca del hombre que surgen no de una mera observación racional y análisis de hechos positivos presentados a nuestras "mentes"—si eso fuera así, no habría conflicto entre ellas—, sino más bien, de dejar de ver los aspectos relativos de nuestra vida como todos relativos, y del esfuerzo consecuente por explicar todos los aspectos restantes en términos de uno que es levantado (religiosamente) o absolutizado, y así convertido en el más profundo manantial y unidad de los otros.

Notarán que para las diferentes "teorías" que así surgieron usamos las terminaciones "ismo". Estas palabras siempre indican distorsión, exageración. "Sentimos" la distorsión y decimos que la teoría es unilateral. Cuando esta unilateralidad ha sido suficientemente sentida, puede venir un cambio a otra teoría. Pero, con el tiempo, ésta también resulta ser demasiado unilateral. Nunca se llega a un punto de reposo, a un fin satisfactorio de la búsqueda. El hombre no se encuentra a sí mismo. Tan es así el caso que muchos hombres modernos han hecho una virtud del mal y dicho que preferirían estar en una búsqueda eterna de la verdad que poseer la verdad. La segunda, se dicen a sí mismos, solamente es apropiada para los dioses.

En estas tres conferencias es imposible entrar en todos estos altamente complicados temas. Todo lo que puedo esperar hacer es ser sugerente, proveer un cierto estímulo para que ustedes vayan y trabajen más eficientemente con los libros que estén disponbibles. Lánzense a la mesa de libros, que está atrás del salón, después de las conferencias. Las conferencias deben hacer que lean libros importantes. Sólo puedo esperar darles un impulso inicial, como quien dice, para ponerlos a hacer la tarea por ustedes mismos. Sólo entonces llegarán a ser estudiantes.

Lo importante en este simposio es que empiecen a ver cómo la Palabra de Dios realmente *nos dirige* en nuestro análisis de nuestra experiencia. Lo que la Palabra de Dios no hace, por supuesto, es decirnos que hay unos catorce aspectos, esferas de ley, maneras (modos, modalidades) en las que lo que es, es. Pues eso es estrictamente materia de análisis. La Palabra nos dirige, sin embargo, a tomar toda diversidad de momentos que encontramos en la creación como una *diversidad de la plenitud integral del significado de nuestra vida religiosa*. De este modo la Palabra nos dirige al orden de la creación integral concentrado en el corazón del hombre, y al mismo tiempo nos libera de las antiguas maneras griegas de interpretar nuestra experiencia que de un modo u otro han mantenido en muy buena medida su control sobre nosotros hasta el presente.

EL FRACASO DEL PENSAMIENTO GRIEGO

Pues los griegos, nunca "vieron" la estructura integral de la creación. ¿Cómo hubieran podido verla? Separados del Dios Soberano, no hallaron ningún conocimiento verdadero de su propia yoidad. Se perdieron en la diversidad funcional de esta vida temporal y no tuvieron conciencia, más allá, del nivel profundo religioso de la existencia humana; cualquier cosa que hubieran podido pensar de sí mismos hubiera tenido que ser en términos de la diversidad temporal.

Una notable peculiaridad de la perspectiva griega es la manera en que el hombre y el orden del mundo son vistos como una unión o atadura de un "mundo" más alto y uno más bajo. Esta peculiaridad parece haber surgido de la experiencia religiosa e histórica de los pueblos en el área griega. Parece haber habido un estrato temprano de tradición que se caracterizó por una religión o culto *natural* (que encontraba dioses o poderes divinos en una caída de agua repentina, un peculiar vuelo de pájaros, el poder explosivo de la bellota o algún fenómeno similar orgánico o físico) con su correspondiente manera *religiosa y natural* de explicar la vida del hombre y el mundo en que vive. Un movimiento posterior parece entonces haber entrado en la escena con las deidades olímpicas, las cuales son poderes *culturales* del hombre personalizados, y esta tradición piensa al hombre, en lugar de en términos de su vida física y orgánica, más como un ser cultural (involucrado en el pensamiento y la técnica, interesado en lo bello y lo bueno). Estas dos tradiciones aparentemente se entremezclaron lentamente, estando la concepción cultural superpuesta pero sólo parcialmente victoriosa sobre la concepción naturalista. Por esto, en el hombre "cuerpo" y "alma" están en lugar de estas dos anteriores maneras de concebir al hombre como una totalidad (cada una siendo, así, una distorsión apóstata de la naturaleza integral del hombre), pero en el pensamiento griego clásico las dos son juntadas en una amalgama. Además, el "concepto de alma" del movimiento cultural posterior es pensado como más cercano a la naturaleza de las deidades (olímpicas, conquistadoras), como "superior", de un *status* óntico más alto, mientras que el "concepto de cuerpo" se piensa como "inferior".

De este modo, adquirimos la peculiar división griega de todo en un "mundo" más alto y un "mundo" más bajo. Recuerden que cada uno de estos "mundos" era originalmente una distorsión apóstata del orden integral de la creación, el cual surgía de una falta de discernimiento del significado religioso central de la creación y resultaba en la absolutización de un "aspecto" natural o un "aspecto" cultural del significado de la creación. Cuando los dos han sido juntados, y cada uno relativizado con respecto al otro, no estamos más cerca de un discernimiento de la unidad radical de la vida del hombre o del significado integral del Cosmos de Dios.

En la Palabra de Dios, "cuerpo" no puede significar alguna "parte" mía más baja o inferior, opuesta a la más divina "alma". Tal concepción es simplemente ajena a la Biblia. Tomen, por ejemplo, Romanos 12:1. hemos de presentar nuestros *cuerpos* como sacrificio vivo ante Dios. ¡Seguramente eso no puede significar que he de presentar mi naturaleza más inferior, más parecida a la naturaleza animal, como un sacrificio de vida a Dios! No; en la Biblia escuchamos del hombre completo *exteriormente* (el cuerpo) y del hombre *interior* completo religiosamente-concentrado-en su-Origen (el alma o el corazón). Pablo habla del hombre exterior e interior (II Co. 4:16). Pero cada uno de éstos es el hombre completo. Tal concepción está gobernada por el motivo religioso básico de la Palabra de Dios: la creación *integral*, la Caída y Redención *radicales* (porque penetran a la raíz integral), y se halla en relación antitética con toda concepción griega del cuerpo y el alma como un "mundo" más bajo y más alto.

LA INFLUENCIA DE LOS PRINCIPIOS APÓSTATAS

No obstante, las concepciones griegas de dicotomía y tricotomía —algunos filósofos griegos le añadieron un *"pneuma"*, en latín, *spiritus*, sobre el *soma* (cuerpo) y *psyche* (alma)— entraron a la iglesia cristiana a través de los primeros Padres de la Iglesia, y representaron una tradición de pensamiento tan poderosa que pocos, en cualquier tiempo, han escapado de sus garras. Muchos cristianos, a la fecha, aceptando una concepción más o menos griega de la sustancia del cuerpo y de la sustancia del alma, están por siempre comprometidos con los problemas asociados con los nombres del traducianismo y del creacionismo. No sé si están todos ustedes concientes de lo que significan estas cuestiones. Tal vez en algún lugar han escuchado una discusión sobre si y cuándo Dios crea un alma y la introduce dentro de la sustancia corporal procreada o si la "materia del alma" es pasada, de algún modo, junto con la "materia física".

La Palabra de Dios exhibe todos estos problemas como *pseudo*problemas. No son problemas genuinos. No obstante, ¡piensen en los siglos de reflexión teológica que han sido distraídos de los asuntos centrales de la Revelación-Palabra a estos pseudoproblemas! ¡Y del efecto devastador que la prominencia dada a tal teología helenizada ha tenido sobre el testimonio de la iglesia, la catequización y la predicación! Y piensen en todos los cristianos a través de todos los siglos que han regresado en los centros de trabajo académico de occidente, una y otra vez en su esfuerzo filosófico, en sicología, antropología y otras ciencias a intentar dar una solución más a estos pseudoproblemas. Por

supuesto, su esfuerzo fue siempre en vano, porque la formulación distorsionada desde el principio impedía que sondearan analíticamente los estados
de cosas *realmente* existentes en el mundo. Si saben algo de historia de las
ciencias conocerán muy bien la desafortunada situación de la que les estoy
hablando. ¡Cuánto tiempo nos hemos permitido ser esclavos de los ídolos!
Pero, ¡oh la libertad del **poder** de la Palabra de Dios!

Todas las ciencias especiales han sido fundamentalmente afectadas por la
poderosa tradición que pone un "mundo" de Materia (p.e. el así llamado
"mundo" de la física Galileana) frente a otro "mundo" de la Mente; un
"mundo" de "hechos" brutos frente a un "mundo" de "valores" humanos;
un "mundo" de lo objetivo (el mundo "externo" del contenido de la conciencia) frente a un "mundo interno" de lo subjetivo (la conciencia humana).
¿Pertenecen las matemáticas al mundo de la Mente o al mundo de las cosas
materiales? Si a ambos, ¿qué posible relación puede existir entre estos dos
"mundos"? ¿Son las leyes para el razonamiento lógico leyes en el mundo de
la Mente, leyes-normas? ¿Entonces no tiene nada que ver con el mundo de
los hechos naturales que está siendo analizado? ¿Cuál es la relación entre las
leyes-normas y las leyes naturales? ¿Es el hombre un fantasma racional en
una máquina? Si el hombre es alma y cuerpo (en el sentido de partes más
alta y más baja), ¿entonces cómo explicar la *unidad* del yo que de alguna
manera se siente? Ustedes han indudablemente escuchado de la larga serie
de torturados intentos teóricos de forzar una unidad después de haber empezado con una dualidad, intentos que llevan nombres establecidos tales como
interaccionismo, paralelismo, ocasionalismo, enoetismo, teoría del ímpetu,
hilemorfismo, etcétera. En la ciencia lingüística, como en todas las otras ciencias, hay una gran variedad de escuelas de interpretación del fenómeno del
lenguaje: la materialista, la organicista, la sicologista, la tecnicista, etcétera.

Los principios apóstatas de estructuración total han tenido una influencia nada menos que desastrosa en el desarrollo social y en nuestros estudios
sociales. Al carecer de todo discernimiento del central Gobierno del Reino
de Cristo, los hombres han dejado de observar las *limitaciones* de las autoridades delegadas concedidas a los oficiantes humanos en la iglesia, el Estado,
la familia, el matrimonio, etcétera. Las idea totalitaria del culto y del Estado
se encuentran por doquier. Siempre un aspecto de la diversidad temporal de
la vida ha sido elevado, absolutizado para que tome el lugar del reprimido
Gobierno central, total de Cristo. ¡Piensen en la así llamada Edad Media
cristiana con su larga lucha entre los dos poderes totalitarios del Emperador
y el Papa!

No hay tiempo de entrar en todos estos asuntos ahora. Pero quiero que
empiecen a ver cómo los grandes principios de estructuración total de nuestra experiencia operan en los problemas fundamentales de todas las ciencias especiales. Como hemos visto, los positivistas de los siglos diecinueve

y veinte trataron de hacer autónomas a las ciencias especiales con respecto a la filosofía, y miraron a la filosofía como algo muy indiferente desde el punto de vista de su investigación supuestamente empírica de estados limitados de cosas. Quizá pueda dejar de lado de la manera más rápida este asunto ofreciéndoles una breve cita de *A New Critique of Theoretical Thought* de Herman Dooyeweerd:

> Es imposible establecer una línea de demarcación entre filosofía y ciencia para *emancipar la segunda de la primera*. La ciencia no puede ser aislada de manera tal para darle una esfera de investigación completamente independiente, y cualquier intento de hacerlo no puede resistir una crítica seria. Tendría sentido hablar de la autonomía de las ciencias especiales si, y sólo si, una ciencia especial pudiera realmente investigar un aspecto específico de la realidad temporal sin considerar teóricamente su coherencia con los otros aspectos. Ningún pensamiento científico, sin embargo, es posible en tal aislamiento de "cerrojos echados". El pensamiento científico está constantemente confrontado con la coherencia temporal de significado entre los aspectos modales de la realidad y no puede evitar seguir una Idea trascendental de esta coherencia... incluso las ciencias especiales que investigan los primeros dos aspectos modales de la experiencia humana, e.e. el aritmético y el espacial, no pueden evitar hacer presuposiciones filosóficas en este sentido.[9]

Fundamentalmente, esa es la razón por la que debemos tener un desarrollo *integral* de la filosofía y todas las ciencias especiales a partir de su punto de partida religioso común en la Revelación-Palabra de la Verdad. Nada menos que un centro de altos estudios, donde todo el trabajo surja de un punto de partida radicalmente escritural, de un compañerismo en la Verdad, nos puede ser realmente útil en las muy críticas y muy complicadas necesidades de nuestra sociedad del siglo veinte. El filósofo necesita al científico especial, y viceversa. Pero ninguno puede satisfacer las necesidades del otro a menos que ambos experimenten un crecimiento orgánico de la mente en un común sometimiento a la Palabra de Dios. *Eso* es lo que hace a una universidad crtistiana o a un centro cristiano de investigación y altos estudios. No un grupo de personas solitarias; sino un Principio común. Pues las personas siempre están dirigidas por un Principio tal.

DISTORSIONES DE LA LEY

Antes de concluir esta ya pesada conferencia, debo llamar su atención a un tipo más de distorsión apóstata. Me refiero a las distorsiones con respecto a la Ley. Al tratar con la Ley estamos tratando con el problema más básico

---

[9] Herman Dooyeweed, *A New Critique of Theoretical Thought* [*Una nueva crítica del pensamiento teórico*], vol. 1, p. 548. Lea toda la sección ahí, vol. 1, pp. 545-556.

de la filosofía. Pues todo este universo es un orden de Ley, sujeto a la santa voluntad del Creador. Todo dentro y fuera de nosotros es nómico, pletórico de ley, de estados nómicos. La Ley de Dios es el entorno omniabarcante de nuestras vidas que tanto distingue a la creación del Creador como también la ata a Él. Conocer a Dios es conocer la Ley como Su *Voluntad para* lo que Él llama a ser. La Ley es distinta de la creación, como es distinta de Dios Mismo. Dios *crea* el cosmos; *pone* Su Ley. La creación *es;* la Ley *vale* o *está en vigor.*

Los griegos, quienes no tenían un conocimiento verdadero del Legislador soberano, tampoco podían tener un conocimiento verdadero de la Ley. Olvidaron fácilmente que la Ley viene de *fuera* del cosmos, es *puesta* por Dios *al* cosmos. Fue así que primero surgieron las concepciones que *identificaban la Ley con una porción del cosmos.* Puesto que, como hemos visto, los griegos ya no "vieron" el nivel profundo religioso central de la existencia cósmica, la Ley vino a ser naturalmente identificada con (una parte de) el *cosmos funcional, con algún tipo de funcionamiento cósmico. La Función y la Ley fueron identificados entre sí.*

Ahora, en realidad, tal funcionamiento no es identificado con la ley *para* ese funcionamiento. Ha habido mucha confusión en este punto. Los físicos hablarán de sus fórmulas matemáticas como leyes. Pero estas fórmulas, desde luego, no son la Ley para las funciones físicas; son formulaciones simbólicas breves de las respuestas subjetivas regulares de uniformidades que el físico observa en las situaciones físicas. No podemos observar la Ley directamente; la observamos indirectamente a través de la observación de las respuestas nómicas de las cosas a la exigencia de la Ley. Lo que la Ley misma es lo sabemos por la Palabra de Dios.

EL FUNCIONALISMO

Llamamos *funcionalismo* a la concepción de que la única Ley es el comportamiento nómico observado en las situaciones de las cosas y las personas. He aquí otra de esas palabras de "ismo". Dios creó un cosmos de funciones bajo la Ley. El cosmos funcional tiene su propio lugar en el todo. Pero tampoco es la Ley. Cuando uno identifica a las dos hace que el cosmos funcional sea "más" *en su teoría* de lo que es *en realidad* por virtud de la ordenanza creacional de Dios. La teoría exagera (*distorsiona*) el lugar del cosmos funcional al agrandar su papel. Eso es el funcionalismo.

Este funcionalismo apareció en el mundo griego en dos tipos principales porque el cosmos tiene dos tipos diferentes de función. No puedo tomar mucho tiempo para poner esto enteramente claro. Pero empezaré ahora, y posiblemente regresaré a ello de un modo u otro en la siguiente conferencia.

Hemos hablado un número de veces de la gran diversidad de vida funcional que encontramos en esta nuestra existencia temporal: física y orgánica,

psíquica y analítica, histórica, lingual, económica, estética, ética y así consecutivamente. Ahora bien, puedo decir, por ejemplo, que nosotros los humanos estamos constituídos de tal manera que entre otras cosas podemos sentir
lo que es bello. Al ver un accidente en la calle, puedo señalar con mi dedo
y decir que una de las partes es la responsable. Eso es un tipo de experiencia humana pero dudo que alguno de nosotros la llamara una experiencia
estética. Pero si me ven en una galería de arte embebido en la belleza de la
luz sobre un antiguo óleo de Rembrandt dirán que estoy teniendo una experiencia estética. Puedo tener la misma experiencia mirando el atardecer, o
sentándome y escuchando una sinfonía o concierto en mi modular de alta
fidelidad. Estoy ocupado embebido en la belleza. Pero es que también ese
Rembrandt y el concierto y el atardecer son bellos. Todos ellos, al igual que
yo, de alguna manera funcionan de un modo estético. Las leyes estéticas
valen para aquellos *objetos* de mi apreciación estética tanto como mi apreciación *subjetiva* misma.

Una vez más, soy un ser tal que puedo prometer mi fidelidad a mi prójimo.
La sociedad humana es impensable sin este elemento de constancia, como
señalara el poeta cómico filosófico griego Epicarmo en su crítica del constantemente cambiante hombre de Jenófanes. Hago tal promesa de fidelidad
cuando tomo una compañera para mi vida, y llevo este anillo nupcial como
símbolo de esa promesa. Pero ¿qué es un anillo nupcial? Puedes mirarlo
y decir que es bello. De seguro, funciona estéticamente. También podías
haber dicho que es un buen ejemplo de construcción técnica. Nuevamente
tienes razón. Pero no has puesto tu dedo sobre la función dominante del anillo nupcial hasta que haya señalado su simbolización de significado *ético*, la
fidelidad entre esposo y esposa. No obstante, ese anillo nupcial no funciona
éticamente del mismo modo que yo; por ejemplo, no anda por allí prome-
tiendo su fidelidad. Decimos que el hombre funciona como un *sujeto* ético;
el anillo, como un *objeto* ético. Pero la función objeto del anillo requiere la
correspondiente función sujeto humana. La realidad creada por doquiera
exhibe esta estructura sujeto-objeto.

Las flores no funcionan de un modo social *subjetivamente*: no desarrollan
formas de interacción social. Pero cuando se traen al salón del club o a la
recepción sirven para realzar la vida social subjetiva del hombre. Hacen, por
ejemplo, que los salones "se presten mejor" a una interacción social fácil y
agradable. En la esfera social funcionan *objetivamente*. Del mismo modo ese
gas y petróleo en la provincia de Alberta, el estaño, el cobre y el hierro todos
pueden funcionar como *objetos* en la vida técnica, económica y estética del
hombre. Ustedes piensan primero el agua, como una cosa concreta, como
una "cosa" física y no orgánica (aunque frecuentemente puede haber "cosas"
orgánicas —esperemos que muy poco dañinas— flotando en la misma). No
obstante, nunca podemos "encerrar" el agua en un mundo puramente físico

de Materia. En el cosmos de la creación de Dios tiene una función objetiva en conexión con la vida orgánica: el agua es necesaria para la sustentación de esa vida. ¿Y quién desearía negar el papel psíquico o de "sentimiento" que juega en nuestra vida cuando ansiamos la "sensación" de una zambullida más de verano tardío en la ola?

Por doquier, en todos los niveles modales con excepción del primero (e.e. el numérico), encontramos estas relaciones sujeto-objeto en el cosmos funcional. Ahora bien, cuando agrupamos todas las posibles funciones *sujeto* de todos los niveles modales, tenemos el lado *subjetivo* del cosmos funcional. De modo similar, podemos agrupar todas las funciones *objeto* y tener el lado *objetivo* del cosmos funcional.

SUBJETIVISMO Y OBJETIVISMO, LAS DOS FORMAS DEL FUNCIONALISMO

Es por esta razón que en la filosofía griega el funcionalismo pudo adoptar las dos formas de *subjetivismo* y *objetivismo*. En cada caso la Ley es identificada con un lado u otro del cosmos funcional. Por lo tanto debemos tener siempre en mente que el subjetivismo y el objetivismo no son lo mismo que subjetivo y objetivo. "Subjetivo" y "objetivo" se refieren a los dos lados del cosmos funcional de la creación de Dios; pertenecen a la verdadera estructura de la realidad. Por otro lado, los términos "subjetivismo" y "objetivismo" (con sus correspondientes adjetivos "subjetivista" y "objetivista") sólo son aplicables a las construcciones teóricas humanas en las que se asigna un papel óntico mayor a "lo subjetivo" o "lo objetivo", según el caso, que el que éstos tienen en la realidad por virtud de la Palabra-Ley de Dios. El subjetivismo exalta algún funcionamiento subjetivo al *status* de Ley, el cual nunca tiene la función; el objetivismo hace lo mismo con algún funcionar objetivo.

Será útil ofrecer aquí un breve ejemplo de subjetivismo. En la teoría estética clásica hay leyes que vienen de *fuera* que el ejecutante estético debe observar y obedecer si su obra ha de ser estéticamenbte buena. Pero un espíritu verdaderamente romántico estallará: no; Mozart es su propia Ley. No necesitaba buscar fuera de sí mismo un estándar o una norma; él mismo y sólo él es la Norma. El tocar el piano de Mozart es la Ley para tocar el piano. El Genio es su propia Ley. Eso es el subjetivismo. He aquí la identificación de la Ley con el comportamiento subjetivo. El reporte Kinsey sobre el comportamiento sexual del varón estadounidense es otro ejemplo de lo mismo: no hay Ley salvo lo que el sujeto mismo *hace*.

El objetivismo es un poco diferente. Los subjetivistas todavía no habían aprendido a distinguir la diferencia entre los dos tipos de funcionamiento: sujeto y objeto. Los objetivistas sí, pero procedieron inmediatamente a identificar su recién descubierto objeto con la Ley para el sujeto. Como se ve luego, la concepción objetivista del orden de la creación es *analíticamente más rica;* ha visto de alguna manera la diferencia que realmente *hay* entre sujeto y objeto; ha "sondeado" más profundamente la rica diversidad de la creación de Dios. Pero no debiéramos cometer ahora el error de precipitarnos a llamar al objetivismo una concepción *más verdadera* que el subjetivismo. Pues el objeto *no* es la Ley para el sujeto; ni tampoco está el sujeto relacionado con el objeto como con su norma. La relación recién vista entera también es vista *distorsionadamente*. En realidad, tanto la función sujeto como la función objeto están sujetas a la Ley. La ontología entera del objetivismo griego, donde incluso los dioses están sujetos al Objeto, es una grosera distorsión de la estructura de la realidad. Operante en la distorsión se halla la necesidad religiosa de decir qué es la Ley. El avance en el análisis queda de inmediato afectado por este factor religioso más profundo. Es así que una teoría puede ser analíticamente más rica y, sin embargo, ni un ápice más verdadera. (Recuerden lo que dijimos al comienzo de esta conferencia acerca del significado de "verdad".)

No es difícil ver por qué los objetivistas griegos, dada su "inclinación" religiosa inmanentista, pagana, podían confundir el objeto con la Ley. Pues la Ley es nada menos que el firme fundamento de todo. La creación entera está anclada en la seguridad (en holandés: *de vastheid*) de la Palabra-Ley de Dios. Estos hombres apóstatas también tienen necesidad de esa Seguridad, ese Suelo sólido, ese Consuelo del cual habla el Catecismo de Heidelberg, así como todos nosotros los hombres lo estamos. Pero no lo buscan donde se halla; lo buscan *dentro* de la realidad creada. Y ahora, he aquí, este objeto que apenas han descubierto como algo nuevo distinto del sujeto les aparece a estos hombres como ese suelo seguro que necesitaban y buscaban, mucho más seguro que la mera existencia subjetiva. Por esa razón se refieren a él como "aquello que verdaderamente *es*", en contraste con lo subjetivo como "aquello que no *es*", e.e. aquello que no alcanza el estándar de *un ser digno de confianza*.

Bastará aquí una ilustración muy breve. Cuando en la mañana del lunes se nos dice que la esposa del ministro huyó después del servicio vespertino con el anciano más prominente de la congregación, decimos: nunca hubiera soñado una cosa tal; y los conocía muy bien. ¡Realmente, qué poco conocemos a otro sujeto humano! Sí, aquí tienen toda la incertidumbre involucrada en nuestro conocimiento de los sujetos. Pero ahora déjenme sostener ante todos los que están en este salón un libro empastado en rojo y negro. Cada uno de ustedes sujetos responde que el empastado es rojo y negro. Eso parece ser tan seguro para ustedes que señalarían como anormal a cualquiera que no estuviera de acuerdo. Y su conocimiento de estos colores parecería *permanecer* seguro día tras día. Ahora bien, los *sujetos* naturales (jugos de fruta o lo que sea) que fueron utilizados para los colores son una cosa, y nuestro conocimiento de los mismos puede ser altamente incierto; el color que siento es una función objeto psíquica de aquellos sujetos, relacionada con mi funcionamiento psíquico como sujeto. Y *ese objeto parece realmente cognoscible y realmente digno de confianza.*

Un segundo factor, presente en la situación que acabamos de describir y que contribuye a la confusión del objeto con la Ley, es que el objeto ejerce una tremenda influencia sobre mi comportamiento subjetivo. ¿No nos sentimos todos *compelidos* recién ahora a decir que la pasta del libro era roja y negra? Esa es la Ley sobre ese sujeto; ese juicio por nuestra parte parecería ser *obligatorio.* Pero ¿qué no es operación de la Ley el obligar? El famoso Sócrates de la filosofía griega era un objetivista. Parece que pensó mucho acerca del trabajo técnico del hombre, y el papel del objeto técnico le impresionó de manera especial. Un artesano debe conocer sus materiales y a qué se prestan éstos. No pensaría hacer zapatos de mármol o estatuas de piel. El objeto determina lo que el sujeto puede hacer y lo que hace. ¡Nada más piensen qué tanto está nuestra conducta gobernada por todas las vistas, olores, sonidos y sabores de nuestra experiencia cotidiana!

No importa cuanto haya de correcto en todo este análisis del papel del objeto, también hay algo sumamente equivocado en el mismo. El papel del objeto ha sido confundido con el papel de la Ley. Tu chica puede decidir que te *desea.* Usa un perfume seductor, y te encuentras muy sujeto a su influencia. Sin duda influenciará tu conducta. Pero no es la *Norma* para tu conducta. Los objetos, sin duda, gobiernan nuestra conducta de muchos modos; no son Ley para la misma. Y si confundimos el papel del objeto con el papel de la Ley podemos encontrarnos en serios problemas.

EL REALISMO PLATÓNICO

Fue Platón el que finalmente vino a darse cuenta de que la Ley no ha de encontrarse en ningún funcionamiento, sea de sujeto u objeto. Reconoció tanto los sujetos como los objetos; dio por sentada la relación sujeto-objeto. Pero la Ley era una tercera cosa. La Ley era un ámbito separado de esencias-ley. Llamamos "realismo" a esta concepción ontológica griega. Es la tercera de las concepciones griegas distorsionantes acerca de la Ley.

En este realismo platónico encontramos, una vez más, *un avance analítico que no nos acerca ni un ápice a la Verdad.* (Recuerden lo que hemos estado diciendo acerca de la Verdad.) Es desde luego correcto decir, como Platón, que la Ley no es algo dentro del cosmos de funciones. Pero Platón no dice eso debido a que, estando bajo el control de la Palabra de Dios, haya conocido la Verdad acerca de la Ley. Su enunciado negativo es todavía abstracto hasta que escuchen por qué dice eso. Analíticamente, Platón ha encontrado dificultades identificando la Ley con cualesquiera funciones. Pero ello no lo acerca a la Verdad acerca de la Ley. *Pues la Verdad no puede ser encontrada de una manera analítica.* Sin el **poder** revelador de la Palabra de Dios, Platón sólo podía usar sus resultados analíticos en el servicio de una distorsión religiosa más. Y eso es lo que el realismo es.

Platón enseñó un mundo separado de esencias-ley, de *cosas* que son, al mismo tiempo, *principios inmutables y seguros de lo que debiera ser* (incluso más seguros que el Objeto de los objetivistas) y *modelos perfectos, eternos* de todas las formas terrenales de existencia. Estoy hablando del mundo platónico de las *ideas.* En este otro mundo encontramos, por ejemplo, qué es ser para la bondad, o *la ley para la bondad.* Pero esta ley es ella misma una Cosa perfecta, una Sustancia: es la Bondad en Sí. Del mismo modo, encontramos allí qué es ser para la belleza, o *la ley para la Belleza.* Pero, nuevamente, la ley es también una Cosa: la Belleza en Sí. Y también encontramos en este mundo de ideas el Hombre en Sí (la ley para lo que es ser un hombre), el Círculo en Sí, incluso los Números en Sí (el Siete en Sí), etcétera.

Estas esencias-leyes son sustancias leyes que simplemente subsisten en el cosmos y tienen la fuerza de la ley. Los dioses y los hombres están sujetos a ellas. Son llamadas esencias puramente inteligibles, lo que significa que son contempladas sólo por la Mente y no por los cambiantes sentidos (que están mezclados con algo no racional). Es justo en este punto que vemos el carácter apóstata del realismo platónico. Conocer realmente la *Ley* es temblar ante el Dios de toda la Tierra, cuya Palabra es la Ley. En Platón la Ley ha sido divorciada del Dios soberano; existe en sí. Es una *sustancia.* Y es sustancia inteligible. Esto es, con toda la supuesta calma y autoposesión de la normalidad, simplemente miro con mi Mente hacia un reino de esencias-ley puramente inteligibles, eternamente existentes y contemplo la Verdad. Ha sido eliminado todo el "temor y temblor". Y no es la relación religiosa profunda con Dios lo que se necesita aquí para conocer la Ley y la Verdad, sino sólo nuestra vida racional elevada a la posición del corazón. La auténtica Verdad de Dios, de que la Realidad es el Pacto de Vida entre el hombre y Dios, se ha perdido enteramente de vista. Con todo lo que pueda ser correcto y "noble" en el análisis de Platón, tenemos que vérnosla en su filosofía primariamente con la falsedad de la apostasía. Platón, caído de su Lugar representativo (Oficio) en el cosmos, no puede "ver" la naturaleza de la Verdad.

LA TESIS CRISTIANA

Esta explicación que hemos dado sumariamente tendrá que ser suficiente para ilustrar la naturaleza del pensamiento antitético. Pienso que todos podemos ver mucho mejor ahora que es la Palabra de Dios lo único que concede a los hombres la Luz de la Verdad y que sin ella, incluso aunque estemos por siempre tratando, como *debemos,* con el orden nómico del Dios Creador, nunca podemos alcanzar el conocimiento de la Verdad. La situación religiosa del hombre exige que una Distorsión represiva y suplantadora, la Mentira, tome el lugar de la Verdad que está siendo reprimida.

Creo que todavía se tiene que decir una última cosa para clarificar este asunto de la antítesis antes de que cerremos. Muchos de nosotros estamos, estoy seguro, inclinados a pensar que el lado *cristiano* de la lucha contra la incredulidad es el lado *antitético*. A veces escuchamos que se habla de la posición cristiana como si fuera la Antítesis. Eso sólo puede significar, sin embargo, que la lucha del Reino de Cristo se halla en *relación antitética* con la lucha del Reino de las Tinieblas. En nuestro pensamiento sobre la materia nunca debemos perder de vista qué es lo *prioritario*. El orden de la creación, firmemente asgurado en la Voluntad Divina, es la Verdad Original. Y la religión cristiana es en verdad la reproclamación, en el Segundo Hombre Representante (Oficiante) del Orden de la Creación, centrado en la vida de compañerismo federal de Dios y hombre. La justicia de Dios en Cristo (Romanos 1) nos llama a retornar a la Vida en términos del orden nómico. Cristo, como vimos, nos regresa a las ordenanzas de la creación. Como tal, el cristianismo es la reproclamación de la **tesis**. La Verdad de Dios es primero. La Distorsión represiva y suplantadora, la **mentira** o la **antítesis**, vino en segundo lugar y *en el nivel humano*, y sólo puede existir como una distorsión de (dependiente así de) la **tesis**. La Palabra de Dios es el **poder** que nos libera de las Tinieblas de la **mentira** que han oscurecido el entendimiento de nuestra raza (ver Job) y nos pone en la Luz de la Verdad. La certeza de la Verdad no es nuestra obra. Toda certeza es la obra de la Palabra y el Espíritu de Dios en nuestros corazones. Bendigamos siempre la Palabra de Dios.

CONFERENCIA 3

SÍNTESIS

Hablé en la primera conferencia de una cierta vacilación en el Canadá con respecto al camino que deberíamos de seguir, pero debo decir que mi contacto con los estudiantes aquí, y con los maestros y ministros del Evangelio, me ha puesto a pensar que la vacilación es algo menor que lo que había supuesto. Al menos en algunos lugares muy prometedores. En cualquier caso, el espíritu de este simposio es maravilloso. Sólo tengo que decirles que estoy realmente agobiado, agradecido con Dios y feliz por el espíritu que se encuentra presente por doquier aquí.

EL HILO CONDUCTOR DE LAS CONFERENCIAS

Hemos discutido hasta aquí acerca de la Tesis y la Antítesis, y hoy debemos hacer un esfuerzo por entender qué se entiende por la Síntesis. Pero todavía por un momento tendréis que ser pacientes conmigo, mientras recojo el hilo conductor principal de la conferencias una vez más y digo un par de cosas que realmente tienen que decirse antes de entremos en esta cuestión de la síntesis.

Lo primero que tengo que decir es que estoy muy seguro que la conferencia anterior fue más difícil que lo que la de hoy será. ¿No es una buena idea encajar la conferencia más difícil en la posición media, donde agradablemente queda escondida? Supongo que algunos pensarán que no es sabio que haya intentado tanto en estas conferencias. Sólo puedo alegar que escogí muy deliberadamente hacerlo de esta manera. No espero, por supuesto, que con estas tres conferencias obtengan una firma aprehensión de todo lo que tengo que decir. Desafortunadamente para mí, no tenemos la oportunidad de platicar frecuentemente acerca de estos asuntos centrales de nuestra vida; por esa razón debemos escoger aquellas cosas que, yaciendo en el mismo corazón, determinan todo el resto. Todo lo que puedo esperar es que hallá en lo profundo de vuestros corazones sentirán, en general, *la situación del país como un todo*. Creo que eso es lo primero que necesitáis: un sentido general de la situación de todo el país; algún sentido de la *dirección* que debiera tomar en general nuestro trabajo como cristianos. Estoy muy convencido de que todo en el mundo del saber depende del *punto de partida* del pensamiento de uno. Y que todos los problemas se iluminan en su significado verdadero *cuando los vemos desde el centro*. Siempre está allí la cuestión de la estructura de totalidad, del orden. Gobierna las formulaciones fundamentales de toda ciencia especial. Así que he elegido el material para estas conferencias de ese modo. Puede ser un poco más difícil para todos nosotros. Pero estoy pensando antes que nada en la nueva dirección que puede dar a todo nuestro trabajo en los años por venir, conforme avanzamos individual y colectivamente en nuestro llamamiento humano. Con lo que hemos hecho juntos aquí encontrarán, pienso, que pueden proceder a leer los libros —una gran variedad de ellos— más rápida y eficientemente, captar sus ideas más completamente, conducir sus discusiones de manera más fructífera y así consecutivamente.

En las dos conferencias previas he tratado de sugerir que nuestra captación de la estructura total de la realidad no es algún conocimiento al que se haya llegado *analíticamente* por nuestra parte, sino que es conocimiento del *corazón*, el resultado de la obra de la Palabra de Dios sobre nuestros corazones. Dijimos que con su Palabra Dios se apodera de nosotros en el centro religioso de nuestra existencia y nos asienta en la Verdad. La Palabra de Dios es vista así como la Palabra de Verdad, y podemos ver ahora *la relación intrínseca que tiene con el mundo del saber*, el problema que habíamos planteado en nuestra primera conferencia. La Verdad de la Palabra de Dios no es, afortunadamente, la simple proclama: **Cristo salva**. Es, la pura verdad, la reproclamación de ese orden creacional centrado en la relación religiosa básica entre el hombre y Dios. En un orden creacional así centrado, la Caída del *hombre* es el desplome radical de la *creación entera* desde su punto de concentración religiosa en Dios. La Restauración es, por lo tanto, una restauración radical de la creación entera a su direccionalidad, sobre el amoroso y obediente servicio a Dios a través del corazón del hombre. Es así que la Palabra como reproclamación es reproclamación en términos de la Nueva Cabeza de la Creación, el Salvador Jesucristo. *Pero nunca debemos ver a Dios o a Cristo o al hombre aparte del orden nómico de Dios*. Dios, el yo y el Orden nómico van siempre juntos. Así como Dios es el Origen absoluto de la entera creación (de manera que no hay nada aparte de Él), así dentro del orden de la creación Dios encuentra su imagen creatural en el corazón del hombre, el punto de concentración de todos los aspectos de significado de la realidad temporal.[1] Por ende, no puede haber dualidad (o tripartición) de las

---

[1] Aquí refiero al lector a la excelente conferencia intitulada "What is Man?" ["¿Qué es el hombre?"] en *In the Twilight of Western Thought* [*En la penumbra del pensamiento occidental*] (Fila-

"partes" sustanciales en el hombre: el *hombre íntegro*, en *todos* sus aspectos y relaciones temporales, está en la visión escritural integralmente (sin ningún residuo) dirigido en el centro religioso de su ser hacia Dios, y está allí concentrado en el servicio de todo corazón, el cual es el cumplimiento de la Ley. Pero ahora, por añadidura, Dios ha hecho al hombre *señor de la creación*. Es así que toda la creación también, no importa qué diversidad de momentos exhiba de modo temporal, existe sólo en relación con el hombre y en él es concentrada en el sentido religioso radical. La creación temporal, entonces, es también un *orden integral* y no, por ejemplo, un mundo de Materia y un mundo de Mente. Es imposible pensar en algún *aspecto* del orden integral de la creación como si existiera por sí mismo como un "mundo" separado, un "mundo" especial de materia, por ejemplo. En medio del mundo tal y como lo experimentamos *concretamente* está el hombre. Cualquier esfuerzo por concebir un "mundo" especial separado de materia involucra al pensamiento y al lenguaje humanos: todo *concepto* de fenómenos naturales implica el *concebir humano*, expresado en fórmulas matemáticas, etcétera. Para llegar desde el mundo concreto como es, con nosotros en medio de él, a un concepto abstracto de naturaleza, se requiere abstracción, y esa misma abstracción es una actividad lógica teórica que presupone al hombre y su pensar. Así que otra vez nos encontranos con el hombre muy involucrado en el núcleo de las cosas.

EL PENSAMIENTO GRIEGO COMO ANTÍTESIS DE LA VERDAD

Vimos en la anterior conferencia cómo en el mundo apóstata del pensamiento (griego) se había perdido de vista este carácter integral de toda la realidad. Careciendo del conocimiento religioso central de la yoidad que sólo la Palabra de Dios puede implantar en nosotros, los griegos tenían que llenar la laguna de este conocimiento religioso *agrandando* (absolutizando) uno de los aspectos relativos del orden temporal y elevándolo al lugar religioso central del corazón. Es la verdadera naturaleza de las cosas (que el hombre es corazón) lo que condujo a los griegos por necesidad a su *distorsión religiosa de lo que encuentran analíticamente* en su experiencia de esta vida temporal. Uno se da cuenta, por supuesto, que esto es verdad de todos los hombres apóstatas, y no sólo de los griegos. Pero en el mundo griego encontramos los principios de poderosas tradiciones históricas que han influenciado a los hombres en todas las épocas posteriores para que apliquen ciertos principios de estructuración total en sus análisis de sus experiencias. Encontramos que estos principios son pseudoprincipios, la Distorsión, la **mentira** que debe surgir de la represión religiosa y la suplantación de la **verdad**. No son de

delfia: The Presbyterian and Reformed Publishing Company, 1960). Esta Biblioteca de Filosofía Cristiana ofrecerá en el futuro una traducción de esta obra.

carácter *analítico*, y nunca seremos capaces de llegar a lo que realmente está ocurriendo aquí en las vidas de los hombres, y tratar con ello, si insistimos en pensar en ellos como tales, esto es, como logros racionales de su parte.

Vimos en la conferencia anterior que una diversidad, realmente una diversidad muy amplia, de tales seudoprincipios de estructuración total ha surgido en el curso de la especulación filosófica. (La humanidad es un compañerismo o Comunidad religiosa en la Verdad que es traída por el Espíritu de Dios.) Al carecer de la Verdad (el significado religioso central e integral de la totalidad de los varios aspectos de la realidad temporal), los hombres apóstatas han volteado primero a uno y luego a otro de estos *aspectos* del significado religioso central de la creación. Quiero decir una cosa más acerca de esto antes de que prosigamos. Pienso que encontrará que vale la pena echar una mirada algo más cercana a este fenómeno de la *diversidad de las escuelas*. Pues ya sea que trabajemos en las matemáticas, en la psicología, en la lógica, en las ciencias del lenguaje, las ciencias sociales o cualquier otra área especial, siempre estaremos confrontados con esta *diversidad de escuelas de interpretación* del campo de investigación. Es la cuestión del *punto de vista:* dónde debe ubicarse uno para tener una vista panorámica *correcta* del campo entero.

Las escuelas de interpretación surgen de esta tendencia. Los hombres tienen que tomar un *aspecto* particular de la realidad creada por el todo de ella, reduciendo así todos los otros aspectos a otros tantos *modos* del que han así absolutizado. Ahora bien, tomar un aspecto relativo, incrustado como está en la escala completa de aspectos similarmente relativos, y absolutizarlo religiosamente y hacer todos los otros relativos a él como su *plenitud de significado*, eso no es meramente cometer un error aquí o allá en el razonamiento de uno; es oscurecer la propia visión de la estructura completa de la realidad. Pues entonces ya no podría uno captar *ninguno* de los aspectos en su peculiar naturaleza interna. Uno tiene entonces la Mentira, una visión falsa de la totalidad.

BASE REAL DE LOS "ISMOS"

¿Cómo es posible hallarse en tal posición y aun así mostrar signos de estar lo suficientemente en contacto con la realidad como para descubrir, como lo hacen los científicos, *momentos* incluso importantes de verdad (aquellos enunciados bastante correctos sobre estados limitados de cosas que constantemente se tratan de imponer sobre nosotros)?

La respuesta se encuentra, en parte, en la estructura interna de los varios aspectos mismos. Ningún aspecto es una cosa cortada de los otros aspectos; en cada aspecto encontramos *una expresión modal del carácter integral y radical de la realidad creada.*[2] Está, por ejemplo, el aspecto psíquico del sentimiento: una esfera específica de funciones sujetas a sus propias leyes. En la *irreducibilidad* del psíquico o de cualquier otro aspecto tenemos lo que llamamos su *soberanía de esfera*. Pero frente a ese está el principio de *universalidad de las esferas*. Pues un aspecto no puede siquiera *ser* salvo en coherencia indisoluble con todos los otros aspectos que juntos constituyen el todo integral de la realidad. Es así que encontramos dentro de "lo psíquico" lo que llamamos una *vida* del sentimiento. Ahora bien, la vida del *sentimiento* no es *vida* primaria u orgánica; es más bien una analogía o reflejo del aspecto de la vida dentro de lo psíquico, en un sentido psíquico. De modo similar, la emoción o el movimiento del sentimiento es un reflejo del *movimiento* físico-químico, pero dentro de lo psíquico, en un sentido psíquico. Podríamos todos distinguir dentro de los psíquico, más aun, el sentimiento de lo *lógico*, el sentimiento del *lenguaje* (holandés: *taalgevoel*), el sentimiento de lo estético, el sentimiento ético, el sentimiento de reverencia o temor y maravilla ante Dios, etcétera. Todos estos sentimientos muestran la íntima conexión de lo psíquico con todos los otros aspectos de nuestra existencia temporal.

O tome el aspecto "estético" de una producción estética completa. ¿Puede imaginar una pintura o una sinfonía sin un *número* de partes? No obstante, *ese* número no es número primario, el aspecto numérico del orden creacional; es un *reflejo estético* del aspecto del número: las partes son partes *estéticas*. Debe haber también espacio y movimiento estético (extendido, comprimido, metros, ritmos, etcétera). Si tuviera tiempo podría mostrar cómo todo otro aspecto está reflejado dentro de lo "estético".

Este principio creacional de la universalidad de las esferas es sin duda lo que ha suplido cualesquiera de las bases que los hombres han podido aducir en sus intentos de encontrar el significado completo de la realidad en lo que en realidad no es más que un aspecto. Pero, desde luego, *el reflejo de todos los lados no es lo mismo que todos los lados*. Es aquí, por lo tanto, donde todos los "ismos" —materialismo, organicismo, psicologismo, logicismo, tecnicismo, economicismo, historicismo, esteticismo, moralismo, etcétera— surgen, encuentran una legitimidad aparente, pero en última instancia se hunden. Cada uno parece tener algo que decir para sí mismo; cada uno es de hecho una distorsión *religiosa* de la plenitud de significado de la realidad.

Y cuando uno piensa que podemos distinguir al menos catorce o quince aspectos, uno puede ver qué variedad de interpretaciones es "posible" aquí. Más aun —recordando lo que discutimos en la conferencia pasada— existe la posibilidad de sobrenfatizar el lado sujeto (subjetivismo) o el lado objeto (objetivismo), o incluso el lado ley (realismo) de todos estos varios aspectos modales. De ahí la grande y confusa lista de "escuelas" filosóficas que han

---

[2] Herman Dooyeweerd, *Transcendental Problems of Philosophic Thought* [*Problemas trascendentales del pensamiento filosófico*] (Grand Rapids: Eerdmans, 1948), pp. 42-48.

tomado repetidamente posesión de los corazones de los hombres y tratado de mantener a los hombres satisfechos *aparte de un conocimiento de la Verdad*.

EL INTENTO DE SÍNTESIS

Es tiempo de entrar al tema de la conferencia de hoy. Hemos visto que la Tesis y la Antítesis están de hecho relacionadas entre sí como la Verdad total con la distorsionante Mentira total. Dos cosas así relacionadas nunca pueden ser acomodadas entre sí, nunca puede ser ajustadas mutuamente. Y no obstante esto es lo que intenta hacer la *Síntesis*.

La Síntesis, entonces, es el intento de combinar la Verdad de la Palabra de Dios con las construcciones de pensamiento que han surgido en la mente apóstata. Sólo necesitan recordar que muchos padres de la iglesia de los primeros siglos cristianos habían sido entrenados, antes de su conversión al cristianismo, algunos de manera muy completa, en alguna o en otra de las "escuelas" filosóficas del mundo antiguo. Su subsecuente "lectura" de la Palabra de Dios frecuentemente sufrió por el hecho de que el pensamiento apóstata se había apoderado poderosamente de sus corazones: habían crecido acostumbrados a mirarse a sí mismos, al mundo e incluso a Dios, de cierto modo, de un modo que de hecho estaba en conflicto con la Verdad de Dios. No obstante, de un modo u otro, los varios padres de la iglesia habían tratado de "armonizar" las Escrituras con su previamente adquirida "concepción". De este modo, frecuentemente quizás algo inintencionadamente, el **poder** de Dios fue eliminado al forzar "elementos" de verdad bíblica en estructuras de pensamiento que, ajenas a los "elementos", pusieron sobre éstos un significado diferente del que tenían en la Palabra misma. El carácter radical integral de la creación se perdió de vista; la posición religiosa central del hombre se oscureció; la verdadera religión se debilitó.

Si aquellos padres tempranos hubieran visto claramente lo que la Palabra de Dios es realmente, y así hubieran visto su *relación intrínseca con el mundo del saber*, indudablemente hubieran visto también que la síntesis es imposible. Pues no hay *"elementos" bíblicos* aparte de la *estructura una* de la Palabra de Dios, la Verdad. Ni tampoco hay "elementos" de pensamiento pagano que no estén "in-formados" por los profundamente asentados principios apóstatas de estructuración total que distorsionan el *todo*. La guerra entre la Verdad de Dios y la distorsionante Mentira de la represión religiosa es una *total* que se encuentra dondequiera en los "detalles" de nuestra vida analítica, subyaciendo a éstos. Se ve así que la síntesis es una absoluta imposibilidad; los hombres pueden *intentarla* pero no pueden consumarla. Y la tensión interna entre los dos motivos religiosos básicos extraños conduce al hombre a una Elección. Por esa razón el periodo moderno de la historia, excepto en círculos cristianos "ortodoxos" tradicionalistas, ha rechazado el intento incluso como un ideal aceptable: el pensamiento moderno es decididamente antisintético. Pueden ver ahora por qué en estas conferencias tuve que empezar con una discusión sobre la naturaleza y papel de la Palabra de Dios. Cuando ven lo que es eso, su posición queda decidida. Rechazarán todos los esfuerzos por sintetizar. (Esto no significa, desde luego, que no estemos siempre hallándonos *culpables* de hacer intentos sintéticos. Somos pecadores que no estamos todavía enteramente sujetos al Gobierno de la Palabra. Pero reconoceremos nuestra *culpa* y rechazaremos la deseabilidad de la síntesis cuando hayamos visto la naturaleza de la Palabra de Dios.)

LA LEY COMO RACIONAL A PRIORI Y SU SÍNTESIS
CON LA REVELACIÓN ACERCA DE LA LEY DE DIOS

Las concepciones filosóficas sintéticas pueden ser tan variadas como el número de concepciones apóstatas. Pues uno podría intentar entender la Palabra de Dios a la "luz" de cualquiera de las concepciones tradicionales griegas (con excepción quizás del materialismo). En estas conferencias me es naturalmente imposible entrar en todas las posibilidades. En vez de ello, escogeré una línea de intento de síntesis y la trataré de manera algo más completa. La que escogí tiene que ver con una síntesis de la Palabra con una cierta visión pagana de la Ley. Hemos visto cuán fundamental es la Ley. Esta historia particular que he escogido tiene, además, las más importantes consecuencias para nuestra vida moderna. Si ustedes, los estudiantes canadienses, han de entender su nueva patria y sus universidades, es muy indispensable una inquisición en esta historia particular que estoy por relatarles.

Para empezar la historia debo regresar una vez más al mundo antiguo. La Ley, deben recordar, *vale* para la realidad creada. Todos los hombres, aunque caídos de un conocimiento de la Verdad, experimentan necesariamente la *influencia* de la Ley. Pero los hombres paganos no pueden saber qué es la Ley; pues es nada menos que la Voluntad del Dios soberano para su creación. Al no saber lo que es, pero al experimentarla como un poder real en sus vidas, los griegos fueron conducidos a una explicación distorsionada de la misma. Hasta ahora les he mostrado tres respuestas griegas a la pregunta acerca de la naturaleza de la Ley: subjetivismo, objetivismo y realismo.

Finalmente vino una *cuarta respuesta* y es a ella que quiero limitarme ahora. Esta concepción no nació en la era griega clásica (que convenientemente se puede considerar que terminó con las muertes de Alejandro Magno y Aristóteles en 323 y 322 A.C. respectivamente), sino en el siguiente *periodo helenístico*. Desde ese tiempo entró en muchos aspectos de la obra de los padres de la iglesia, los filósofos escolásticos medievales y los canonistas de la iglesia, y finalmente experimentó un poderoso resurgimiento en el gran reavivamiento de las ideas estoicas del siglo diecisiete, cuando se convirtió en el verdadero resorte principal de la acción política y social modernas.

Llamamos a esta cuarta concepción acerca de la Ley el tema del a priori. Aunque he sugerido indirectamente (por referencia al libro de Cassirer) que está conectada con los estoicos, en realidad no está restringida a ellos, sino que emerge de una forma u otra en casi toda "escuela" filosófica del periodo helenístico, cada vez como el resultado de un cierto desarrollo análogo que está teniendo lugar en las varias "escuelas". El profesor Vollenhoven de la Universidad Libre de Amsterdam ha hecho un trabajo histórico pionero maravilloso sobre esta cuestión.

Hablando de modo muy general, podemos describir lo que ocurrió como sigue. Los pueblos nuevos, frecuentemente no griegos, que ahora empiezan a aparecer en el escenario filosófico se vuelven escépticos hacia (e.e. cuestionan) los —para ellos— pronunciamientos dogmáticos de sus predecesores griegos. Ahora bien, estos "pronunciamientos" se habían preocupado en primer lugar de aquello que en una concepción filosófica dada era tomado como el *fundamento de la certeza*, aquello que supuestamente era *eminentemente conocido*. Y eso, desde luego, tiene que ver con la Ley. En el objetivismo era el Objeto (la letra mayúscula sugiere la exageración que hace del objeto una Ley); en el realismo, las esencias-ley o sustancias absolutas. La Era helenística se caracteriza en los asuntos filosóficos antes que nada por el *movimiento escéptico*, que en cada "escuela" cuestiona primero la eminente cognoscibilidad y después la misma existencia de aquello que en la escuela es tomado como la Ley.

Para imaginar el efecto de esta *scepsis* sólo necesitan recordar que el Objeto para el objetivista, y las ideas (esencias-ley) para el realista, son la *Guía de la Vida*. Piensen en el análisis que hace Sócrates de la artesanía: el artesano es guiado por aquello a que se prestan los materiales. El Objeto de los objetivistas *dirige* mi funcionamiento subjetivo (recordarán que "afecta" y "es una ley para" han sido confundidos aquí); las ideas de Platón son la Verdad por la que nuestras vidas han de ser dirigidas. Con la ascensión de la *scepsis* surgió la duda acerca de estas varias guías de la vida.

EL ÉNFASIS EN LOS SUBJETIVO

Vemos que en el curso de las centurias helenísticas tuvo lugar en todas las escuelas filosóficas la elaboración gradual de una solución destinada a satisfacer la nueva necesidad de certeza en la vida. La solución casi universalmente aceptada es el tema de lo a priori. Este nuevo tema dice, en efecto, que la certeza, la dirección que necesito en mi vida pero que ya no obtengo de un Objeto externo o mundo de esencias-ley, *la tengo dentro de mí*. Los mesoplatónicos (un desarrollo post-escéptico dentro de la Academia que Platón había fundado), por ejemplo, dijeron algo como esto: las ideas de Platón, como criterio para lo verdadero, lo bueno y lo bello, simplemente no pueden pasar desapercibidas; la vida como debe ser vivida requiere alguna *dirección por principios* desde el comienzo, algún *conocimiento director;* si mi vida no ha de estar carente de dirección y de significado, simplemente tiene que haber Normas absolutas tales como las que Platón había concebido en las Ideas. Estos mesoplatónicos procedieron entonces a *estar de acuerdo con sus predecesores escépticos* de la Academia (la Academia Media y la Nueva) en que las ideas no están donde Platón las había buscado, a saber en un mundo separado detrás de este mundo de procesos, *pero también a agregar* que de que existen, existen, si bien *en nuestra propia mente pensante* (el *Nous*).

Aquí vemos la verdadera naturaleza del tema de lo a priori. La Ley de Dios es el Fundamento Firme de la creación, el Director de nuestro andar. Como la Palabra que fielmente establece su pacto con nosotros, la Ley es también nuestro único Consuelo. Los primeros paganos carecían de esta certeza religiosa central. Pero, como criaturas religiosas, necesitaban y buscaban algo que pudiera tomar el lugar de esta Palabra-Ley de Dios. Habían buscado esta Base y Dirección de la Vida en la Naturaleza, en el Objeto, en un mundo separado de esencias-ley (ideas). Pero ahora, en este nuevo tema de lo a priori, lo buscan *dentro de su propia posesión subjetiva del conocimiento.* La Ley ya no es vista como algo extramental, acerca de lo cual se pueda obtener conocimiento intramental en la forma de conceptos, juicios, etcétera, sino que algo que es en sí mismo un *concepto*, por ende *conocimiento*. Desde luego, no es un concepto como otros conceptos: no es sólo un concepto universal, sino también uno *vinculante* (uno que tiene la fuerza de la ley). Tal concepto no es, como otros conceptos, debido a la experiencia (e.e. no surge de la experiencia), sino que *precede a toda experiencia posible y constituye* la experiencia (por lo que concierne a su estructura nómica). Es un concepto a priori. Es conocimiento a priori. *Ideas innatas.*

Se ha utilizado la ilustración del "vaso para gelatina sensitivo". Se trata de un vaso para gelatina como otros vasos para gelatina en la mayoría de los respectos, sólo que éste era "sensitivo". Una vez al año, este vaso de gelatina sensitivo se ponía a meditar, el ama de casa preparaba varios tipos de gelatinas, y finalmente las ponía en los varios vasos para gelatina. Pero en este punto el vaso sensitivo se enfrentaba a un problema. Un año su contenido había sido verde y delgado; otro año, más espeso y rojo, y así consecutivamente. Pero cada año la *configuración*, la *forma* del contenido había sido la misma. Y ahora este vaso de gelatina sensitivo, después de una "meditación" adicional, había llegado a la solución: el *color* y la *consistencia* de los contenidos había venido de los contenidos que se habían vaciado; la *forma* o *configuración* de los contenidos, sin embargo, debía deberse a la naturaleza del vaso de gelatina mismo. La propia naturaleza del vaso de gelatina determinaba, como lo a priori, la posibilidad de la forma. Así nuestras mentes, poseedoras de la ley a priori (la Verdad), determinan las posibilidades de nuestra vida.

EL CONCEPTO DE RAZÓN

Aquí se encuentra el origen de ese concepto de "Razón", que tan ampliamente se proyecta y ejerce una influencia tan fundamental y extendida en la
moderna filosofía racionalista de Europa occidental desde el siglo diecisiete
hasta el diecinueve. La "Razón" no existe; no hay tal cosa. Incidentalmente,
esta es la razón por la que nunca podremos dar una respuesta a la pregunta
"¿Cuál es la relación entre la fe y la razón?". La pregunta no está propiamente
formulada. Dios nos dotó en la creación con *entendimiento;* La "Razón" es
ese entendimiento *distorsionado* en la teoría apóstata al ser "agrandado" para
que incluyera la Ley como *contenido a priori del conocimiento* (la Verdad). En
la Distorsión la "Razón", en vez de la Palabra de Dios, se convierte en el
Principio, el Director, la Guía de la Vida, la Fuente de la Verdad. Empiezan
ustedes a discernir ya el cántico moderno: la Razón, el único Oráculo del
hombre. Habiendo llegado a este punto, podemos mirar adelante hacia el
lumen naturale de Descartes, la "luz natural". Esa "luz natural", en vez de ser
la Luz que el orden creacional es como *revelación* (revelación que el hombre
en apostasía no está en posición de recibir como luz, sino que debe reprimir
y permanecer así en tinieblas), se ha convertido en una *luz interna del más
profundo yo de cada hombre, una luz capaz de dirigirlo hacia la salvación final,
y ello aparte de que se le aplique eficazmente por el Espíritu de Dios la redención
comprada por Cristo.*

Por ello no es difícil ver que el concepto de Razón pertenece al ámbito
de la Antítesis apóstata, es un concepto de verdad en *relación antitética* con
la Verdad y la Luz de la Palabra Divina. No obstante, sufrirán ustedes una
decepción si esperan que su vecino anglosajón vea eso. ¿Es eso un misterio?
Entonces déjenme clarificar el misterio de una vez diciendo que no es una
virtud de los holandeses y alguna carencia en la sangre anglosajona lo que
hace la diferencia. Para entender los EUA y Canadá (o Australia o Nueva
Zelanda), para entender mucho de que lo oirán en sus clases universitarias
y en todo este mundo intelectual particular que nos rodea aquí, tienen que
saber algo del papel devastador que el *pensamiento de la síntesis* ha jugado
en círculos cristianos, también en conexión con este tema del a priori. En
los Países Bajos la aparición en la escena de Groen van Prinsterer, Kuyper,
la filosofía de la idea-ley (*de Wijsbegeerte der Wetsidee*), etcétera, señaló un
deseo de ruptura radical con largamente establecidos patrones de pensamiento sintético en favor de una perspectiva de y aproximación a la vida
radicalmente escriturales. Es eso que lo que hizo distintivo al calvinismo
holandés; esa ha sido la fortaleza del reavivamiento de la vida y la práctica
académica cristianas en los Países Bajos. Pues la Palabra de Dios es el único
poder que puede redirigir el andar del hombre hacia la bienaventuranza
en compañerismo federal con Dios. En otros países protestantes la fuerza

integral del vivir conforme a las Escrituras ha sido constantemente socavada por el control que el pensamiento sintético ha tenido sobre los corazones de los hombres.

LA ELECCIÓN ANTE NOSOTROS

Esta es la situación que estaba describiendo al comienzo de la primera conferencia. Tenemos que elegir qué camino seguir en Canadá y realmente en todo Norteamérica. También en nuestra práctica académica. Es la elección entre un camino radical (e.e. desde la raíz o centro de nuestra existencia) y por ende exclusivamente dirigido por la Escritura y un camino que busca una síntesis entre la Verdad de la Palabra de Dios y la Mentira de la apostasía. La absolutamente fundamental importancia de esta cuestión para ustedes y para mí individualmente, para el entero tejido de nuestra vida juntos como cristianos en el futuro, e incluso para el prospecto de evangelizar este subcontinente norteamericano en cualquier *sentido integral*, requiere que tome un poco de tiempo, en lo que resta de esta conferencia, para mostrarles la naturaleza del pensamiento sintético.

LA SÍNTESIS EN JUSTINO MÁRTIR

La familiaridad de Justino Mártir con los movimientos filosóficos de su tiempo seguramente lo hubiera introducido al ampliamente sostenido tema del a priori. Pero veamos lo que hace con él una vez que se ha vuelto cristiano. El nombre de Justino está conectado con lo que he llamado la *especulación del logos*. El "logos", como ustedes tal vez sepan, es la palabra griega que ocurre al principio del evangelio de Juan y que es traducida como "Verbo" o "Palabra". "En el principio era el Verbo", etcétera. En griego *"logos"* significa no solamente *"palabra"* sino también *"razón"*. En los escritos de Justino y otros apologistas cristianos tempranos los conceptos de Razón (luz natural, o revelación natural *experimentada como luz*, e.e. no reprimida por un corazón pecaminoso, revelación que *llega a su casa* y nos dirige hacia nuestra salvación última) y de Palabra se hallan confundidos, y se hace una típica apelación a un verso tal como Juan 1:9. En ese lugar leemos "aquella luz verdadera, que alumbra a todo hombre, venía a este mundo". Esa, al menos es la traducción que ustedes encuentran en la Versión Reina-Valera (1960). De hecho, las palabras "venía a este mundo" son un participio pasivo en griego ("viniendo") en una forma que permitiría como antecedente tanto la palabra "luz" como la palabra "hombre". Pero Justino y otros aparentemente tomaron el versículo como significando que Cristo como la luz de la Razón ilumina los procesos racionales de todos los hombres conforme nacen en el mundo. Esto lo hace, aparentemente, no particularmente como Redentor, sino como el agente de la creación. Pues la operación del Logos uno es aparente por doquier; *universalmente* él acomoda en nuestras mentes sus conceptos-ley (lo a priori) como lo bueno, lo verdadero y lo bello. Quienquiera que haya permitido que la semilla de maíz germine en su alma, y haya vivido de acuerdo con la dirección del logos, los cristianos lo contaban como *uno de ellos*, e.e. hombres como Heráclito, Sócrates, y el estoico Musonio. Justino dice que los estoicos y otros eran capaces de hablar de un logos en su filosofía sólo debido a que ellos mismos estaban iluminados por el Logos, a quien los cristianos *conocían* en Cristo. En su esfuerzo por obtener la atención del emperador y de ganar a sus viejos socios paganos, Justino mostraría la *unidad esencial de la verdad* en la filosofía griega *y* la revelación divina *especialmente en la Escritura. La antítesis entre la profecía verdadera y la falsa está oculta detrás de una supuesta mera diferencia de grado de claridad o compenetración. Eso* es síntesis.

Hans Lietzmann escribe en su *The Founding of the Church Universal*: "[El Logos] se convirtió en el "nuevo legislador", aunque la ley "nueva, eterna y final" era la antigua ley de virtud racional largamente reconocida por los sabios". De nuevo: "La cristiandad de este tipo fue un sistema genuinamente filosófico construido con elementos familiares. La idea de Dios fue tomada de la filosofía popular e, incluso en las expresiones empleadas, correspondía con lo que podemos encontrar entre los religiosamente mentalizados estoicos del primer siglo ... ya en el Evangelio de Juan, Jesucristo había sido descrito como el *logos* de Dios. Mientras que en Juan esta identificación intentaba abrogar las limitaciones históricas de la vida de Jesús y elevarla a una significación eterna, encontramos en Justino una tendencia casi en la dirección contraria. El propósito era hacer imposible rechazar la autoridad de la enseñanza de Cristo de este modo, y hacer que arrojara una luz sobre el examen conducido por la razón. Jesús era, desde luego, la razón divina encarnada, y consecuentemente todo lo verdaderamente razonable sobre esta tierra debía finalmente estar de acuerdo con el cristianismo".[3]

Hay un enunciado más de Lietzmann que debo citar: "... no importa de qué modo haya penetrado esta doctrina en detalle en las ideas operantes de Justino, y cuán extraña pueda parecer cuando se le contrasta con las ideas cristianas tempranas, Justino y sus camaradas guerreros la introdujeron en la teología especulativa, donde inmediatamente dominó todo el pensamiento y continuó haciéndolo de modo triunfante durante muchos siglos".[4] Ahí tienen la *influencia histórica del pensamiento sintético*. Y déjenme anexar de una vez, como ilustración del continuado poder de estas ideas, las palabras que comenta F. Godet sobre Juan 1:9 en su ampliamente usado *Commentary:* "Es más natural ... encontrar aquí ... la noción del *Logos*, como la luz

---

[3] Hans Lietzmann, *The Founding of the Church Universal* [*La fundación de la Iglesia Universal*] (London: Lutterworth Press, 1960), pp. 182-183.
[4] Ibid., p. 183.

interna que ilumina a todo hombre, iluminándolo mediante las sublimes intuiciones de lo bueno, lo bello y lo verdadero".[5] Mientras que en la misma página, justo antes de eso, sostiene que estas palabras significan "que la luz del Logos es un don divino que todo hombre trae consigo cuando nace —que la materia en cuestión es, en consecuencia, una luz *innata*".[6] Godet conoce la tradición. Escribe (sobre el versículo 4 y la palabra Luz): "Todos los rayos del sentimiento de lo bello, lo verdadero y lo justo que han iluminado y que ennoblecen la humanidad justifican la expresión de Juan. Es esta verdad fundamental la que es formulada por los padres (Justino, Clemente de Alejandría) en su doctrina del *logos spermatikós*".[7]

LA SÍNTESIS EN EL PENSAMIENTO CRISTIANO POSTERIOR

Y así podríamos continuar. Me gustaría mostrarles cosas similares en el más grande de los padres de la iglesia, Agustín de Hipona. Como saben, siempre es particularmente instructivo ponerle una cuidadosa atención a Agustín. Ningún padre de la iglesia entendió mejor el empuje central de la Palabra de Dios. Pero, ustedes lo saben, frecuentemente nos hacemos culpables de idealizar a Agustín. Una y otra vez, en sus luchas por la Verdad, uno puede ver cómo los profundamente atrincherados temas de la filosofía pagana le impiden que se dé plena cuenta de lo qué, en un sentido, entiende de la Palabra de Dios. El tema de lo a priori combinado con el tema del macrocosmos y el microcosmos, una concepción griega del "alma" y el "cuerpo", y mucho más que no puede ser reconciliado con la Palabra divina, se encuentra prominentemente expuesto en el pensamiento de Agustín. Es verdad que conforme maduró en la fe cristiana, y particularmente después de que se le hizo obispo, Agustín vio más y más la necesidad de estar "normado" exclusivamente por las Escrituras. Las *Retractationes* hablan elocuentemente aquí. No obstante, nunca debió haberse rendido al argumento de algunos sectores que muy bien podríamos llamar nosotros agustinos. Calvino se encuentra mucho más avanzado en el camino de la reforma que Agustín, y la línea hasta Kuyper en nuestra propio tiempo es suficientemente clara para el estudiante serio que estudie el asunto.[8] No podemos regresar el reloj; el anacronismo siempre termina en algún tipo de destrucción. *Pues la reforma no ha de encontrarse sobre la línea horizontal; se encuentra en la relación vertical de obediencia a Dios.*

[5] F. Godet, *Commentary to the Gospel of John* [*Comentario al Evangelio de Juan*], 2 vols., (Nueva York: Funk & Wagnallis, 1886), vol I, p. 259.
[6] Ibid., p. 259. Las cursivas son de Runner.
[7] Ibid., p. 259.
[8] Permítanme sugerir el artículo "Kuyper's Wetenschapsleer" ["La teoría de la ciencia de Kuyper"] de Herman Dooyeweerd en *Philosophia reformata* 4 (1939), pp. 193-232.

Me hubiera gustado decir algo acerca del esquema Naturaleza-Gracia de
Tomás de Aquino y el poderoso movimiento escolástico en general, el cual ha
revivido para convertirse en una potencia en el siglo veinte. (Ustedes conocen bien el Instituto Pontificio de Estudios Medievales aquí en Toronto.) Me
hubiera gustado mostrar cómo a un bloque entero de pensamiento pagano
(en gran parte Aristóteles, más un poco de platonismo o neoplatonismo y
algo de estoicismo) se le permitió que permaneciera intacto, no reformado
por el impulso central de la Palabra de Dios. Pero el tiempo está ahora presionando y quiero, en conclusión, traer a colación dos movimientos sintéticos
particulares que son de importancia especialmente grande para entender el
clima intelectual y religioso del subcontinente norteamericano. Me refiero
a los platonistas de Cambridge y a los realistas escoceses.

Deben recordar que estamos discutiendo aquí estos movimientos como
ejemplos de pensamiento sintético. Para hacer eso de modo realmente efectivo tendré que bosquejarles algo más del reavivamiento del tema apóstata
de lo a priori en el siglo diecisiete. Me he referido ya a la "luz natural" de
Descartes. El tiempo sólo me permitirá mencionar de paso el *De Veritate*
(1624) de Heberto de Cherbury[9] y el *De juri belli et pacis* (1625) de Hugo
Grocio.[10] Ya he discutido su importancia un poco en mi artículo de Calgary
de 1957 "El desarrollo del calvinismo en Norteamérica sobre el trasfondo
de su desarrollo en Europa".[11]

EL ENFOQUE DE LOS PLATONISTAS DE CAMBRIDGE

La mayoría de estos platonistas de Cambridge habían tenido una educación
puritana. Uno de los mejores libros recientes sobre ellos es el de Ernst Cassirer, gran filósofo judío alemán que vino a los EUA durante la Segunda
Guerra Mundial.[12] Más recientemente se publicó un volumen que muestra
la estrecha conexión entre los platonistas de Cambridge y los remonstrantes.[13] ¿Qué caracteriza la enseñanza de este grupo de hombres?

Fueron moderados, adoptando una posición a caballo entre los puritanos
y los prelatistas. Fueron defensores de la tolerancia enmedio de las guerras

[9] Edward Hebert, *De Veritate* [*Sobre la verdad*] (Bristol: Arrowsmith, 1937).

[10] Hugo Grotius, *The Law of War and Peace* [*La ley de la guerra y la paz*] (Indianapolis: Bobbs-Merrill, 1962).

[11] H. Evan Runner, "The Development of Calvinism in North America on the Background of its Development in Europe". Artículo no publicado, distribuido por el Instituto de Estudios Cristianos de Toronto, Ontario, Canadá.

[12] Ernst Cassirer, *The Platonic Renaissance in England* [*El Renacimiento Platónico en Inglaterra*] (Nueva York: Gordian Press, 1970).

[13] Rosalie L. Colie, *Light and Enlightenment* [*Luz e Ilustración*] (Cambridge: Cambridge University Press, 1957). (Los remonstrantes son los que dirigieron la revuelta contra los principios calvinistas de la Iglesia Reformada Holandesa a principios del siglo XVII, lo que dio lugar al famoso sínodo de Dordrecht. [N. de los T.])

civiles inglesas. Pero lo que es más característico de ellos es el modo en que deliberadamente fundaron su posición sobre la tolerancia sobre una base filosófica. ¡Esa base filosófica es su doctrina del lugar de la Razón en la religión! Subordinaron la convicción religiosa a la ley de razón suficiente. "Aunque la mente humana es dependiente de la revelación para la plena realidad de las verdades salvíficas, sigue siendo, no obstante, la medida de su posibilidad".[14] Estos hombres tenían como su lema Proverbios 20:27: "Lámpara de Jehová es el espíritu del hombre", pero tomaron ese espíritu como siendo la Razón. "La Razón *descubre* lo que es Natural; y la Razón *recibe* lo que es Sobrenatural", es como uno de ellos lo dijera. "Ir contra la Razón es ir contra Dios" (Whitcote). Cassirer nos advierte correctamente que tengamos en mente que "esa razón sobre la que basarían la fe religiosa es más una razón práctica que una razón teórica. El a priori de la pura moralidad es el punto de partida de su doctrina; y de aquí asciende a la creencia religiosa, por una parte, y por la otra a la esfera de la certeza metafísica, al conocimiento especulativo de la naturaleza del alma y del mundo inteligible".[15]

A los puritanos y a los prelatistas les decían por igual: Únanse en lo esencial y acuerden diferir en lo no esencial. Pero, ¿cómo distingue un hombre entre estos dos? Mejorando la propia razón mediante su empleo en los campos de la ciencia y la conducta moral y, sobre todo, por su empleo en las verdades de la Religión Natural. De esta manera uno crece en el conocimiento de aquello que es más cognoscible de Dios —un proceso mediante el cual uno se vuelve más y más "como con Dios", hasta que la perfección de la razón se alcanza en esa "sagacidad divina", como la llama Henry More; esa "natividad desde arriba", como la llama Whitcote (el fundador del movimiento), que convierte al hombre en un juez seguro de lo que es esencial en la enseñanza de las Escrituras. Los platonistas de Cambridge van realmente más lejos que los arminianos. La razón debe ser sublimada o deificada como "sagacidad divina" por la presencia de Dios en el alma. El intérprete de la Escritura inspirada debe estar también inspirado. "La Razón es el gobernador divino de la vida del hombre; es la misma voz de Dios".

EFECTOS PRÁCTICOS DE LA ENSEÑANZA PLATONISTA DE CAMBRIDGE

Creo que no necesito esforzarme para señalarles de qué manera la Verdad de la Palabra de Dios está siendo distorsionada aquí al ser acomodada con la idea de la razón como Oráculo del hombre. No quisiera dejar de señalarles, sin embargo, un efecto práctico de las enseñanzas de estos platonistas de Cambridge. Déjenme hacerlo citando algo que James Martineau escribió en su *Tipos de teoría ética* acerca de uno de los platonistas, Ralph

---

[14] Ernst Cassirer, *The Platonic Renaissance in England*, p. 39.
[15] Ibid., p. 41.

Cudworth. "Las 'Ideas Inteligibles' son, entonces, modos eternos y necesarios de la mente divina; y desde el asiento infinito pasan al mundo finito de dos modos distintos pero relacionados: por un acto de la *Voluntad* de Dios, las cosas son llamadas a la existencia, de la cual se convierten en las esencias; por un préstamo de *Su Espíritu* a centros de ser dependientes, y comunicación de *Su conciencia,* se convierten en las luces intuitivas de la razón y la conciencia para todas las naturalezas libres: y así nos guían, por una línea, a la lectura verdadera del universo; y por la otra a la inmediata simpatía de Dios. De ahí que todos los hombres tengan todas las mismas ideas fundamentales, para formar la base común tanto de la comunión intelectual como de la Cooperación moral".[16] El último enunciado es básico. Ahí vemos cómo la síntesis de ideas cristianas con el tema del a priori, con el dogma racionalista del *carácter común de la Razón,* abona el terreno para la creencia moderna secular en la posibilidad de Comunidad aparte de una lealtad común al Gobierno de Cristo. Aquí tenemos el principal factor histórico en el surgimiento de la idea Ilustrada de sociedad humana basada en una Razón común. Aquí tenemos la explicación de la robusta fe estadunidense en las empresas comunitaria comunes, y la aversión hacia todas las acciones sociales y políticas específicamente cristianas. No es difícil ver que aquí estamos bien encaminados hacia la deificación Ilustrada de la razón humana, a su religión de la razón, que no era más que una supuesta moralidad pura, e.e. moralidad sin religión, y a su segura confianza en las virtudes *cívicas,* las instituciones *cívicas* y la educación *cívica.* Lo doloroso es darse cuenta de que algunos movimientos en la iglesia cristiana pavimentaron el camino, rindiéndose ante la mente sintética. Y la mente sintética todavía busca cooperar en estos esfuerzos "comunes".

INFLUENCIA SOBRE EL PURITANISMO DE NUEVA INGLATERRA

Esta mente sintética de los platonistas de Cambridge ayudó mucho a socavar la fe de los puritanos de Nueva Inglaterra. Solía decirse que uno de los grandes misterios en la historia religiosa es el rápido deterioro del puritanismo de Nueva Inglaterra. Más recientemente, sin embargo, hemos empezado a ser concientes de algunas de las razones del derrumbe repentino. En el curso del último par de décadas hombres como Samuel Eliot Morison, Perry Miller y José Haroutunian[17] han agregado nuevos elementos que permiten comprender lo que sucedió.

Desde el principio, el puritanismo no fue lo mismo que el calvinismo ginebrino: en él estuvo presente una fuerte dosis de contenido medieval del tipo

---

[16] James Martineau, *Types of Ethical Theory* [*Tipos de teoría ética*] (Nueva York: Macmillan, 1891), vol. II, p. 446.

[17] Joseph Haroutunian, *Piety Versus Moralism* [*La piedad contra el moralismo*] (Hamden: Archon Books, 1964).

wyclifeano.[18] Las autoridades estándar de los puritanos fueron protestantes escolásticos con más frecuencia que Calvino. Una forma de intelectualismo surgió rápidamente en Nueva Inglaterra. No pasó mucho antes de que los hombres estuvieran encontrando la materia de la fe más en su *formulación* de la doctrina que en las verdades escriturales mismas. Había una fascinación casi ingenua con la Razón, y la lógica de Pedro Ramus era su herramienta. Más aun, las formulaciones eran más en el estilo de los platonistas de Cambridge de lo que hasta muy recientemente se había reconocido. El platonismo de Cambridge fue *prevaleciente* muy tempranamente. Fue la fuente del idealismo de Jonathan Edwards.

Jonathan Edwards es una figura controversial. Mucho calvinistas piensan que era un gran calvinista. Supongo que ello depende de lo que usted quiera decir con calvinista. Si uno aplica un criterio estrechamente teológico, obtiene una imagen. El hecho es que Edwards estaba influenciado por los platonistas de Cambridge, Malebranche y Berkeley, Locke y Newton, por lo menos por lo que concierne al mundo de la naturaleza (!). El Gran Despertar (1734-35), al cual tanto contribuyó, fue un mensaje de redención para el corazón individual y llamaba a obtener frutos individuales de justicia. Pero de los patrones apóstatas de pensamiento en operación en la vida política, social, económica y política de su tiempo Edwards tenía poco o nada que decir. No obstante, Nueva Inglaterra se estaba rápidamente involucrando en los procederes del Viejo Mundo, luchando por el éxito comercial, compitiendo por las ganancias, etcétera. El espíritu del nacionalismo europeo, el capitalismo, el racionalismo, con su aparato de teoría política y legal, estaba tomando posesión por doquier de los corazones y vidas de los hombres. La influencia de la síntesis hizo a Edwards impotente para lidiar con esta nociva corriente. En el momento crítico no hubo testimonio cristiano *integral* que refrenara la marejada que corría hacia la teoría Ilustrada de los fundadores del Gobierno Federal Estadunidense.

EL REALISMO ESCOCÉS Y SUS EFECTOS

El segundo movimiento que quiero discutir por un momento es conocido como realismo escocés, un movimiento que tuvo una influencia devastadora sobre los círculos presbiterianos estadunidenses. La persona de Jonathan Edwards provee la transición de uno a los otros y la conexión del puritanismo de Nueva Inglaterra con el presbiterianismo del Atlántico Medio. En 1722 Edwards, un hombre de Yale, había aceptado un llamado a una iglesia presbiteriana escocesa en Nueva York. En 1708 la colonia de Connecticut, siguiendo la opinión de Stoddard, había adoptado la Plataforma

---

[18] Ver, por ejemplo, Thomas Hall, *The Religious Background of American Culture* [*El trasfondo religioso de la cultura estadunidense*] (Boston: Little & Brown, 1930).

Saybrook, por la cual se establecieron asociaciones regionales de ministros. Desde entonces la colonia se aproximó tanto al sistema presbiteriano que surgieron relaciones muy cordiales con los nuevos centros presbiterianos de Nueva York y Nueva Jersey. Hacia el final de su vida Edwards sirvió nuevamente como presidente del Colegio de Nueva Jersey, el cual habría de convertirse en la Universidad de Princeton.

Sabemos muy poco de los presbiterianos en las colonias americanas antes de aquellos primeros días del siglo dieciocho. Los presbiterianos escoceses, quienes habían sido alentados a colonizar el norte de Irlanda un siglo antes (los escoceses-irlandeses, el grupo al que pertenece quien esto escribe), empezaron, bajo la supresión económica y religiosa que caracterizó los comienzos del reinado de la Reina Ana, a llevar a cabo una gran emigración hacia las colonias americanas alrededor de 1710.

El comienzo del siglo dieciocho fue un periodo crítico para Escocia. Desde la Unión con Inglaterra (1707) las ideas del deísmo y la Ilustración se difundieron muy rápidamente ahí. Estas influencias fueron prontamente sentidas entre los escoceses-irlandeses en Irlanda y en las colonias americanas.

El nuevo siglo vió también un verdadero "Renacimiento Escocés", el cual puso a las universidades escocesas en el primer plano de la cultura europea. Hijos de la Iglesia habían tenido mucho que ver con ello. Pero, como en otros países, surgió una división en la Iglesia entre los Evangélicos (quienes simpatizaban con los avivamientos de Whitefield y lamentaban la desaparición del calvinismo más antiguo) y los Moderados (quienes, aunque nominalmente ortodoxos, tendían a enfatizar la prédica elocuente, la ética, la teología natural, la vida académica y la libre investigación filosófica). A mediados de siglo los Moderados se habían apoderado de las universidades de Glasgow, Aberdeen y Edinburgo. Es en este punto que emerge la "escuela escocesa" de filosofía. De ella escribió Sydney Ahlstrom de la Universidad de Yale en un artículo reciente que "... es más exacto ver a los filósofos escoceses como una vanguardia liberal, incluso como revolucionarios teólogicos, que preservar la imagen tradicional de unos gentiles conservadores poniendo la razón al servicio de una ortodoxia decadente".[19]

LA RENDICIÓN DE LA FE REFORMADA

Jonathan Edwards, quien recordarán que había llegado a ser presidente del Colegio de Nueva Jersey, murió en 1758. Diez años después, en 1768, Juan Witherspoon vino a América a asumir la presidencia del Colegio. Aunque era un evangélico, introdujo a Tomás Reid (1710-1796) y al realismo escocés

---

[19] Sydney Shlstrom, "The Scottish Philosophy and American Theology" ["La filosofía escocesa y la teología estadunidense"] en *Church History* (American Society of Church History) **24**, p. 259.

como la herramienta con la cual la teología ortodoxa podía ser defendida del escepticismo humeano, el deísmo y las ideas revolucionarias francesas. No obstante, en sus concepciones sobre la razón, la teología natural, la conciencia, la libertad de la voluntad, y la virtud, el realismo escocés es una especie de racionalismo práctico. Por esa razón rápidamente se había apoderado de la nueva Escuela de Divinidades de Harvard y se había convertido en parte de mucho del unitarismo temprano. Se había convertido también en la herramienta filosófica por excelencia de la teología de Nueva Inglaterra que había seguido a Edwards y el Gran Avivamiento, un movimiento que culminó en Nataniel William Taylor, profesor de teología de la Escuela de Divinidades de Yale.

A la luz de todo eso, es extraño que también haya sido adoptado por Archibaldo Alexander, el primer profesor del Seminario Teológico de Princeton, y por Charles Hodge, su discípulo, cuyo libro de texto *Teología sistemática* usé todavía como libro de texto principal en el Seminario Westminster.[20] Desde Hodge las ideas del movimiento permearon el presbiterianismo estadunidense. Déjenme citar el artículo de Ahlstrom una vez más. "Consideren, por ejemplo, los *Esbozos de ciencia moral* que Hodge, en lugar de cualquier trabajo suyo sobre el tema, consideraba como el epítome del razonar correcto en ética. Cualquier lector advertido de que su autor era uno de los más inflexibles campeones nacionales del calvinismo de la Vieja escuela supondría, al leer este libro por sí mismo, que había sido escrito, quizás, por algún latitudinario inglés moderado resuelto a mediar las concepciones de Butler, Reid y Price. Lo que es importante aquí, no obstante, es que estas actitudes introdujeron en la *Teología sistemática* de Hodge lo que algún calvinista holandés llamó "las manchas del humanismo". Los fundamentos de la ética de Hodge y su concepción de la teología natural son más escoceses que calvinistas".[21] (El calvinista holandés al que se refiere Ahlstrom es de hecho nuestro propio Dr. Danhof). Ahlstrom procede a señalar que en los seminarios *ortodoxos* la teología "perdió su orientación reformada".[22] Ve esto —pienso que correctamente— como parcialmente atribuible a la orientación humanista de la tradición Hutcheson-Reid. Para citar otra vez: "Conforme esta filosofía fue adoptada, la ferviente teocentricidad de Calvino . . . fue sacrificada . . . la Autoconciencia se convirtió en el oráculo de la verdad religiosa. La adopción de la benigna y optimista antropología de los Moderados escoceses por los calvinistas estadunidenses veló precisamente esas compenetraciones en la naturaleza humana que habían sido una de las fortalezas principales de la teología de Calvino. El realismo escocés aceleró la larga tendencia hacia la

---

[20] Charles Hodge, *Systematic Theology* [*Teología sistemática*] 3 vols. (Nueva York: Scribner & Armstrong, 1872-1873). Hay traducción castellana: *Teología sistemática* (Barcelona, CLIE).
[21] Op. cit., p. 266.
[22] Ibid., p. 268.

teología racional ... resultó un neorracionalismo ... la teología reformada fue así vaciada de su elemento más dinámico. Se instaló una especie de *rigor mortis* racionalista".[23] ¡Y pensar que esto nos lo ha dicho un profesor de la Escuela de Divinidades de Yale!

Para terminar esta historia acerca de los realistas escoceses quiero citar una vez más a Ahlstrom. "En conclusión podemos decir, por lo tanto, que el profundo compromiso de la teología ortodoxa con la observancia apologética de la filosofía escocesa hizo a las doctrinas tradicionales tan carentes de vida y estáticas que era virtualmente inevitable un nuevo giro teológico. Ciertamente no hay ningún misterio en que la teología finisecular estadunidense se haya vuelto con tanto entusiasmo al idealismo evolucionario, el evangelio social y la "religión del sentimiento". Estaba en busca de lo relevante y lo dinámico.

EL COMENTARIO DE WILLIAM JAMES

Una luz interesante sobre toda esta triste historia de la influencia del pensamiento de la síntesis sobre la cristiandad ortodoxa es arrojada por un comentario que hizo William James en su *Pragmatismo:* "La filosofía religiosa", dijo en la primera conferencia de ese libro, "en nuestro día y generación es, entre nosotros los angloparlantes, de dos tipos principales. Uno de estos es más radical y agresivo, el otro tiene más el aire de estar peleando una lenta retirada. Por el ala más radical de la filosofía religiosa entiendo el así llamado idealismo trascendental de la escuela anglo-hegeliana, la filosofía de hombres tales como Green, los Cairds, Bosanquet y Royce. Esta filosofía ha influenciado mucho a los miembros más estudiosos de nuestro ministerio protestante. Es panteísta e indudablemente ha mellado ya el filo del teísmo tradicional en el protestantismo de modo extenso. Ese teísmo, sin embargo, permanece. Es el descendiente lineal, a través de un estadio de concesión tras otro, del teísmo escolástico dogmático que aun se enseña rigurosamente en los seminarios de la Iglesia católica. Por largo tiempo solió ser llamado entre nosotros la filosofía de la escuela escocesa. Es esto lo que entiendo por la filosofía que tiene el aire de estar peleando una lenta retirada. Entre las intromisiones de los hegelianos y otros filósofos del "Absoluto", por un lado, y y aquellas de los evolucionistas científicos y los agnósticos, por el otro, los hombre que nos dan este tipo de filosofía, James Martineau, el profesor Bowne, el profesor Ladd y otros, deben sentirse algo apachurrados. Tan sincera y limpia como usted quiera, esta filosofía no es de temperamento radical. Es ecléctica, una cosa de compromiso, que busca un *modus vivendi* por encima de todas las cosas. Acepta los hechos del darwinismo, los hechos de la fisiología cerebral pero no hace nada activo o entusiasta

---

[23] Ibid., pp. 268-269.

con ellos. Carece de la nota victoriosa y agresiva. Carece en consecuencia de *prestigio*; mientras que el absolutismo tiene cierto *prestigio* debido a su estilo más radical".[24]

James ha capturado el espíritu de la mente sintética. "A través de un estadio de concesión tras otro". En el platonismo de Cambridge y el realismo escocés no estaba presente el **poder** integral de la Palabra de Dios para sostener los corazones de los hombres en la Verdad. El corazón del pensador sintético está más bien inclinado a mirar el mundo alrededor de él para buscar un *modus vivendi*. Careciendo de la Verdad, la mente sintética se ocupa en buscar "momentos" de la verdad en la Mentira. Tarde o temprano —careciendo de la intervención divina— se encontrará *en el puño de la Mentira*.

SE REQUIERE EL RECHAZO DE TODA SÍNTESIS

Para entender la síntesis perfectamente, y sus consecuencias, ¡imagine tan solo qué hubiera sucedido si nuestro segundo representante u hombre Oficiante, Jesucristo, cuando, como Adán, fue tentado por Satanás en el desierto, hubiera considerado cada una de las palabras tentadoras del diablo y buscado, incluso expresado una medida de acuerdo con los "momentos" de verdad en ellas (sin las cuales la mentira no puede existir, pues es una distorsión de la Verdad)! Eso es precisamente lo que *hizo* nuestro primer padre y *cayó de su lugar*. Pero el corazón del hombre Cristo fue sostenido en el puño de la Verdad y dio a cada una de las tentadoras palabras de Satanás la *respuesta integral de la Verdad*. Debido a lo que hizo es posible que el apóstol nos ordene "estad, pues, firmes en la libertad con que Cristo nos hizo libres, y no estéis otra vez sujetos al yugo de esclavitud" (Gá. 5:1).

Debo cerrar. Espero que aprecien mejor la herencia reformada que ustedes han traído de los Países Bajos. Pues el testimonio fiel de hombres como Groen van Prinsterer y Kuyper y los otros que han seguido en su línea nos ha servido para levantarnos de la vasta, aparentemente inexorable Corriente de la "cristiandad occidental" y regresarnos al corazón simple y cambiado de la religión cristiana: Tu siervo, mi Señor. Es esto lo que hace difícil al principio para todos ustedes que encuentren su camino en su nueva patria. Pero cuando hayan visto la naturaleza de la **Tesis** de Dios y la variedad de **antítesis** humanas no puede haber vacilación en cuanto al curso que debemos de seguir. *No la Síntesis;* ni siquiera en la forma del mensaje emasculado: Cristo salva. Sino un "ver" desde el Centro religioso cómo las líneas de la actividad reformacional han de dibujarse a lo largo y ancho de la creación de Dios, para traer nuestra vida subjetiva *integralmente* a conformarse con

---

[24] William James, *Pragmatism* [*Pragmatismo*] (Cambridge: Harvard University Press, 1975), pp. 25-26.

la Ley de la creación, las ordenanzas creacionales. ¡Éste es el mensaje del Reino de *Justicia* de Dios!

Permítame cerrar citando al profesor K. J. Popma, cuyo holandés traduzco: "Cristo hace de Su pueblo una segunda división en Su ejército del cual Él es el comandante y primera división ... Avanza, conquistando, *y conduce a Su pueblo con él en Su victoria ... los liga con Su consecución del dominio.* Por lo tanto, siempre vale la pena todo esfuerzo, por lo tanto es valiosa nuestra propia *vida*, por establecer escuelas cristianas, luchar por políticas cristianas y un orden social cristiano, aspirar a la consecución de proyectos científicos cristianos y a la filosofía cristiana. Esto lo vale *todo;* pues compartir en la consecución del dominio de Cristo hace a todas las tareas humanas radiantes y gloriosas en medio de la miseria de nuestros esfuerzos, la debilidad de nuestras empresas y la cortedad de vista de nuestra actividad directiva".

Donde cada uno de nosotros esté listo para decir: "estaría dispuesto a *morir*, por eso hay razón para regocijarse de que el Señor ha *trastornado* ya el curso de la historia. *El futuro de Canadá y de este subcontinente norteamericano se halla en la decisión de nuestros corazones.*

CIENTIFICISMO
Y
SOBERANÍA DE LAS ESFERAS

CONFERENCIAS UNIONVILLE 1960

CONFERENCIA 1

CIENTÍFICO Y PRECIENTÍFICO

Sr. Presidente, quiero agradecerle sus amables palabras de introducción. Más aun, deseo expresar la profunda satisfacción que siento por estar aquí en este segundo Simposio de Estudio Unionville y, en particular, agradecer a las autoridades responsables por el honor que me han conferido al invitarme a ser uno de sus conferencistas por segunda vez.

Debo confesar, Sr. Presidente, que todavía me estoy frotando los ojos y tratando de darme cuenta de que los días de Unionville han regresado. Es notable la atracción que este lugar ha llegado a tener sobre nosotros. No obstante, no podría decir que es extraña. Lo que tuvo lugar aquí hace apenas un año nos ha estado ocupando a muchos de nosotros de un modo u otro desde entonces. Pues no fue poca cosa ese primer Simposio Unionville. Nosotros, los que estuvimos aquí durante esos días demasiado breves en ese hermoso comienzo de septiembre de 1959, somos testigos del **poder** de Dios operante para cambiar la dirección de las vidas de los estudiantes.

EL PRIMER "UNIONVILLE"

Fue aquí donde los estudiantes se hicieron concientes del hecho de que su ser estudiantes no los constituyó (como para los propósitos de la estadística) en el sentido primero o más profundo en una cierta clase en la sociedad canadiense, sino que ha de ser visto ante todo como un desarrollo histórico de la ricamente variada estructura del Reino de Dios tal y como se expresa en esta tierra. Eso, en una palabra, es Unionville 1959: un profundo entendimiento de que el llamado a ser estudiante es un aspecto del desarrollo dinámico del Reino de Dios. De este modo redescubrimos que las *raíces* de nuestras vidas no son alimentadas en alguna sociedad civil particular llamada Canadá o los Estados Unidos de América —tal concepción sólo da lugar a nacional*ismos* enfermizos— sino más bien en ese compañerismo de fe, en esa unidad de la Verdad que sólo se encuentra en Cristo Jesús el Señor. Adquirimos aquí perspectiva y un entendimiento más profundo. Aprendimos a "ubicar" las cosas, a ver cuál es la raíz y cuales son las ramas. La Palabra de Dios se nos abrió aquí de un modo nuevo y radical, con el resultado de que vimos quienes somos y qué estamos haciendo. Nos vimos en la dimensión más profunda de nuestras vidas como **siervos de Dios** en el Reino de Cristo, a quienes la **Palabra** de Dios ha sido dada para que seamos perfectos, enteramente preparados para toda buena obra, también en nuestras comunidades civiles, y también en nuestra vida académica.

FRUTOS DE "UNIONVILLE"

No sólo los reportes que me han alcanzado de vidas cambiadas y las cartas que he recibido, sino en general una afirmación que he podido observar en el Canadá de nuestra resolución a vivir, también como estudiantes, por la luz de la Palabra de Dios, me han convencido de que Unionville fue desde luego un punto de inflexión crucial en primer lugar para muchos de nosotros como individuos pero —y esto es sumamente importante— para todos nosotros los estudiantes cristianos *colectivamente*. Desde el primer Simposio Unionville ha habido una asunción más conciente de nuestra tarea colectiva como estudiantes cristianos. En el intervalo comprendido entre esa conferencia y ésta se han establecido al menos dos organizaciones estudiantiles, una en la Universidad de Toronto y otra en la Universidad de Western Ontario en London. Son organizaciones jóvenes, vacilantes, no siempre seguras de exactamente cómo deben proceder; necesitan una guía propia desesperadamente; pero están determinadas porque nacieron de una fe genuina en que la Palabra de Dios dirige nuestra trayectoria estudiantil. Esto, les propongo, representa un crecimiento sustancial en el Reino de Dios en el Canadá. Y no me sorprendería en lo absoluto si uno de los frutos tempranos de nuestros Simposios Unionville fuera una organización de estudiantes desde las Marítimas hasta la Columbia Británica, similar al movimiento estudiantil calvinista de los Países Bajos, que promoviera a lo largo del año, y más sistemáticamente de lo que podemos hacerlo hoy, un entendimiento profundizado de lo que es ser un estudiante cristiano, qué es estudiar de un modo cristiano, qué es construir un cuerpo integrado de conocimiento científico que esté informado por la luz de la Palabra de Dios. Después del último año, ¿quién se atrevería a decir que no le placerá a Dios darnos justamente eso?

Hay un comentario adicional que quisiera hacer. Desde Unionville ha habido un notable incremento del gozo en nuestras vidas. Lo sé porque lo he observado repetidamente. Quizá sería mejor hablar de "bendición" más que de "gozo"; pues uno puede estar triste o afligido y aún así estar bendecido. Esto no es extraño cuando nos detenemos a pensar acerca de lo que el profesor K. J. Popma ha escrito en el primer capítulo de su fino libro *Eerst de Jood maar ook de Griek*.[1] Los hombres son llamados a una tarea *y a la bendición*. Pero la bendición no es una recompensa que provenga del cumplimiento de la tarea; acompaña el hacerla. Notar Salmos 1 y 119:1-2, y las beatitudes de Cristo. Lo que hemos experimentado durante y desde nuestro primer simposio es justamente esto, que es bendición asumir en obediencia la tarea dada. No sorprende que abriguemos expectativas tan entusiastas para este segundo simposio. Y ahora, henos aquí juntos otra vez, esta vez con muchos rostros nuevos, en la Cherry Hill Farm de la señora Madsen, en Unionville.

UNIONVILLE ES UN ASUNTO DE PRINCIPIO

Señor Presidente, entenderán por lo que he dicho por qué deseo dirigirme a ustedes como lo hice el año pasado, como la Gente Joven de la Reforma en el Canadá. No es la sangre, holandesa u otra; no es un trasfondo nacional particular como tal lo que nos reúne aquí, sino la fe de la Reforma. Es *siempre*, en última instancia, *una fe común* la que junta a los hombres y establece cualquier comunidad genuina. Y tales fes últimas no son una cuestión de geografía, clima y desarrollo histórico. Es por ello que es posible encontrar en todas las partes del mundo humanistas clásicos, positivistas lógicos, neotomistas y socialistas. Es por ello que nosotros aquí, aunque en buena parte somos inmigrantes de los Países Bajos, podemos constituir un movimiento genuinamente americano o canadiense. Pero entonces es extremadamente importante, desde luego, que dejemos en claro por nuestras acciones que no estamos primariamente interesados en extender los modos holandeses de pensar y las costumbres e instituciones holandesas, y que claramente ponemos el acento en nuestra fe y nuestro principio.

Señor presidente: considero que esto es un asunto de una importancia tan fundamental para nuestros jóvenes cristianos inmigrantes que me gustaría, con su permiso, tomar un momento más para para decir algo adicional acerca de ello. Déjeme reiterar: no es la costumbre o la historia nacional holandesa como tal lo que nos preocupa aquí en Canadá, sino solamente *el Principio supratemporal de nuestras vidas*.

UNA ILUSTRACIÓN OPORTUNA

Pienso que puedo ilustrar qué es lo que particularmente tengo en mente relatando un incidente que tuvo lugar a principios de este verano. Estaba con mi familia disfrutando unas merecidas vacaciones en el Este de Ontario. Un día en uno de los lagos cercanos entré en conversación con un hombre que

---

[1] K. J. Popma, *Eerst de Jood maar ook de Griek* [*El judío primeramente, pero también el griego*] (Franeker: T. Wever, 1950).

resultó ser no solamente el director de una escuela primaria en esa vecindad, sino también haber ocupado alguna posición en el gobierno nacional en Ottawa. Platicamos de manera amigable por unos cuantos minutos acerca de las diferencias entre las secundarias canadienses y las estadounidenses pero cuando descubrió que yo, un estadounidense, tenía algún tipo de conexión con los inmigrantes holandeses en el Canadá, su actitud cambió un tanto. Primero me preguntó si era verdad que los holandeses de una comunidad cercana iban a abrir una escuela cristiana en septiembre. Le dije que había escuchado que lo harían. De inmediato mostró signos de aprensión y vino directamente al grano: "Bien", dijo, "usted es estadounidense. ¿Qué piensa que le sucedería al Canadá si todo grupo nacional que viene aquí procediera a poner sus propias escuelas? Tendríamos un caos aquí". Hablaba con cierto sentimiento. Mi réplica fue: "Pero la mayor parte de los grupos que vienen al Canadá no hacen eso, ¿o si?". He hice una pausa para que se le metiera *eso*. Y entonces proseguí: "Más aun, estas escuelas no son realmente escuelas *holandesas*, aunque actualmente le parezca que son eso debido a las naturales dificultades iniciales con el lenguaje. No son el transplante de algún tipo de institución *nacional*. No son siquiera, como las escuelas luteranas y católicas romanas, una especie de extensión de una denominación eclesial". Sé que éste es un punto delicado porque en los Estados Unidos también hemos tenido, en el último siglo, casi tantas iglesias luteranas como hay países en el norte de Europa. "Estas escuelas", le dije a este educador canadiense, "están basadas en profundas convicciones de fe acerca de lo que es nuestra vida humana y cómo debe ser vivida; están dictadas por el *principio*. Están organizadas por creyentes cistianos de convicción protestante, e idealmente todas las familias canadienses que comparten la fe de la Reforma protestante pueden participar en ellas".

NUESTRO PRINCIPIO Y LAS ALTERNATIVAS

"Pero si *nosotros* damos instrucción religiosa en nuestras escuelas", replicó el educador. Mostré que estaba perplejo por el hecho de que una escuela que es *pública* pudiera dar instrucción religiosa que resultara satisfactoria para una fe particular, y le pregunté qué entendía por educación religiosa. Entonces supe que no sería capaz de satisfacerme. Pues, como saben, los defensores de la escuela pública sólo pueden dar dos respuestas a esta pregunta. Tales personas entienden por educación religiosa o bien (1) el *moralismo*, e.e. la inculcación de ciertas actitudes morales de comportamiento supuestamente *comunes* a todas las grandes religiones del mundo pero consideradas como separadas de los rasgos *religiosos* de cualquiera de ellas y válidas por derecho propio como percepciones *morales*, o (2) una instrucción en la *historia* de las grandes religiones del mundo. La primera posición fue mantenida por al menos uno de los hombres que contribuyeron a esculpir la democracia estadounidense, a saber Tomás Jefferson. Jefferson escribió una vez que "no debiéramos inmiscuirnos con los dogmas particulares en que difieren todas las religiones, los cuales están *totalmente desconectados de la moralidad*" (mis cursivas). Era su posición que lo mejor para la sociedad sería que se observaran aquellos preceptos morales en que concuerdan todas las religiones. "Pero", escribió en sus famosas *Notes on the State of Virginia*, "no me afecta que mi vecino diga que hay veinte dioses o que no hay Dios. Ni me vacía el bolsillo ni me rompe la pierna".[2] Para Jefferson, *la verdadera religión es la moralidad*, y la moralidad se sostiene por su propio pie. Esta creencia es uno de los estratos más profundos de la convicción estadounidense acerca de su vida pública.

Pero el educador canadiense con el que estaba hablando representaba la segunda solución: explicó que en sus escuelas daban lecciones de historia de la religión, y que lo hacían debido a que creían que la instrucción religiosa era esencial para y fundacional de una democracia que funcionara saludablemente. En respuesta le dije que no me resultaba claro exactamente cómo contando historias iban a desarrollar esa salud de la vida necesaria para que su democracia funcionara adecuadamente.

NUESTRO PRINCIPIO ES LA PALABRA DE DIOS

Y eso, mis jóvenes amigos, es toda la cuestión entre los defensores de la escuela pública y nosotros. Con respecto al primer argumento, no hay moralidad que no esté enraizada en el Imperativo Divino; con respecto al segundo, las historias, incluso aunque sean historias acerca de la religión, no soportan democracias en declive —y ni siquiera imperios, para el caso. No es lo mismo estar comprometido con una creencia de todo corazón que observar esa creencia desde el exterior. Lo que se requiere para la dirección de la vida es *fe*, una aceptación de corazón, un compromiso vinculante a la Palabra que Dios ha dado para que sea la Guía o Norma o Principio de nuestra vida. Pues esa Palabra es, después de todo, simplemente Dios mismo dirigiéndose con su gracia a nosotros, abordándonos con su peculiar Poder soberano. Su Palabra es un poder que engendra para nueva vida (I Pedro 1:23). Este pasaje, con los versículos que lo rodean, también refuta la posición de Jefferson acerca de la relación entre religión y moralidad); la Palabra divina es ese Arjé que los filósofos griegos siempre anduvieron buscando, el punto de partida de nuestra (nueva) vida que al mismo tiempo gobierna, dirige su curso futuro; en breve, nuestro *Principio*.

---

[2] Tomás Jefferson, *Notes on the State of Virginia* [*Notas sobre el estado de Virginia*] (New York: Harper and Row, 1964), p. 152.

NUESTRO DEBATE CON NUESTROS TIEMPOS

La conversación que les he estado relatando terminó en este punto, pero después la repensé por entero. En un sentido, podía muy bien entender la ansiedad de este hombre. Si les diéramos a nuestros vecinos la idea de que estamos luchando por erigir escuelas cristianas, sindicatos cristianos y partidos políticos cristianos meramente porque es una antigua costumbre holandesa, entonces su irritación y —donde vieran nuestro trabajo como una amenaza a la integración nacional o como positivamente divisiva— su abierta hostilidad podrían ser fácilmente entendidas, quizá en un sentido incluso justificadas. Y así es como ese hombre estaba mirándonos. No obstante, dar tal impresión sería una traición a nuestro más alto llamamiento. Nuestro debate con nuestros tiempos es no menos que un debate acerca del *principio*. Esta palabra puede no ser popular o entendida hoy, pero su referencia es real. Simplemente recordemos la palabra latina *principium*, la cual significa "empiezo", "comienzo", "origen". El debate de nuestros tiempos, en el que debemos de involucrarnos, es un debate acerca de la fe última que, ya sea que se le reconozca o no, dirige nuestras salidas al tomar posesión de los "comienzos" de nuestras vidas (nuestros corazones).

EL PRINCIPIO, LA CUESTIÓN DE NUESTRO TIEMPO

Como resultado de la conversación que habíamos tenido, sentí que el hombre había sido aliviado de al menos algo de su ansiedad acerca de un Canadá dividido pero, lo que es particularmente importante, que el debate había sido irrevocablemente conducido a donde debe estar. El principio es todavía algo respetado en la sociedad occidental como aquella lealtad última de los hombres que el Estado no puede tocar. Tendrá que permanecer de ese modo incluso aunque es ineludible el hecho de que los hombres se hallan profundamente divididos sobre este asunto de la fe última. Sólo hay dos maneras de eliminar esta división última de la raza humana. Una es intentar crear una *fe* común por convicción o presión escondida. Este esfuerzo ha sido hecho en gran escala en nuestros modernos siglos que siguen a las guerras de religión, y resulta ser un completo fracaso. La otra manera es a través de una franca rendición de nuestra apreciada libertad democrática. Por doquiera hoy la sociedad humana está fundamentalmente perturbada por los principios en conflicto que los hombres aceptan para sus vidas. Creo que esta es la cuestión básica de la vida humana, una que sólo la viva y poderosa Palabra de Dios puede elucidar.

LA SERIEDAD DE LA SITUACIÓN

En esta crítica situación, señor presidente, el hecho de que retorne nuevamente este año en mis conferencias a una consideración de los *principios* básicos de la vida cristiana no debiera requerir una apología. Nada reclama nuestra atención de manera más constante que esto. Un sociólogo de la Universidad de Cornell reportó este año que los estudiantes de licenciatura estadounidenses son "políticamente desinteresados y apáticos". Su explicación era significativa: dijo que son apáticos porque "no hay programas claramente definidos en torno a los cuales reunirse, no hay respuestas claramente definidas a los problemas que su generación confronta". Podía haber dicho que tanto ellos como sus tiempos carecen de un principio guía reconocido. Nuestro teatro no tiene vitalidad porque carece de cualquier convicción acerca de la naturaleza del hombre y su vida. Desde luego, nuestra sociedad occidental entera parece estar a la deriva sin ningún sentido de dirección, no sólo en la política exterior de las varias naciones, sino en todos sus aspectos. Bertrand Russell escribió en alguna parte que los sistemas y las normas de conducta dogmáticos ya no controlan a los hombres como antes, que los hombres se hayan frecuentemente en duda con respecto a lo que es bueno o malo e incluso se preguntan si el bien o el mal son algo más que antigua superstición, y que si tratan de resolver tales problemas resultan ser demasiado difíciles para ellos. Su sobria conclusión sumaria es que los hombres no pueden descubrir ni un solo fin por el cual luchar o un solo principio claro que pueda guiarlos. Evidentemente, si nosotros los cristianos hemos de dar un testimonio claro y relevante en la segunda mitad del siglo veinte, tenemos que tener claridad en este asunto del principio.

LAS CONFERENCIAS DE ESTE AÑO

Las conferencias que me propongo dar en este simposio, señor presidente, presuponen, de algún modo, las conferencias del año pasado.[3] No obstante, confío en que serán suficientemente entendidas incluso por aquellos de ustedes que todavía no estén familiarizados con el trabajo que hicimos aquí en ese tiempo. Esta conferencia se llama "científico y precientífico". En la siguiente me propongo hablar de "soberanía de las esferas".

Señor presidente: procederé ahora a entrar en la discusión de nuestro primer tópico. Aunque el título "científico y precientífico" puede parecer algo prosaico, debo decir que difícilmente me imagino un tema que sea más importante discutir con estudiantes cristianos que el que ahora tenemos ante nosotros, especialmente cuando los estudiantes cristianos en cuestión están compelidos, como muchos de ustedes aquí lo están, a asistir a alguna de nuestras modernas universidades seculares.

IMPORTANCIA DE NUESTRO PRIMER TEMA

A partir de mi observación de los estudiantes cristianos durante un periodo ahora de poco más de veinticinco años, estoy convencido de que casi sin

---

[3] Ver arriba las Conferencias Unionville 1959.

excepción el estudiante se pierde para la cristiandad *integral* no por allí en los años de sus experiencias universitarias, sino desde el mismo comienzo. Susanne K. Langer está en lo correcto cuando dice en su libro *Philosophy in a New Key* que el modo en que un movimiento filosófico *formula* sus problemas es más importante que las conclusiones a las que subsecuentemente arriba.[4] "Sus respuestas", escribe, "establecen un edificio de hechos; pero las preguntas constituyen el marco en el cual se traza su imagen de los hechos. Constituyen más que el marco; dan el ángulo de perspectiva, la paleta, el estilo en que se dibuja la imagen —todo excepto el tema. En nuestras preguntas yacen nuestros *principios de análisis,* y nuestras respuestas pueden expresar lo que aquellos principios son capaces de arrojar".[5] Estoy convencido de que lo mismo ocurre con el estudiante cristiano incauto que ingresa en una de nuestras universidades. Pues la universidad en sus mismos portales formula, por así decirlo, el problema de la vida para el estudiante cristiano que ingresa.

El inocente estudiante de primer año no se da cuenta de que la misma *existencia* de la universidad involucra el problema filosófico de su *lugar*, como el *lugar* de la ciencia (*die Wissenschaft*) en el todo de la vida. Es, de hecho, pillado desprevenido en un momento muy débil de su vida. Su llegada a la universidad marca una transición a un nuevo periodo de su vida: se hace más independiente y en su agrandada libertad mira de algún modo en el mundo de la ciencia *su* vida madura. Está encendido con un celo por dominar una o más ramas del conocimiento científico. Está abierto a las influencias de la mente científica. En esta crítica coyuntura, sólo bajo su cuenta y riesgo nuestro polluelo verá a la universidad como meramente una colección de *académicos* involucrados en lo que le parece un muy alto llamamiento a las ocupaciones científicas o incluso, como pronto oirá que se le llama, a la búsqueda de la verdad, y pasará por alto con ello el hecho de que la universidad es también un microcosmos concentrado de la mente moderna. Pues la universidad es también, inevitablemente, una asociación de *hombres* y, a pesar de tanta teoría moderna, los hombres son más que mentes científicas: son *creyentes.* Los hombres que integran el personal de nuestras modernas universidades en buena medida comparten la fe del mundo moderno.

EL CIENTIFICISMO ES FE EN LA CIENCIA

Para explicar el predicamento de nuestro hipótetico estudiante de primer año, debo decir exactamente aquí algo breve acerca de esa fe. La Era Moderna ha sido descrita como la era de la ciencia y, también, como la

---

[4] Susanne K. Langer, *Philosophy in a New Key* [*La filosofía en una nueva clave*] (Cambridge: Harvard University Press, 1957).

[5] Ibid., pp. 1-2.

era de la revolución. Si me lo permiten, quisiera de una vez sustituir en la primera descripción la palabra 'ciencia' con la palabra 'cientificismo', porque pienso que expresa de modo más exacto el sentido de lo que ha tenido lugar en gran medida en nuestros siglos modernos. Sólo el ulterior desarrollo de mi conferencia puede justificar esta sustitución. Y, si en alguna ocasión futura puedo tener el placer de dirigirme a ustedes otra vez, trataré de mostrarles que hay una conexión íntima entre cientificismo y revolución.[6] Por el momento, sin embargo, sólo estoy interesado en la primera de las dos caracterizaciones de nuestra era. Sólo una palabra acerca de ella.

La palabra 'cientificismo' es una de esas palabras "ismo" de las que hablamos el año pasado.[7] El "ismo" sugiere que se ha puesto un énfasis exagerado sobre algo en la explicación teórica de esa cosa. Es así que la palabra 'cientificismo' sugiere que en nuestra teoría moderna se le ha asignado un papel demasiado grande a la *scientia*, esto es un papel mayor que el que se le ha dado a jugar por virtud de las divinas ordenanzas. La palabra '*scientia*' misma es un equivalente latino de nuestra española "conocimiento". La encontramos, por ejemplo, al principio del segundo capítulo del primer libro de Tomás de Kempís *Imitatio Christi:* "Es natural que el hombre desee el conocimiento; pero, ¿de qué le sirve el conocimiento sin el temor de Dios?"[8] Es importante notar el uso de '*scientia*' por 'conocimiento' donde el escritor está advirtiendo a sus lectores contra los peligros del intelectualismo en religión. Este Tomás sin duda tenía en mente a Tomás de Aquino y a toda la tribu de filósofos escolásticos resultantes; pues la primera parte del enunciado que cité es, como quizá lo hayan reconocido, una traducción literal del primer enunciado de la *Metafísica* de Aristóteles. En su excelente librito *Humanism and Theology* Werner Jaeger escribió acerca de este pasaje: "cuando Tomás de Kempís repite estas palabras y agrega: 'pero qué es lo bueno de la sabiduría humana sin el temor de Dios?', obviamente intenta golpear el orgullo de los filósofos escolásticos de su tiempo y sus acaloradas controversias acerca de cuestiones dogmáticas que llevaron a cabo en sus salones de clase con los métodos de la dialéctica aristotélica".[9] Es así que '*scientia*' aquí transmite un tipo de conocimiento científicamente discursivo que Tomás de Kempís contrasta con el conocimiento que proviene de escuchar a la Palabra eterna hablándonos.[10] Pienso que es significativo, a modo de contraste, que cuando Calvino habla acerca del conocimiento de Dios al comienzo de su *Institución* no usa esta palabra '*scientia*', sino más bien aquella otra palabra latina para

---

[6] Esta promesa fue parcialmente cumplida en mis conferencias Unionville de 1961. Fueron publicadas como *Religión escritural y tarea política* y están incluidas en este mismo volumen.

[7] Ver, arriba, las pp. 58ss.

[8] Tomás de Kempís, *Imitatio Christi* [*Imitación de Cristo*] (Ilkey: Scholar Press, 1977).

[9] Werner Jaeger, *Humanism and Theology* [*Humanismo y teología*] (Milwaukee: Marquette University Press, 1943), p. 14.

[10] Ver Tomás de Kempís, *Imitación de Cristo*, capítulo 4, sección 2.

conocimiento, "*cognitio*".[11] La segunda palabra parece haber estado libre de connotaciones indeseables.

Por lo que ha sido ya dicho, se habrán figurado que la palabra 'cientificismo' significa una concepción teórica que exagera el lugar que la ciencia y el conocimiento científico tienen en realidad en la vida. Es en este sentido que estaremos usando la palabra en lo que sigue. Pueden ver de inmediato que el cientificismo, como una "concepción que exagera", no es lo mismo que la ciencia. Es más bien una convicción de fe acerca de la ciencia, y una (exageración) que está equivocada, para el caso. La ciencia, el método científico no da lugar, no *puede* dar lugar al cientificismo. El segundo, como espero mostrarles, es un punto de vista filosófico como el idealismo o el materialismo; es una concepción acerca del *lugar* de la ciencia en el todo de nuestra vida. Básicamente, el cientificismo es el culto del hombre moderno, la expresión de su religión apóstata. Aquí y allá, y especialmente entre pensadores irracionalistas más recientes, ha habido un reconocimiento de la esfera limitada del conocimiento científico.[12]

ILUSTRACIONES DE LA ACTITUD CIENTIFICISTA

¿A qué se refiere, *concretamente* el cientificismo? Déjenme darles un par de ejemplos preliminares. En el mundo moderno generalmente el criterio de todo lo que es bueno y digno de nuestra atención ha sido el de si es "científico". El mundo moderno está convencido de que la ciencia tiene la última palabra. Para John Dewey y muchos otros debía venir en el siglo veinte una reconstrucción de la filosofía debido a que los intentos previos de filosofar habían sido todos "precientíficos". El positivismo y el positivismo lógico, los movimientos filosóficos que hasta décadas recientes dominaron las universidades de nuestro continente, han tratado desesperadamente de hacer "científica" a la filosofía. El ahora ampliamente discutido método de Bultmann de la *Entmythologisierung* (des-mitificación) quitaría de los escritos bíblicos todas las trazas de su "primitiva" imagen del mundo, para permitir que la revelación divina misma pase la prueba "científica". El conocimiento científico, e.e. el conocimiento obtenido mediante métodos científicos y que pasa así la prueba de esos métodos, ha sido aclamado en grandes área de nuestro mundo moderno como la única avenida propia y adecuada a la verdad. Ahora la guerra debe ser "científica", debemos tener desayunos "científicos", cepillos de dientes "científicos", educación sexual "científica" para las escuelas, un hacer el amor "científico" para nuestras

---

[11] Juan Calvino, *Institución de la religión cristiana* (2 vols.) (Rijswijk: Fundación Editorial de Literatura Reformada, 1986). Ver los encabezados latinos de los libros I y II.

[12] Ver, por ejemplo, la respuesta de Karl Jaspers a Rudolf Bultmann en Karl Jaspers y Rudolf Bultmann, *Myth and Christianity* [*Mito y cristianismo*] (Nueva York: Noonday Press, 1958), p. 6.

jóvenes parejas y un modo científico de planificar nuestras familias y criar a nuestros hijos. Tenemos, incluso, socialistas "científicos". Tanto los nazis como los marxistas apelaron a la ciencia para sus opuestas concepciones de la naturaleza humana. Pero también nuestro ex-embajador estadounidense Joseph E. Davies interpretó su concepción *laissez faire* de la naturaleza humana en términos biológicos. El movimiento pacifista oficial en la Gran Bretaña publicó un panfleto intitulado *¿Es el pacifismo científico o sentimental?*, la conclusión del cual era que es el pacifismo y no el militarismo el que recibe sanción científica y ha de ser por lo tanto aprobado por el hombre *moderno*. En el número de *Time* del 5 de mayo de 1958 (p. 36) se reporta que el famoso físico J. Robert Oppenheimer habría dicho a la *Paris-Presse:* "Creo que sólo un consejo mundial de hombres sabios puede garantizar la paz sobre una base científica. A lo largo y ancho del mundo los científicos están dispuestos y ansiosos por cooperar en tal proyecto. Pienso que podemos y que curaremos el terror atómico así como los doctores han tenido éxito al combatir la malaria −agrupándose". Y así podríamos proseguir. Pues las cosas se han puesto tan mal que casi tememos preguntar a nuestro vecino si vio el bello atardecer, ya que podría ser un científico y mirarnos con desdén en nuestro mundo primitivo desde su superior conocimiento de que, hablando científicamente −para él lo equivalente de hablar con verdad−, no hay atardecer.

LA EXTRAÑA REVERSIÓN DE LAS COSAS DEL CIENTIFICISMO

Si en todo esto todo lo que se quiso decir es que la investigación científica puede contribuir algo a enriquecer nuestro conocimiento de estas cosas, podríamos no tener ninguna objeción y no la tendríamos. La ciencia es un don importante de Dios para el hombre. Pero que lo que se quiso decir es mucho más profundo quizá se pueda sentir a partir de nuestra última observación sobre el atardecer. La ciencia no es aquí algo para enriquecer un conocimiento que ya tenemos; la ciencia es todo, al menos todo lo que es respetable. *Las experiencias normales de la vida deben ser partidas y re-formadas de acuerdo con las exigencias del punto de vista científico...* Como vimos en los ejemplos dados, 'precientífico' se utilizó en el sentido de "antes del advenimiento del método científico que nos ha abierto ahora, en estos últimos días, la posibilidad de llegar a la verdad". Es decir, "precientífico" es aquí equivalente a "acientífico", "carente de valor". Lo que es "precientífico" no puede relacionarse con la verdad.

Tenemos aquí esa reversión de las cosas que constituye el extraño corazón del cientificismo. La vida y la experiencia, que siempre preceden a la ciencia, son secundarias; la ciencia, que siempre debe ir en segundo lugar, es lo primero. Descartes, quien es generalmente considerado como el que introdujo la moderna manera de filosofar, es el mejor ejemplo de lo que digo. Su método consiste en hacer que la razón científica (geométrica) cuestione toda la experiencia previa (e.e. la experiencia previa a la aplicación del método científico) hasta que la razón científica misma descubra algún punto de partida absoluto para la experiencia que se pueda inquirir científicamente. Desde este punto de partida científicamente fijo, la razón (científica, por supuesto) procede a construir, en ese supuestamente científico modo que Descartes, Spinoza y otros llamaron *more geometrico*, una nueva experiencia que habría de pasar la prueba científica. Esta última experiencia, entonces, debido a que supuestamente pasa la prueba científica, es la experiencia genuina. He aquí el mundo y la palabra de verdad. Esto es lo que entendemos por la extraña reversión de las cosas del cientificismo. *Reemplaza* la experiencia de toda una vida y la sabiduría práctica de las edades; es un sustituto de la religión. En su prefacio a *Ideología y utopía* de Karl Mannheim, Louis Wirth, un prominente sociólogo, escribe: "la voz de la ciencia se escucha con un respeto que se aproxima a la santidad que anteriormente se le atribuía sólo a los pronunciamientos religiosos autoritativos".[13] Sus palabras muestran que el cientificismo no es la ciencia, sino el modo en que *escuchamos* la ciencia, nuestra religiosa entrega de nuestros corazones a la ciencia.

UNA SITUACIÓN CRÍTICA PARA EL ESTUDIANTE CRISTIANO

Este cientificismo es todavía la fe de los hombres que comprende el personal docente de nuestra universidades modernas. En algunos individuos esa fe aparece de una forma más militante y virulenta; en otras es una fuerza motriz básica incuestionada y más plácida que opera encubiertamente en el modo en que viven sus vidas. En la universidad, como en el mundo moderno, esta posición de la fe moderna no se argumenta tanto como se presupone. También puede ser argumentada en alguna parte a lo largo de la línea, pero ese no es el momento más peligroso en la vida del estudiante. Pues para el tiempo en que la cuestión llega a ser *argumentada* el *corazón* del estudiante ha sido ya reclamado. *Todo lo que hace ahora es aceptar la posición argumentada como "evidente por sí misma".*

¿Qué se puede esperar que nuestro ingresante al primer año de hace un momento sepa acerca de estos asuntos de tanta gravedad, tan cruciales para su vida? Prácticamente nada. Simplemente no es conciente de que la universidad es un corte transversal concentrado del mundo moderno y que no sólo le enseñará la ciencia que tan ansiosamente codicia precisamente en este periodo de su vida, sino que también le dará de comer grandes dosis de una *concepción de la vida* que ve en la búsqueda del conocimiento científico *el* ideal humano, conducente a la bienaventuranza humana.

---

[13] Karl Mannheim, *Ideology and Utopia* [*Ideología y utopía*] (New York: Harcourt, Brace and World, 1955), p. xii.

UNA ILUSTRACIÓN PERSONAL DE ESTO

Quizá pueda realzar la viveza de la impresión que estoy tratando de crear diciéndoles algo de mi propia experiencia como un estudiante muy inmaduro de la Universidad de Pensilvania hace un cuarto de siglo [en 1935]. En el otoño de ese año entré a un curso de historia de la filosofía moderna y nuestro profesor, un brillante lógico, empezó de inmediato a discutir con nosotros a Descartes y su método de duda radical al que ya me he referido. Hoy diríamos que este método de enseñanza fue "existencial": usó nuestra clase como una ilustración del significado de Descartes. "Justo en esta clase", nos dijo, "están representadas creencias dogmáticas en conflicto de grupos religiosos tradicionales: el judaísmo ortodoxo y el liberal, el catolicismo romano, el protestantismo ortodoxo y el liberal, el humanismo, el ateísmo. Ahora bien, ¿cómo hemos de hablar entre nosotros los que representamos esta fes? Cuando empezamos a argumentar entre nosotros encontramos que nuestras creencias tradicionales no son tan claramente evidentes como habíamos supuesto. Más aun, ¿sobre qué *base común* podemos discutir la "verdad" de nuestras varias fes a menos que estemos todos dispuestos a abandonar por el momento los puntos de partida dogmáticos de nuestros varios compromisos religiosos y encontrar otro punto de partida que sea *universalmente aceptable* a la razón científica? Al final de la sesión, cuando íbamos abandonando el salón, el profesor nos desafió a liberarnos de nuestro pasado y a hacer un nuevo comienzo sobre una base racional que fuera razonable a todas las personas razonables.

¿Qué hubieras hecho? Yo era un estudiante serio; quería antes que nada en ese momento entrar en los seductores misterios de la filosofía moderna. Recuerdo vívidamente que cuando iba camino a casa ese mediodía pasé a través de un pequeño parque de la ciudad. Me detuve y me paré por un árbol en el centro del parque, completamente absorto en mis sobrios pensamientos. Tomé mi navaja de bolsillo y empecé a grabar mis iniciales en la corteza del árbol, mientras que en lo profundo me decía: ¿debiera o no debiera? ¿me atrevo o no me atrevo? Esto era decir: ¿Debiera arrojar por la borda la fe en que he sido educado —probablemente será sólo por un momento, de todos modos— y empezar de nuevo, a la manera científica de mi profesor? ¿No era eso, de todos modos, la única manera plenamente honesta? ¿Si mi religión era verdadera pasaría la prueba del método científico? ¿O no?

No seguí la recomendación de mi profesor, pero casi lo hice, humanamente hablando. No obstante, debo decir esto aquí: no sabía lo que estaba sucediendo y durante años fui incapaz de decir por qué no era correcto responder al "razonable" desafío de mi profesor. Conozco a muchos cristianos que siguieron un consejo similar, usualmente con las más desastrosas consecuencias.

Permítanme una breve ilustración adicional. Muchos años después, cuando estaba haciendo trabajo de posgrado en una sociedad de investigación de la Universidad de Harvard, sucedió en una cena que un profesor repentinamente se me quedó viendo a la cara y, riéndose, me preguntó que si yo todavía creía que Jesús había ascendido hacia "arriba" al cielo. Quería decir, por supuesto, que con la moderna imagen científica del mundo que había surgido de la obra de Copérnico, Bruno, Kepler, Galileo y otros, "arriba" podía ser cualquier lugar y ninguno en particular. Para ese tiempo ya estaba más maduro y sabía algo acerca de lo que estaba sucediendo. Pero esa desdeñosa actitud todavía lastima; era como si uno fuera cortado de todo cuerpo de académicos que podría esperarse que hicieran un trabajo útil.

EL NÚCLEO DE NUESTRA DEBILIDAD

Estoy seguro de cada año un número muy grande de jóvenes estudiantes de trasfondo cristiano sucumben a las aparentes atracciones y supuestas ventajas de este agresivo cientificismo simplemente porque no son lo suficientemente creyentes y por lo tanto no son propiamente críticos. Es ciertamente el deber de los pastores poner en claro esta situación general a aquellos de sus jóvenes que van a la universidad. Una cosa es aprender ocupaciones científicas; adoptar una perspectiva cientifi*cista* es otra: *es, de hecho, aceptar una alternativa a la cristiandad.* Pues el cientificismo es una creencia acerca del principio de nuestra vida, que encuentra en la claridad y aparentemente segura evidencia del pensamiento teórico o científico. Por otra parte, la Biblia como Palabra de Dios declara que *es* ese principio, y mostré en mis conferencias de 1959 cómo ha de ser esto entendido en general.[14] Obviamente, la victoria del cientificismo es la derrota del cristianismo y *vice versa.* Donde los estudiantes de trasfondo cristiano año con año aceptan ingenuamente la formulación que la universidad moderna, reflejando la Era Moderna, da al problema del principio de nuestra vida, las fuerzas de la mente moderna no tienen que temer que la gente acuda regularmente a las iglesias. Es plenamente conciente de que recibirá al becerro engordado en el primer año de la universidad. Las encuestas de hoy en día, por ejemplo, muestran una gran mayoría de personas "cristianas" que no obstante piensan el cristianismo de un modo relativista, evolucionista.

He dicho que estos jóvenes no son propiamente críticos porque no son lo suficientemente creyentes. Haríamos bien en ponderar esta observación. Ya no elaboraré más sobre esto aquí.

DEBILIDAD NACIDA DEL ACOMODO

La efectividad del Cuerpo de Cristo en el mundo es grandemente debilitada por ese otro grupo de estudiantes cristianos que en la lucha se aferran de

---

[14] Ver arriba la Conferencia I (Tesis) de las Conferencias Unionville 1959.

algún modo a una religión de salvación personal pero se rinden al espíritu cientificista en los más amplios alcances de la vida. Deseo señalar particularmente este grave peligro; por lo tanto seré muy concreto. Estoy pensando en un hombre que enseña en la división de ciencias naturales de una de nuestras más grandes universidades estadounidenses. Fue criado en un hogar genuinamente cristiano y se graduó en uno de nuestros colegios cristianos en los Estados Unidos. Hoy este hombre se haya muy activo en la organización de reuniones de oración estudiantil y en fortalecer de otra manera la fe personal de los estudiantes cristianos de su universidad. Al mismo tiempo, de buen grado se asocia con la concepción que ve la ciencia como limitada a "hechos" matemáticamente medidos o medibles y particularmente como divorciada de cualesquiera raíces y construcciones filosóficas y religiosas. Nunca verán a este hombre admitir en tantas palabras que una gran parte de nuestra actividad en la creación está divorciada de la caída del hombre y de Cristo y su redención. No obstante, prácticamente y sin ninguna reflexión teórica acerca de su posibilidad acepta la concepción moderna de la *autonomía del pensamiento teórico*. Incluso aquí hay ya un abierto conflicto en su vida. Pero este hombre incluso cree que esta moderna concepción de la empresa científica es deseable porque hace posibles algunas áreas de *comunidad* humana en un mundo por lo demás irremediablemente dividido. Y aquí está esa fe en que la ciencia habrá de redimir el mundo derribando las barreras de la superstición y poniendo gradualmente a una comunidad humana en la verdad, una fe que entra en conflicto con lo que la Escritura revela acerca de cómo Cristo habrá de establecer su Reino de Verdad. Vacilante, porque aquí empieza a sentir que sus ideas se le están saliendo de la mano, este hombre acepta la creencia de que conforme la ciencia avance conquistando más y más de las áreas de la vida y las traiga a la ilustración, la esfera de la comunidad humana progresivamente se agrandará. ¿Es este hombre un cristiano o no? Desde luego que lo es. No obstante, algo bloquea la operación de su fe, y para todos los propósitos prácticos es un moderno pensador cientificista. Nunca ha superado el positivismo. Lo único que lo distingue es que pone *límites* a su positivismo: sostiene que hay también un área de religión. Este hombre no puede conocer el servicio a Cristo *de todo corazón*; pues concibe el "corazón" pietistamente, como el asiento de la vida afectiva *contra* la vida de la razón, y de esa manera se pierde de toda concepción integral de la existencia. En suma, el cristianismo bíblico, integral, ha abandonado su vida. Pero su positivismo también, al igual que toda fe religiosa, continuará haciendo cada vez mayores exigencias a su corazón. Este hombre es verdaderamente una casa dividida contra sí misma. Y por esa razón el *poder* de la Palabra de Dios para renovar toda la vida a partir del corazón, y traer todas las cosas en sujeción al Cristo de Dios, simplemente no puede operar a través de él, como debiera. Más aun, este positivismo *efectivamente le impedirá entender la revelación de Dios correctamente.* Su vida no puede ser de creciente santificación. Y en grandes áreas de la vida no habrá bendición. Muy frecuentemente en la vida, entre más positivista se vuelve un cristiano, más trata de corregir todo con reuniones de oración. Pero lo que necesita es fe, y la fe es obediencia.

LA URGENTE NECESIDAD DE UNA UNIVERSIDAD CRISTIANA

¿Por qué he hablado tanto de un hombre? Porque sé que en mayor o menor medida él es un retrato de la mayoría de los jóvenes cristianos que asistieron a la universidad y que siguen mostrando un interés científico. Esto es un asunto serio. Por eso dije al principio de esta conferencia que difícilmente me imaginaría un tema más importante para discutir con los estudiantes cristianos que el que tenemos ahora. Déjenme decir además que difícilmente imagino un mejor ejemplo de la necesidad de un centro integralmente cristiano de investigación académica e instrucción en este subcontinente norteamericano. Pues nuestro tema involucra cada una de las ciencias especiales así como la filosofía, y sobre todo un conocimiento de la revelación de Dios en Cristo. Sólo una comunidad universitaria de estudiantes que estén todos comprometidos por igual con la concepción integral o escritural del cristianismo, y que estén adelantados a su tiempo en un número de ramas de la academia, pueden hacer el trabajo que hace falta para salvar a nuestros jóvenes de lo que está sucediendo diariamente. Oremos por tal universidad; apoyemos las labores de la AECS. Necesitamos líderes que "vean" y los necesitamos *ahora*. No hay tiempo que perder.

LA RELACIÓN ENTRE "CIENTÍFICO" Y "PRECIENTÍFICO"

No podemos, por supuesto, hacer todo esta mañana. Pero deseo dirigir su atención en lo que resta de la conferencia más particularmente a la relación que existe entre lo que hemos estado llamando "científico" y "precientífico".

Nos hemos estado familiarizando con la concepción que el cientificismo tiene de esta relación. Dice que sólo lo que ha sido sujetado a y re-formado por el método científico es verdadero y seguro y bueno. Y desde luego el corolario de esto es que lo que no es así científico es primitivo o inmaduro, falso e indigno, material para que la mente científica lo rehaga como verdad.

Eso es lo que se haya tras mi referencia al atardecer. El pensador *cientificista* (no, nótese, el pensador científico) ha identificado todo conocimiento propiamente dicho con el conocimiento científico, en particular con los métodos matemáticos de la física o con otras áreas de la ciencia que intentan aplicar sus métodos. Cuando miramos la tierra y el sol en sus relaciones mutuas *de esta manera particular*, no hay lugar para el atardecer. El pensador

científico característicamente concluye que el concepto "atardecer" pertenece a una generación primitiva precientífica y directamente lo excluye del
cuerpo de conocimiento verdadero y válido.

El mismo tipo de cosa estaba involucrada en el burlón comentario sobre
la ascensión de Cristo que me hiciera el profesor de Harvard. Desde el
punto de vista de nuestra actual concepción científica de los movimientos
de los cuerpos físicos en el espacio, no es posible concebir ningún "arriba"
absoluto; el pensador cientificista describiría tal concepto como "medieval"
y "oscurantista".

CONFUSIÓN NACIDA DEL ACOMODO MEDIEVAL (LA SÍNTESIS)

Necesitamos echar una mirada un poco más cuidadosa a lo que está involucrado aquí. Lo que el hombre medieval había hecho era acomodar la
revelación escritural a una antigua ciencia griega. Estos hombres estaban
plenamente familiarizados con la explicación bíblica de la tierra en el libro
de Génesis, como el lugar de los tratos federales y redentores de Dios con el
hombre, y con el segundo capítulo del Génesis en particular, el cual revela
la inusual preocupación de Dios con su criatura, el hombre. Por ese capítulo
sintieron que Dios había puesto al hombre en el centro de la creación, y por
ello también sintieron que la tierra es el gran escenario del encuentro divino-
humano. Hasta aquí estaban en lo correcto esos hombres medievales. Pero
entonces procedieron a leer esta revelación bíblica a la luz de concepciones
griegas antiguas (Aristóteles y Ptolomeo) acerca del "mundo físico" El resultado fue que la tierra era ahora concebida como el centro del mundo, un
centro fijo *en el sentido físico científico*. Bajo la misma —en ese mismo sentido
físico— se haya el infierno, cuyos humos se ven a veces surgir entre las hen-
diduras y fisuras que hay en el piso de la tierra. Y por encima de la tierra se
hallaban varias (siete) esferas en las cuales giraban los siete planetas conocidos (incluyendo el sol). Por encima de la última de estas esferas se hallaba el
firmamento incorruptible (la número 8) el último límite del mundo físico,
carente del movimiento de las esferas. Se pensaba que las estrellas se hallaban colgadas de este firmamento como lámparas. Más allá de este supuesto
límite del mundo físico, el ojo de la mente del hombre medieval discernía
el Noveno Cielo, hacia el cual eran raptados los santos, el Primer Motor o
la esfera Cristalina. En la cúspide del cuadro se encontraba el Empíreo o el
Paraíso, la morada de los benditos y el trono de Dios.

Esta compuesta imagen medieval del mundo ilustra lo que queremos decir
cuando decimos que en el mundo de pensamiento medieval la revelación y
la ciencia griega estaban acomodadas entre sí. Ésta es la mente sintética de la
que hablé en la Conferencia "Síntesis" (Conferencias Unionville 1959). Los
cristianos medievales leían el significado científico griego en la Revelación,

de modo que el "arriba" de la ascensión de Jesús se confundió con el arriba de la imagen ptolemaica del mundo. Pero la ciencia, una actividad humana, tiene una historia. Y cuando subsecuentemente la imagen ptolemaica fue eliminada por hombres como Bruno y Copérnico, el efecto sobre la Iglesia y sobre la actitud de los hombres hacia la Palabra de Dios fue desastrosa. No debido a que la ciencia haya desaprobado las Escrituras, sino porque la iglesia medieval había acomodado la supratemporal Palabra de Dios a un pedazo de trabajo científico temporalmente condicionado, entendiendo la primera a la luz de la segunda, revirtiendo así el orden natural. La ciencia en la síntesis era desde luego primitiva. Pero no hay razón, si uno no cae en el error original, para transferir esta etiqueta a la revelación divina. Como revelación divina viene primero, y si hubiera sido creída de corazón los hombres medievales hubieran llegado a ver que la imagen ptolemaica del "mundo" no es el *mundo* de la Escritura. ("Mundo" es un aspecto abstracto del mundo; el mundo sólo puede ser entendido como el compañerismo federal de Dios y hombre en Cristo-Adán.) Pero *no* vieron eso, y el moderno alejamiento del hombre de la Palabra de Dios y de la Iglesia puede ser atribuido, en buena medida, a su error "acomodante". Déjenme intentar transmitirles, con una apta cita del libro *El Jardín de Epicuro* de Anatole France, algo del cambio radical de mente que tiene lugar como resultado, en la cual pueden sentir algo de la lucha en el corazón, el dolor, un tintineo de la amargura pero también el espíritu de aventura de un hombre abandonado por Dios y privado de la provisión y el consuelo de su padre celestial, que cree encontrarse por su propia y solitaria cuenta, características todas tan altamente típicas del temprano hombre moderno.

> En aquellos días Dios no tenía otros hijos más que el hombre, y toda su creación estaba ordenada de una manera a la vez infantil y poética como una inmensa catedral. [Pero ahora] nos hemos desecho de las esferas y los planetas bajo los cuales uno nacía con fortuna o sin fortuna, jovial o saturnino. La sólida bóveda del firmamento está hecha añicos. Nuestro ojo y nuestro pensamiento se precipitan en los infinitos abismo del cielo. Ya no descubrimos más allá de los planetas el Empíreo de los elegidos y de los ángeles, sino cien millones de soles rodantes escoltados por su cortejo de oscuros satélites invisibles para nosotros. Enmedio de esta infinidad de mundo nuestro Sol no es más que una burbuja de gas y nuestra tierra no es sino una mancha de lodo.

Captan ustedes el sentimiento de un joven arrojado de su casa paterna quien, con un ojo anhelantemente fijo en el pasado, se pone a caminar amargamente hacia su futuro, acompañándose en su soledad con el silbido de una melodía atrevida. Como un hombre lo dijera de modo algo sacrílego de Giordano Bruno: "Llegó el día en la vida de Bruno en que salió de la Casa de su Padre para seguir su camino *ins Freie inhaus* (en el amplio mundo exterior)".

DEBEMOS APRENDER NUESTRA LECCIÓN

Este muy importante incidente al principio de la edad moderna debiera enseñarnos qué graves peligros se hayan escondidos en todo intento por convertir la revelación de Dios en cualesquiera enunciados científicos específicos —lo que en alemán podríamos llamar "**Um**deutung" [**r**einterpretación].

Supongo que todo esto estaba en la mente de ese profesor de Harvard ese día. Pero, como ya les he dicho, no hubo oportunidad en esa ocasión para explicarle cómo pienso sobre el asunto. En realidad, sin embargo, su observación no tuvo más impacto en mi pensamiento que aquella otra pregunta semirretórica que una vez me hiciera uno de los más distinguidos profesores de Harvard: "Cómo puede usted creer en Dios en estos días, en que el espacio se ha vuelto tan vasto; ¿dónde lo coloca?" Pues todo lo que las Escrituras dicen acerca de la ascensión es que Jesús guió a los discípulos a un lugar frente a Betania y que mientras lo veían fue alzado y una nube le recibió que le ocultó de sus ojos. Debiera estar claro que el "arriba" aquí simplemente se refiere a la experiencia muy ordinaria, cotidiana, de aquellos discípulos que permanecieron de pie sobre la tierra, el lugar señalado por Dios para ser el hogar del hombre.

Conforme progresamos en el tratamiento de nuestro tema espero que gradualmente arribe a ustedes un entendimiento del fatal error original del cientificismo. Ese error fue, para decirlo brevemente, tomar una palabra tal como "arriba" e insistir en que el "verdadero" significado que podía tener era el significado científico que se refiere abstractamente a las relaciones del movimiento físico. En términos lógicos, se pensaba que tales palabras eran "unívocas", e.e. que tenían uno y sólo un significado. Es por ello que hombres como Rudolf Bultmann, cuando leen en las Escrituras las palabras "no harás para ti escultura, ni imagen alguna de cosa que está arriba en los cielos, ni abajo en la tierra, ni en las aguas debajo de la tierra", de inmediato piensan en una primitiva imagen del mundo babilónica.

SURGIMIENTO DEL CIENTIFICISMO MODERNO: EL MUNDO (!) DE LA MATERIA

Para hacer avanzar este análisis un paso más cerca de lo que espero será la claridad, déjenme decir algo acerca del cómo el error del cientificismo surgió en los tiempos modernos. El mundo moderno de pensamiento empezó con una nueva física y a partir de esa física se desarrolló la filosofía nueva o moderna. Los filósofos de la nueva era consideraron que su tarea central era la de lograr una nueva síntesis de pensamiento, esta vez en términos del tipo de realidad que el método científico descubre. No debemos olvidar que con mucho estos hombres, aunque con frecuencia mantenían una conexión externa apropiada con la Iglesia, eran realmente en sus corazones hombres que habían dejado atrás cualquier creencia genuina en la revelación divina. Tenían que llenar ahora ese espacio vacío en sus vidas con otra cosa. Su ideal seguía siendo un sistema de revelación, aunque habían abandonado la única revelación que hay. Encontraron conocimiento, incluso conocimiento válido, pero sólo posteriormente se dieron cuenta de que el conocimiento que podían encontrar de esta manera era un tipo de conocimiento diferente del que pensaron que estaban encontrando. Primero estuvieron de acuerdo en que la *realidad* era de lo que esta ciencia de la nueva física nos hablaba; pues supusieron que la nueva física revelaba la Verdad (no una verdad, sino la Verdad completa, final y únicamente real) acerca del *mundo*, acerca de la realidad. ¿Y cuál era la realidad que descubría esta física? Era algo llamado "materia". La materia era el nombre dado a lo que los físicos sostuvieron que estaban midiendo. Y así surgió la concepción de que el "mundo de la materia" que estudiaban los físicos era el *mundo real*, el verdadero, pleno y final sentido de la palabra "mundo". Frente a este se hallaba ese otro mundo de la experiencia ordinaria —el mundo de las personas y las cosas concretas, los eventos y las instituciones con las que entramos en contacto diariamente. Este último mundo vino a ser considerado ahora como el mundo de la *apariencia*, como opuesto al mundo de la *realidad* de los científicos. El mundo de la apariencia era, así, el modo "precientífico" de ver el mundo; puesto que "lógico" vino a representar el método de los científicos, el mundo precientífico era también el mundo "prelógico", el mundo como era visto por la mente "prelógica", una representación primitiva, subdesarrollada y por lo tanto indigna y falsa de las cosas. Pueden ustedes leer este muy amable tipo de argumento en las primeras páginas del libro *The Problems of Philosophy* [*Los problemas de la filosofía*] de Bertrand Russell.

LA ACTITUD CIENTIFICISTA DE LOS "HISTORIADORES" DE LA ILUSTRACIÓN

Se puede encontrar el mismo patrón de pensamiento entre los historiadores de la Era de la Ilustración, quienes pensaron que su generación era la primera en aplicar el método científico a todo, y quienes por lo tanto pensaron que toda la historia previa era "precientífica" y por esa razón no digna del historiador científico. Generalmente miraban al pasado como una historia de vanidades humanas y errores. R. G. Collingwood, en su libro *The Idea of History*, al comentar sobre el hecho de que el interés de estos historiadores estaba esencialmente restringido al periodo moderno, tenía esto que decir: "La causa real de esta restricción del interés al periodo moderno fue que con su estrecha concepción de la razón no tenían simpatía para, y por lo tanto tampoco entendimiento de lo que desde su propio punto de vista fueron periodos no racionales de la historia humana; empezaron a estar interesados en la historia sólo en el punto en que empezó a ser la historia de un espíritu moderno afín a su propio, científico espíritu...".[15] Collingwood escribe de nueva cuenta: "El punto central de la historia, para estos escritores, es el amanecer del moderno espíritu científico. Antes de eso, todo era superstición y oscuridad, error e impostura. Y de estas cosas no puede haber historia, no sólo porque son indignas de estudio histórico, sino porque no hay en ellas un desarrollo racional o necesario: la historia de las mismas es un cuento, contado por un idiota, lleno de sonido y furia, que no significa nada".[16]

FRUTO MALVADO DEL CIENTIFICISMO

Pueden ustedes ver que el marco mental cientificista conduce a hacer juicios equivocados, en realidad a *descalificar* la experiencia cotidiana. Esto iba a tener serias consecuencias para la vida y la sociedad humanas. Condujo, particularmente en Alemania, la tierra de la *Wissenschaft* [*ciencia*] *par excellence*, pero también generalmente en Occidente, al fenómeno que conocemos como el retiro de los académicos de las preocupaciones de la vida cotidiana. Estos "buscadores de la verdad por la verdad misma" se interesaron en los fenómenos de la vida sólo después de que estos fenómenos habían sido metidos en la camisa de fuerza de la construcción teórica. Vivieron sus vidas en sus estudios y laboratorios. En su libro *The University and the Modern World* Arnold Nash nos dice que en Alemania esta actitud se retrotrae por lo menos hasta Goethe, quien, hablando de la indiferencia de su círculo hacia la Revolución Francesa, dijo: "No nos ocupamos de noticias o periódicos; nuestro objetivo era conocer al Hombre; por lo que concierne a los hombres, los dejamos que hagan lo que quieran".[17] Fue Goethe el hombre que dijo: "dejemos la política a los diplomáticos y a los soldados".[18] El mismo día que Hitler se convirtió en el Canciller de Alemania la esposa de uno de los grandes profesores del momento se refirió a él como "el hombre de los periódicos corrientes".[19]

Pero Hitler mismo entendía la situación; pues escribió en *Mein Kampf* (*Mi lucha*) como sigue: "Dios sabe que a los alemanes nunca les ha faltado "conocimiento". El problema de Alemania ha sido no que los que la han gobernado hayan estado demasiado poco educados, sino demasiado completamente. Las cabezas de los gobernantes estaban retacados de información y vacías

---

[15] R. G. Collingwood, *The Idea of History* [*La idea de la historia*] (Oxford: Clarendon Press, 1948), p. 78.
[16] Ibid., p. 80.
[17] Arnold Nash, *The University and the Modern World* [*La universidad y el mundo moderno*] (New York: Macmillan, 1944), p. 34.
[18] Ibid., p. 33.
[19] Ibid., p. 34.

de instinto, completamente despojada de energía y audacia. . . ¿Por qué? Porque la así llamada clase intelectual se apartó del resto del mundo ordinario. No tenían nexos vitales con las clases que estaban abajo de ellos".[20]

EL PROFESOR DISTRAÍDO

El hecho es que estos intelectuales alemanes del régimen prehitleriano que se habían rehusado a ensuciarse las manos involucrándose en la política no pudieron reconocer —mucho menos comprender— su suerte cuando les miró a la cara, y no pudieron hacer nada ante la misma. Tuve una experiencia personal de este hecho que nunca olvidaré. Durante mi tiempo en Harvard estudié con un profesor alemán de prestigio mundial. Un día me platicó de sus últimos días en Berlín. Él y sus colegas habían sido hombres de *Wissenschaft* en la tradición alemana. Llegaban a sus oficinas temprano en la mañana y se iban tarde al anochecer. Llevaban su trabajo científico con ellos por las calles a sus casas y frecuentemente se enfrascaban con sus problemas en medio de la noche. Pero entonces llegó un repentino y rudo despertar. Una mañana temprano, me dijo este profesor, un colega suyo había tocado a la puerta de su oficina. Después de haber musitado una palabra habían bajado a la calle y caminado a lo largo del río Spree. Allí el colega había apuntado a un torso humano que estaba flotando en el río. Completamente conmocionados, estos dos hombres habían procedido a conectar esta horrible experiencia con rumores que habían empezado a cirular recientemente entre los profesores. Fue el primer fogonazo en las mentes de estos hombres del significado de la mortal tormenta que estaba agitando al Tercer Reich de Hitler. Cuando mi profesor me platicó la historia habían pasado ya cinco años, pero todavía podía leer algo de incredulidad en su cara. Toda esta generación de académicos había tenido que recibir un *shock* para darse cuenta de que la vida es más que ciencia, y que este "más" es tan real que incluso determinará la naturaleza del trabajo científico que ha de ser llevado a cabo. Ahora no le quedaba a este profesor (y muchos otros como él) más que huir por su seguridad personal, escapar de la gente y la sociedad que con su diario esfuerzo hacía posible este trabajo académico, y abandonarlos a su vampiresca y fogosa suerte.

Aunque desde la Segunda Guerra Mundial ha habido un cambio para mejorar en algunos sectores, el retiro cientificista al mundo de la "verdad científica", la búsqueda de la "verdad por sí misma", continúa sin mengua. Hay una buena razón para ello. La "mente científica" no es un hombre. Con el menoscabo de la religión cristiana y el dominio del cientificismo durante siglos, muchos hombres, para todos las intenciones y propósitos, han reducido sus vidas a esa cosa que llamamos la "mente científica". Debido a la

---

[20] Citado en Nash, *op. cit.*, pp. 34-35.

naturaleza del pensamiento científico, las actitudes y resultados conectados con el mismo no pueden ser aplicados fácil y directamente a la vida. Por lo tanto, tal "reducido" hombre moderno frecuentemente no puede llegar a sentirse en casa en el mundo cotidiano de los hombres y los eventos. Lo más fácil es retirarse al estudio o el laboratorio y eso es lo que frecuentemente sucede. Por lo tanto, la mente cientificista todavía va a ser encontrada por doquier en el mundo. No hay esperanza de cambio a menos que la Verdad de la Palabra de Dios haga a los hombres ser nuevamente hombres completos, hombres de Dios, perfectos, enteramente preparados para toda buena obra; a menos que plenitud de vida prometida por Cristo llegue a nuestros contemporáneos. La ciencia no puede hacer eso. Ni tampoco lo puede hacer una concepción limitada de la validez de la ciencia.

VARIEDADES DE LA MENTE CIENTÍFICA

Pienso que será útil, antes de proceder al análisis final del error del cientificismo, ofrecerles un pequeño número de ejemplos de la mente científica y su error, tan destructivo para la vida, fuera del ámbito de la física. Pues mientras la sustitución de la plenitud de la vida con la abstracción científica empezó en el mundo moderno con la física, el fenómeno no está restringido a ninguna área particular de la empresa científica. Déjenme dar un ejemplo de los campos del Derecho, la Lógica y la Teología. Los he escogido de la vida cercana para que sean rápidamente captados.

EL CIENTIFICISMO EN EL DERECHO

Tomemos primero un ejemplo del campo del Derecho. Quizá algunos de ustedes han leído acerca de lo siguiente en un número reciente de una revista holandesa. Había habido una colisión de frente entre un pesado trailer y un automóvil. El resultado: dos negocios al lado de la carretera quedaron, de repente, completamente en ruinas. Este desafortunado evento ocurrió el 28 de abril de 1956. Cuando el artículo apareció en el número de junio 4 de 1960 no había habido ninguna resolución del caso y a ninguna de las terceras partes inocentes, que ahora se encontraba realmente necesitadas, se le había pagado un centavo.

¿Cuál era la razón de la demora? Ésta es una pregunta "sutil", como podría decir un abogado, usando la palabra 'sutil' en su sentido sutil o preciso. No estaba claro si el chofer del automóvil había muerto de un ataque cardíaco *antes* de la colisión, *causándola* así, o después como un *resultado* de la misma. Algunos años después, cuando algunas personas externas empezaron a interesarse en el caso, y se acercaron a los abogados para ver si algo se podía hacer para ayudar, los abogados, supuestamente representantes de sus clientes, quienes eran los verdaderos embaucados en el asunto, juntaron sus manos yema a yema y sonrieron suavemente, pero sólo dijeron: "En el Derecho esto es perfectamente normal; la ley holandesa permite este tipo de cosa". He aquí lo que yo llamaría la mente cientificista en acción. Las configuraciones legales (abstracciones) en esta historia de miseria humana tenían tal control sobre ellos que la vida misma estaba excluida de las cámaras de sus corazones (¿o será que tales personas sólo tienen cabezas?) El reportero del *Spiegel*, al dar así una publicidad no bienvenida al caso, concluyó su artículo con la observación: "quizá los abogados sean conducidos a verlo como algo más que un interesante caso legal. Están involucrados aquí intereses más importantes". Desde luego, no tiene nada de malo pasarse la vida en el estudio de estados de cosas legales, siempre y cuando uno sea antes que nada un *hombre* que entiende la *naturaleza abstracta de las figuras científicas* y el *status* de la ciencia como *sierva de la vida*. Pero el pensador *cientificista* no tiene ese entendimiento.

EL CIENTIFICISMO EN LA LÓGICA

Mi segundo ejemplo es del área de la lógica. Hay aquellos que tienden a tratar la Palabra de Dios como si no fuera más que una serie de proposiciones (lógicas) o enunciados (linguales). Debemos acordar de una vez que en las Escrituras, tal y como se nos presentan en nuestra existencia temporal, podemos encontrar una serie de proposiciones lógicas. Pero la cuestión es si las Escrituras *son* la suma de aquellas proposiciones, si pueden ser aprehendidas en su realidad *concreta del modo lógico*. Muy aparte del hecho de que las Escrituras involucran características no lógicas, p.e. estéticas (de modo que verlas como proposiciones meramente lógicas es agrandar un aspecto de las mismas hasta convertirlo en su todo), ¿podemos dar cuenta de lo que la Palabra de Dios reclama para sí misma sobre la base de esta lectura logicista (=concepción cientificista de la lógica)? ¿P.e., que es un poder que convierte el alma? ¿Hacen eso los juicios lógicos o cualquier serie de ellos?

El pensador logicista puede ofrecer como réplica que está pensando en la *verdad* que se halla en la proposición lógica, y que un entendimiento propio de su significado obvia la dificultad, puesto que el poder está en la verdad. Pero la siguiente pregunta es: ¿cuál es la verdad en las proposiciones? ¿Es las proposiciones?

El filósofo contemporáneo Martin Heidegger ha llamado vívidamente nuestra atención a que la "verdad" se manifiesta en modos no proposicionales. La verdad de una obra de arte, por ejemplo, no consiste en una proposición o en un grupo de proposiciones. Barret, al discutir el asunto en su libro *Irrational Man* escribe:

la aserción trascendental que hace Heidegger es que la verdad no reside primariamente en el intelecto sino que, por el contrario, la verdad intelectual es, de hecho, derivada de un "sentido de la verdad" más básico [yo agregaría: e integral].[21]

Barrett nos presenta una muy clara ilustración de lo que quiere decir Heidegger. Alguien me presenta una nueva teoría suya. Sucede que tan pronto como la oigo sé que es falsa.

> Desafiado a dar argumentos contra la misma, puedo tropezar inarticuladamente; en algunos casos, desde luego, encuentro que no vale la pena dar una refutación, pues las ideas suenan falsas al momento que llegan a mis oídos. Algún entendimiento zonzo e inarticulado, algún sentido de la verdad plantado, como quien dice, en la médula de mis huesos, me deja saber que lo que estoy oyendo no es verdad. ¿De dónde proviene este entendimiento? Es el entendimiento que tengo por virtud de estar enraizado en la existencia. Es el tipo de entendimiento que tenemos todos cuando se nos confronta con ideas que sabemos son falsas incluso aunque nos tome mucho tiempo articular las razones para rechazarlas. Si no tuviéramos este entendimiento, nunca podríamos proferir cualesquiera proposiciones como verdaderas o falsas.[22]

El pensador logicista ha perdido su apoyo en esta primordial forma de entendimiento. Para él, la vivencia personal central de la verdad ha venido a estar reducida a un modo (lógico) de este experimentar. Pero identificar las figuras de un cierto modo científico de experimentar con la experiencia concreta plena de la vida es precisamente el cientificismo.

En tal logicismo acecha todavía un problema interno. Pues las figuras lógicas contienen en sí mismas un número de momentos analógicos. Dentro del "mundo" de la lógica hablamos de "cosas" tales como espacio lógico —lo que los alemanes llaman *Denkraum*—, movimiento lógico del pensamiento (causalidad lógica), *vida* del pensamiento lógico, control lógico (decimos de alguien que tiene un control lógico de su material), comercio lógico, economía lógica del pensamiento, armonía lógica, eros lógico (amor platónico), y así consecutivamente. La presencia de estos momentos analógicos en nuestra vida lógica parecería indicar que "lo lógico" no se sostiene en sí mismo, y por lo tanto no puede ser igualado con la realidad concreta completa.

UNA DISCUSIÓN ULTERIOR DEL LOGICISMO

Pero deseo llevar mi argumento un paso adicional para mostrar tan claramento como pueda aquí las dificultades en las que se enreda uno al intentar explicar el mundo de la realidad desde el punto de vista de la lógica. En la

---

[21] William Barrett, *Irrational Man* [*El hombre irracional*], p. 92.
[22] Ibid., p. 198.

lógica, desde el tiempo de Hume y particularmente de Kant, se ha prestado mucha atención a lo que se llama la diferencia lógica entre el *ser* y el *deber ser*, entre el *Sein* y el *Sollen*. Distinguimos una proposición de la forma "ser" (e.e. una en la cual el predicado está expresado con las palabras "es", "será" o sus conjugaciones) de una de la forma "debe ser" (en la cual el predicado se expresa con las palabras "debiera", "debería" o alguna variante). Recientemente participé en una discusión con un amigo mío cristiano que está muy absorto en cuestiones lógicas. Surgió esta cuestión de la diferencia lógica entre el "ser" y el "deber ser", y mi amigo produjo un enunciado para ilustrar cada uno. Para el enunciado de "deber ser" ofreció: "No matarás"; para el enunciado de "ser": "Dios es el creador del mundo, incluso de mí". No me interesa traer a colación todos los detalles de nuestro argumento. Sólo quiero apuntar algo. Concedí a mi amigo que había una diferencia entre las *formas lógicas* de los dos enunciados, pero argumenté que meramente esta diferencia en forma lógica no podía expresar un sentido *más profundo* en el que su segundo enunciado —"Dios es el creador del mundo, incluso de mí"— no podía ser considerado como un enunciado de "ser" como *opuesto* a un enunciado de "deber ser". Le recordé lo que Calvino dice acerca de nuestro conocimiento de Dios en el segundo capítulo del primer libro de su *Institución:* "Porque hablando con propiedad, no podemos decir que Dios es conocido cuando no hay ninguna religión ni piedad alguna",[23] a lo que debemos agregar lo siguiente de la cuarta sección del mismo capítulo: "Ved, pues, lo que es la auténtica y verdadera religión, a saber: fe unida a un verdadero temor de Dios, de manera que el temor lleve consigo una voluntaria reverencia y un servicio tal cual le conviene y el mismo Dios ha mandado en su Ley".[24]

¿Qué estoy tratando de hacer al citar así a Calvino? Estaba tratando de sugerir a mi amigo que debemos preguntarnos cómo hemos llegado al conocimiento contenido en el enunciado "Dios es el creador del mundo, incluso de mí" y que, si no nos hacemos la pregunta nos encontraremos enredados en un *impasse*. Pues sólo podemos conocer este enunciado por la religión y religión significa "sentir" —no el sentir modal psíquico, sino la conciencia religiosa concreta del hombre pleno— mi obligación de obediencia a mi Dios soberano en términos de Su Ley. Mi conocimiento de que Dios es el creador del mundo, incluyéndome yo, no es meramente una proposición lógica o un enunciado lingual; es un conocimiento *personal*, un conocimiento del *corazón:* se obtiene inmediatamente por la persona total cuyo corazón se haya en el puño de la Palabra de Dios.

Mi amigo logicista no estaba tratando con el "ser" y el "deber ser", sino con éstos *en el modo en que son expresados por proposiciones*. Cuando limita su

---

[23] Juan Calvino, *Institución de la religión cristiana*, vol. 1, p. 5.
[24] Ibid., vol. 1, p. 7.

entendimiento de tales asuntos al modo peculiarmente lógico de experimentarlos, está viendo la vida meramente en términos de sus aspectos lógicos linguales, y con ello necesariamente haciendo que las figuras abstractas relativas de la estructura lógica sean el equivalente de la vida en su plenitud. Este es otro ejemplo de cientificismo y está condenado al fracaso. Las consecuencias son malas incluso para la persona que se involucra en él: si en la actitud científica abrazamos de corazón un aspecto de la vida y tratamos de entender ésta con aquel, encontraremos que ya no podemos entender la Palabra de Dios.

Esto es, en mi opinión, lo que está involucrado en el así llamado caso Clark de la Iglesia Presbiteriana Ortodoxa hace ya más de quince años.

EL CIENTIFICISMO EN LA TEOLOGÍA

Mi tercero y final ejemplo de la actitud cientificista que encontramos a nuestro alrededor está tomada del mundo de la teología. Es un ejemplo muy simple pero muy *ilustrativo*. Recientemente ha habido una discusión en los círculos cristianos reformados acerca de las bases apropiadas para erigir escuelas cristianas. Ha sido sugerido por algunos que la base tradicional es la doctrina del pacto. Nuevamente, no estoy interesado esta mañana en decidir si ésta es la base apropiada para nuestras escuelas cristianas. De hecho, dudo que podamos aproximarnos al problema incluso de esta manera, hablando de *"una* doctrina" como la base. Sospecho que ya se halla aquí presente una particular forma de cientificismo, a saber el teo-logicismo o teologismo —la verdad como un montón de proposiciones teológicas dispares verdaderas—, y sugeriría que nuestras escuelas están basadas en la Verdad de la Palabra-Revelación divina, la cual es una. Pero esto es meramente una "entrada".

Lo que quiero discutir más particularmente ahora es el modo culpable en que uno de los ministros de la Iglesia Cristiana Reformada rechaza la así llamada "doctrina" del pacto como base sugerida para la erección de nuestras escuelas, y el modo igualmente culpable en que uno de nuestros educadores la defiende. Me estoy refiriendo al debate entre el Rev. Hugh Koops y el Sr. Raymond Geerdes tal y como ha sido registrado en un intercambio reciente.[25] Quizá el modo más rápido de entrar a este debate es citar un número de pasajes. El Sr. Koops sugiere que el Sr. Geerdes no ayuda porque "ha buscado un fundamento para una sistema separado de escuelas en el área equivocada. Se ha vuelto a la teología cristiana y salido con la doctrina del pacto". Entonces pregunta: "Está la educación cristiana en tal bancarrota que debe volverse a *otra disciplina* (cursivas mías) para encontrar un fundamento para nuestras escuelas?" Agrega que le aflige que "un educador como el Sr. Geerdes no pueda encontrar una base educativa para

---

[25] *Torch and Trumpet*, Marzo de 1959.

nuestro sistema escolar, y debe recurrir a lo que debe ser un terreno resbaloso para él". (Quiere decir la teología, como una "disciplina" que el Sr. Geerdes presumiblemente no ha estudiado, y en la cual probablemente no se hallaría en su ambiente.) Finalmente amonesta: "Que (los educadores cristianos) definan la eduación cristiana sobre principios educativos en vez de teológicos… pues el pacto debe estar en la iglesia, no en la escuela; en la teología, no en la educación; en la esfera recreativa, no en la creativa". (Ante la mención de este último par de conceptos estoy fuertemente tentado a gritar: "¡Oh, mi pobre cabeza adolorida!" Pero trataré de mantener la calma un poco más. Pues, seguramente, el adversario del Sr. Koops pondrá las cosas en su lugar. ¿No?)

No; no las pone. Escribe: "Nuestra herencia teológica es una rica mina *con implicaciones educativas*". (La familiar teoría escolástica de las *Lehrsätze* [proposiciones doctrinales] teológicas, en vez de una pedagogía integral escrituralmente dirigida.) Se refiere a lo que dijo su oponente acerca de que la teología es un terreno resbaloso para un educador, dice que es presuntuoso por parte del Sr. Koops y, de modo algo grandilocuente, continúa: "El terreno que para el Sr. Koops es tierra resbalosa es para mí la *terra firma* de la verdad de Dios". Ahora bien, eso suena un poco mejor; pues finalmente el Sr. Geerdes se acerca a hablar de la verdad de Dios. Pero después procede a hablar de teología. ¿Qué quiere decir? Pues debe elegir. Seguramente, la *terra firma* de la verdad de Dios no debiera ser llamada teología, o podríamos obtener una infortunada canonización; no, peor, una declaración de la infalibilidad de Berkhof o algún otro teólogo (dependiendo, por supuesto, de las preferencias de mis oyentes). No seamos la causa de que cualquier teólogo se convierta en un presumido. Como una ciencia, la teología es como cualquier otra área de la empresa científica. Geerdes termina diciendo: "la cuestión se encuentra ahora ante nosotros. ¿Es nuestra distintiva teología reformada el manantial de nuestras escuelas cristianas? ¿O es alguna disciplina solamente "educativa" la justificación de nuestras escuelas? El futuro de nuestras escuelas en la segunda mitad del siglo veinte depende de nuestra respuesta a esta pregunta".

CONOCIMIENTO RELIGIOSO, NO TEOLOGÍA

Está en lo correcto, Sr. Geerdes. Excepto que nunca debemos responderla aceptando su disyunción. Afortunadamente, nuestra elección no es entre la teología y la educación. ¿Cómo puede usted poner la teología *contra* la educación, si la teología es la Palabra de Dios? Desde luego, la Palabra de Dios, que nos hace conscientes de la *realidad* del pacto y mucho más, es la Palabra renovadora que hace nuevas tanto nuestra teología como nuestra educación. Pero ustedes dos han confundido la cuestión al identificar nuestro conocimiento de Dios con la teología. Si fueran idénticos, ¿cómo podría la teología seguir siendo reformada, e.e. seguir reformándose? ¿Con qué estándar o norma?

Lo que tenemos aquí es una forma particularmente insidiosa de cientificismo que convierte al conocimiento de las realidades de Dios, la creación y el hombre equivalentes a un enunciado teológico acerca de ellas. Esta confusión nos rodea por todos lados. Pero la Reforma nos enseñó que somos libres de los teólogos al entender e interpretar la Palabra de Dios. La vida precede a la ciencia, y en la vida Dios nos hace conscientes de (nos revela) la Verdad. La expresión teológica, la expresión educativa, *toda* expresión científica sigue a y es informada por el más profundo conocimiento científico de la Verdad que el hombre tiene no como científico, sino como hombre de Dios. Parecería que nuestros círculos reformados se encuentran frecuentemente lejos de la Reforma. Lo mejor que pueden leer sobre esto es el grupo de tres capítulos intitulados "Philosophy and Theology" ["Filosofía y teología"] en el libro *In the Twilight of Western Thought* de Herman Dooyeweerd.[26]

El profesor T. F. Torrance de Edinburgo se hizo culpable del mismo error teológico cuando habló ante una reunión de miembros de la facultad del Calvin College hace poco más de un año. Al responder a una pregunta que yo le había planteado, dijo que las ciencias empíricas por su misma naturaleza no saben de plenitud, pero que la teología hace precisamente eso: nos dice acerca de la plenitud. No explicó entonces cómo podría ser eso una ciencia. Dijo que la diferencia era el problema, por ejemplo, del psiquiatra o el ministro. Declaró que el psiquiatra tenía alguna verdad, pero para conocer a una persona necesitamos la plenitud de la teología.

LA DIFERENCIA LE ERA CONOCIDA A KUYPER

La distinción entre un conocimiento de la Verdad y el conocimiento teológico le era conocida a Abraham Kuyper, quien una vez escribiera: "Sólo nombre el nombre de Cristo Jesús y sentirá de inmediato que la empresa científica entera debe abandonar su exigencia de ocupar el primer lugar en la estimación de nuestra vida". Kuyper vio que se tenía que hacer una distinción entre "el conocimiento de Dios, que posee cada uno de los hijos de Dios y que es vida eterna" y "la teología científica, la cual se practica en nuestras facultades de teología".[27]

Con eso finalizo mis ilustraciones de la actitud científica de la mente. Desde luego, estos ejemplos podrían ser multiplicados muchas veces. Dondequiera que los politólogos o los lingüistas intentan poner los límites de los

---

[26] Herman Dooyeweerd, *In the Twilight of Western Thought* [*En el crepúsculo del pensamiento occidental*] (Filadelfia: The Presbyterian and Reformed Publishing Company, 1960). Lean especialmente las pp. 135-136, 144-145.

[27] *De Heraut* núm. 939, 22 de diciembre de 1895.

fenómenos vitales, o llamar a ser a formas vitales (Esperanto), dondequiera que la gente deja a los teólogos que infieran lo que uno debe creer, dondequiera que el psicólogo o el estudioso de la ética pretende que su ciencia trata el todo de la conducta humana, dondequiera que el marxismo prevalece, en todos esos lugares tenemos que vérnosla con las banales distorsiones de la vida causadas por las actitudes del cientificismo.

EL RECONOCIMIENTO DE LO "PRECIENTÍFICO" TENÍA QUE LLEGAR

No sólo debido al despertar de los profesores alemanes, sino por muchas otras razones, tenía que llegar un cambio. P.e., cuando estuve en Harvard tuve un amigo que era físico. Tenía el bicho del cientificismo y argumentamos muchas veces acerca del mismo. Una vez en un día de campo fuimos sorprendidos por un repentino aguacero vespertino. Mi amigo volteó a ver a su esposa y dijo: "entremos al coche y vayámonos a casa; después de esto el sol se meterá pronto". Completamente sorprendido yo, que estaba por allí medio distraído, puse plena atención y, mirándolo directamente a los ojos, dije: "no es una desgracia que un científico inteligente como tú condescienda a usar un lenguaje tan *acientífico*? Ofrezco esto como una ilustración del hecho de que un científico cientificista necesariamente utiliza el lenguaje ordinario, el cual no tiene ninguna pretensión científica. Decir que el sol se va a meter no es *a*científico; no es dejar de satisfacer un estándar científico, no es un enunciado científico primitivo. Pues no tiene nada que ver con el marco mental científico. Lo *pre*científico no es *a*científico sino *no* científico; es *de un tipo no* científico. Un enunciado acerca del atardecer no se refiere a la tierra y el sol en sus relaciones mutuas como resultado de su movimiento físico en el espacio; es un lenguaje que da expresión a nuestra posición humana central (religiosa) como señores de la creación (Sal. 8). Todos los argumentos acerca de que ya no podemos creer que el hombre es el centro del mundo creado y la tierra el gran escenario del gran drama del compañerismo federal entre Dios y hombre surgen de hacer del *aspecto* físico de la vida el todo de la vida. Pero el aspecto físico *no* es el todo, ni tampoco lo es el jurídico, ni el lógico ni el biótico, ni cualquier otro aspecto. La vida en su totalidad, en su significado concreto robusto, es religión. Pero no desarrollaré este tema hasta después.

EVIDENCIAS CONTEMPORÁNEAS DE UN CAMBIO DE ACTITUD

Tenía que llegar un cambio; tenía que llegar un mayor aprecio a la vida cotidiana. Y ha llegado. No digo que haya llegado un *entendimiento propio* de la vida precientífica. Pero en el siglo veinte es por doquier notable un interés renovado en lo precientífico, y un mayor aprecio a la importancia fundamental de entenderlo si hemos de sondear el misterio de nuestra vida. Una de las trazas de verdad en todos nuestros irracionalismos de hoy es que la vida es más básica que la ciencia, que la ciencia es la sierva de la vida. Pero el cambio al que me estoy refiriendo no está de ningún modo limitado a las filosofías irracionalistas. Déjenme sugerir algunos de los cambios significativos que tengo en mente.

LA PSICOLOGÍA DE LA GESTALT

Supongo que en algún sentido podríamos empezar con el famoso artículo de von Ehrenfel de 1890, "Über Gestaltqualitäten" ["Sobre las cualidades de la forma"] (el cual se retrotrae a Ernst Mach), con Wertheimer, Koffka, Köhler, y los comienzos de la escuela de psicología de la Gestalt; pues esta escuela rompió en algún sentido con la idea de que la experiencia cotidiana debe ser partida en elementos y luego ser reconstruida teóricamente, y llamó la atención a la experiencia directa de personas y cosas. Pero eso fue sólo un comienzo.

LÉVY-BRUHL ABANDONA LO "PRELÓGICO"

Tengo en mente, más bien, hablar primero del famoso antropólogo francés de la Sorbona que murió justo al estallar la Segunda Guerra Mundial, Lucien Lévy-Bruhl. (Si alguna vez hubo un positivista, e.e. un pensador enteramente cientificista, fue Lévy-Bruhl.) Estoy seguro de que todos han escuchado el *dictum* positivista de los tres estadios en la evolución del entendimiento humano: el estadio teológico, el metafísico y el científico. Basándose en esta doctrina, Lévy-Bruhl produjo un famoso estudio de los pueblos primitivos. Pero en 1938 Lévy-Bruhl abandonó su distinción entre "prelógico" y "lógico" (su retractación se publicó sólo de manera póstuma en 1947 y es discutida por William F. Albright en la traducción francesa de 1951 de su libro *From the Stone Age to Christianity*) precisamente porque, como lo dice Albright, "encontró tanta evidencia de un pensamiento muy lógico en los asuntos ordinarios de la vida, incluso en las tribus más primitivas de hoy".[28]

"PSICOLOGÍA" FENOMENOLÓGICA Y EXISTENCIALISTA

Lo que mencionaré enseguida es el gran desarrollo, desde que la doctrina de la intencionalidad de Brentano influenciara a Edmundo Husserl, de la psicología fenomenológica y del existencialismo. Aquí también se pone un gran énfasis en eventos y hombres concretos en contacto con cosas y personas.[29]

---

[28] William Albright, *From the Stone Age to Christianity* [*De la Edad de Piedra al cristianismo*] (Baltimore: The Johns Hopkins Press, 1957), p. 8.

[29] Aquí remito al estudiante a Jan van den Berg, *Kroniek der Psychologie* [*Crónica de la psicología*] (La Haya: Boekcentrum, 1953).

INTERÉS EN EL LENGUAJE PRECIENTÍFICO

Lo último que deseo mencionar es el creciente interés en el lenguaje ordinario que caracteriza a G. E. Moore, el último Wittgenstein, y ciertas corrientes en la escuela de análisis del lenguaje. A lo cual agregaría una referencia a un muy importante artículo reciente del profesor John Wild de Harvard en la *Philosophical Review*, intitulado "¿Hay un mundo del lenguaje ordinario?"[30] En ese artículo Wild dice que "un tema constante de todos los escritos [de Husserl] es una preocupación por lograr una descripción exacta de los fenómenos concretos del *Lebenswelt* [mundo de la vida], tal y como se experimentan y se expresan en el lenguaje ordinario", y agrega que "en este sentido amplio la influencia de la fenomenología se ha extendido a lo largo y ancho". Escribe que "la mayoría de los filósofos europeos estarían de acuerdo en que la tarea de describir los fenómenos de este mundo de la vida y de analizar su estructura es de primordial importancia para la filosofía".[31] Wild fue impactado por el movimiento hacia lo concreto tanto en la fenomenología continental como en el análisis del lenguaje anglosajón, y se pregunta si ambos movimientos no están "acercándose a la misma cosa [la experiencia directa] desde ángulos diferentes".[32]

ALGUNAS VOCES HOLANDESAS

En los Países Bajos, Cornelius A. van Peursen escribió una vez que la abstracción y la formalización son potenciales muy grandes concedidos a los hombres. Aun así, ambos siempre se relacionan con la vida concreta, con la persona de carne y hueso que formaliza y abstrae. También, escribió Okke Jager: "Todavía estamos demasiados firmemente atados a la mentira de que el modo científico de pensar como tal es mucho más lúcido y exacto que el modo no científico de pensar de alguien que ora".[33]

Pienso que eso es suficiente para indicar algo de la trascendental reorientación que ha estado y está ocurriendo en el mundo intelectual del Siglo Veinte.

RECAPITULACIÓN: EL PROBLEMA BÁSICO DEL CIENTIFICISMO

Es tiempo de que juntos extraigamos el sentido de nuestra discusión hasta el momento y de que echemos una mirada algo más cuidadosa, aunque necesariamente breve y sólo sugerente, al problema fundamental involucrado en

---

[30] John Wild, "Is there a World of Ordinary Language?" ["¿Hay un mundo del lenguaje ordinario?"]. *Philosophical Review*, pp. 460-476.

[31] Ibid., p. 460.

[32] Ibid., p. 462.

[33] Okke Jager, *What does God Want, Anyway* [¿Qué es lo que Dios quiere, de todos modos?] (Valley Forge: Judson Press, 1972), p. 16.

la misma. El problema que nos impone el largo dominio del marco mental cientificista es el de la relación que existe entre lo que es propiamente llamado "científico" y lo que podríamos llamar lo "precientífico". El cientificismo sólo reconoce lo científico. Considera lo que nosotros llamamos "precientífico" como "*acientífico*", como algo que no alcanza a satisfacer especificaciones científicas. Deja de observar que lo "precientífico" no es realmente *a*científico, sino más bien *no* científico, e.e. *de un tipo enteramente distinto del científico*, y por lo tanto ha de ser juzgado con estándares distintos de los que hay para la ciencia. Pasa por alto el importante hecho de que esta experiencia (y conocimiento) *no* científico es en realidad también *pre*científica puesto que siempre es una experiencia previa a lo científico; es desde luego una condición necesaria para adquirirlo. En el mundo cristiano, un ejemplo particularmente impactante del insidioso operar del marco mental cientificista es la confusión de la inmediata consciencia de la integral Verdad de la Palabra de Dios en nuestros corazones (Dios, desde luego, abriendo nuestros corazones para que creamos en su Palabra; cf. Hechos 16:14) con un cuerpo científico (teológico) de enunciados proposicionales acerca de su Verdad. Se ha le dedicado tanta atención a los segundos que la necesaria posesión anterior de la primera ha sido muy pasada por alto, para el mayor detrimento, nada menos, de un entendimiento propio de la teología *qua* ciencia, del método teológico en general, y en particular del proceso de exégesis.

Por su misma naturaleza, entonces, la mente cientificista se ha visto forzada por doquier a ignorar el importante papel que esta experiencia cotidiana (no- y pre- científica) juega en nuestras vidas. Es así que el cientificismo deja de notar algo de la estructura de la creación, y como resultado está obligado a rendir una versión distorsionada tanto de nuestra experiencia como del cosmos. Las consecuencias, como hemos visto, han sido legión y son graves.

LOS PROBLEMAS NO RESUELTOS DEL CIENTIFICISMO

Cuando, de modo cientificista, uno permite sólo el conocimiento científico, uno se ve forzado a buscar el sentido del significado de la vida en tal conocimiento. De inmediato, sin embargo, el pensador cientificista es confrontado con una dificultad. Pues hay muchas ciencias, y sus tópicos y métodos son diferentes. Al no estar la mente cientificista limitada a ninguna área del conocimiento científico, muchos puntos de vista científicos pelean entre sí por la poderosa posición de revelación religiosa central de la Verdad.

Debido a que una y otra vez los hombres han intentado así tener una panorámica de la realidad toda desde uno u otro de estos diversos puntos de vista, han surgido muchos "ismos" en el curso de la especulación humana:

el materialismo, el naturalismo, el biologismo o vitalismo, el psicologismo, el logicismo, el historicismo, el economismo (Marx), el esteticismo, el moralismo, etcétera. La misma diversidad de los puntos de vista científicos debiera advertirnos que no nos las habemos en las varias formas de conocimiento científico con la vida en su *unidad radical,* sino sólo con varios "aspectos" o "lados" de la vida.

Más aun, la ocurrencia en todas las ciencias de conceptos elementales o básicos de tipo analógico (un fenómeno que no puede ser explicado como un uso metafórico del lenguaje) debiera advertirnos en contra de suponer que un área científica cualquiera existe por sí misma como realidad empírica. Pues estos *conceptos analógicos* en las varias ciencias, como los momentos analógicos de los varios aspectos modales que constituyen nuestra experiencia y que garantizan el sentido modal específico de los conceptos analógicos, *son la expresión de una indisoluble coherencia de significado en una irreducible diversidad de significado. Producen una unidad de significado más profunda.* Si no experimentamos esta unidad en alguno u otro de los cuerpos de conocimiento científico, ¿entonces dónde?

(No hay tiempo ahora para entrar más en este particular tópico de la analogía y los conceptos analógicos en la ciencia, aunque es fundamental. Meramente lo sugiero aquí en aras de la completud de la explicación. Y aquellos de ustedes que podrían estar interesados en seguir el tema pueden consultar, además de la *Una nueva crítica del pensamiento teórico* de Dooyeweerd, sus *Raíces de la cultura occidental.**

La diversidad de los puntos de vista científicos lo sugiere ya, y la ocurrencia de conceptos analógicos en cada ciencia lo indica con fuerza, pero una consideración de cómo obtenemos nuestro conocimiento científico torna abundantemente claro que hay, previa a nuestra experiencia científica, *una experiencia de la realidad más integral,* e.e. una experiencia de la realidad en su *plenitud* de significado. Pues el conocimiento científico sólo puede ser adquirido por un proceso de *abstracción a partir de la vida así experimentada en su plenitud.*

SE ILUSTRA EL ERROR DEL CIENTIFICISMO

Una simple ilustración pondrá en claro el punto de manera inequívocamente clara. Un joven cirujano llega temprano en la mañana al hospital donde habrá de efectuar una operación. Cuando está por entrar por la puerta frontal del hospital se encuentra repentinamente cara a cara con el hombre que había sido su profesor favorito en la escuela de medicina, un hombre que,

---

* Herman Dooyeweerd, *Raíces de la cultura occidental* (Barcelona: Clié, 1998). *Una nueva crítica del pensamiento teórico* será publicada en castellano también en esta misma serie Biblioteca de Filosofía Cristiana. [N. del T.].

aunque ya retirado, le gusta andar por el hospital. Sus ojos se encuentran un segundo, se estrechan las manos, intercambian unas palabras y se cruzan. Unas cuantas horas después descubrimos a nuestro joven cirujano en un comedor cercano esperando a que llegue un par de sus colegas. Está sentado a la mesa perdido en sus pensamientos. Está pensando, de hecho, en el breve encuentro que tuvo temprano en la mañana con el viejo "Doc" Maguire. El anciano, piensa para sí nuestro joven cirujano, todavía tiene una buena figura. A pesar de sus años todavía camina resueltamente, se muestra firme, tiene ojos como de pedernal; sigue teniendo una personalidad "cálida", con ojos que literalmente te atraen hacia él. Nuestro cirujano se sonríe ligeramente al recordar su renovada experiencia de la incisividad de los ojos del anciano, algo que en los viejos días había provocado frecuentes comentarios entre los estudiantes. Y nuevamente esta mañana, cavila nuestro cirujano, se había repetido su sensación de algo inusualmente armonioso y agradable en la presencia del profesor; y entonces, desde luego, también su carácter gregario.

Se habrán dado cuenta de que en el comedor le toma a nuestro cirujano un largo tiempo para "recapitular" lo que había experimentado en un momento de tiempo temprano en la mañana en la puerta frontal del hospital. Más aun, a la mesa el cirujano es capaz de distinguir un número de "lados" o "aspectos" en su experiencia del viejo "Doc" Maguire. Al momento de su encuentro no estaba estrictamente consciente de una diversidad tal de aspectos; simplemente había experimentado al "Doc". No obstante, *si no los hubiera experimentado en la mañana, no habría sido capaz de recordarlos como experimentados al mediodía*. Pero allí estaban. Los ojos como pedernales (físico). La cálida personalidad y los ojos atrayentes (psíquico). La mirada penetrante o incisiva (lógico). El carácter gregario (social). La agradable armonía (estético). En la mañana estos aspectos habían sido experimentados sólo *implícitamente;* al mediodía, *explícitamente*.

Estos varios aspectos se convierten en los campos de investigación de las ciencias especiales. La ciencia de lo orgánico, por ejemplo, desentraña (abstrae) de su entretejimiento en la experiencia concreta completa aquello que es peculiarmente orgánico, aquello que está sujeto a leyes *orgánicas*. La psicología hace lo mismo (o debiera hacerlo) con "lo psíquico"; la lógica o la analítica, con "lo analítico"; la estética, con "lo estético".

En la vida diaria, sin embargo, experimentamos personas como "Doc" Maguire, cosas, eventos e instituciones *de modo concreto*, e.e. en la plenitud de su significado. El árbol en la colina, bajo el cual el joven elige hacer su día campo con su amada, es "bueno" para ese joven no sólo en el sentido biótico, sino también psíquicamente, socialmente, estéticamente, etcétera. Pero nuestro joven no está consciente de todas estas distinciones. (Tan pronto como lo está abandona, por un momento, la actitud cotidiana.) Más bien, capta integralmente el "sentido" de la situación. Este tipo de experiencia está presupuesto en la posterior abstracción científica; no es solamente no científica, sino también precientífica. Llamamos a esta experiencia común o cotidiana *experiencia naive* [intuitiva] (del latín *nativum*, que significa "original").

OTRA ILUSTRACIÓN

Una segunda ilustración puede servir para enfocar de modo todavía más agudo la relación entre el conocimiento científico y la experiencia intuitiva. Imaginen una moderna cafetería tan encerrada dentro de un muro de cristal que nosotros los que estamos afuera podemos ver y escuchar lo que está sucediendo adentro sin ser detectados. Adentro, la vida transcurre como siempre en tal cafetería. Pero supongamos que nos hemos alineado alrededor del exterior del vidrio un grupo de científicos con la intención de observar la vida interior. Digamos que entre ellos hay un físico, un biólogo, un lógico, un lingüista, un estudiante de la vida social, un economista y un estudiante de estética. Todos estos científicos observan las mismas situaciones vitales: algunos personas adentro están de pie frente el mostrador; otras están sentadas a las mesas solas o en grupos, los segundos envueltos en conversación quieta o animada. Pero, de esta situación entera que cada científico experimenta, el físico abstrae sólo aquellas "figuras" que dicen algo acerca de la masa, el movimiento, la fuerza, etcétera, tales como el trabajo involucrado en levantar una taza de café desde la superficie de la mesa hasta la boca contra la atracción gravitatoria. *Como físico*, ignora completamente otras figuras que no sean de este tipo. Al mismo tiempo que nuestro físico está haciendo esto, el biólogo observa cosas tales la "vuelta a la vida" del cuerpo exhausto, la digestión, etcétera. Ignora la física y las otras "figuras" que los otros científicos se hayan observando embelesados. El lógico escucha las "figuras" de implicación lógicas en el razonamiento frecuentemente entimémico de la vida cotidiana. El lingüista abstrae aquellos "momentos" que tienen algo que decirle acerca de la comunicación humana simbólica. El estudiante de la vida social busca los *mores* [costumbres] sociales; puede estar estudiando los mismos gestos que está observando el lingüista, pero más bien desde el punto de vista del modo en que las personas se entienden entre sí que desde el punto de vista de la comunicación simbólica. El economista observa qué tan grande es una tasa de café que puede uno comprar por el precio pagado, así como los signos de la disposición o indisposición de pagarlos que tiene el "mercado". (Note que cuando hablamos de la gente sobre el piso del mercado de valores —o, para el caso, de la personas reunidas en un antiguo mercado pueblerino europeo— con "mercado" estamos usando un término que describe esa situación humana allí (sociedad humana) no en su *plenitud* de significado, sino sólo desde el punto de vista económico:

un amante podría haber arreglado una cita con su amada en el centro del mercado de flores, pero esto no es "mercado".) Finalmente, el estudiante de estética estará observando en la vida que está desarrollándose dentro de la cafetería lo que es agradable y armonioso en los gestos, movimientos, arreglos, etcétera. También está abstrayendo "figuras".

Pienso que estas ilustraciones dejan suficientemente en claro por qué no debemos, de un modo cientificista, buscar la unidad del significado de la vida en ningún cuerpo de conocimiento científico. Las ciencias surgen del hecho de que hay varios *modos* (latín: *modus;* castellano: modos, de ahí modalidades) de ver la realidad una, y toda ciencia especial sólo trata con una "faceta" de la vida.

COMPLETUD DE LA VIDA DADA EN LA EXPERIENCIA INTUITIVA

Sólo encontramos la vida misma en la experiencia intuitiva. Aquí experimentamos no sólo personas y cosas, eventos e instituciones en su plenitud, sino también el entretejimiento *dado* de todos éstos en sus relaciones sujeto-sujeto y sujeto-objeto.[34] En nuestra experiencia intuitiva captamos algo del sentido de la realidad como un todo, sentimos algo de la unidad de la vida.

Por esta razón, como hemos visto, mucho del pensamiento contemporáneo está intentando ahora encontrar el significado de la vida en las situaciones cotidianas. William Barrett, por ejemplo, en su libro *Irrational man* (que debieran leer), dice que el existencialismo "busca traer al hombre completo —el individuo concreto en el contexto entero de su vida cotidiana, y en su total miseria y cuestionabilidad— a la filosofía".[35] Se halla circulando hoy la noción de que la vida ha de ser explicada en términos de encuentros concretos. Leemos frecuentemente que el encuentro entre personas humanas es más importante que nuestro conocimiento científico de las cosas. El amor, se mantiene con frecuencia, nos mostrará el significado de la vida.

NO OBSTANTE, EL SENTIDO DE LA VIDA ES ELUSIVO

Si bien el cambio hacia la experiencia intuitiva es digno de encomio, el intento de encontrar en ella la unidad y el significado de nuestra existencia está condenado al fracaso tan ciertamente como lo estuvo la anterior aventura cientificista. Mientras los hombres busquen esta unidad y significado dentro de nuestra vida funcional, los eludirá, por la sencilla razón de que por todos los rincones de esta vida funcional reaparece constantemente una *diversidad* modal de significado. El amor mismo, por ejemplo, exhibe

---

[34] Ver arriba, pp. 64ss.
[35] W. Barrett, *Irrational Man*, [*El hombre irracional*] p. 244.

muchos sentidos. Hay amor erótico o sexual, amor marital, filial y paternal, amor al propio país (patriotismo), amor a la distinción racional (amor platónico), amor a la belleza, amor a los hermanos en una iglesia instituida, y así consecutivamente. ¿Dónde, en toda esta diversidad se halla el sentido unificado de nuestra existencia que buscan los hombres?

Hemos visto previamente que en la irreducible *diversidad* de significado, que un análisis de nuestra experiencia revela por doquier, hay una indisoluble *coherencia* de significado que presupone una *unidad* de significado más profundo, una concentración, como quien dice, de todos los diversos "lados" del significado. Pero ningún examen de nuestra vida funcional puede descubrir en qué consiste esta unidad. En este punto alcanzamos los límites de un examen analítico de nuestra experiencia.

COMPENETRACIÓN ESCRITURAL EN LA VIDA COMO RELIGIÓN

Sólo cuando la viva y poderosa Palabra de Dios, acerca de la cual les hablé en las conferencias del año pasado, se apodera de nosotros en nuestros corazones y nos une a Cristo, podemos conocer la Verdad.[36] Sólo entonces se nos hace "ver", ver la unidad de significado en la diversidad y la coherencia. Sólo entonces se nos hace consciente de nuestro oficio como hombres, el oficio de ser siervos de Dios con sencillez de corazón; solamente entonces somos hechos conscientes de nuestra posición central en el cosmos, una posición central donde todos los "aspectos" de nuestra vida creada son concentrados en el significado de la vida como religión.

La Verdad, tal y como la Palabra divina la desentraña, es que *la vida es religión*. No, no dije "religiosa". Ello sólo necesita significar que la "religión" es una dimensión de la realidad creada entre muchas, como cuando decimos que la vida es bella. Cuando uso el nombre y digo que la vida es religión, lo que quiero decir es que la religión es el punto de concentración de todos los "lados" o "aspectos" del significado creado. Para tomar nuestro ejemplo del amor, permaneceremos desconcertados en una diversidad temporal de significados hasta que veamos en el gran mandamiento (religioso) de amar al Señor nuestro Dios, con todo nuestro corazón, la concentración y plenitud de los diversos "aspectos" modales del amor. Del mismo modo, todas nuestras palabras reciben en la religión sus unidad y plenitud. Tome la palabra "mundo". Podemos hablar de un mundo físico, del mundo de la vida, el mundo del sentido, el mundo económico o el mundo de la belleza, pero a estas alturas somos capaces de ver que en cada uno de estos ejemplos la palabra 'mundo' debiera estar entrecomillada. Pues cada uno de estos mundos no es más que un aspecto del mundo concreto, el mundo en su plenitud de significado. Fue simplemente el profeta que hay en el hombre,

---

[36] Ver arriba, pp. 44, 51ss.

una condición de la existencia humana que como tal permanece —aunque mal dirigida (hacia la inmanencia)— en el estado caído, lo que hizo que los hombres en su ceguera espiritual identificaran primero uno y luego otro de estos "mundos" con el mundo. La realidad no es ni el "mundo" físico, ni el "mundo" de la belleza, ni ningún otro "mundo" tal, sino ese maravilloso compañerismo federal que Dios ha establecido con el hombre, quien (ahora en Cristo) ocupa el lugar central en la creación, quien es puesto bajo la Ley divina en el oficio triple de profeta-sacerdote-rey para adorar y servir a Dios al cumplir el mandato cultural en el mundo con sencillez de corazón.

FRUTOS BENÉFICOS DE UNA COMPENETRACIÓN ESCRITURAL

El hombre que ha visto la vida como religión nunca puede recaer en el ser una mera "mente científica" (un profesor distraído). Está en camino de convertirse en ese hombre perfecto de Dios, enteramente preparado para toda buena obra, del que habla Pablo en II Timoteo 3:17. Que los jóvenes estudiantes cristianos vean esto como un asunto de vida o muerte para el cuerpo de Cristo en nuestro tiempo. Y no sólo que lo vean, sino que lo crean de todo corazón y vivan de acuerdo con ello. Pues no es, después de todo, sino el Evangelio, y el Evangelio es nuestra salvación completa en el mundo, pero también en el "mundo" de la universidad. Creer el Evangelio es ser salvo de la incredulidad y sus frutos: la revolución y la desintegración.

LA DEVASTACIÓN TRAÍDA POR EL CIENTIFICISMO

El hecho lamentable es que muchos cristianos que pasan por nuestras universidades son picados por el bicho del cientificismo. No debemos olvidar nunca que el cientificismo es él mismo una creencia, una fe. Esto es, se ofrece, exactamente como lo hacen todas las fes, como el Principio directivo de la vida humana. Pero el cientificismo es una fe falsa; su dirección ha sido una mala dirección. Todos los que sufren su infección pierden su camino, los cristianos tanto como lo no cristianos.

Aquellos cristianos que podían haber usado un educación universitaria verdaderamente cristiana para descubrir cómo relacionar la fe cristiana simple con la situación cultural de nuestro tiempo, y así quedar capacitados para entrar en discusión con los bertrand russels del mundo, se han descarriado. Algunos de ellos quedan atrapados en el modo (método) físicomatemático de ver la experiencia; otros, en el biológico, o psicológico, o el que sea. O bien son absorbidos tan completamente por su área de especialización que en sus vidas personales se retraen de la plenitud de la vida y de ser humanos para convertirse en tristes ejemplos de esa extraña alma "perdida", la mente científica abstracta, o quizá intentan "ver" (e.e. ver de manera panorámica) toda la vida desde el punto de vista especial de su campo de estudio para llegar tarde o temprano a presentar conferencias muy demandadas sobre cómo "el físico" o "el biólogo" o lo que usted quiera ve la vida, o, en el mejor de los casos, en adición a sus estudios en la ciencia especial de su elección, encuentran algo de tiempo también para preguntas *teológicas* y *Lehrsätze* (proposiciones doctrinales) teológicas.

Cada uno de estos modos de conducta sufre de la enfermedad del cientificismo —el tercero no menos que los otros— y descarría a los cristianos del cumplimiento de su tarea en el mundo. La sustitución de una consciencia religiosa central de la Verdad con la teología es una manera muy efectiva de rebajar la religión cristiana a la estatura del cientificismo. No es más que una manera más de perder el significado religioso central de la vida. Agregar disquisiciones teológicas a las biológicas o las psicológicas o las sociológicas no nos acerca un ápice a la unidad-raíz de la vida o a la Verdad.

NUESTRA TAREA

Lo que debe ser redescubierto en el protestantismo, si hemos de sobrevivir en la gigantesca lucha cultural de nuestro tiempo, es una consciencia del papel directivo en la vida de la Palabra de Dios, el *sentido* de esa Palabra, a un más positivamente articulado enunciado de la cual vendremos en la siguiente conferencia. En la presente conferencia hemos tenido que abrir brecha discutiendo ese cientificismo que tan universalmente ha descarriado a los cristianos del camino de la sabiduría y la vida abundante.

CONFERENCIA 2

LA SOBERANÍA DE LAS ESFERAS

Hace algún tiempo se dio una conferencia en Washington D.C., en la cual un hombre distinguido tenía esto que decir: "En una sociedad industrial los hombres tienen que labrar una gran parte de su destino dentro del marco de los negocios o la industria, y estos tendrán que proveer mucho más que los meros servicios de negocios que prestan". Como ilustración de lo que quería decir, el conferenciante señaló los gremios medievales.

Me refiero al incidente aquí sólo para dejar en claro que la influencia del cientificismo aun permea nuestra vida. ¿Cómo podría ser jamás apropiado hablar de una *sociedad industrial*? ¿Que acaso no existe en la sociedad la vida de las parejas casadas? ¿No hay familias e instituciones eclesiásticas, las artes, las escuelas y finalmente, aunque difícilmente con menos importancia, el Estado? ¿Y no queremos hablar, cuando hablamos de la sociedad humana, del Estado? ¿Y no queremos hablar, cuando hablamos de la sociedad humana, de la comunidad humana en su totalidad de relaciones posibles, o de todos los modos en que vivimos nuestras vidas en comunidad con nuestros congéneres? ¿Cómo podría entonces una sociedad completa llegar a ser conocida como una sociedad *industrial*?

Usted contestará: "Pero este concepto no es más que una *descripción* de una sociedad particular que encontramos delante de nosotros,* en la cual los lados económicos y técnicos de la vida han crecido hasta llegar a ser dominantes, así como podríamos hablar de la sociedad de la Edad Media como una sociedad eclesiástica". Déjeme señalar entonces que el conferenciante que hemos citado habla de una sociedad industrial en la cual "los hombres tienen que labrar una gran parte de su destino dentro del marco de los negocios o la industria" y que él argumenta que "estos tendrán que proveer mucho más que los meros servicios de negocios que prestan".

---

* El autor se refiere en este contexto a los Estados Unidos de América. [N. de los T.]

¿ESTÁN NORMADOS LOS HECHOS?

¿Debemos nosotros, como lo hace este conferenciante, *aceptar* el hecho de una sociedad que está llegando a ser dominada por la tecnología y la industria como el punto de partida para nuestro pensar acerca de lo que debe hacerse en nuestra sociedad? Concedamos que los negocios, la tecnología y la industria ocupan una parte inusualmente grande de nuestras vidas en nuestra sociedad. ¿Puede ser considerado esto como algo más que una situación de lo más *anormal*? ¿Hubiera tenido lugar tal desarrollo si las vidas de nuestros matrimonios y familias, de nuestras iglesias y estados, si nuestra vida social y la vida de las artes y las ciencias entre nosotros hubiera sido saludable? Pero, si nuestra sociedad está enferma, ¿debemos acomodarnos a ella o intervenir, como en el caso de la enfermedad corporal, ya sea con una remoción quirúrgica o estimulando otros poderes latentes en el cuerpo, para combatir la enfermedad?

¿HAY UN *"POU STO"* (UN "LUGAR DONDE ESTAR")?

Desde luego la intervención, al menos la intervención con sentido, supone un conocimiento profundo de lo que sería un orden saludable. ¿Poseemos tal conocimiento en algún lado? Si no lo poseemos, ¿no estamos compelidos meramente a aceptar el hecho de una sociedad industrial, y a intentar resolver nuestros problemas dentro de las posibilidades que nos provee? Pero si lo poseemos, ¿cuál es la realidad central a partir de la cual podemos propiamente tener una visión abarcante de la sociedad humana en toda la complejidad de su vida funcional? ¿Hay un punto en alguna parte ahí afuera, que no esté él mismo inmanentemente involucrado en nuestra existencia funcional, al cual podemos retirarnos y desde cual podamos lograr esa visión abarcante, para que podamos retornar hacia dentro del orden de nuestra sociedad y juzgar su relativa enfermedad o salud, y trabajar para rectificar lo que no está bien?

Este es el problema, de graves consecuencias para la humanidad en su solución, al cual asevera dar una solución escritural el concepto de soberanía de las esferas. Solamente cuando hayamos alcanzado el punto al que nos trajo nuestra primera conferencia estaremos en posición de entender y juzgar la importancia del debate acerca de la soberanía de las esferas. Tenemos que deshacernos de la actitud del cientificismo para ver la vida como religión. El cientificismo no puede permitir ningún orden o estructura en la realidad temporal que no sea el producto de la reflexión científica, el único oráculo o fuente de verdad que reconoce. No obstante el pensamiento científico, por su misma naturaleza abstrayente, está compelido a permanecer confinado a uno u otro aspecto de la realidad temporal. Debe carecer del *point d'appui* [punto de apoyo] o punto central de ventaja desde el cual se puede tener una perspectiva de la totalidad de la vida en su orden y estructura. Ninguna ciencia, ningún punto de vista científico, ni siquiera el de la teología, puede darnos la visión abarcante del orden de la sociedad que necesitamos. Tal visión de un principio ordenador sólo puede ser experimentado cuando, por virtud de la sujeción que la Palabra de Dios ejerce sobre ellos, nuestros corazones han sido abiertos a la raíz de la vida religiosa del mundo temporal. Sólo en la religión, la cual es, después de todo, nuestra situación humana última, sólo en Cristo la Verdad, nos volvemos conscientes del principio de la soberanía de las esferas.

Pero cuando hemos visto qué significa decir que nuestra vida es religión, cuando hemos visto a Cristo como la nueva raíz y cabeza de la humanidad recreada, a quien, como gobernante de la sociedad, todo poder le ha sido dado, entonces también entenderemos la soberanía de las esferas. Así fue como sucedió con Abraham Kuyper, el hombre con el que indudablemente usted conecta este concepto. A la manera de una fe nueva y viviente, Kuyper vio *el lugar de Cristo dentro del orden de la creación de Dios* como el nuevo oficiante en lugar de Adán. Pero entonces las vastas y vivificantes perspectivas de la soberanía de las esferas se le abrieron súbitamente. La soberanía de las esferas se convirtió para Kuyper en la expresión del orden de la creación como se nos revela por gracia de nuevo en la Palabra de Dios. La soberanía de las esferas está tan íntimamente ligada a su comprensión central de la Palabra de Dios, que Kuyper hizo de ella el principio fundamental de su acción política antirrevolucionaria. Y en ese "día de días en la vida de Kuyper", como el señor Vanden Berg áptamente describe el importante día de la inauguración de la Universidad Libre de Amsterdam en su reciente libro *Abraham Kuyper*,[1] Kuyper habló en su discurso inaugural sobre… la soberanía de las esferas.

FORMULACIÓN DE LA TESIS

La tesis central de este capítulo es que el concepto de soberanía de las esferas da una cabal expresión a la revelación escritural acerca del arreglo estructural de la realidad creada y así se convierte, como significado de la divina palabra revelada, en nuestro Arjé, el Principio o Punto de Partida que impele, dirige y gobierna todas nuestras actividades en el mundo.

Discutir la soberanía de las esferas es a la vez tan simple y tan extraordinariamente difícil como pudiera serlo cualquier tema. Puedo decirle que en un sentido yo no escogí este tópico para estas conferencias, sino que el tópico me escogió a mí. A la luz de la peligrosa situación de toda la humanidad en nuestro tiempo, y de la falta de visión y comprensión por parte de los cristianos, sentí que teníamos que llegar a pensar más seriamente acerca de

---

[1] Frank Vanden Berg, *Abraham Kuyper* (St. Catharines: Paideia Press, 1978).

este tema no sólo en privado, sino especialmente de modo colectivo. Sé que no podré elevarme a las alturas que mi tema demanda; sólo deseo estimular el pensamiento colectivo sobre el tema. Sería imposible en una conferencia argumentar la soberanía de las esferas de manera exhaustiva. Ahora la estoy presentando meramente para su consideración. Confío en que le enviará a los libros y artículos. Eso es lo que considero como uno de los principales propósitos de esta conferencia: estimular un ulterior estudio y reflexión colectivos sobre ciertos problemas cruciales (centrales) a los cuales tenemos que dar en el futuro una respuesta colectiva. Debemos crear entre nosotros una comunidad de pensamiento. Es precisamente para este propósito que se debe establecer, tan pronto como sea posible, un instituto que dé una oportunidad continuada a tal pensamiento comunal dirigido. El tiempo y los eventos nos presionan.

SU IMPORTANCIA CONTEMPORÁNEA

No será necesario que regresemos a Abraham Kuyper y a los Países Bajos del siglo pasado [XIX] para sentir la sobresaliente importancia de nuestro tema actual. En nuestro tiempo y lugar la pregunta que es quizá predominante en los pensamientos y conversaciones de los hombres preocupados, en todas partes, es la pregunta acerca de la naturaleza y límites de la autoridad; es sin duda la pregunta más urgente que encaran nuestras democracias. ¿Cómo se relaciona el gobierno con los negocios, la industria y la tecnología? ¿Cuál es la relación entre un sindicato y un partido político (una pregunta particularmente apremiante por el momento aquí en Canadá, pero apenas un poco menos en los Estados Unidos)? ¿Qué relación debiera existir entre la iglesia y la educación, entre el gobierno y la educación (p.e. cuando un gobierno, como el de los Estados Unidos recientemente, encara de súbito la necesidad, para la preservación de su existencia nacional, de hacer que las escuelas en la nación se pongan al parejo de los estándares de sus contrapartes rusas), entre religión y educación? ¿Qué sino el temor al conflicto o la autoridad puede explicar la preocupación que se siente de tener un presidente católico romano? ¿Qué hemos de pensar de un partido político que abiertamente se basa a sí mismo en un credo religioso —no dije eclesiástico? ¿Precisamente qué es lo que un ministro de la Palabra de Dios puede decir desde el púlpito acerca de los asuntos políticos y sociales? ¿Cuál es la responsabilidad del gobierno hacia las artes, y en general con respecto al desarrollo cultural de su pueblo? ¿Por qué aborrecemos las comunas de la China Roja y la interferencia que representan en la vida de las familias?

La consistente mente moderna no debiera ver dificultad en experimentar en cualquier modo aquello que los hombres podrían desear. Los hombres sólo tienen que seguir los dictados de su guía interna (y única), la razón, para lograr el reino terrenal de la bienaventuranza. La voluntad del pueblo es la única voluntad de Dios que podemos conocer. *Vox populi vox Dei* (la voz del pueblo es la voluntad de Dios). Por lo tanto, experimenta para el contentamiento de tu corazón —no, de tu mente. (Note que nuestro problema, debido a que tiene que ver con los límites de la autoridad, tiene que ver también con el origen de la autoridad. Éstos no son más que dos facetas del mismo problema: estuctura y origen siempre van juntos.) Tal visión acerca de la naturaleza y carencia de límites de la autoridad subyace a la experimentación comunista. Pero esa experimentación ha tenido una historia, no sólo en el Occidente en el tiempo de la Revolución Francesa, sino también en Rusia en los tiempos tempranos del régimen bolchevique, y el resultado fue el descubrimiento de que "algo", algún misterioso poder, parece cercarnos en nuestro desordenado (*iordo!*) deseo de experimentación interminable; algo parece limitarnos en nuestro ejercicio de nuestro supuestamente ilimitado poder. Muchos cambios en la línea del Partido Comunista pueden ser adscritos, como lo dijera recientemente el vicepresidente Richard Nixon en una declaración sobre el significado del comunismo, "a las luchas de hombres concienzudos que tratan de ajustar un texto inconveniente a los hechos de la realidad".

A pesar de las dificultades que encuentran, los pensadores radicales o modernos consistentes persisten. Y eso es porque *creen*. Para adoptar un eslogan que ha sido utilizado en los círculos reformados holandeses, estos radicales están "mirando el mandamiento de la razón y están ciegos al resultado". Ésta es la expresión de su fe. El comunista, al menos, cree en su principio. Whitakker Chambers, quien sabía algo acerca del comunismo, lo puso así en la *Carta a mis hijos* que constituye el prefacio de su libro *Witness*: "Los comunistas son aquella parte de la humanidad que ha recobrado el poder de vivir o morir —de dar testimonio— por su fe".[2]

El uso que Chambers hace de la palabra 'recobrado' nos regresa a las realidades de la situación en nuestro mundo occidental. La debilidad de Occidente es su inhabilidad para creer en algo. Incapaz de abrazar cualquier cristiandad integral el Occidente, quizá debido en buena medida a lo que todavía queda de cristianismo en el mundo, tampoco puede con sencillez de corazón aceptar la fe de la incredulidad moderna. Es como Israel en los días de Elías, cojeando de un lado para otro, críticamente débil. Recordará usted el pronunciamiento nihilista de Bertrand Russell, al que me referí en la conferencia anterior, en el sentido de que los hombres no pueden descubrir ninguna meta singular clara por la cual luchar, o un principio singular claro que pudiera dirigirlos. Puesto que el Occidente no es ni frío ni caliente, Dios lo vomitará de su boca. A menos que se arrepienta. Pero, preguntará usted,

---

[2] Whitakker Chambers, *Witness* [*Testigo*] (New York: Random House, 1952), p. 9.

¿dónde está el Elías de Occidente? No debemos olvidar que Elías perteneció a la antigua dispensación; nosotros pertenecemos a la nueva. El Espíritu de Dios ha sido derramado sobre toda carne y nosotros —usted y yo— somos los Elías de Occidente. ¿Qué es lo que tenemos que profetizar?

SEUDOPRINCIPIOS DEL HOMBRE OCCIDENTAL

No debemos pensar que los hombres occidentales simplemente han decidido en su indolencia que no hay luz que los guíe. Se les ha dado a probar una serie completa de luces guía. La historia entera de la filosofía moderna ha sido, hasta muy recientemente, una búsqueda frenéticamente persistente de algún principio primero director.

Algunos, con Descartes, sintieron que aplicando el método de la duda racional podían finalmente descubrir un cuerpo de ideas innatas u originales —*ideae innatae*— a las cuales se les dio el nombre de *lumen naturale* —luz natural o luz de la naturaleza (racional). Una vuelta posterior de esta visión, influenciada por una cristiandad desgasta y estéril, fue la noción de una conciencia absoluta, e.e. una conciencia que puede absolutamente distinguir lo que es correcto de lo que es erróneo. Otro movimiento en la búsqueda moderna de primeros principios, el que conocemos bajo el nombre de empirismo, pensó que había alcanzado ciertos "hechos" absolutamente últimos, duros e irresistibles, conocidos como datos sensoriales. Una dificultad fundamental es que incluso en John Locke la palabra 'percepción' tiene un significado multívoco (significado síquico, pero también el significado lógico de discernimiento analítico).[3]

No podemos repasar ahora esta historia completamente, pero debemos recordar dos cosas. Estos hombres habían rechazado la Palabra de Dios como Fuente de la certeza, la verdad y el consuelo. Pero no habían dejado de ser "creyentes": simplemente habían reemplazado las Escrituras con su propia razón teórica. Estos hombres eran pensadores cientificistas. Nunca encontraron el Fundamento firme o Principio seguro que buscaban, y la causa principal de su falla fue precisamente esa actitud cientificista que discutimos en la conferencia anterior con alguna amplitud.

El fracaso en descubrir un Comienzo (Principio) absoluto ha conducido a muchos hombres a retirar su atención de los comienzos para ponerla en las consecuencias. William James describió el método del pragmatismo como la "actitud de dejar de mirar las cosas primeras, los principios, las "categorías", las supuestas necesidades; y de mirar hacia las cosas últimas, los frutos, las consecuencias, los hechos".[4] Esto se halla muy lejos de cualquier consciencia

---

[3] John Locke, *An Essay Concerning Human Understanding* [*Ensayo sobre el entendimiento humano*] (Oxford: Clarendon Press, 1975), Libro IV, capítulo 1, sección 2. [Hay traducción castellana (México: Fondo de Cultura Económica)].

[4] William James, *Pragmatism* [*El pragmatismo*] (New York: Meridian Books, 1955), p. 47.

de una estructura de la creación u orden de la creación, esto es, en ese otro sentido de la palabra, de una orden o mandato para nuestra actividad vital humana. El balance final de nuestra historia occidental es ese grito nihilista de Lord Russell.[5]

LA DEVASTADORA INFLUENCIA DEL POSITIVISMO

El movimiento positivista, en particular, ha tenido una influencia inusualmente destructiva sobre el conocimiento que el hombre tiene de la sociedad: concentrándose en las *formas positivas* que las varias estructuras sociales han asumido en la historia, las cuales siempre exhiben un carácter *cambiante*, ha pasado por alto las leyes estructurales constantes y normativas que Dios ha ordenado para nuestra vida. Esto ha conducido, naturalmente, a un arrasamiento completo de las diferencias estructurales internas entre iglesia y Estado, entre matrimonio y unión amistosa, etcétera. P.e. Harold Laski, en su *A Grammar of Politics*, no pudo encontrar ninguna diferencia esencial entre el Estado moderno y una federación de trabajadores mineros.[6]

El profesor R. G. Collingwood, en su libro *The Idea of Nature*, enuncia la posición positivista sobre este asunto muy claramente. Hablando de la necesidad de "una reforma algo amplia del vocabulario de la ciencia natural, tal que todas las palabras y frases descriptivas de la sustancia y la estructura serán reemplazadas por palabras y frases descriptivas de la función", escribe aun más: "Una ciencia mecanicista de la naturaleza poseerá ya un vocablo considerable de términos funcionales, pero éstos siempre vendrán acompañados por otro vocabulario de términos estructurales. En cualquier máquina, la estructura es una cosa y la función otra; pues una máquina tiene que ser construida antes de ser puesta en movimiento... para resumir: en una máquina, y por lo tanto en la naturaleza si la naturaleza es mecánica, la estructura y la función son distintas, y la función presupone la estructura. En el mundo de los asuntos históricos como son conocidos al historiador, no hay tal distinción y *a fortiori* no hay tal prioridad. La estructura se resuelve en la función. No hace daño que los historiadores hablen acerca de la estructura de la sociedad feudal o de la industria capitalista o de la ciudad-Estado griega, pero la razón por la que ello no hace daño es que [!] saben que estas así llamadas estructuras son realmente complejos de función, tipos de modos en los que los seres humanos se comportan...".[7]

El profesor Dooyeweerd ha señalado que el concepto de función empleado por las ciencias especiales, el cual sólo puede aprehender las relaciones

---

[5] Ver arriba, pp. 101ss.

[6] Harold Laski, *A Grammar of Politics* [*A Una gramática de la política*] (London: George Allen and Unwin, 1938).

[7] R. G. Collingwood, *The Idea of Nature* [*La idea de la naturaleza*] (London: Oxford University Press, 1976), pp. 16-17.

funcionales abstractas de las cosas y los eventos dentro de un aspecto particular de la realidad, no es adecuado para dar cuenta de las estructuras de individualidad concretas —p.e. el Estado, la iglesia, el matrimonio, la familia, el sindicato, etcétera— que experimentamos en la vida cotidiana. Una estructura de individualidad es una estructura temporal de *totalidad*, en la cual *todos los aspectos del mundo funcional se agrupan de una manera típica*. Hay un orden constante o agrupamiento estructural de funciones. El punto de vista positivista, el cual sólo permitiría que los "hechos" tuvieran peso para nosotros, pasa por alto el hecho decisivo de que aquellos "hechos" sólo nos son dados en estructuras definidas que encuentran su fundamento no en la arbitrariedad humana, sino en el orden divino del mundo.

Me estoy adelantando a mi historia. Hasta aquí, he estado ocupándome en trazar —sólo muy brevemente y con referencia al punto en cuestión— el desarrollo histórico del Occidente para mostrar la *necesidad* que nuestros contemporáneos tienen de un Principio director. He sugerido por añadidura que es imposible, desde un punto de vista cientificista (p.e. positivista), ver el orden o estructura que permea nuestra vida, y que esa "visión" sólo llega con la (divina) apertura del ojo de nuestro corazón para ver nuestra vida entera como religión. Pero he aseverado que esta particular "visión" viene con esta revelación.

STATUS PRESENTE DE LA SOBERANÍA DE LAS ESFERAS

Habiendo dicho eso, debo señalar que hay una situación peculiar prevaleciente con respecto al *status* del concepto de soberanía de las esferas. En los Países Bajos, Abraham Kuyper tuvo éxito en el último trimestre del siglo diecinueve en hacer de la soberanía de las esferas parte del aparato conceptual de una gran mayoría de los cristianos reformados de su país. No obstante, en el mundo reformado fuera de los Países Bajos, excepto donde ha habido un influjo de influencia reformada holandesa, ya sea por inmigración o de otro modo, me atrevo a decir que nunca escucharía el término. Y no meramente el término; sospecho que la idea misma no estaría presente, esto es, no explícitamente, excepto en un sentido sumamente reductivista (p.e. la relación entre iglesia y Estado). Debo matizarme en este punto y decir que ello había sido el caso hasta hace poco. Pues especialmente desde la Segunda Guerra Mundial el vigoroso pensamiento de un número de pensadores reformados, alimentado por la Escritura, ha empezado a derramarse a países vecinos como Alemania, Francia o Bélgica, e incluso a invadir en menor medida un número de países meridionales de Europa Occidental.

Al mismo tiempo se nota una tendencia opuesta en los círculos reformados estadounidenses que derivan de los Países Bajos. Aquí se está haciendo escuchar, en años recientes, un creciente rechazo explícito de la soberanía de las esferas en cualquier sentido como un principio real. ¡Y en un lenguaje no incierto! Es bien sabido que un profesor en un cierto colegio calviniano ha estado diciendo a sus estudiantes durante años que la soberanía de las esferas es una vaca sagrada que bien harían en arrojar por la ventana. Ahora bien, no sé si ese profesor es un hombre práctico. Pero sugeriría que no es la cosa más simple del mundo arrojar una vaca por la ventana. Me platicaron que un año antes de que entrara a mi universidad un número de estudiantes avanzados lograron poner, después de mucho esfuerzo, una vaca en el estudio en el tercer piso de uno de sus profesores particularmente querido. Pero se requirieron poleas y aparejos y muchos bomberos sudorosos la siguiente mañana para sacar la vaca por la ventana de ese estudio. Imagínese cuán más difícil hubiera sido el problema si la vaca hubiera sido sagrada, e.e. intocable. Dejando de lado las bromas, sin embargo, mientras que el profesor en cuestión se atrevió a decir con franqueza lo que pensaba, y en su propio y peculiar modo, hay muchos en nuestros círculos estadounidenses que están sustancialmente de acuerdo con él. Pero me pregunto si realmente entienden la posición en que este incipiente rechazo de la soberanía de las esferas los pone. Pues se reporta que ese mismo profesor dijo en la misma conexión que en una sociedad compleja lo único que podemos hacer es dar un codazo y ver qué pasa. Someto ante usted que este es esencialmente el modo de vida de la fe pragmatista, pero también que *no hay otro remedio si no estamos en posesión de un principio director.*

EL ASUNTO

¿Pragmático o con principios? Este es el mayor asunto que su generación tiene que encarar. La crisis de nuestra era nos apura a dar una respuesta. ¿Dónde estamos? ¿Qué es ser cristiano, llevar una vida cristiana? ¿Qué es poseer la Palabra de Dios? ¿Nos queda algo que no sea dar codazos, junto con los otros especímenes reptantes de nuestra baja especie humana, o somos capaces en Cristo de sostenernos en nuestro Oficio —(llamamiento)— como Hombres, y supervisar lo que estamos haciendo y lo que hay que hacer? ¿Es verdad que "La exposición de tus palabras alumbra; Hace entender a los simples" (Sal. 119:130)? ¿Tiene sentido orar "Enséñame, oh Jehová, tu camino; caminaré yo en tu verdad", junto con lo que el salmista maravillosamente conjunta "Afirma mi corazón para que tema tu nombre" (Sal. 86:11), con lo cual se establece la esencial conexión entre el ver el camino por andar y el ver la raíz religiosa de la vida de nuestra existencia?

LA PERFIDIA DEL TRADICIONALISMO

Por supuesto que es verdadero; por supuesto que tiene sentido. *Somos* hombres de principios, no pragmatistas. No obstante, debo advertirle aquí que no podemos permitirnos simplemente continuar repitiendo tales frases preñadas sin la vivificante visión de una fe viva. La ortodoxia no es conservadurismo. El tradicionalismo es esa final etapa de la vida que anuncia la muerte.

En los Países Bajos, en los años que siguieron a la muerte de Kuyper, el concepto de soberanía de las esferas sufrió algo de disminución en su importancia. Vino a ser un eslogan tradicional, frecuentemente pasado como apenas algo más que un símbolo que marcaba a los seguidores de Kuyper de otros neerlandeses. La frase vino a significar meramente una cierta doctrina política y ya no fue "vista" como Kuyper la había "visto". Una vez degradada así en su significado, sólo requirió las establemente crecientes confusiones de una generación más joven entre las multitudinarias complejidades de nuestra vida en el siglo veinte para inducir a muchos a prescindir de la soberanía de las esferas como uno de esos supuestos "principios" que el fértil cerebro de Kuyper había tan liberalmente derramado sobre las cabezas de "gente pequeña" e ingenua. No hay duda que este desafortunado desarrollo en los Países Bajos ha servido para fortalecer la tendencia escéptica en los círculos reformados de origen holandés en los Estados Unidos. Pero pienso que no fue la causa. La causa, estoy seguro, fue el mismo pérfido tradicionalismo que también estaba operando en Holanda. Habiendo tenido que abordar el difícil problema de vivir en los Estados Unidos, la generación que creció aquí desde la Primera Guerra Mundial se involucró tanto en estos problemas que gradualmente terminó por distanciarse mucho de sus raíces en la experiencia reformada holandesa. Vivir por fe significa vivir profundamente involucrado y vivir a distancia a uno y el mismo tiempo. Los hombres quedaron demasiado atrapados en las inmediateces de la vida. Gradualmente, esta generación se desarraigó de aquellas grandes compenetraciones en la fe que habían sido la fuente de la fortaleza de sus padres. Entre tanto, habían continuado de dientes para afuera con las antiguas contraseñas, una de las cuales era la de la soberanía de las esferas. Pero esta noción fue adoptando un sonido cada vez más hueco, y se separó de la corriente en curso de la vida, muy en el estilo de una vieja cubierta protectora que, habiendo sobrevivido a su utilidad, es separada del insecto viviente. ¿No era de esperarse entonces que llegaría el día en que el joven estadounidense de extracción calvinista repentinamente despertara y declarara que la soberanía de las esferas carece de sentido? Esa es la perfidia del tradicionalismo.

UN DEBATE REVIVIDO: LA NECESIDAD DE LA DECISIÓN

Pero entonces, repentinamente, otra voz, una voz con el sonido cierto de la trompeta, se escucha en la tierra languidescente. Los hombres de la Universidad Libre,* que a mediados de los veintes iniciaron el movimiento para una filosofía escrituralmente dirigida o cristocéntrica, empezaron a llamar nuestra atención a lo que parecía un camino nuevo y vivo hacia el profundo y central entendimiento escritural que se expresa en el concepto de soberanía de las esferas de Kuyper. Es así que la cuestión se plantea y nos vemos obligados a decidir.

¿Qué debemos pensar ahora acerca de la soberanía de las esferas en esta confusa situación que he estado describiendo? ¿Es algo peculiarmente holandés, con lo que no están familiarizados los cristianos reformados de otras nacionalidades? ¿Es algo peculiarmente decimonónico (o anterior a la Primera Guerra Mundial) por la que los hijos e hijas del siglo XX sienten poco? Cuando personalmente le digo que en mi estimación no hay nada que tenga que ser entendido más que la soberanía de las esferas si realmente hemos de ver nuestra tarea de profetas, sacerdotes y reyes en el mundo entonces es, desde luego, mi prerrogativa y todo está bien y es bueno. Es una confesión de mi propia fe y pienso sinceramente que usted lo considerará con seriedad. Pero en última instancia debo mostrar el *fundamento* de mi fe. Entonces la discusión se vuelve posible y la perspectiva se abre. En los círculos reformados, a los que estoy cercano, temo que estamos frecuentemente inclinados a caer en lo que es realmente una especie de subjetivismo que evita el desafío de las opiniones diferentes diciendo: "tú tienes tu opinión y yo la mía, y eso es todo". *Nosotros* no somos la ley última; somos criaturas *bajo* la ley. De modo que no tenemos derecho a sostener opiniones que no estén correctamente fundamentadas en un análisis, hecho *a la luz de la Palabra de Dios*, de estados de cosas sujetos a leyes. Cuando actuamos como *si* tuviéramos ese derecho, hemos hecho pequeños dioses de nosotros y la discusión entre supuestos dioses está descartada. Cuando no sometemos a prueba nuestras opiniones en el debate y de otra manera, y cuando nos sustraemos a la toma responsable de decisiones, no llegamos lejos. La vida pierde su cualidad dinámica; se seca. Habiendo hecho pequeños dioses de nosotros, perdemos el poder de ser hombres, esto es hombres en el sentido de "hombres de Dios" de las Escrituras. No obstante, Dios nos *hizo* profetas y estamos *obligados* a hablar la *verdad*.

¿Qué es, entonces, lo que creo cuando creo en este asunto de la soberanía de las esferas? ¿Qué fue lo que condujo a Kuyper a la idea? ¿En qué sentido es escritural la soberanía de las esferas?

EL LUGAR RELIGIOSO DEL ENTENDIMIENTO

Cuando empecemos a discutir este tema no debemos olvidar que la vida y la sociedad humanas están ahí y que necesitan explicación. Hay uniones

---

* El autor se refiere a la Universidad Libre de Amsterdam, fundada por Abraham Kuyper en 1880, para desarrollar un pensamiento radical y libremente cristiano. [N. de los T.]

maritales entre esposos y esposas; hay relaciones familiares, lazos sociales y conexiones de negocios, universidades y asociaciones académicas, colonias de artistas y cosas similares. Y hay un complejo entretejimiento de todos estos en lo que parecería ser un "orden" que sugiere algún tipo de unidad subyacente. Si no recordamos que la vida en toda su variedad estaba allí desde antes, correremos el riesgo de caer en un mentalidad cientificista. Los "constructos" intelectuales mediante los cuales los hombres intentan "ver" o abarcar la vida y la sociedad en una imagen singular no *constituyen* ellos mismos esa vida y sociedad. El mundo está allí por virtud del *fiat* de la creación y ha dado lugar no sólo a una larga lista de visiones teóricas sobre el mundo, sino que en gran medida ha "desafiado" la explicación. Pero la razón de este último hecho no es que no le haya sido dado al hombre "ver" su vida y su mundo, sino que el hombre mismo no ha estado en el lugar adecuado para verlo apropiadamente, ese lugar donde todas las funciones complejas asumen un lugar significativo dentro del todo. Ese lugar significativo es el lugar *central*; es la *religión:* el hombre creado y puesto ante Dios en un compañerismo federal para rendir a su creador alabanza en un servicio de amor y obediencia, con todo el corazón, a lo largo y ancho de la creación.

Puede parecerle extraño al principio que llame a la religión un lugar. Por supuesto, ello no significa un lugar espacial, porque cuando digo que la religión es un lugar quiero decir algo más allá de todos los aspectos meramente temporales. Sucede con la palabra 'lugar' lo que pasó en la conferencia anterior con 'arriba'. Es portadora de muchos significados; es, como decimos, multívoca, en tanto que opuesta a unívoca. Puede tener cualquier número de significados modales. Por ejemplo, cuando mi amigo repentinamente hace algo que me lastima, puedo decir que no hay lugar para un acto tal, que no "encajaba". Significo entonces un "lugar" ético; significo que nuestra amistad excluye lo que él hizo. De una composición musical puedo sostener la opinión de que algún motivo subordinado o parte no le pertenece, no tiene lugar en el todo. Entonces significo un "lugar" estético. Cuando usted llega a casa después de un gran banquete y se queja de que cierta persona no merecía su lugar en la mesa principal , está hablando de un "lugar" social. Pero, aparte de todos estos significados modales de la palabra 'lugar', hay esa plenitud o llenura de significado de la palabra 'lugar' cuando hablamos de lugar en su sentido religioso central. No debemos olvidar lo que dijimos en la conferencia anterior. El mundo no es el "mundo" estético o el "mundo" de la ciencia o el "mundo" del pensamiento o el "mundo" de la vida económica. Estos son todos "mundos"; el *mundo* es el mundo concreto que Dios creó, encabezado por y centrado en el hombre, el mundo del maravilloso compañerismo federal de Dios con nosotros, el mundo en el cual todos esos "mundos" asumen un lugar. La plenitud de significado de la palabra 'mundo' sólo puede ser entendida en la religión, y lo mismo ocurre con la palabra 'lugar'. La pregunta "¿dónde estás tú?" que, dicho sea de paso, Dios no dirigió a Adán y Eva juntos, sino a Adán, no ha de ser interpretada como "¿detrás de qué arbusto estás tú?". Significa que Dios no encontró al hombre en el lugar que lo había puesto en la creación. Este es el significado religioso de 'lugar' y es a lo que me refería cuando decía que el hombre no puede "ver" o abarcar el mundo y su vida en su unidad integral de significado excepto cuando se ubica en su lugar.

SOBERANÍA DE LAS ESFERAS Y SENTIDO INTEGRAL DE LA ESCRITURA

Considero, por lo tanto, como altamente significativo, que la idea de soberanía de las esferas esté tan estrechamente ligada a nuestra recuperación (frente a la escolástica, e.e. el teologismo o cientificismo de los teólogos) de lo que la Palabra de Dios nos dice acerca de la naturaleza religiosa central de la vida y la sociedad humanas. En Abraham Kuyper esto es especialmente claro. Cuando está tratando estrictamente con cuestiones que surgen en la tradición teológica, Kuyper no siempre está en su mejor desempeño; el motivo teológico tradicional de lo natural y lo sobrenatural, un motivo dualista que no puede ser armonizado con la revelación escritural de la unidad religiosa integral del hombre y el mundo, parece haber sido frecuentemente demasiado poderoso incluso para él. Pero en su discusión de asuntos que tienen que ver con la vida y la sociedad en su totalidad concreta, asuntos que los teólogos en su estudio abstracto han dejado intocados, Kuyper está liberado del control de los motivos tradicionales. Aquí está cercano a las Escrituras, *y es precisamente en estas áreas de su pensamiento que notamos la emergencia de la idea de la soberanía de las esferas.* Como he dicho, esta idea está íntimamente ligada a la concepción escritural de que nuestra vida en su totalidad es religión.

TEMAS ESCRITURALES EN KUYPER: EL CORAZÓN

Déjeme señalar uno o dos temas en el pensamiento de Kuyper que están esencialmente relacionados con su recuperación de este significado central de la divina palabra revelada. Pienso primero en su ruptura radical en principio —no logró abrir brecha por doquier, ni siquiera en su *Enciclopedie*[8]— con el cientificismo que era tan característico de su tiempo. Escribió, por ejemplo, en un artículo en *De Heraut*, que de acuerdo con la Palabra de Dios no es la cabeza sino el corazón el medio para el conocimiento.[9] Específicamente

---

[8] Traducción al inglés: Abraham Kuyper, *Principles of Sacred Theology* [*Principios de teología sagrada*] (Grand Rapids: Eerdmans, 1954). Este volumen contiene las pp. 1-55 del vol. 1 y todo el vol. 2. El trabajo original de Kuyper se publicó en tres volúmenes que se volvieron a publicar en una segunda edición revisada por la editorial Kok, de Kampen, en 1908 y 1909.

[9] *De Heraut* **79**, 15 de junio de 1879.

afirma —como si hubiera previsto la distorsión de su significado que algunos de sus así llamados seguidores están incluso ahora ocupados en propagar, una distorsión que torna impotentes los pensamientos de Kuyper— que por el corazón no entiende el órgano del sentimiento, sino ese lugar en el que Dios opera, y desde el cual ejerce una influencia también sobre la cabeza y el cerebro. Esta recuperación del significado escritural de "corazón" es un elemento que simplemente no puede ser pasado por alto si hemos de entender una vez más lo que la Biblia entiende por religión. Es por lo tanto lamentable que en una cantidad importante de lugares en sus famosas *Stone Lectures on Calvinism* [Conferencias Stone sobre el calvinismo] la versión inglesa haya traducido el *hart* [corazón] de Kuyper como "mente".[10] De esta manera, aquello por lo que debemos estar más agradecidos a Kuyper, esto es el que en principio abriera una grieta en el persistente intelectualismo de la tradición teológica escolástica y una vez más abriera a los hombres los refrescantes manantiales de la Palabra divina, después de que habían estado por tanto tiempo cubiertos por la maleza de la inútil tradición humana, permanece escondido para aquellos lectores de habla inglesa de Kuyper a quienes debemos traer nuestro mensaje. Espero, por lo tanto, que ningún editor vaya a preparar una nueva edición de este libro sin someterlo primero a un competente escrutinio.

Esta recuperación del "corazón" en su significado bíblico es el fundamento real para que Kuyper postulara tan agudamente la antítesis radical en todo estudio teórico (ciencia en el sentido de '*Wissenschaft*'*) entre el punto de vista escritural y todos los no escriturales, e impulsara su exigencia de una reforma interna del pensamiento teórico. Esto fue necesario para ver claramente que la vida de toda teoría también es religión, es servicio a Dios *de corazón*.

LA IDEA DE "OFICIO"

Un segundo tema en el pensamiento de Kuyper al que me debo referir en la presente discusión es su énfasis en la idea de *oficio* (holandés: *het ambt*). Una de las razones por las que la soberanía de las esferas no nos es clara, de ello estoy seguro, es que nuestra moderna conciencia nos ha hecho perder una percepción del papel del *oficio* en nuestra vida.

La sociedad moderna, con su revolucionaria idea de la voluntad popular y del derecho de la razón a crear la sociedad como mejor le parezca, ha

---

[10] Abraham Kuyper, *Lectures on Calvinism* [*Conferencias sobre el calvinismo*] (Grand Rapids: Eerdmans, 1970). Una traducción al castellano del primer capítulo de este libro ha sido publicada por el Seminario Juan Calvino de la Ciudad de México bajo el título de *El calvinismo como sistema de vida*.

* '*Wissenschaft*' es una palabra alemana que significa organización sistemática de conocimientos y que usualmente se traduce como "ciencia". [N. de los T.]

llegado a ser una sociedad *aplanada*. Cada "centro de racionalidad" es igual a todos los demás. En el mundo político esto encuentra su expresión en el concepto de una democracia egalitaria, que es simplemente otra manera de expresar el *vox populi vox Dei* de la Revolución Francesa. Y a cualquiera que piense que tales ideas radicales no existen en nuestras tierras le espera un rudo despertar. Nunca he olvidado el *shock* que recibí cuando en 1949 leí un artículo enviado desde París por el editor de un periódico estadounidense muy prominente. Los franceses, leía, siempre se estaban quejando de que no podían entender cuál era la política estadounidense, de modo que no podían determinar cómo ajustarse a la misma. El editor estadounidense procedió entonces a "explicar" que lo que trataba de aclarar a los franceses era que los Estados Unidos realmente no podía en ese sentido tener una política exterior, pues su posición estaba siendo constantemente modificada en respuesta a tarjetas postales, cartas, telegramas, etcétera. que diariamente fluían a las oficinas de los congresistas de parte de los ciudadanos, quienes realmente determinaban la política.

Cualquier idea de un *orden* social por el que a Dios le ha placido gobernar mediante una variedad de oficios permanece como algo extraño para la sociedad moderna. Y muchos, muchos cristianos, en realidad piensan al estilo moderno en este punto todos los días de su vida. Incluso entre nosotros, los de la tradición reformada, como decimos, hay un general desaliño en el manejo de asuntos que expresa, más profundamente de lo que pueden hacerlo las palabras, nuestra pérdida de la idea bíblica de oficio. En los Países Bajos uno podría encontrar frecuentemente un énfasis formalista sobre el "oficio" el cual es, después de todo, simplemente una distorsión de la verdad revelada. Pero no rechacemos, en reacción ante este error formalista, la verdad escritural que hizo posible el error. No quedemos a la deriva —como en tantas cosas de nuestra vida, que se hallan en una deriva insensata en este continente— en un modo moderno, racionalista y revolucionario de ver nuestra vida y sociedad.

EL "OFICIO" COMO SERVICIO Y ADMINISTRACIÓN

La idea bíblica de oficio nos trae al corazón de la religión. Mientras que la palabra misma apenas aparece en la Escritura, la idea de oficio es expresada por términos tales como "servicio", "siervo del Señor" (Jehová), etcétera. Presentes en la idea se hallan conceptos relacionados tales como comisión o cargo o mandato y autoridad delegada, nombramiento definido para llevar a cabo el mandato. "Oficio" habla de servicio en primer lugar, pero se halla la idea adicional de preservar el orden. Es así que en la Escritura sugiere la asignación de una tarea particular (de servicio en la preservación del orden) y el otorgamiento de un derecho particular para desempeñarla. Tal oficio implica primero un soberano, uno cuyo derecho absoluto es dar la orden, otorgar el nombramiento, hacer responsable y entonces delegar la soberanía, el derecho de actuar soberanamente en nombre del soberano por virtud de su comisión. Oficio significa por tanto limitación; pues la persona en el oficio no es ella misma el soberano, sino que se halla bajo la autoridad absolutamente soberana. Concluimos que "oficio" expresa el hecho de que el hombre es puesto a desempeñar cierta tarea con un llamamiento divino a llevarla a cabo. Es la familiar idea del mandato cultural. ¿De qué modo podría uno expresar mejor la revelación escritural de que toda nuestra vida es religión, un servicio a Dios con un corazón sin doblez en toda la creación. Por esa razón el concepto de oficio es cercano al de temor de Dios; de hecho al de fe y al de ser hijo de Dios.

Oficio no es meramente servicio (*dienen* en holandés); también es administración (*bedienen* en holandés): es al mismo tiempo servicio a Dios y una administración del amor y solicitud de Dios hacia la criatura. El oficio como administración (preservación y dación de forma de modo ordenado) incluye la idea de que la futura prosperidad o desastre de lo que está siendo administrado depende de si el oficiante sirve o no sirve a Dios. La Escritura habla de un número de tales oficios que son tanto servicio como administración: de profeta, maestro, sacerdote, juez, rey, padre, esposo, etcétera. La autoridad de un padre sobre sus hijos no se halla en que los haya engendrado sino en que Dios le ha encargado tal responsabilidad. Ésta es una ordenanza divina. Y esto es lo que quiere decir oficio.

EL GOBIERNO CENTRAL DE CRISTO Y EL INSTITUTO ECLESIAL

Todos los oficios que así se hallan uno junto al otro en nuestra vida funcional parecen encontrar su concentración en el oficio de hombre como cabeza federal. Y aquí Kuyper es muy específico. Cristo, la segunda persona de la Trinidad, posee soberanía absoluta; pero a él como *mediador* se le ha dado una soberanía completa (delegada). Él es *el* oficiante pleno y completo. Y debido a que tal soberanía mediadora es total, tal soberanía total no se encuentra por ningún lado en nuestra vida sobre la tierra. La soberanía total no puede encontrarse en dos lugares. Cristo sólo ha delegado soberanías parciales a los hombres. En Cristo se hallan unidas todas estas soberanías en un servicio indiviso a Dios que involucra nada menos que la redención de toda la vida. Cristo fue enviado por Dios al mundo; "he venido a hacer tu voluntad, oh Dios" confiesa él mismo.

De este modo Kuyper arriba a la idea de la *universalidad de la religión* o de la vida (en su totalidad) como religión, lo cual hace posible ver la diferencia entre la institución eclesiástica y el gobierno religioso central de Cristo. Como escribe el Dr. von Meyenfeldt en un libro reciente:

Kuyper declaró que "la lucha efectiva contra Satanás no ocurre en la iglesia visible, no en buena medida... esa lucha ocurre en los corazones, en las familias, en las discusiones, la opinión pública, el intercambio y el comercio, la ocupación y la vocación, la ciencia y el arte, en la cuna y la tumba —en breve, la batalla se pelea a lo largo y ancho del amplio rango de la vida".[11] Para Kuyper, la regeneración se halla más allá del radio de acción del instituto eclesiástico. La tarea de la iglesia se limita a la administración (servicio) de la Palabra y lo que a ella pertenece.

El oficio de la institución eclesial es un oficio limitado: sus oficiantes tienen una autoridad decididamente limitada. Pero esa Palabra, aunque la iglesia como instituto tiene la responsabilidad de su fiel proclamación, es regla para toda la vida y todas las otras administraciones, también delegadas, deben cada una en su esfera delegada y con el derecho y responsabilidad otorgados, preservar y dar una forma ordenada, de acuerdo con la luz de la Palabra, al área sobre la cual ha sido puesta por el soberano y de acuerdo con las leyes que el soberano ha puesto a esa esfera. He aquí, en una cáscara de nuez, la idea de soberanía de las esferas. Soberanía en esta expresión significa, como lo ha visto, soberanía *delegada* y también soberanía *limitada*. Pero también conlleva el significado de soberanías *coordinadas*. Ninguna soberanía delegada y limitada se *sub*ordena a otra: cada delegación de autoridad proviene directamente de Cristo mismo (cf. Ef. 5:23ss con 1 Cor. 11:3). Es así que todos estos servicios y administraciones coordinados no exhiben entre ellos relaciones de parte a todo, sino que cada uno es parte, parte de ese servicio total que es rendido a Dios por Cristo Jesús como cabeza y raíz de la humanidad renacida.

CLAVE PARA ENTENDER LA ESCRITURA

Una gran masa de datos bíblicos caen en su lugar con esta construcción. No sólo la autoridad limitada del rey en la teocracia del Antiguo Testamento (II Cro. 26), sino también instrucciones apostólicas tales como las que se dan en Efesios 5:15-6:9. La delegación divina del oficio en la vida del Estado aparece claramente en muchos lugares de la Escritura, especialmente en lo que Jesús dijo a Pilatos. Y el interesante pasaje del Salmo 82 relativo a los jueces de Israel —"Yo dije: Vosotros sois dioses... Pero como hombres moriréis"— simplemente no puede ser entendido aparte de una distinción entre el oficio y el hombre que desempeña el oficio.

No es mi intención seguir presentando evidencia bíblica en esta ocasión. El sílabo del Club Groen, *The Bible and the Life of the Christian* fue preparado

[11] Abraham Kuyper, *E Voto Dordraceno: Toelichting op den Heidelbergschen Catechismus* [*E voto Dodraceno: Explicación del Catecismo de Heidelberg*] (Amsterdam: Wormser), 4 vols., vol. II, pp. 134, 135.

precisamente para satisfacer tal necesidad.[12] El tema subyacente de ese sílabo es la vida humana como servicio a Dios de acuerdo con el principio de la soberanía de las esferas. Encontrará abundante evidencia bíblica ahí.

DELINEAMIENTO DE LA AUTORIDAD DEL ESTADO

Kuyper vivió en un tiempo en que el absolutismo de Estado era una marejada creciente. A esa tendencia dirigió su palabra profética: el Estado no tiene más poder que el que Dios le confiere; no más pero tampoco menos. Peca no sólo al usurpar la autoridad sino también cuando no hace uso de toda la autoridad que se le ha dado. El poder del Estado está constantemente limitado por el de las otras esferas de la vida. No se sostiene por sí mismo, sino que es sólo uno de los eslabones en la gran cadena que mantiene intrínsecamente junta toda la creación. No puede interferir en esa vida que propiamente pertenece a otra esfera porque Dios no le ha delegado su competencia para eso. El padre, por ejemplo, ejercita su autoridad propia también por comisión divina, y el gobierno no puede entrar en ese arreglo divino. El gobierno como *oficio* es una institución de origen divino, muy independiente de si las personas en el gobierno tienen temor de Dios. La gracia de Dios yace en la existencia de la autoridad gubernamental misma y por ende debemos obedecerla, pero sólo dentro de los límites que Dios ha ordenado a sus poderes. Es así que el Estado toma su lugar no *por encima* sino *al lado* de todas las otras esferas.

OTRAS ILUSTRACIONES DE LA SOBERANÍA DE LAS ESFERAS

Una agradable ilustración de soberanía de esfera se obtiene al considerar lo que está involucrado en el completamiento de un matrimonio. El matrimonio, dice Kuyper, es un asunto entre la novia y el novio. Son sus votos solemnes del uno al otro lo que es la cosa esencial. Pero, desde luego, las dos familias también están involucradas. Y la iglesia y el Estado. Sin embargo, ni la iglesia ni el Estado llevan a cabo el matrimonio. Pero el Estado regula el matrimonio con respecto a su lado civil y la iglesia con respecto a *su* esfera de competencia.

El asunto de la ayuda federal a la educación nos provee una segunda ilustración útil. La tarea de criar a la nueva generación (de la cual la educación es una parte) no pertenece al Estado sino a los padres. En este punto muchos cristianos podrían estar inclinados a negar cualquier involucramiento del Estado en la educación. No obstante, el Estado tiene la responsabilidad de ver que sus ciudadanos sean lo suficientemente educados como para que le permitan seguir compitiendo con otros Estados en la vida internacional. Si

---

[12] E. Runner, *The Bible and the Life of the Christian* [*La Biblia y la vida del cristiano*].

los padres son incapaces de mantener tal proceso educativo, es legítimo y propio que el Estado provea los centavos extras que se necesitan para asegurar aquellos procesos educativos que como Estado requiere para su propia existencia. Esto no es intervención estatal en la esfera de la responsabilidad paterna; aquí el Estado se relaciona, *como Estado*, con niños que al mismo tiempo son ciudadanos.

Del mismo modo, el Estado no interviene en la esfera paternal cuando requiere que un hijo vaya a la guerra. Aquí el Estado está funcionando como Estado en una esfera que se halla más allá de la competencia de la autoridad delegada al padre. La dificultad que la mayoría de la gente tiene en este punto es que confunden "familia" con la totalidad concreta de la vida en la cocina. Pero la vida concreta es *religión*, y las personas en la cocina se relacionan entre sí de muchas maneras. El hijo puede ser el jefe de su padre en el negocio. Ambos son ciudadanos. La madre puede ser maestra de su hija en el colegio. No obstante, en la iglesia instituída ambos son creyentes. En la mesa al desayunar no tenemos meramente familia, sino *religión*, la totalidad de la vida en su diversidad de oficios. Sólo las personas que piensan la familia como algo concreto o total puede declarar que el llamado que hace el Estado al "hijo" al servicio militar es una intervención en la vida de la "familia" y demostración de que no existe la soberanía de esfera. Entendido correctamente, tenemos aquí un ejemplo de primera de lo que Abraham Kuyper entendió por soberanía de las esferas.

En el discurso que dio en el día de la inauguración oficial de la Universidad Libre, Kuyper usó una figura para expresar su grandiosa visión de la vida humana. Vemos, dijo, que nuestra humana vida no es ni simple ni uniforme sino un organismo infinitamente complejo, de tal forma ensamblado, que aquello que es individual sólo existe en grupos, y que sólo en aquellos grupos se puede revelar el todo. Podríamos llamar a las partes de esta gran máquina "engranes" (las esferas). (Estoy expandiendo la ilustración de Kuyper un poco, conforme procedo.) Al ponerse esta máquina en movimiento, cada engrane gira sobre su propio eje individual (ley para la esfera), pero los dientes se deslizan el uno en el otro, como se ve en el sistema de engranes de un coche. Los engranes trabajan uno sobre el otro, pero no interfieren entre sí. Si, sin embargo, un engrane decidiera extender su límite circunferencial, sus dientes se estrellarían en los otros dientes y dañarían la operación de la máquina.

Desde tal punto de vista, Kuyper podría señalar el hecho de que en el pasado, cuando una esfera intentó interferir en los asuntos propios de la otra —p.e. el gobierno en los negocios o las iglesias en el Estado y viceversa—, las cosas no marcharon bien.

DEMOSTRACIÓN ESCRITURAL

A veces se me pregunta qué textos hay para la soberanía de las esferas, y el profesor de fama de vaca sagrada ha repetido resuelta y repetidamente que no hay ninguno.[13] No, no hay, si usted quiere un versículo singular. Pero al menos los teólogos que se hayan entre nosotros saben que un estado de cosas similar prevalece con respecto a una doctrina tan fundamental como la de la Trinidad. Permítame citar a Benjamín B. Warfield aquí. En el volumen de sus escritos compilados, intitulado *Biblical Doctrines*, escribe:

> No es en un texto aquí y ahí que el Nuevo Testamento da testimonio de la doctrina de la Trinidad. El libro entero es trinitario hasta la médula; toda su enseñanza está construida sobre la suposición de la Trinidad; y sus alusiones a la Trinidad son frecuentes, rápidas, fáciles y confiadas. Es con vista en la rapidez de las alusiones a ella en el Nuevo Testamento que ha sido subrayado que "que la doctrina de la Trinidad no es tanto oída como alcanzada a oir" en los enunciados de la Escritura.[14]

De manera similar, diría de la soberanía de las esferas que su demostración bíblica es el significado integral de la revelación escritural; sin soberanía de las esferas las Escrituras simplemente no se pueden entender.

NO ESTÁ LISTA PARA SERVIRSE

Eso no significa, desde luego, que todo detalle en conexión con la soberanía de las esferas sea claro como el cristal; pues no lo es. Varias ambigüedades problemáticas en el mismo pensamiento de Kuyper sobre el tema se han aclarado desde su tiempo. Algunos de ustedes que ahora me escuchan pueden plantear algunas dificultades. Trataré de resolverlas —si no en el papel, en las discusiones subsiguientes.

El *hecho* general de la soberanía de las esferas debiera, sin embargo, estar claro por lo dicho. Si a pesar de todo se puede mostrar que todos los constantemente cambiantes estados de cosas (procesos funcionales) del positivista son de una *variedad de tipos* —p.e. fisicoquímicos, bióticos, síquicos, analíticos— *que son irreducibles*, e.e. que mantienen su identidad distintiva, *y que además exhiben un orden invariable temporal* —p.e. "lo biótico" presuponiendo necesariamente "lo fisicoquímico" como "anterior"; lo síquico a lo biótico—; si sólo a Cristo como mediador se le da toda la autoridad, siendo la diversidad de "autoridades" delegadas y modalmente limitadas en nuestra humana vida una diversidad coordinada dentro de esa autoridad total; si el Reino de Dios es el todo de la vida humana redirigida, siendo la diversidad

---

[13] Ver arriba, p. 143.
[14] B. B. Warfield, *Biblical Doctrines* [*Doctrinas bíblicas*] (New York: Oxford University Press, 1929), p. 143.

de esferas de nuestra vida tantos aspectos coordinados de esa plenitud de vida; si estas cosas son así, entonces la soberanía de las esferas es desde luego la expresión de la misma constitución del orden creacional completo y nuestro conocimiento del mismo —un conocimiento *religioso* o del corazón, adquirido cuando, a través del poder de la Palabra de Dios "vemos" o "conocemos" a Cristo y a su Reino— es el principio director de nuestra vida en el mundo.

UNA DIFICULTAD

Quisiera discutir aquí una dificultad preliminar que puede haberse anunciado —y con buena razón— a su mente. Si la soberanía de las esferas es tan eminentemente escritural, está tan íntimamente ligada a la estructura completa de la Palabra-Revelación divina, ¿cómo es posible que el conocimiento de la misma no haya aparecido en la escena hasta Kuyper? Ésta es, como dije, una pregunta justificada. Aunque tomará un poco de tiempo darle una respuesta, la resultante comprensión intensificada del significado de la soberanía de las esferas nos recompensará ampliamente. Desde luego, tendré que ser breve, pero lo remitiré a la literatura.

ANTES DE KUYPER

En un sentido, ciertamente podemos decir que el tema de la soberanía de las esferas no apareció con Kuyper por primera vez. El Dr. Jan Dengerink[15] discute en esta conexión a dos hombres de la generación que precedió inmediatamente a la de Kuyper, a saber, el gran estadista y filósofo luterano alemán, el Dr. Julius Stahl, y el fundador del movimiento político cristiano holandés, Guillaume Groen van Prinsterer, ambos influenciados por el movimiento del *Reveil*, el avivamiento de la creencia cristiana en Suiza, al cual Robert Haldane de Escocia aportó también con su conocimiento de la Palabra de Dios, al discutir el libro de Romanos con los estudiantes de teología de Ginebra —quienes eran unitarios en gran medida.[16]

STAHL

Los escritos de Stahl muestran puntos de contacto con la idea escritural de la soberanía de las esferas. Mientras habla en el contexto de la Palabra de

[15] Jan Dengerink, *Critisch-Historisch Onderzoek naar de Sociologische Ontwikkeling van het Beginsel der "Souvereiniteit in Eigen Kring" in de 19e en 20e Eeuw* [*Una investigación criticohistórica sobre el desarrollo de los comienzos de la "soberanía de las esferas" en los siglos XIX y XX*] (Kampen: Kok, 1948).

[16] J. C. Rullman, *De Afscheiding in de Nederlandsch Hervormde Kerk* [*La división en la Iglesia Reformada Neerlandesa*] (Kampen: Kok, 1930).

Dios, muestra evidencia de un entendimiento de las distintas naturalezas y el significado independiente de las varias esferas de la sociedad. En particular, Stahl ve una garantía para la existencia de esferas independientes en el hecho de que el gobierno está atado al divino orden del mundo. Ve como tales esferas independientes a la iglesia en primer lugar, pero también al Estado y al matrimonio. Algunas veces —como por ejemplo en su lucha contra el socialismo— incluso muestra un compenetración en el significado independiente de la industria. A pesar de todo esto, sin embargo, es otra visión de la sociedad la que domina su pensamiento, a saber, la del historicismo de la Escuela Histórica alemana.

GUILLAUME GROEN VAN PRINSTERER

Groen van Prinsterer fue influenciado por Stahl especialmente en su visión del Estado, pero gradualmente se convirtió en calvinista y por ello enfatizó mucho más que Stahl el carácter nómico del mundo. Para él la Escritura tenía una importancia mucho más directa para nuestra vida funcional en este mundo. Mientras que el dualismo luterano se siente en Stahl, en Groen vemos que la Biblia es la infalible Palabra-Revelación divina que proporciona los fundamentos para la ley y la moral, la autoridad o la libertad. No obstante, la misma visión historicista que domina en Stahl vino a jugar un papel más grande también en su pensamiento, en primer lugar porque aun no había visto que la Palabra-Revelación estaba destinada a producir una reforma *interna* de toda la vida.

Para Groen, la Palabra de Dios proporciona para nuestra vida funcional solamente *los límites dentro de los cuales la cultura humana tiene libertad para desarrollarse*. Incluso nuestra ciencia sigue siendo para él una fuente de conocimiento de la verdad más o menos autónoma, a la que no se le impone una demanda más alta que la de *no entrar en conflicto* con los pronunciamientos expresos de la Santa Escritura. Dentros de los límites puestos por la Escritura (como él la entiende) el historicismo de su época viene a influenciar su visión de la sociedad. La historia retiene para él una autonomía relativa con respecto a la Palabra-Revelación divina. Por necesidad esto significa que su visión de la historia viene a estar gobernada por un motivo religioso básico distinto del de la Santa Escritura. Groen no había visto claramente todavía en este punto el papel de la Palabra de Dios en nuestras vidas ni, consecuentemente, la conexión intrínseca que existe entre esa Palabra y el vivir nuestras vidas —incluyendo nuestras vidas teóricas— en el mundo.

La entonces actual Escuela Histórica de pensamiento condujo tanto a Stahl como a Groen a aceptar, en reacción contra la Ilustración, una visión de la sociedad en la que la independencia de las varias "esferas", *con la importante excepción del instituto eclesiástico*, es concebida como la autonomía, dentro de la totalidad del Estado, de partes subordinadas que han adquirido el derecho a existir en el transcurso del desarrollo histórico.

Quisiera hacer dos observaciones acerca de esta concepción en este punto. Primero, que tal concepción a lo sumo provee sólo una garantía *relativa* a la independencia de las varias esferas. ¿Pues qué —excepto la voluntad de ser un conservador (pero, ¿quién desea mantener *todos* los desarrollos históricos?)— da derecho a parar el alto a un cambio histórico en cualquier etapa particular del mismo? ¿Y, como partes del Estado, qué da a las otras esferas su independencia última respecto del Estado? Pero, lo que es incluso más importante, en segundo lugar está la consideración de que, al tomar los derechos históricamente adquiridos como su criterio de independencia, estos hombres no tenían un modo satisfactorio de juzgar cuáles eran las esferas realmente independientes.

Tanto Stahl como Groen excluyeron a la iglesia, como he sugerido, de su visión historicista general de la sociedad. Esto, como espero que se vuelva claro un poco más adelante, se debió al poderío tradicional del motivo básico de la naturaleza y la gracia, que había dominado el pensamiento entre los cristianos acerca de la iglesia y el Estado en la mayoría de los períodos de la historia de la iglesia, y que se apoderó de grupos reformados durante la escolástica protestante que tan prontamente sucedió al primer éxito glorioso de reforma en el siglo dieciséis.

KUYPER

Ahora podemos ver que Abraham Kuyper marca un gran avance más allá de sus predecesores. Pues claramente aprehendió el principio de la soberanía de las esferas en su significado cósmico universal y lo fundamentó explícitamente, en el sentido escritural, en el orden de la creación. Esto es, lo vio como un *principio creacional*. Pero incluso con Kuyper esto fue más un entender intuitivo que un análisis cuidadosamente elaborado. Carecía de una visión filosófica intrínsecamente cristiana de la realidad y esto, a su vez, dio lugar a varias ambigüedades serias en su pensamiento. Más aun, también en Kuyper el historicismo y el tradicional motivo religioso básico de la naturaleza y la gracia juegan un papel notable, especialmente en sus obras *Anti-revolutionaire Staatkunde* y *Ons Program*.[17]

Recordará que en esta sección estoy tratando de explicar cómo fue que no surgió una consciencia del principio escritural de la soberanía de las esferas hasta la segunda mitad del siglo diecinueve. Siguiendo el estudio hecho por el Dr. Dengerink he indicado que antes de Kuyper, en Stahl e incluso más en Groen, hubo *algún* reconocimiento de lo que hemos venido a conocer

---

[17] Abraham Kuyper, *Anti-revolutionaire Staatkunde* [*Política antirrevolucionaria*] (Kampen: Kok, 1917); *Ons Program* [*Nuestro programa*] (Amsterdam: Kruyt, 1880).

posteriormente como soberanía de las esferas. Se pueden detectar trazas de una formulación en desarrollo de este principio creacional dondequiera que estos hombres iban siguiendo cercanamente el pensamiento de la Escritura. Pero la plena maduración de la idea fue impedida por la entonces en boga Escuela Histórica, así como el más tradicional motivo básico de la naturaleza y la gracia. Incluso en Kuyper, quien fue el primero en articular conscientemente el principio de la soberanía de las esferas, se obstaculizó una consistente elaboración del mismo debido a la influencia opuesta de los mismos dos factores. En él también podemos ver claramente un principio derivado de la reflexión escritural que lucha por asumir una forma histórica, si bien obstruido por poderosas fuerzas históricas, procedentes de un principio opuesto, que tenían ya largo tiempo operando

Poder apuntar hacia dos hombres de la generación que precedió inmediatamente a la de Kuyper no constituye, por sí mismo, mucha evidencia histórica, por lo menos no en el sentido cuantitativo. Pero creo que estamos empezando a ver algo. Debemos recordar que desde mediados del siglo diecisiete, hasta el *Reveil* del movimiento protestante de diecinueve temprano, el movimiento protestante había caído ante los embates del movimiento secularista que domina nuestras modernas centurias. Con el *Reveil* vino un renovado conocimiento de la Escritura y entonces empezamos a ver de súbito la poderosa influencia de esa Palabra, y cada vez más, en el pensamiento de hombres como Stahl y Groen y Kuyper. Cuando esto hombres tratan con problemas frescos a la luz más inmediata de la Palabra divina, empieza a expresarse un principio distintivo del orden social; cuando trabajan en áreas más tradicionales y con los conceptos tradicionales o humanistas más actuales, se siente operar a otro principio. Hay una lucha aquí, la lucha para ser reformado de acuerdo con la Palabra de Dios de aquellos otros (seudo) principios que se habían apoderado firmemente de los corazones de los hombres y habían oscurecido el entendimiento humano.

EL TIEMPO DE LA REFORMA

Y ahora deseo introducir una pieza adicional de evidencia histórica; pues servirá para fortalecer la convicción a la que acabamos de llegar. Si es un retorno a la Palabra de Dios lo que estimula una expresión del principio de la soberanía de las esferas, entonces ¿por qué no escuchamos de este principio en el tiempo de la grandiosa Reforma del siglo dieciséis? El hecho es que sí lo hacemos.

ALTUSIO

En años recientes Herman Dooyeweerd, decano de la Facultad de Derecho de la Universidad Libre de Amsterdam, ha llamado nuestra atención repetidamente al pensamiento del teórico jurista calvinista de Herborn, Juan

Altusio (un contemporáneo más joven de Juan Bodino), quien en los años tempranos del siglo diecisiete, y en contra de las ideas de Bodino sobre el absolutismo estatal, desarrolló una teoría estructural sobre la sociedad humana que fue construida sobre un reconocimiento del orden divino del mundo y la naturaleza interna de las esferas sociales. En esta teoría Altusio señaló que cada una de estas esferas tenía su propia ley, propia a su naturaleza, y su propia esfera de autoridad, la cual no ha de derivarse de ninguna otra.[18]

Desafortunadamente, el gran profesor berlinés de Derecho, Otto von Gierke, en su *Johannes Althusius und die Entwicklung der naturrechtlichen Staatstheorien*[19] y también en su estudio monumental *Das Deutsche Genossenschaftrecht*,[20] y Waldecker su pupilo, malinterpretaron la concepción orgánica de la simbiosis de Altusio, tomándola en el sentido biológico. Estos hombres relacionaron su doctrina con la (posterior) teoría secular de la ley natural, con su concepto del contrato social y su idea del absolutismo de Estado al estilo del deísta romántico Rousseau. De este modo, el principio bíblico de la soberanía de las esferas, aunque surgido de la reflexión integral de la Reforma (calvinista), ha estado oculta a nuestra vista debido a que los grandes académicos humanistas de nuestros históricamente conscientes siglos diecinueve y veinte parecen generalmente incapaces de entrar con una actitud comprensiva en modos de pensamiento tan divergentes de las grandes líneas de desarrollo humanista. (He aquí una importante razón por la que la AECR debiera rápidamente erigir un Centro de Altos Estudios sobre una base Reformada —es decir, radical e integralmente escritural.)

Incluso en Alemania, sin embargo, existe el comienzo de un reconocimiento de la mala interpretación. Dooyeweerd se ha referido, por ejemplo, a la obra *Verfassungslehre* de C. Schmitt:

> Para Altusio, el *pueblo* tenía el poder de la ley (*potestas constituta*). La secularización del concepto de autoridad establecida no ocurrió sino hasta después. De ninguna manera puede uno, como Gierke en su famoso

---

[18] Ver Herman Dooyeweerd, *De Crisis der Humanistische Staatsleer* [*La crisis de la doctrina humanista del Estado*] (Amsterdam: N. V. Boekhandel Ten Have, 1931), p. 147 ss. y la literatura allí referida; *A New Critique of Theoretical Thought*, vol. III, p. 662 ss; *The Christian Idea of the State* [*La idea cristiana del Estado*] (Nutley: The Craig Press, 1968); y *De Strijd om het Souvereiniteitsbegrip in de Moderne Rechts-en Staatsleer* [*La lucha en torno al concepto de soberanía en el Derecho y la doctrina del Estado modernos*] (Amsterdam: H. J. Paris, 1950), p. 21ss.

[19] Otto von Gierke, *Johannes Althusius und die Entwicklung der naturrechtlichen Staatstheorien* [*Juan Altusio y el desarrollo de la doctrina iusnaturalista del Estado*] (Breslau: Verlag M. und H. Marcus, 1929). Traducción al inglés: *Development of Political Theory* (Boston: Beacon Press, 1960).

[20] Otto von Gierke, *Das Deutsche Genossenschaftrecht* [*El Derecho cooperativo alemán*], 4 vols. (Graz: Akademische Druck V. Verlaganstalt, 1954). Una traducción al inglés de una gran parte del cuarto volumen se intitula *Natural Law and the Theory of Society, 1500-1800* (Cambridge: Cambridge University Press, 1950); también en rústica (Boston, Beacon Press, 1957).

libro sobre Altusio, eslabonar el concepto de un calvinista creyente como Altusio con el de un romántico deísta como Rousseau.[21]

Pero este no es el lugar para entrar con más profundidad en este asunto.

CALVINO

Si se me permite un paso más atrás en la historia, me gustaría sugerir que el mismo Calvino, desde su conocimiento recobrado de la centralidad y totalidad de la religión cristiana, había llegado a tener algún entendimiento de la soberanía de las esferas como el principio del orden cósmico. El importante pasaje de aquí es el de la *Institución* IV 11.1: "así como ninguna ciudad puede permanecer sin gobernantes y sin orden, también la iglesia de Dios ... tiene necesidad de un cierto orden espiritual".[22]

Es verdad que Calvino parece haber tenido ojos solamente para las dos magnitudes del Estado y la iglesia, de modo que apenas podemos hablar aquí de soberanía de las esferas en el sentido más elaborado en que hemos llegado a pensar sobre ellas desde Kuyper. No obstante, este pasaje contiene la idea escritural de que el instituto eclesiástico no agota en lo absoluto la riqueza del Reino de Dios entre los hombres, y que en esencia la iglesia no ocupa un lugar *por encima* de todas las otras relaciones sociales.

Más aun, el finado Josef Bohatec, aquel historiador de la Universidad de Viena que se halló indudablemente más a sus anchas que cualquier otro hombre de nuestro tiempo en las fuentes historiográficas sobre la vida y obra de Calvino, y quien, en su obra estándar *Calvins Lehre von Staat und Kirche*,[23] demostró las debilidades en el tratamiento que hace Ernst Troeltsch de las ideas sociales de Calvino y los otros reformadores,[24] —y quien, dicho sea de paso, mientras vivió fue el más ardiente promotor del movimiento por una filosofía instrínsecamente cristiana— dice que, aunque los académicos modernos tienen cierta noticia de la concepción calvinista de que la sociedad forma una unidad orgánica, esto es, una estructura de ordenanzas que el Dios soberano ha dado a la creación, han prestado poca atención a la idea de una sociedad orgánica en Calvino.[25] Esto se debe primariamente al hecho

---

[21] C. Schmitt, *Verfassungslehre* [*Doctrina constitucional*] (1928), p. 77. "Das *Volk* hat bei Althusius schon eine potestas *constituta*. Die Säkularisierung des Begriffes der konstituierenden Gewalt tritt erst später ein. Auf keinem Fall darf man hier, wie Gierke in seinem berühmten Werk über Althusius die Begriffe eines gläubigen Calvinisten wie Althusius mit denen eines romantischen Deisten wie Rousseau zusammenbringen".

[22] Juan Calvino, *Institución de la religión cristiana*, vol. 2, p. 955 (Rijkswijk: Fundación Editorial de Literatura Reformada, 1986).

[23] Josef Bohatec, *Calvins Lehre von Staat und Kirche* [*La doctrina de Calvino sobre el Estado y la iglesia*] (Breslau: Verlag M. und H. Marcus, 1961).

[24] Ernst Troeltsch, *The Social Teaching of the Christian Churches* [*Las enseñanzas sociales de las iglesias cristianas*] (New York: Harper and Brothers, 1960).

[25] Josef Bohatec, "De Organische Idee in de Gedachtenwereld van Calvijn" ["La idea de lo orgánico en el mundo de pensamiento de Calvino"], en *Antirrevolutionaire Staatkunde* (Kampen: Kok, 1926), pp. 32ss, 153ss, 362ss.

de que han dirigido su atención casi únicamente a la doctrina de la iglesia. (¡Pueden ver que necesitamos más académicos que teólogos!) Bohatec distingue el pensamiento de Calvino de la idea medieval de *corpus christianum* y muestra que la objeción de Calvino tanto a un mundo-iglesia como un mundo-Estado es esta: que no sólo ninguna puede realizar la unidad orgánica a la que se aspira, sino que ambos acarrean la desorganización y la tiranía. Bohatec procede a mostrar que, habiendo rechazado ambas formas de desarrollo, Calvino intenta juntar ambas ordenanzas típicas de la vida en un todo orgánico. En esto trató de resaltar, de acuerdo con Bohatec, que ambas, cada una en su propia esfera, debe reclamar independencia, pues como arreglos u ordenanzas (holandés: *ordeningen*) puestos por Dios tienen que ser *de igual valor*. La significación plena de esta observación sólo se puede sentir cuando comparamos la concepción de Calvino con la concepción tradicional de su tiempo acerca de la relación entre iglesia y Estado.

RAZÓN BÁSICA DE LA EMERGENCIA
TARDÍA DE LA SOBERANÍA DE LAS ESFERAS

Hemos visto ahora que no sólo en el reavivamiento de la vida y el pensamiento escrituralmente dirigidos que tuvo lugar en el siglo XIX, sino también en la Reforma del dieciséis, la soberanía de las esferas se insinuó al pensamiento humano. El que no se volviera más ampliamente aceptada y mejor conocida se debió al hecho de que las energías del movimiento de la Reforma se disiparon tempranamente y a que el reavivamiento cristiano del siglo XIX temprano no estaba solamente limitado a su esfera de influencia, sino también restringido por su acomodo a los modos tradicionales de pensar acerca de la sociedad.

El que la idea de la soberanía de las esferas no llegara a su madurez se debió primeramente al hecho de que por el tiempo de la Reforma la iglesia cristiana se había acomodado durante largos siglos —de hecho desde los tempranos días de los padres de la iglesia (la era partística), así como en el tiempo de los escolásticos medievales— a un imponente edificio de construcción teórica con respecto al Estado que hace imposible la soberanía de las esferas. Los recién ganados intelectuales convertidos de las centurias patrísticas tempranas habían sido imbuídos de esa tradición pagana de un poder estatal omniabarcante.

LA CONCEPCIÓN CLÁSICA DEL ESTADO

Emergiendo de una forma de sociedad indiferenciada, el pueblo griego había desarrollado una forma diferenciada en la que el Estado o el poder político había llegado a asumir el lugar de la asociación omniabarcante en la que todas las otras formas de asociación son incluidas como partes dentro del todo.[26] Usted está familiarizado, estoy seguro, con la concepción griega de la *polis* o la ciudad-Estado. Juzgada desde la perspectiva escritural de la soberanía de las esferas, ésta fue una concepción fundamentalmente distorsionada, un modo de vida fundamentalmente mal dirigido. Al faltar todo entendimiento del central gobierno del Reino de Cristo, una de las muchas esferas de nuestra vida funcional se había agrandado, inflado mucho más allá de su esfera *propia* —la esfera a cuyos oficios Cristo ha delegado su poder soberano— y convertido en la autoridad absoluta y final.

Las semillas del totalitarismo no yacen en ciertos desarrollos del siglo diecinueve; son *intrínsecos al pensamiento abíblico* y se encuentran en el mismo comienzo de la teoría política occidental. Es esto lo que todavía vemos en la Escuela Histórica del tiempo de Stahl y Groen. Aun cuando se les conceda cierta autonomía a otras esferas de la vida humana, sobre el principio del rancio abolengo y los derechos adquiridos, como *partes* subordinadas del todo político estas esferas carecen de una independencia básicamente garantizada; pues la parte es gobernada en última instancia por la misma autoridad que el todo. La Escuela Histórica no nos ha salvado de las tendencias arrasadoras y totalitarias de la Ilustración.

Cuando el Evangelio y la iglesia llegaron al mundo romano, encontraron ya allí un organización estatal mamut que estaba dando una crecientemente clara expresión a su carácter *religioso* en la promoción del culto al emperador: el *imperium Romanum*. Aquí nuevamente el poder político o del Estado era la totalidad, de la cual el matrimonio, la familia, etcétera no eran sino partes subordinadas. El Estado era, así, la *societas perfecta;* todas las otras formas de asociación eran *societates imperfectae*. El emperador era el depositario de la autoridad totalitaria de los antiguos jefes de Estado griegos y romanos. No era visto como el depositario de un oficio en una de las esferas de la vida que, junto con las otras esferas, incluyendo la de la iglesia instituida, constituye el gobierno religioso central de Cristo en su Reino de justicia (es decir, el Reino donde todo es "justo" conforme a las exigencias de las ordenanzas de la creación), exhibiendo la naturaleza religiosa de la realidad.

EL ACOMODO "CRISTIANO"

Cuando los padres de la iglesia fueron confrontados con la necesidad de relacionar la nueva sociedad, la iglesia, al Estado como existía para ellos en el Imperio romano, ni re-formaron ni intentaron re-formar su Estado a partir de un sentido escritural de la estructura de la realidad, sino que más bien lo aceptaron en gran medida tal y como se había desarrollado gradualmente en

---

[26] Ver Dooyeweerd, *A New Critique of Theoretical Thought*, vol. III, y "undifferentiated" en el Index.

la experiencia de los pueblos clásicos. Dejando esencialmente intocado y sin reformar, por la vivificante Palabra-Revelación de Dios, el mundo entero de intepretación de la vida y la sociedad que estaba embebida en esa institución (distorsionada), buscaron una solución pensando la iglesia como una *adición* a esa sociedad civil.

Para usar el lenguaje de nuestros modernos oponentes positivistas a la soberanía de las esferas, *se mantuvieron con los "hechos"* (esto es, se ajustaron a lo que ya estaba allí acerca de los mismos). Pero, al hacerlo, estemos seguros de observar que *se les escaparon los* **hechos**. Pues en todo "hecho positivo" de la sociedad humana no hay sólo una inescapable *estructura de las ordenanzas divinas* (p.e. uno no puede poner una forma de Estado que no esté de alguna manera atada a los requerimientos para el Estado), sino también *el grado de conformidad a o desviación de la norma creacional* (la cual es una orden, una norma; no una ley estructural en el sentido de las leyes naturales) que se hallaba operativa en la actividad formadora de los hombres que "construye-ron" la *polis*, construyeron Roma. Cuando los ojos de un hombre se cierran a este hecho, ya se trate de un padre de la iglesia del siglo catorce o de un pro-fesor positivista del siglo veinte, está, en un sentido muy importante, ciego al sentido integral de las Escrituras, y sin su luz no se hallará en posición de ver ningún hecho social por lo que es. Si los hombres desean llamar a tal ceguera "apegarse a los hechos", pues bueno, siempre y cuando sepamos todos que "apegarse a los hechos" significa ese tipo de ceguera.

HINC ILLAE LACRIMAE (A QUÉ VIENEN ESAS LÁGRIMAS)

Al hacer lo que hicieron, los padres de la iglesia no resolvieron sus dificul-tades, sino que sólo provocaron una nueva erupción de problemas sobre nuestra ya cargada raza humana. Al concebir la iglesia como una sociedad adicional a la sociedad civil, y al no distinguir la iglesia como Cuerpo de Cristo de la iglesia como instituto cúltico, habían ellos mismos introducido en la sociedad occidental una *segunda* sociedad totalitaria. Pues el gobierno de Cristo *es* total; el Reino de Dios es la *renovación total*, en Cristo, *de la vida en todas sus estructuras*. No obstante, los oficiantes del instituto eclesiástico no poseen tal autoridad total. Tenían que resultar atemorizantes tensiones y fisuras fundamentales en la autoridad. De este modo, no podía lograrse la unidad de todas las esferas de la vida como aspectos del servicio central a Dios en el gobierno de Cristo.

Como Cuerpo de Cristo, la iglesia tenían que efectuar una reforma (también) de la paganamente distorsionada estructura del Estado.[27] Los cris-tianos sintieron esto de modo "instintivo" —e.e. religioso—; y también los

---

[27] Ver Colosenses 1:20 y J. A. C. van Leeuwen, *De Brief aan de Colossensen, Thessalonicensen. Korte Verklaring der Heilige Schrift* [*Las epístolas a los colosenses y los tesalonicenses. Breve explicación de la Santa Escritura*] (Kampen: Kok, 1953), p. 29.

papas. Y la reclamación de los papas en el sentido de ser Vicarios de Cristo sobre la tierra supuso una autoridad más totalitaria que la que se concede a los ocupantes del oficio del instituto eclesiástico. Pero debemos recordar siempre en esta conexión que el Reino o la Ciudad de Dios y el instituto eclesiástico estaban confundidos en sus mentes.

Por otra parte, el Estado totalitario, tal y como se había desarrollado, no podía permitir ningún intrusión en su autoridad (total). Aquí se halla el origen de la lucha entre el emperador y el papa, entre el Estado y la iglesia. El problema todavía se halla entre nosotros, y en la forma que ha asumido nunca podrá ser resuelto. Pues, aunque el Estado *es* independiente del instituto eclesiástico, y viceversa (pues ambos son autoridades modalmente limitadas en el Reino de Dios), no es posible reconciliar un Estado realmente *totalitario* (el concepto de los pueblos clásicos, de la Ilustración y, esencialmente, de la Escuela Histórica de jurisprudencia) y el *reclamo religioso central de Cristo*. Aquí tenemos la lucha radical entre la verdadera y la falsa religión, lo que conocemos como la Antítesis, ese conflicto que Dios por gracia introdujo en la nuestra historia cuando estableció su iglesia.

Una vez que la iglesia hubo aceptado un ámbito "natural" de política civil como un área concreta de la vida que no necesitaba ser reformada por la Palabra viva de Dios, no sólo se le dió un asidero a la rebelde (revolucionaria) mente de la apostasía, en la forma de un Estado totalitario, para que hiciera la guerra al pueblo de Cristo, sino que, por añadidura, la iglesia fue forzada a concebirse a sí misma, *de un modo reducido*, como *otra* área concreta (la *supra*-natural) *junto a*, e.e. por encima de la "*natural*".

Es así que la "solución cristiana" tradicional de los padres de la iglesia y los escolásticos medievales no fue una solución real. Permitió una forma falsa de Estado al negar en principio que necesitara ser reformado de acuerdo con la verdad de la Palabra-Revelación divina. Al mismo tiempo introdujo la noción falsa de un gobierno limitado de Cristo (al área "sobrenatural") a través de su Palabra. Una vez hecho esto, ni el Estado ni el instituto eclesiástico (ni ninguno de los dos y, para el caso, tampoco el gobierno religioso central de Cristo) pudieron ser vistos por lo que *son* de acuerdo con la voluntad constitutiva de Dios. Estos hechos no pueden ser vistos hasta que hayamos abandonado los así llamados hechos positivos (e.e. no normados) de la teoría positivista e, iluminados en el nivel profundo de nuestros corazones por la Palabra, seamos llevados a "ver" la raíz religiosa de nuestra existencia temporal.[28]

En un pensador cristiano, tal como Agustín, se ve el conflicto entre conce-bir el Estado y la iglesia respectivamente como una entidad natural y sobre-natural, y concebir la *civitas Dei* (la Ciudad de Dios) como la total re-creación

---

[28] Ver Dooyeweerd, *A New Critique of Theoretical Thought*, vol. III, pp. 214-222.

de la vida en toda su complejidad. Se halla por un lado el *acomodo* intentado (la síntesis) de la luz de la Palabra de Dios con el antiguo entendimiento de lo que el Estado es; por la otra una aprehensión verdadera de lo que Dios enseña acerca de la autoridad religiosa central de Cristo el Mediador.

Es este conflicto fundamental, que los cristianos han heredado desde el principio de la iglesia del Nuevo Testamento, el que explica la lenta conquista en los corazones de los cristianos de la enseñanza escritural acerca de la soberanía de las esferas. Que nadie tenga en poco el poder formativo de una larga tradición. El apego a la teoría tradicional resultó en la *supresión* del motivo creación de la religión cristiana en la visión de la realidad de los cristianos. Es la lenta victoria de la Palabra de Dios sobre una poderosa teoría de acomodo la que sentimos en la obra de Calvino, de Altusio, de Stahl, Groen e incluso Kuyper.

LA SOBERANÍA DE LAS ESFERAS
DESDE EL MOTIVO BÁSICO ESCRITURAL

Hemos visto ahora lo suficiente como para entender una muy significativa palabra de Jan Dengerink en su libro sobre la soberanía de las esferas. Escribe: (en lo precedente) "resultó repetidamente que el principio de la soberanía de las esfera presionaba sobre los varios escritores cristianos en tanto que el motivo escritural de la creación mantenía su control sobre su pensamiento, pero que en la elaboración sociológica efectiva caían nuevamente en mayor o menor medida bajo la influencia de concepciones universalistas, de un origen escolástico o moderno historicista. Al mismo tiempo, el motivo síntesis de la naturaleza y la gracia resultó ser responsable, en último análisis, del apartamiento respecto de la línea escritural".[29]

Ofrezco lo anterior como respuesta a la pregunta de cómo pudo resultar que un tema tan íntimamente ligado al corazón del Evangelio haya tenido que esperar tanto para recibir un reconocimiento explícito.

CLARIFICACIÓN RECIENTE

En conclusión, me gustaría citar un párrafo más del libro de Dengerink. Continúa: "con Kuyper se vio que el pensamiento reformacional había arribado a una coyuntura crítica, pues él de manera más aguda que cualquiera de sus predecesores vio la antítesis radical en la academia entre una posición escritural y una no escritural, y levantó la demanda de una reforma interna del pensamiento teórico. Fue él el primero en aprehender el significado del principio de la soberanía de las esferas en su significación sociológica y fundamento creacional… Sin embargo, resultó imposible una elaboración

---

[29] Jan Dengerink, *op. cit.* p. 162.

sociológica de este principio sin una teoría filosófica de la realidad enraizada en la Palabra-Revelación. Haber captado este principio es la importancia verdadera de los fundadores de la filosofía calvinista. En particular, los profesores Vollenhoven y Dooyeweerd han sido los que abrieron la brecha".[30]

En Abraham Kuyper, a pesar de la aprehensión intuitiva del principio cósmico de la soberanía de las esferas, hay todavía mucho de la idea de una *autonomía* de las esferas sobre la base de derechos históricamente adquiridos. Pero esta idea de la Escuela Histórica no ofreció ningún criterio genuino para una esfera. ¿Qué es una esfera? En realidad Kuyper no pudo contestar a esta pregunta adecuadamente porque carecía, como escribe Dengerink, de una teoría filosófica de la realidad que fuera intrínsecamente el fruto de la divina Palabra-Revelación. La escuela filosófica contemporánea de la Universidad Libre de Amsterdam vio esta necesidad e intentó dar una respuesta con su teoría de la escala modal y las estructuras de individualidad. No puedo entrar en ello más en esta ocasión de lo que entrado en lo precedente. Baste decir que un entendimiento propio de esta teoría elimina la objeción de que las esferas se intersectan. Piense en lo que he dicho acerca de la familia alrededor de la mesa del desayuno. La teoría de Dooyeweerd le ha permitido también elaborar una teoría mucho más precisa acerca de la tarea *positiva* del Estado.

Hemos hecho un largo recorrido desde que plantee la cuestión de si podemos *aceptar* el hecho de una sociedad industrial, y de si poseemos en algún lado un tal entendimiento, un Principio director que nos permita trabajar en las situaciones inmediatas de nuestra compleja y desordenada sociedad para reforma y restaurarla al Orden de la ordenanza divina de la creación. Mi respuesta es que Dios nos ha dado un Principio por el que podemos "ver" para hacer nuestro trabajo. La soberanía de las esferas es un principio eminentemente *evangélico:* está dado con el Evangelio mismo. Ésta debe ser nuestra respuesta cristiana a todos los bertrand russells y su nihilismo.

El mundo lamenta su necesita de un Principio director. Nosotros, por la gracia de Dios, somos los "poseedores benditos". Los hombres que han descubierto un oro tan puro nunca podrán pertenecer a la Generación Silenciosa, la que no tiene ninguna Causa por la cual luchar. Con un entendimiento propio de la soberanía de las esferas somos, en Cristo, más que conquistadores, más que los iguales, por ejemplo, de los comunistas, cuyo Carlos Marx dijera una vez que mientras la filosofía se había confinado a interpretar el mundo, lo crucial era *transformarlo.* Pues el comunismo, al carecer del Evangelio, carece del Principio director de nuestra vida. ¿Cómo puede

---

[30] *Ibid.*, p. 162.

saber entonces que sus cambios van en la buena dirección? De hecho, es bien sabido que el mundo comunista está plagado de una *deriva pragmática*. Pero Dios ha revelado a su pueblo el Principio para la dirección de la vida.

No puedo menos que terminar con aquellas hermosas palabras que el profesor Van Riessen escribiera en *La sociedad del futuro:* "Los principios son un mandato de la creación; vienen como tales al hombre en camino hacia la redención en Cristo, y su función es esa emancipación de la vida, con respecto a sus formas sociales, que es el objeto de esa redención y es en primer lugar posibilitada por ella. Hay eslabones en la cadena de la redención que sólo funcionan propiamente cuando el hombre que los manipula está lleno de un verdadero espíritu cristiano. Entonces se convierten en manifestaciones de ese amor al prójimo que sólo es genuinamente posible cuando procede del *gran* mandamiento. Entonces se tornan manifestaciones de respeto no para el hombre, sino para el *llamamiento* del hombre y así también para el espacio que necesita para seguir ese llamamiento y dar *cuenta directa* de su vida y obras; en suma respeto a la vida como *Gottesdienst* [servicio a Dios]".[31] Estemos por siempre agradecidos de que toda nuestra vida *pueda* ser religión.

No hay tema evangélico que está más necesitado de una intepretación y aplicación poderosas, relevantes al mundo de nuestro tiempo, que ésta de la soberanía de las esferas. Creo, con el profesor Van Riessen, que "es donde se peleará la batalla decisiva contra el totalitarismo y por una sociedad cristiana".[32]

---

[31] H. van Riessen, *The Society of the Future* [*La sociedad del futuro*], p. 230.
[32] *Ibid.*, p. 73.

RELIGIÓN ESCRITURAL
Y
TAREA POLÍTICA

CONFERENCIAS UNIONVILLE 1961

INTRODUCCIÓN

He tenido el honor de ser uno de sus conferencistas, durante tres años consecutivos, aquí en el simposio de Unionville. Quiero que ustedes, al igual que todos los de la junta directiva de nuestra Asociación de Estudios Científicos Reformados (AECR), sepan lo profundamente agradecido que estoy por la confianza que ustedes, de este modo, han depositado repetidamente en el trabajo que he estado desempeñando aquí, y por la oportunidad que me han brindado de participar, de manera significativa, en el desarrollo de este movimiento.

Sólo yo, entre sus conferencistas, he tenido el enorme privilegio de ver este simposio crecer hasta lo que ha llegado a ser en el breve lapso comprendido por estos tres años. Cuando hablo del crecimiento de nuestro simposio de Unionville no pienso primeramente en el número, aunque el crecimiento numérico tiene importancia. Lo que ha sido muy notable para mí acerca de estos simposios son las evidentes hambre y sed de nuestros estudiantes cristianos de una educación dirigida de manera verdaderamente bíblica, su ansia espiritual, su *élan* y vigor, y el crecimiento substancial, en nuestro entendimiento colectivo, de nuestra vida como religión. Me gustaría que supiera Señor moderador, que las experiencias que he tenido en estos simposios las cuento entre las más preciosas de mi vida.

A. INTRODUCCIÓN GENERAL

Debemos dar gracias a Dios y ser valientes. Ya no puede haber ninguna duda al respecto: se multiplican casi diariamente los signos que indican que, mientras que en grandes áreas de la cristiandad la causa cristiana languidece y se debilita por falta de una determinación (la cual, por supuesto, nace siempre de la fe) a vivir integralmente por la luz de la Palabra de Dios, y de casi un ansioso acomodo a los caminos (de pensamiento y acción) del mundo que nos rodea, le ha placido a Dios llevar a cabo en medio de nosotros una poderosa obra. En estos simposios estamos experimentando una recuperación de la Palabra de Dios en su significado integral como principio directivo de toda nuestra vida, de nuestro andar por la vida que forma parte de nuestra dinámica de la vida. Específicamente, como estudiantes hemos sido llevados así a ver toda la empresa científica como un "momento" de nuestra religión, como una manera particular de responder con todo el corazón a Dios que se dirige a nosotros en su Palabra.

En todas partes del mundo hay huestes de cristianos que han aprendido a "usar" la Escritura para probar este o aquel punto de la teología católica romana o arminiana o luterana o calvinista. Hay también muchos estudiantes cristianos que están aparentemente satisfechos con memorizar, más o menos, los materiales de sus diversas ciencias, cualquiera que haya sido la forma que estos materiales pudieron haber llegado a adoptar en el desarrollo histórico de la moderna mente secular —como si el pensamiento científico, y los resultados obtenidos por éste fueran autónomos, e.e. sin relación con el "ver" radical, con el "experimentar" radical de personas *religiosas*–, en el mejor de los casos conteniendo tales áreas (escrituralmente) "no reformadas" del pensamiento científico con ciertas proposiciones (más o menos dirigidas escrituralmente) tomadas de la ciencia de la teología —las así llamadas *theologische Lehnsätze**— en un desafortunado esfuerzo por *limitar* el rango de influencia del poderoso impulso religioso que opera en aquellas.

UNA RAZÓN PARA AGRADECER A DIOS

¡Pero cuán pocos hay que hayan llegado aquí, como nosotros, a experimentar el poderoso impulso integral de la Palabra divina en la raíz más íntima (el corazón) de nuestra existencia, para que la totalidad de nuestra *expresión* vital (nuestros actos, tanto los actos de pensamiento o teoría como los así llamados actos prácticos) esté dirigida por esa misma Palabra! ¿Y qué es esta cosa bendita que hemos estado experimentando aquí en este lugar si no un redescubrimiento del bíblico "escuchar y hacer", si no una recuperación de la intención más profunda de los movimientos de reforma de Lutero y Calvino? Para estos reformadores la vida es también religión. Dios está ahí primero y llamó al hombre a ser para que "caminara" ante él como siervo en obediencia amorosa para adorarlo y servirlo en la administración de la tierra en una variedad de oficios. Este es el significado del *coram Deo vivere* de la reforma. A ese Dios le ha placido abrir nuestros corazones para entender una vez más este sentido integral de la Palabra-Revelación divina —seguramente, nos conviene agradecerle de corazón.

Y DARNOS VALOR

Pero también darse valor. Estamos llamados a vivir nuestras vidas en tiempos oscuros y aterradores. Desde el tiempo de la Revolución Francesa, nuestros

---

* Proposiciones teológicas de apoyo. [N. de los T.]

días han estado pletóricos de una creciente confusión por todas partes, con revoluciones y actos de violencia que sólo parecen aumentar en ritmo, en alcance y en intensidad. Para más y más personas la vida parece carecer de todo significado. Aun en las iglesias un gran número de personas se han acomodado a modos seculares de vivir y pensar, de modo que el poder de Satanás para engañar es grande en el mundo. Podemos entender las palabras de Groen van Prinsterer cuando dijo: "La sociedad moderna, con todas sus excelencias, habiendo caído en la esclavitud de la teoría de la incredulidad, está siendo crecientemente conducida a una *negación sistemática del Dios viviente*". No obstante, es a *este* mundo que Dios entró en la persona de su Hijo. La renovadora, restauradora, reconciliadora y redentora Palabra de Dios ha venido a nuestro mundo y ha superado el poder del engañoso rebelde y su destructiva revolución del Nihilismo. Cristo es victorioso; ha hecho nuevas todas las cosas; las fuerzas del mal están acabadas aún cuando todavía no se den cuenta del hecho. Dios nos ha dado su Palabra no sólo para ser nuestra luz, sino también nuestro consuelo y promesa. La Palabra de Dios es para la renovación, para la sanidad de las naciones. Y si continuáramos creyendo —y se nos ordena, como tú sabes, creer; no es cuestión de una espera pasiva del actuar de Dios—, entonces Cristo, quien venció en la cúspide y ha empezado una buena obra en ti, la seguirá haciendo hasta el día de su venida en poder y gloria. Esto es siempre nuestro único consuelo tanto en la vida como en la muerte.

Si tan sólo siguiéramos creyendo. Pero creer es obediencia. "Fe es obediencia a la revelación, un escuchar dispuesto de la Palabra de Dios que resulta en actos de fe que se relacionan con nuestro tiempo y situación"[1] (Salmo 81:12-15). La fe que implica obediencia es la victoria que vence al mundo. Proverbios 3:5-6 puede ser traducido como: "tener confianza con todo el corazón en aquel cuya Palabra es fiel... y él te despejará el camino".[2] Hay aparentemente barreras irresistibles y derrumbes impasables que las "huestes espirituales de maldad en las regiones celestes" ponen en nuestro sendero. Sin embargo, Dios despejará el sendero y abrirá un camino. Nuestro trabajo es significativo y será *efectivo* si tan sólo siguiéramos creyendo. Confía y obedece, y Dios derramará sobre tu pueblo aquí, y sobre la vida de tu país, todos los múltiples beneficios que se derivan de su redención *cósmica*. Entonces podemos confiadamente buscar montañas para remover, obstáculos espirituales en las regiones celestes que controlar, y veremos contornos y configuraciones del reino de justicia de Cristo apareciendo aquí, aquí y aquí en la tierra. Al Señor le ha placido comenzar la renovación de toda nuestra vida. Reclamemos esta promesa: creamos; resistamos al diablo y él huirá de nosotros. La Palabra de Dios y solamente ella, *pero de modo seguro,*

---

[1] Compendio del Club Groen, *La Biblia y la vida del cristiano*, p. 77.
[2] Ver *Korte Verklaring, Spreuken I*, [*Explicación breve, máximas I*] ad loc.

ofrece perspectivas para la vida humana. Desde luego, podemos agradecer
a Dios *y darnos valor*.

LA LÍNEA DE LA REFORMA

Los que estamos aquí no somos los primeros en la historia en experimentar la
reformadora obra de Cristo, y parte de nuestra tarea profética es tomar nota
de la "línea de la Reforma" (una frase que quisiera emplear como substituto
de la, en mi opinión, demasiado estrecha "línea de la ortodoxia" a la que
frecuentemente se refieren los teólogos); tenemos la sagrada obligación de
declarar abiertamente dónde ha tenido lugar la actividad verdaderamente
reformadora y de recordar con amor a aquellos a través de los cuales el
Espíritu de Cristo ha traído tal reforma y una renovada obediencia en los
tiempos pasados.

Conforme iba asentando estos pensamientos acerca de lo que Dios ha
estado haciendo en medio de nosotros en estos últimos años, se me hizo
recordar fuertemente la descripción que el profesor Veenhof hizo del tiempo
en que la asociación para una filosofía verdaderamente dirigida por la Escritura fue organizada en Amsterdam (a mitad de los 1930s). Veenhof describe
ese punto bajo en la vida reformada —pues eso es lo que era— como

> un tiempo de vigor de la alta crítica y el relativismo en teología y filo-
> sofía. Los mejores espíritus luchaban contra la inundación; sentían que
> era una cuestión de vida o muerte, para la iglesia y para ellos mismos.
> Pero en su trabajo, en su estudio, fueron incapaces de arreglárselas con
> la situación. Los líderes no entendieron completamente el peligro; estu-
> vieron, aunque enteramente sin darse cuenta de ello, enredados en las
> trampas de todos los tipos de síntesis con (acomodo a) las ideas de sus
> enemigos mortales. Un derrotismo paralizante se apoderó de los gran-
> des grupos. Un sutil sicologismo destruyó en muchos el poder y la gloria
> de una fe infantil... La religiosidad eticista de la NCSV (Nederlandsche
> Christelijke Studenten Vereniging*) infectó el mundo estudiantil entero.
> Un hombre estaba casi avergonzado de ser reformado... Más aun, un ya
> emergente espíritu burgués, un espíritu de rigidez, un creciente espíritu
> de mundanidad en la actividad política en círculos del mundo reformado
> se había vuelto ofensivo a los hombres de espíritu fino y agudo.

Fue en la mitad de esta crisis, como el profesor Veenhof cuenta la historia,
que S. de Graaf, A. Janse, K. Schilder, Vollenhoven, Dooyeweerd y otros
aparecieron en la escena. Veenhof escribe de Vollenhoven y Dooyeweerd
que los estudiantes de Kampen los oyeron y fueron convencidos por ellos
en los congresos estudiantiles que tuvieron lugar en Lunteren. "Un nuevo
mundo", recuerda,

---

* Sociedad Neerlandesa de Estudiantes Cristianos. [N. de los T.]

se nos abrió... El Espíritu de Dios estaba obrando por doquier. ¡Oh no! Nada "especial" sucedió, en realidad. Fue simplemente que para mucha gente la Escritura se volvió clara de repente. Fue como si la amorosa mano de Dios hubiera limpiado con una brocha el polvo que la escolástica y el misticismo, el pietismo y todo otro tipo de subjetivismo había amontonado sobre su Palabra, para que esa Palabra pudiera enviar una vez más su claro sonido y brillar como un faro que marcara la dirección en una oscura noche.

RENOVACIÓN DE LA VIDA ESTUDIANTIL HOLANDESA

Desde sus comienzos, la renovación de la vida estudiantil en los Países Bajos a mediados de los 1930s fue simplemente un redescubrimiento, una recuperación, de la Palabra de Dios, y con ello de la verdadera religión (e.e. escritural). No fue, en primera instancia, la emergencia de un sistema filosófico particular —lo que vino a ser conocido en holandés como la *wijsbegeerte der wetsidee* (filosofía de la idea-ley). Incluso los filósofos involucrados, como hombres cristianos, reconocieron esto y lo declararon con fuerza. El profesor Dooyeweerd ha dicho repetidamente que no era justamente un "nuevo sistema" (cargado, como tal trabajo siempre lo está, con todas las limitaciones y errores del pensamiento humano) lo que le preocupaba principalmente, sino más bien el fundamento y raíz del pensamiento científico como tal, a la luz de lo que la Escritura revela en lo concerniente a nuestra vida.

Y, con ocasión del establecimiento de su asociación para una filosofía escrituralmente dirigida (1935), el profesor Vollenhoven habló la siguiente palabra significativa:

Es algo glorioso y bendito lo que nos une aquí. No es la filosofía; pues ella no es lo primero en nuestra vida. Es más bien el apego a la Palabra de Dios, porque hemos aprendido por gracia a desear vivir sólo por Cristo y la religión, como un asunto del corazón, lo que se ha convertido en el centro radical de nuestra vida en su totalidad; porque hemos aprendido que sólo poniendo atención a los mandamientos del Señor se han de hallar la paz y la vida. No sólo para el individuo sino, de seguro, también para aquellas asociaciones de la vida en las cuales nos encontramos. Es por ello que la filosofía no ocupa el primer lugar aquí. Nunca ha tenido esa posición en nuestros círculos y, si la asociación que ahora nos proponemos erigir permanece fiel a su tarea, no será su culpa si la filosofía llega alguna vez a convertirse en la consideración primera. Deseamos solamente tomar en serio aquello que es lo principal en el trabajo filosófico que desempeñamos... Eso es algo que necesitamos mucho, pues la filosofía en boga no sabe nada de todo esto que nos es tan caro: nada de Dios si entendemos por ello el Dios de las Escrituras; nada de un corazón que pueda encontrar descanso sólo en él; nada de una historia del mundo que esté ligada al primero y el segundo Adán;

incluso muy poco de cualquier diferencia entre las esferas. La distinción
entre las cuales en la práctica de la vida resulta ser tan esencial.

NUESTRA RENOVACIÓN: "CHRISTELIJK STUDEREN"

Como fue entre aquellos estudiantes holandeses de mediados de los 1930s,
así ha sido con nosotros aquí en Unionville. Como personas y como estudiantes hemos sido regresados a la Palabra de Dios. Nuestra principal preocupación ha sido entender mejor cómo esa Palabra nos da dirección en nuestros estudios. Estoy seguro de que puedo decir que es el ferviente deseo no
sólo de los directores de estas conferencias, sino también del Consejo de la
Asociación para los Estudios Científicos Reformados, la cual patrocina estas
conferencias, que la Palabra de Dios prevalezca y sea operativa en nuestras
vidas como el poder director central que es.

Quizá se me permita aquí una breve excursión por este tema del *christelijk studeren*, el estudiar de modo cristiano. Muy pocos, creo —incluso entre
aquellos que a veces hablan bonito de su deseabilidad— han visto realmente
lo que está involucrado, a saber, la necesidad de una empresa académica
escrituralmente dirigida. Aun así, el crecimiento de este entendimiento es el
mismo corazón de lo que estamos tratando de lograr en estas conferencias.
No es verdad, como se alega con frecuencia, desafortunadamente incluso
por muchos hombres con conexiones reformadas en nuestro tiempo, que
la Palabra de Dios tenga que ver sólo con personas y no con el tema de las
ciencias. Cuando hablo aquí de *christelijk studeren* quiero decir estudiar a la
luz de la Palabra de Dios. Quiero decir que la Palabra de Dios nos ilumina
con respecto a las fórmulas primeras o de principios de las varias ciencias.
Pues cuando la Palabra de Dios se apodera de nuestros corazones y nos
revela el carácter religioso central de nuestra ipseidad, y nos revela así que
nuestra vida completa es religión,[3] de inmediato nos volvemos conscientes
(a menos que poderosas tradiciones históricas nos cieguen) de la incidencia
de tal Palabra-Revelación en las problemáticas de las diversas ciencias así
como en la manera en que organizamos nuestra vida práctica.

Permítaseme —pues esta es sólo una breve excursión— tomar un ejemplo
de la ciencia de la sicología. La sicología estudia, entre otras cosas, nuestra
percepción sensorial. En esta conexión debemos preguntarnos si es el "ojo"
el que ve o el "yo". Y, si es el segundo, si ese "yo" es el "alma racional" de
la filosofía intelectualista griega y occidental o el yo religioso que la Palabra de Dios nos revela que somos. Aceptando la luz de la Palabra acerca
de nuestra ipseidad central, se nos da un entendimiento de lo que algunos
sicólogos contemporáneos llaman la percepción reprimida o distorsionada,

---

[3] Ver E. Runner, *The Relation of the Bible to Learning* [*La relación entre la Biblia y el saber*] (Jordan
Station: Paideia Press, 1982). En la primera parte de este volumen.

con lo cual quieren decir que el sujeto percipiente reprime, demora o distorsiona su percepción de algo de modo que no ve la cosa (*tal y como es*). Un sicólogo americano bien conocido introdujo, en esta conexión, el concepto de "defensa perceptual".

La Palabra de Dios habla de aquellos que "detienen con injusticia la verdad" (Romanos 1:18) —en autodefensa, desde luego— y si este acto religioso rebelde (de resistirse a la poderosa verdad de la creación-revelación de Dios) es central a nuestra yoidad, entonces en la vida síquica de la percepción (que es un momento o aspecto de nuestra experiencia criatural) debiéramos encontrar esta represión religiosa central o total *expresada de un modo síquico*, así como en las investigaciones lógicas sobre la formación de nuestros conceptos lógicos debiéramos encontrar al mismo hombre religioso central ocupado en la verdad *de un modo lógico*, p.e. sustituyendo el hombre religioso de la Palabra de Dios con el concepto religiosamente distorsionado de "alma racional". La formación de este concepto "lógico" exhibe la "dirección" de la religión apóstata; pues expresa la supuesta independencia sustancial del hombre con respecto a Dios; su carácter erróneo no puede ser expresado de un modo puramente lógico; e.e. solamente en términos de la violación de leyes lógicas.

Sólo a la luz del significado esencial central de la revelación escritural acerca de la naturaleza religiosa de la realidad, e.e. que el hombre total responde en una posición de responsabilidad u oficio a un orden del mundo que es enteramente *revelacional*, y que esta respuesta humana es o bien una nuevamente aprendida obediencia en principio (ostaculizada por mucha desobediencia pecaminosa) o una desobediencia rebelde (la segunda limitada en su ejecución por el mantenimiento soberano que de su ley hace Dios), somos capaces de discernir (¡proféticamente!) la falsedad de las concepciones tradicionales de la percepción y liberarnos de su control para ser dirigidos en nuestra formulación de los problemas de las ciencias especiales por el significado esencial revelacional central de la Palabra de Dios.

Esto es lo que quiero decir con *christelijk studeren*, y de inmediato se torna claro cuán superficial es decir que al cristianismo le preocupan las personas pero no el tema de las varias ciencias. ¿Pues con qué, después de todo, está el sicólogo tratando en su ciencia si no con el "ver" del "avistador", si no justamente con la *persona* en el momento síquico de su yoidad? Pero si la Palabra de Dios revela la persona a ella misma (e.e. qué es ser una persona), entonces esta revelación tiene implicaciones sicológicas, lógicas y de otros tipos. Después de todo, soy *yo* el que percibe, soy *yo* el que forma lógicamente conceptos, etcétera.

Tampoco debiéramos que olvidar sicologías y lógicas más tradicionales han sido dirigidas por otras visiones religiosas (apóstatas) del hombre total, p.e. el naturalismo o el intelectualismo griego en alguna de sus interpretaciones, ya sea en la forma hilemorfista aristotélica mediada por Tomás de Aquino o en la contemporánea sicología y lógica neotomistas. No hay sicología pura, no hay lógica pura, ni hay ninguna otra ciencia pura.

PROPÓSITO DE NUESTRAS CONFERENCIAS

Es esta idea de estudiar a la luz de la Palabra de Dios lo que domina nuestras conferencias aquí. Es esto lo que deseamos traer a nuestros estudiantes en el Canadá. Esto no es lo mismo que decir que nuestra intención es que la *wijsbegeerte der wetsidee* gobierne estas conferencias. El movimiento de la *wijsbegeerte der wetsidee* ha sido y sigue siendo un poderoso estímulo para el estudio del tipo que deseamos promover, quizá el más poderoso estímulo singular, y me ha influenciado profundamente a mí y a otros que han hablado o están hablando aquí. Pero puedo asegurarle que la idea de una atadura estrecha y sectaria a las concepciones especiales de cualquier hombre o grupo particular de hombres es enteramente repulsivo a mi conciencia cristiana y debe serlo, pienso, para toda conciencia cristiana.

Aunque los hablantes de nuestra conferencia puedan ser frecuentemente asociados más o menos cercanamente con círculos de la *wijsbegeerte der wetsidee*, les aseguro que no han sido escogidos para estas conferencias porque pertenezcan a tales círculos, sino porque creemos que nos pueden ayudar a aprender a estudiar a la luz de la Palabra de Dios.

Es importante recordar —lo que ya hemos visto— que los mismos fundadores del movimiento de la *wijsbegeerte der wetsidee* sólo reconocen una atadura: el apego a la Palabra de Dios. Para ellos, al igual que para nosotros, una empresa científica cristiana es una que está materialmente, e.e. realmente, dirigida por la Escritura. Los estudios teóricos, tanto para ellos como para nosotros, deben aparecer en la figura del siervo —siervo de Jesucristo. En realidad, la *wijsbegeerte der wetsidee* no tiene base de su propia invención, no tiene fundamento sectario, nada de humana construcción que sea seguro (*vast* en holandés) en sí mismo, a partir de lo cual uno estuviera obligado a concluir una cosa u otra. Sus líderes han advertido constantemente el siempre presente peligro de la formación de partidos. No canoniza sus articulaciones filosóficas, pero exige a cualquier filosofar humano que sea dirigido por la central Palabra-Revelación de Dios.

No es ningún sistema filosófico particular ver toda nuestra vida, incluyendo nuestros estudios teóricos, como religión, e.e. como un servicio a Dios con corazón íntegro por el hombre en su oficio triple como subgerente de Dios en el mundo, sujeto a la omniabarcante y sustentadora de vida ley de Dios, y en persecución del mandato cultural; esto es sólo ver nuestras vidas a la luz de la Palabra de Dios, por cuyo mismo Evangelio somos liberados de los grilletes de la falsa visión griega de la ciencia como una empresa racional autónoma de algo llamado mente, intelecto o razón, algo que no es así una función del yo religioso que la Palabra de Dios nos revela a los hombres que somos, sino una sustancia independiente.

En las últimas décadas ha venido surgiendo una cierta comprensión de estas cosas en nuestras mentes demasiado entrenadas al estilo griego. Émil Brunner habla de ello, por ejemplo, en su libro *Der Mensch im Widerspruch*,[4] aunque no se recomiendan otros énfasis del libro. El mejor libro en especial que usted puede leer en esta conexión es quizá *De Mens Het Beeld Gods* del profesor G. C. Berkouwer, anunciado en traducción inglesa como *Man the Image of God* [*El hombre, imagen de Dios*].

LA BASE BÍBLICA DE UNIONVILLE

La AECR y estas conferencias Unionville no reconocen ninguna base más estrecha que la Palabra de Dios. La Escritura es tan amplia como la verdad. *Pero la Escritura no es "amplia" en el sentido de "vaga". Es definitiva y decisiva.* No permitirá, por ejemplo, ninguna concepción del hombre y todas sus actividades que no esté centrada en la fundamental relación religiosa con Dios. Rechaza cualquier intento de acomodar (sintetizar) la luz de la revelación con principios religiosos apóstatas para restructurar nuestra experiencia, tales como que el hombre de modo meramente natural llega a conocer la verdad porque está ahí, que es un ser racional enmedio de un mundo de entidades raciocinables (e.e. cosas cuyo significado puede ser captado meramente por la penetración del análisis racional). La AECR desea plantarse en la Palabra de Dios también cuando esa Palabra es decisiva. Hemos formulado un enunciado confesional de la perspectiva bíblica, el cual aparece como artículo III (Credo Educativo) de la recientemente publicada constitución de la AECR. Creemos que todos quienes, con nosotros, desean que sus vidas sean dirigidas radicalmente (desde la raíz) por esa Palabra, vendrán y tomarán posición a nuestra lado en este subcontinente norteamericano. Invitamos a todos los creyentes, indígenas, criollos, mestizos e inmigrantes, a unirse a nuestro esfuerzo por dar a nuestros estudiantes un programa de altos estudios bíblicamente dirigido. ¿Es esto estrecho o sectario? El que dice eso debe significar con esas agresivas palabras lo que nosotros entendemos por ser verdaderamente ecuménicos. Pues sólo la Palabra de Dios, en su poder radical e integral, puede destruir las diferencias partidarias y compromisos unilaterales que surgen entre los hombres cuando no se someten a la autoridad de esa Palabra; y sólo ella tiene el poder para unificar nuestros corazones en una confesión común de la verdad. Esta es la base de la genuina ecumenicidad. En un sentido muy significativo podemos aseverar que estas conferencias Unionville están poniendo la sólida base para un

---

[4] [*El hombre en la contradicción*], Cap. 9: Die Einheit der Person und Ihr Zerfall [La unidad de la persona y su desintegración]; Cap. 16: Seele und Leib [Alma y cuerpo].

movimiento verdaderamente ecuménico. ¡Más que los inmigrantes holandeses o los miembros de la Iglesia cristiana reformada* entran aquí! Bajo la indispensable bendición de Dios, la influencia de estas conferencias está destinada a crecer.

CREDO EDUCATIVO BÍBLICO

Estoy por supuesto conciente que incluso se ha sugerido que nuestro enunciado de credo o confesión de fe educativa (artículo III) está inspirado por la *wijsbegeerte der wetsidee*. Si hay alguna verdad en esta sugerencia es que la recuperación de un entendimiento propio (e.e. escritural) de la Palabra de Dios y el lugar que soberanamente demanda para sí misma en nuestra vida, lo cual para empezar condujo al desarrollo de la *wijsbegeerte der wetsidee*, también se encuentra en nuestro credo. Tal conciencia religiosa, sin embargo, no es lo mismo que un sistema filosófico de pensamiento. Es más bien, creemos, la obra de reforma que por gracia hace Dios, su acción de cambiar nuestros corazones para que lo *escuchemos* en su Palabra y *hagamos* su voluntad en el mundo. Publicamos nuestro credo como una enunciación del sentido de la Escritura para la obra que tenemos que hacer.

Hay aquellos que dirán que nuestro rechazo del pensamiento sintético es una prueba de que no somos más que un movimiento privado de la *wijsbegeerte der wetsidee*. Ello convertiría a un hombre como Richard R. Niebuhr de la *Harvard Divinity School* [Escuela de Divinidades de Harvard] en un hombre de la *wijsbegeerte der wetsidee*; pues él escribe en su libro *Resurrection and Historical Reason* [*La resurrección y la razón histórica*] (p. 111) del desarrollo de un dilema en el pensamiento de Bultmann porque trata de "sintetizar categorías bíblicas con sus motivos kantianos y existenciales". Pero tal conclusión es obviamente ridícula. La cuestión aquí es si lo que entendemos por síntesis y nuestro rechazo de ella es una noción de la *wijsbegeerte der wetsidee* o una *idea escritural* a la cual el movimiento de la *wijsbegeerte der wetsidee*, entre otros, le ha dado una expresión significativa en nuestro tiempo. Creemos que la idea es escritural y sobre esta base escritural, formulada en nuestro credo, nos paramos resueltamente.

SE INVITA A LA DISCUSIÓN DEL CREDO

Sería mejor si nuestros críticos, en vez de boxear con sombras, pusieran en claro qué es lo que ellos piensan no es escritural en nuestro credo. Ello serviría para hacer avanzar la discusión y promover una clarificación de los temas. Meramente proseguir diciendo que nuestro credo es demasiado estrecho y sectario, que es la *wijsbegeerte der wetsidee* (cuando que cierta y

---

* O que los presbiterianos. [N. de los T.]

claramente no es filosofía en lo más mínimo), sin tomarnos en serio como confesantes de la Palabra de Dios, y sin señalarnos de manera responsable dónde o cómo somos más estrechos que la Escritura es —de seguro— la cosa más fácil del mundo (podría hacerse desde una mecedora), y podría servir para confundir a algunos que no se detienen a pensar y para impedirles que participen de nuestra bendición aquí,[5] pero ello no es útil.

Entre tanto, nuestra joven generación estudiantil ha tenido un par de años para probar lo que se ofrece aquí en Unionville. Saben que lo que les estamos dando satisface sus más profundas necesidades como estudiantes cristianos y les da una *ayuda efectiva* en sus vidas de estudiantes. También están empezando a darse cuenta cuán rara, costosa y altamente apreciable es tal ayuda en este mundo. Sienten el profundo significado religioso, para ellos y para este continente, de la obra que se está llevando a cabo aquí. Nos han demostrado repetida y exuberantemente qué sienten por ella y no serán derribados mediante cargos vacuos y formales. Ya probaron la carne. El producto se recomienda solo. Podríamos todos nosotros, en vez de jugar con nombres, mejor juzgar las conferencias Unionville y la AECR por *la obra que se está realizando*. ¿Nos ayuda y nos lleva más lejos? Si es así, agradezcamos a Dios y démonos valor. ¡La Palabra de Dios provee la perspectiva y la promesa de la plenitud!

B. INTRODUCCIÓN ESPECIAL: LAS PRESENTES CONFERENCIAS

Y ahora, en este nuestro tercer simposio, me propongo impartir tres conferencias sobre este tema: *religión escritural y tarea política*. En un sentido estas conferencias han estado en mi mente desde la primera. No obstante, no hubieran podido ser impartidas de modo beneficioso hasta hoy. Pues no meramente introducen un tópico, otra unidad más o menos discreta, la tercera de tres, por así decirlo. Mientras que esta tercera serie de conferencias, confío, será lo suficientemente clara y significativa para aquellos entre ustedes que puedan estar entre nosotros aquí por primera vez, y también para aquellos que las reciban por primera vez en el libro que las edite, presuponen sin embargo todo lo que he estado diciendo aquí durante los dos años pasados y sólo pueden ser propiamente entendidas a la luz de la entera discusión.[*] Pues constituyen parte de un programa en desarrollo. Las tres series, tomadas juntas, exhiben un desarrollo dinámico. Digo esto aquí al comienzo para llamar su atención, una vez más, al hecho glorioso de que cuando la palabra de Dios es reconocida por lo que es *conduce a algo*. Empezamos a llegar a alguna parte. Experimentamos que la Palabra de Dios desde luego dirige nuestras "salidas".

---

[5] Para mi uso de 'bendición' aquí ver *Christian Perspectives 1961* [*Perspectivas cristianas 1961*], p. 12 al final, y *Christian Perspectives 1962*, p. 145 al final, y p. 146.

[*] Ver la primera parte de este volumen.

Esto es lo que es tan regocijante del trabajo que estamos haciendo juntos en estos Simposios de Unionville. A partir de un redespertar está emergiendo entre nosotros un entendimiento que se desarrolla gradualmente. Estamos adquiriendo un entendimiento que continuamente va profundizando en la naturaleza de la Palabra de Dios como siendo de hecho el principio director de nuestra entera dinámica vital y con ello también (visto desde el otro lado) de nuestra vida como radical e íntegramente dirigida por la Escritura. Año tras año ha llegado un desarrollo de este entendimiento. Este año mis conferencias representan un esfuerzo por articular, a partir de este entendimiento que hemos estado adquiriendo en los dos años previos, una posición escritural para un aspecto de nuestro servicio a Dios con el corazón: el aspecto político. Esto es lo que los cristianos necesitan más en el área política: la elaboración o articulación de *este conocimiento religioso central* para nuestra vida política. De ahí el título de nuestras conferencias: *Religión escritural y tarea política.*

CONFERENCIA 1

LA TESIS:
SU ARTICULACIÓN POLÍTICA

LA VERDAD Y NUESTRO MÉTODO DE TRABAJO

Al trabajar de este modo quiero protestar, primero en general, contra mucho de lo que tiene lugar en los círculos educativos hoy, desafortunadamente incluso en los círculos educativos cristianos. Demasiado frecuentemente, me parece, nos ocupamos con pequeñas así llamadas "unidades" de aprendizaje. El año escolar se divide en unidades de tiempo cada vez más pequeñas. Las varias "unidades" de aprendizaje son tratadas como más o menos discretas: el pupilo o estudiante aprende una unidad, se le prueba en la misma y entonces prosigue a la siguiente. Detrás de este procedimiento, supongo, está la idea de que la verdad es asunto de descripciones correctas de estados de cosas limitados que pueden ser considerados uno por uno. No creo que haya sabiduría en esto, y mi creencia se deriva de la naturaleza integral de la Palabra de Dios y del orden de la creación que nos revela.

Sin lugar a dudas, hay algo así como descripciones de estados de cosas limitados. No debiéramos, sin embargo, identificar tales descripciones con la verdad. Creo que podemos suponer que el Diablo está familiarizado con muchos más estados de cosas que nosotros; no obstante, Cristo dice que no hay verdad en él (Juan 8:44). Conocer la verdad es reconocer con el corazón el verdadero orden o estructura de la creación de Dios tomada como una totalidad o todo (Salmo 119:29, 30), conocer (con el corazón) que Dios es Dios y el hombre su criatura y siervo (en Adán o en Cristo), ver que el Reino de Justicia de Cristo es coextensivo con la restauración de todas las cosas al Padre y que por lo tanto no puede haber, por ejemplo, una vida "natural" científica o política que no esté sujeta al llamado al arrepentimiento del Evangelio y a una vida, con el corazón íntegro, de obediente agradecimiento en la fe. Estar en la verdad, de acuerdo con la Escritura, es estar en Cristo, quien es la Verdad (1 Juan 5:20, etcétera). En él conocemos la verdad. "Por su conocimiento justificará mi siervo justo a muchos" (Isaías 53:11; cf. 11:12). La activa y poderosa Palabra de Dios trae a casa a nuestros corazones la verdad de la realidad central y omniabarcante del Reino de Justicia de Cristo, e.e. el Reino donde todo es correcto con respecto a las exigencias del orden de leyes puesto por la voluntad creadora de Dios (incluyendo la soberanía de las esferas). El Diablo no permaneció en esta verdad, sino que *imaginó* para sí un mundo en que las relaciones era (son) de otro modo. Es el *padre* de la mentira; la mentira es su misma naturaleza.

LA NATURALEZA DE LA PALABRA DE DIOS Y LA VERDAD

Como la verdad, la Palabra de Dios no es meramente una gran colección de palabras, a ser considerada pieza por pieza por los teólogos o quien sea, sino algo mucho más profundo, a saber, el principio iluminador, impulsor, director de toda nuestra vida. Por esta razón, en la sección introductoria a mi primera conferencia aquí en 1959 (la cual les urjo que relean ahora),[1] señalé que *la* pregunta ante nosotros aquí en Canadá era la de la relación que tiene la Palabra de Dios con nuestra vida en el mundo, y terminé aquellas observaciones de que el tipo de sociedad y cultura canadienses que emergerán dependerán básicamente de la respuesta que la juventud de Canadá dé a la pregunta. Agregué que la respuesta a darse depende de *lo que la Palabra de Dios realmente es*. Es justo en este punto central donde reinan una vasta confusión y malentendimiento, porque en el curso de la historia los hombres han acomodado la revelación de la Escritura, acerca de su propia naturaleza o papel en nuestras vidas, a sus modos de pensar intelectualistas (griegos). De ahí proviene la escolástica, con su resultante e igualmente distorsionada reacción en el pietismo.

En mi segundo capítulo (la primera conferencia de 1959) abordé, por lo tanto, más particularmente esta pregunta relativa a la naturaleza de la Palabra de Dios y su papel en nuestra vida. Vimos que la Palabra de Dios es una Palabra de *poder* divino por la que Dios soberanamente abre nuestros corazones para que vean nuestra situación humana en el marco de la realidad en su conjunto; *poder* que obra en nosotros una comprensión existencial (no existencialista) del orden *integral* de la creación y, dentro del mismo, de la *radical* caída en Adán e igualmente radical restauración en Cristo, el segundo Adán. Por lo que al hombre concierne, el hombre íntegro, en todos sus aspectos temporales y relaciones, es integralmente dirigido hacia Dios en el centro religioso de su ser, a través de esta poderosa Palabra de Dios, y es allí concentrado en ese servicio de corazón íntegro que es el cumplimiento de la ley.

---

[1] Ver la primera parte de este volumen.

LA VIDA ES RELIGIÓN

Es así que hemos llegado al entendimiento de que nuestra vida entera es religión. Y no sólo para los creyentes cristianos (la *verdadera* religión), sino también para los incrédulos. Pues la incredulidad no se describe en la Escritura como ausencia de creencia, sino como creencia *maldirigida*. Vimos que religión es la *situación inerradicable* del hombre: ha sido creado "delante de Dios" (*coram Deo*) y debe rendir cuenta de sus hechos y caminos. Es el papel de la Palabra que proviene de Dios iluminar nuestros corazones y dirigir nuestras salidas. Pero, del mismo modo, los hombres que carecen de esta luz y dirección son incitados, por virtud de su (ahora pervertida) naturaleza religiosa, a hacer por sí mismos lo que la Palabra de Dios debiera hacer por ellos. El hombre actúa en este modo religioso de exigir el sentido pleno de las cosas porque ha sido creado por Dios como un ser religioso. No puede huir de su naturaleza. El hombre quiere conocer la verdad, y la verdad no es un montón de pedazos de conocimiento separados a los que se pueda llegar de modo analítico. Como ser religioso, el hombre no analiza meramente estados de cosas limitados que le estén inmediatamente presentes. Los ordena, ubica o localiza, les da una posición significativa. El hombre caído, al ser un ser religioso (que debe tener una Palabra que le revele el orden o estructura de las cosas), nunca meramente "acepta los hechos", sino que más bien *inventa*, encuentra un modo de *poner* los hechos, a modo de estar seguro sin Dios. De este modo, el hombre apóstata asigna a su propia fantasía pística pagana el papel que realmente le corresponde a la Palabra de Dios, y es así que desde el principio se ubica en un mundo en el que las relaciones son (imaginadas) de un modo distinto del que realmente son. Vive en una mentira. *El análisis humano siempre tiene lugar dentro del contexto de la mentira o la verdad.*

Un conocimiento de estas cosas debiera afectar el modo en que procedemos en nuestros estudios. Esta es la razón por la que, en mi primer conjunto de conferencias Unionville, en vez de tratar con algún problema *particular* u otro, intenté algo que era difícil de ejecutar para mí y para mis escuchas y lectores probablemente más difícil de "enganchar", al menos en un primer encuentro, a saber, traer ante nosotros algo de la *plenitud* de la vida y experiencia humanas *a la luz de la Palabra de Dios.*

LAS CONFERENCIAS DEL AÑO PASADO

El año pasado regresé a esta misma área central para traer a casa aun más enfáticamente el papel de la Palabra de Dios como el principio director de nuestra vida. Refiriéndome a I Pedro 1:23, hablé de la Palabra de Dios como el punto de partida de nuestra (nuevamente generada) vida, un punto de partida que al mismo tiempo determina la dirección de ese curso de la vida futura. La vida humana, si ha de tener una dirección firme, siempre requiere una fe viva, y el debate fundamental de nuestro tiempo es uno acerca de qué fe —que la fe sea reconocida como tal no hace ninguna diferencia aquí— ha de dirigir nuestras salidas al tomar posesión de los "comienzos" de nuestras vidas, a saber, nuestros corazones.

En mi primera conferencia del año pasado hice un esfuerzo por elucidar la peculiar fe de los tiempos modernos que es conocida como cientificismo, la creencia en la ciencia como la avenida de revelación de la verdad, y al mismo tiempo mostrar que la actitud científica puede mantener su control sobre los corazones de los hombres sólo donde los hombres dejan de notar algo en la estructura de la creación, a saber, la presencia de lo *no* científico, que es también *pre*científico. Hice esto para que pudiéramos ver más claramente la necesidad de que la Palabra de Dios revele a nuestros corazones la verdad de nuestra vida en su unidad radical (religiosa), un entendimiento que es simplemente indispensable para que entendamos correctamente el lugar y naturaleza de la filosofía y las ciencias especiales, pero también nuestro convertirnos en ese perfecto hombre de Dios, enteramente preparado para toda buena obra (II Timoteo 3:17).

La tesis de mi segunda conferencia fue que el concepto de soberanía de las esferas (junto con el de universalidad de las esferas) da expresión exacta a la revelación escritural acerca del *bouw* estructural o hechura de la creación (religiosamente) integral. Aquí vemos de inmediato cómo el conocimiento religioso que la Palabra de Dios obra en el corazón del creyente da dirección primera o de principio conforme somos confrontados con la rica diversidad de la vida, y cómo somos al mismo tiempo librados del poderoso control que sobre nosotros tienen principios tradicionales de estructuración de nuestra vida (también religiosos, pero religiosos apóstatas o sintéticos) tales como materia y mente, o naturaleza y gracia, natural y espiritual, o secular y sagrado.

Concluí el año pasado que la soberanía de las esferas es un principio eminentemente *evangélico*, dado con el mismo Evangelio, y que es el muy necesitado correctivo al teologismo y el pietismo que han contribuido tanto a la desintegración de la fe evangélica de Calvino y tornado al pueblo de Dios impotente y sin dirección en nuestro tiempo. Finalmente, expresé mi acuerdo con la convicción del profesor Van Riessen de que "en este punto, se dará el golpe decisivo en la lucha contra el totalitarismo y por una sociedad cristiana".

Y, AHORA, LA VIDA POLÍTICA

Estoy sugiriendo que sólo después de todo esto estamos en posición de discutir con beneficio juntos la tarea política de los cristianos en nuestro tiempo y situación. Si lo que hemos dicho acerca de la Palabra de Dios y acerca del papel que nos exige para sí en nuestras vidas es verdadero, entonces, cuando llegamos a discutir el aspecto político de nuestra vida en este mundo *debemos empezar con esa palabra de Dios*. Y entonces con esa Palabra en el sentido en que la hemos entendido, como *una* Palabra, el *poder* divino que engendra para nueva vida, que nos ilumina integralmente en nuestra yoidad religiosa (nuestro corazón), la palabra que es el principio impulsor y director de nuestra vida.

UN OBSTÁCULO INICIAL

Al enfatizar este punto, ahora intento protestar, en particular, contra el modo en que las discusiones sobre nuestro tópico presente usualmente se llevan a cabo entre los cristianos. Notar por favor que es en este punto, justo al principio de nuestro discurso, que estamos confrontados con lo que en mi opinión es nuestra dificultad singular más grande para despegar en nuestras discusiones hacia un comienzo correcto y fructífero. Vivimos demasiado en las inmediaciones de este mundo. ¿No lo vemos a nuestro alrededor? ¿También en nuestras propias vidas? Desde luego, ¿dónde hay un lugar donde no se haga tal cosa? Todo mundo comienza en su pensamiento con las situaciones que inmediatamente le rodean; en conexión con nuestro tema presente, las situaciones inmediatas *políticas*, y desea saber qué decisiones debe hacer como cristiano *dentro de estas situaciones*, dentro de la problemática presente. En los EUA, por ejemplo, uno pregunta si como cristiano debe uno apegarse a los partidos Republicano o Demócrata. Uno quiere saber si un partido o el otro proporciona la mejor oportunidad para cumplir con el propio deber cristiano. Usualmente, este deber es concebido de un modo directo tal como "tener un sentimiento para la mayoría de la gente" o alguna expresión similar. Una respuesta, si ha de ser satisfactoria a nuestro algo impaciente inquisidor, debe de alguna manera encajar en estas situaciones inmediatamente dadas o ser excluida de inmediato como —nótese el lenguaje— demasiado idealista, no lo suficientemente realista. Las soluciones genuinas, se mantiene, deben encajar en las situaciones que han crecido históricamente; pues el cristiano, se agrega con alguna certeza, debe vivir en el mundo. Es aquí, sin duda alguna, donde encontramos los obstáculos para el único desarrollo propio y posible de una vida teórica y práctica realmente cristiana en el subcontinente norteamericano.

Ya en años previos he proferido una advertencia aquí acerca de la importancia de los comienzos, incluyendo los comienzos de nuestro pensamiento. Recordarán que el año pasado me referí al enunciado, que hizo Susan K. Langer en las primeras páginas de su libro *Philosophy in a New Key* [*La filosofía en una nueva clave*], de que "la "técnica" o tratamiento de un problema comienza con su primera expresión como una pregunta. El modo en que se hace una pregunta limita y dispone los modos en que cualquier respuesta —correcta o incorrecta— se le puede dar". La señorita Langer concluye que "en nuestras preguntas se hallan nuestros *principios de análisis,* y nuestras respuestas pueden expresar cualquier cosa que esos principios sean capaces de producir".

Este es un punto crucial. El daño es hecho *al principio.* Con respecto a nuestras discusiones políticas, cuando saltamos de súbito a un argumento acerca de los *detalles* (por ejemplo, acerca de si podemos estar de acuerdo con una expresión particular del Partido del Crédito Social), cuando exigimos respuestas directas a preguntas que nos presionan con fuerza desde nuestro entorno inmediato, entonces estamos en el camino equivocado, estamos *perdidos desde el principio.* Ello es porque no hemos reconocido la naturaleza y el papel de la Palabra de Dios. No hemos de salir de nuestras vidas actuales en este mundo hacia la Palabra, para encontrar allí respuestas a problemas particulares que nos presentan nuestras vidas actuales. La Palabra es el *principio director* de esas mismas vidas nuestras. Es *en el principio, el principio de nuestros caminos,* que la Palabra de Dios hace su obra en nuestros corazones. Si empezamos con situaciones inmediatas, nos perdemos desde ese momento. Pues la Palabra de Dios viene a reconciliar toda las cosas con el Padre (Colosenses 1:19, 20). Hay una renovación de la problemática *desde el comienzo.*

En nuestra pecaminosa historia las cosas han ido mal (se han desarrollado de un modo ilícito). Para ser concretos, el año pasado vimos cómo los hombres han inflado la vida del Estado para convertirla en el todo de nuestra vida, al menos de la "natural". Esta distorsión reduccionista, la cual constituye el entorno en el que vivimos nuestras vidas, ciertamente no debiera ser aceptada como un punto de partida para determinar nuestra tarea política como cristianos. Tampoco deberíamos comenzar nuestro pensamiento acerca de nuestra responsabilidad política partiendo del *hecho* presente de que en general las únicas direcciones políticas que están disponibles para nosotros en el mundo moderno son el conservadurismo, el liberalismo, el socialismo o el comunismo. *La religión apóstata de los hombres rebeldes ha jugado su parte en las formas que ha asumido nuestra vida moderna.* La Palabra de Dios, cuando toma posesión de nuestros corazones, conduce a la reforma desde el comienzo, donde empezaron la apostasía y el descarrilamiento.

Cuando, no entendiendo la Palabra de Dios, no ponemos atención a esta renovación de las problemáticas desde el principio, sino que simplemente aceptamos las situaciones que nos rodean, y los modos de pensar y formular los problemas que se han desarrollado en el curso de nuestra (religiosamente dirigida) historia, entonces ya estamos perdidos. Entonces no estamos viviendo (al menos en este punto) por la Palabra de Dios. Entonces no hay posibilidad de hacer lo que no obstante, de acuerdo con la Palabra-Ley de Dios, tiene que hacerse: la tarea real que el cristiano tiene en la vida política como agente de la obra reconciliadora de Cristo, dotado del poder del Espíritu con la gracia para efectuar una reforma *desde el comienzo*.

VIVIR POR LA FE

Podemos decir en general que el cristiano que realmente conoce lo que significa vivir por la palabra de Dios nunca puede abordar aspecto alguno de su vida meramente en términos de lo inmediato. Vive por la Palabra, por la fe en esa Palabra. Vivir en tal fe es vivir a distancia. Esto no es en modo alguno decir que el cristiano no está inmediatamente involucrado en los asuntos de este mundo. Claro que lo está. Sino que es decir que su involucramiento en la situación inmediatamente dada no está dirigido por esa misma situación. El cristiano está comprometido con este mundo en el sentido de estar involucrado en y ocupado con él; no está *engagé* en el sentido contemporáneo de pertenencia y unión o de solidaridad, en el sentido, es decir, de que su vida *brote* de la vida comunitaria. Su vida está escondida con Cristo en Dios. En las situaciones inmediatamente dadas, sus "salidas" están dirigidas *no* por los "hechos" mismos, sino por la Palabra autoritativa que proviene de fuera de esos hechos inmediatos, de Dios. El cristiano está *en* el mundo pero no es *del* mundo. Para usar una forma de lenguaje que Toynbee ha popularizado otra vez en nuestro tiempo, la vida cristiana se caracteriza por un "retiro" (de lo inmediato, para escuchar con el corazón la Palabra de Dios) y un "retorno" (con un entendimiento reformador, para dar una dirección verdadera y segura a lo inmediato). Esto, y no un retiro *personal* de los problemas y situaciones de nuestra vida, es lo que quiso decir Guilllaume van Prinsterer con su alada palabra: *In ons isolement ligt onze kracht*, e.e. en nuestro aislamiento, o en la seguridad de nuestro "extraño" principio de vida, yace nuestra fuerza para trabajar reformativamente, y así salvíficamente, en un mundo que ha extraviado su camino. *Populo salus* [la salud del pueblo]. La vida de la fe es una vida *relevante* precisamente porque trae la obra de la redención, de la renovación, a un mundo descarrilado que no puede recobrar el sentido de las cosas.

Bastará una simple ilustración. Cuando David estaba siendo perseguido por el rey Saúl en el campo, llegó el día en que parecía que Dios había entregado a Saúl en manos de David y sus hombres. Estos últimos estaban escondidos en una de las muchas cuevas de la región cuando repentinamente se dieron cuenta de que se acercaba el pequeño grupo de los hombres de Saúl. Al poco tiempo el rey Saúl apareció en la entrada de la misma cueva en la que David se había refugiado. El rey se durmió. ¿Cuál es ahora la situación? ¿Cuál es el *hecho* de esta situación? ¿Qué *dicen* los hechos? ¿Es seguro que el Señor ha entregado a Saúl en manos de David? Esto es lo que los hechos (inmediatos) dicen a algunos de los guerreros de David. ¡Pero no a David! David tiene una palabra que procede de Dios. David sabe que Dios ha llamado a David a una posición de oficio, el oficio de rey. Saúl, el ungido, no ha de ser tocado por los hombres sin una palabra procedente de Dios, y ésta no había sido dada. No, los hechos no hablan por sí mismos. David está dirigido, en la situación factual, por la Palabra que proviene de fuera. Esa Palabra hace posible que David puedar "ir" a lo seguro en las circunstancias.

Buscamos así una aproximación al tópico de nuestra tarea política desde la iluminación religiosa central, radical e integral que la Palabra de Dios obra en nuestros corazones. Es tan importante entender claramente desde el comienzo lo que esto significa, que pienso que sería útil aquí mismo contrastar nuestra aproximación a la tarea política con otra que frecuentemente se encuentra entre los cristianos.

APROXIMACIONES EQUIVOCADAS

Tenemos que llegar a clarificar este punto. Que muchos cristianos se han aproximado a nuestro tópico presente de otro modo no significa por sí mismo que haya más de una aproximación cristiana legítima. El "otro" modo que estoy por describir ha confundido y peligrosamente desviado a muchos cristianos que no obstante desean tomar la Palabra de Dios seriamente en su diario vivir. Y también se puede mostrar fácilmente que surgió de un entendimiento fallido de la Palabra de Dios.

LA IMITACIÓN DE CRISTO

Me refiero a la inclinación de la gente cristiana, cuando confrontada a problemas en el diario vivir, a plantearse esta pregunta: ¿Qué haría Jesús? Esta aproximación está vívidamente ilustrada, por ejemplo, en un libro intitulado *In His Steps, or What Would Jesus Do?* [*En sus pasos o ¿qué haría Jesús?*] que era ampliamente leído cuando yo era niño en los círculos fundamentalistas en los que crecí y que, lo ví recientemente, todavía se encuentra en las librerías.

Ahora bien, es ciertamente verdadero, como el profesor S.U. Zuidema ha señalado en su folleto *De Christen en de Politiek* [*El cristiano y la política*],[2] que hay un importante elemento de verdad escondido en este modo de aproximarse al problema. En su naturaleza más profunda, la vida cristiana no es más que seguir a Cristo, no es más que seguir sus huellas. Pero este mismo "seguir a Cristo", este "seguir sus huellas", debe por supuesto ser entendido correctamente, lo que significa que *tenemos que entenderlo a la luz del sentido*

[2] Uitgave: Antirevolutionaire Partijstichting.

integral de la Palabra de Dios. Si una persona significa con ello que, observando (principalmente en los Evangelios) cómo actuó Cristo en las diferentes circunstancias mientras estaba aquí en la tierra, gradualmente puede uno llegar a saber cómo actuaría en las diferentes circunstancias concretas hoy, esa persona claramente no ha captado la naturaleza de la Palabra de Dios. Nuestro seguimiento de Cristo no ha de ser, desde luego que *no puede* ser, una imitación de Cristo en las específicas situaciones históricas descritas en la Biblia. No hemos de tratar de imitar situaciones específicas, sino aplicar los principios de la Palabra y vivir a la luz de la Palabra como *una* Palabra, como nuestro principio director. Nuestro seguimiento de Cristo sólo llega después de la compleción de la obra mediadora de Cristo y el derramamiento del Santo Espíritu: después del Calvario, después de la Resurrección, después de la Ascensión, después de Pentecostés. Para seguir correctamente a Cristo debemos primero ser incrustados en Cristo por el Santo Espíritu, quien continúa conduciendo a la Iglesia hacia la verdad.

EL BIBLICISMO

Muy estrechamente conectada con esta inclinación a buscar los problemas de la vida práctica preguntando "¿qué haría Jesús?" se encuentra otra práctica, lo erróneo de la cual merece ser señalado aquí. Una reflexión sobria traerá a los cristianos a darse cuenta de que realmente no saben, y no pueden llegar a encontrarlo estudiando su vida sobre la tierra, lo que Jesús haría en situaciones específicas hoy. (Es casi imposible incluso saber lo que haría un prominente líder eclesiástico en circunstancias que surgen en su iglesia apenas un año o dos después de su muerte.) Imitar el ejemplo de Cristo en este sentido es más bien imposible. Por ésta, y quizá por otras razones, los cristianos frecuentemente buscan en las escrituras versículos y pasajes que tengan una incidencia más directa, digamos, en la vida política. Poniendo juntos tales pasajes particulares uno llegaría, supuestamente, a una visión escritural de nuestra vida política.

Este levantamiento de los así llamados "textos políticos" en la Palabra de Dios es nuevamente el resultado de un entendimiento fallido de esa Palabra. La Escritura no es una colección de palabras, algunas de las cuales tienen una referencia política: es *una* Palabra. La práctica que estamos discutiendo aquí es muy parecida a la que tiene lugar cuando algunos hombres intentan extraer prescripciones específicas acerca de la comida en la legislación mosaica como normas a seguir seguidas para una dieta, o consideran la forma del Estado que se hallaba en Israel y descrita en el Antiguo Testamento (teocracia) como la norma ha ser seguida por los cristianos al influenciar la vida política de su día. Llamamos "biblicismo" a este uso de la Escritura, e.e. el esfuerzo no tanto por vivir a través de la Palabra una de Dios como principio integral que dirige nuestras vidas, sino por imitar situaciones espcíficas o aplicar textos particulares *directamente*, e.e. levantados de la Palabra de Dios tomada como un todo. Que esta actitud biblicista hacia la Palabra de Dios como confesadamente la guía de nuestras vidas ha jugado un papel importante en la vida de los Estados Unidos, y que *no* es la visión de Calvino y Beza, por ejemplo, puede verse en artículo por el distinguido exhistoriador de la Universidad Libre de Amsterdam A.A. Schelven "Het Biblicisme der Puriteinen van Massachusetts".[3] Como van Schelven[4] lo ha puesto allí en claro, la posición de Calvino desarrollada en la *Institución*[5] es de lo más importante, pues la idea de la imitación era muy favorecida en su alrededor. For ejemplo, Karlstadt dijo que debíamos seguir las leyes de Moisés *explosis romanis legibus* (e.e. dejando que la ley romana —de su tiempo— volara en pedazos).

Cuando entendemos lo que la Palabra de Dios misma testimonia con respecto a su naturaleza y el papel que exige para sí misma en nuestra humana vida, simplemente no es posible pensar en imitar el ejemplo de Cristo, o imitar situaciones específicas, o hacer una selección de "textos políticos" en la Escritura, adoptando en su caso éstos *tales cuales* como normas para nuestra actitudes políticas y trabajo. Entendemos lo que Jesús haría y lo que implica seguir a Cristo, y entendemos los así llamados "textos políticos" de la Escritura o las situaciones políticas encontrada ahí, en el verdadero sentido escritural, sólo cuando vemos todos estos *detalles* a la luz de la Escritura como un todo —lo que hemos llamado el sentido *integral* o iluminación de la Escritura.

La Biblia no es un libro de instrucciones para las diferentes facetas de nuestra vida. No da direcciones, sino dirección. Es revelación religiosa central acerca de Dios, y el hombre en su relación central con Dios enmedio del orden de la creación. La Palabra de Dios es directiva para todas nuestras "salidas" precisamente porque es esta revelación central acerca del lugar y llamamiento en el cosmos. Repito en esta conexión lo que ya he dicho, que *los cristianos están desesperadamente en la necesidad de una articulación política del conocimiento religioso central que tenemos en Cristo Jesús*.

TEORÍA Y PRÁCTICA

Tal aproximación nos impedirá, por ejemplo, caer en un modo de pensar que, aunque está muy difundido incluso entre los cristianos, no obstante

---

[3] ["El biblicismo de los puritanos de Massachusetts"], pp. 111-112, 134-136, en *Uit den Strijd der Geesten* [*Desde la lucha de los espíritus*].

[4] Y también Bohatec, *Calvins Lehre von Staat und Kirche* [*La enseñanza de Calvino sobre el Estado y la iglesia*], 1937, pp. 14ss.

[5] IV, 20.

se halla en conflicto directo con la iluminación escritural. Pues muchos dirán cuando volteemos, como lo estamos haciendo, hacia el tema de la vida política, que estamos abandonando el área teórica de nuestras discusiones previas para entrar en un área comúnmente designada como "vida práctica" o el "mundo de la práctica", donde supuestamente se hace una aplicación del entendimiento proporcionado por la teoría. Pero, aunque la teoría y la práctica sean desde luego dos cosas distintas, no podemos pensar en nuestra vida entera como divisible entre precisamente entre estas dos áreas, de vida teórica y práctica. Los hombres hablan comunmente no de práctica y teoría, sino de teoría y práctica, y este uso manifiesta la creencia subyacente inherente de que la luz guía o principio director para nuestra "vida práctica" ha de buscarse en alguna razón supuestamente teórica (e.e. que ve), de modo que primero "veamos" la verdad por la teoría y entonces llevemos a cabo lo que hemos visto allí en esa otra parte de nuestra vida, la práctica.

Como sabemos, no es cualquier razón tal, sino la Palabra de Dios, la que es nuestra luz y principio director, y cuando Dios soberanamente toma posesión de nosotros por su Palabra en nuestros corazones y con ello nos ubica en la verdad entonces, como también lo dijera de modo tan hermoso el profesor Van Riessen, "vemos" y "caminamos". Esto es tan bellamente Antiguo Testamento. Y Nuevo Testamento también, para el caso. Sin embargo este "ver" no es un ver, por parte de alguna mente racional concretamente existente, de cosas cuya esencia sea su penetrabilidad racional, sino que es el ver religioso del hombre como la Palabra de Dios revela que es, un hombre creado para ser el representante de Dios en la tierra, creado para escuchar la Palabra del Dios viviente y hacerla.

Estamos aquí en la esfera escritural del "escuchar y el hacer", donde "escuchar" es muy cercano a "ver", a la "compenetración", al "entendimiento del corazón" del que hemos hablado previamente. Pero es muy importante observar también que el "hacer" al que se refiere esta expresión escritural no es lo que en el modo griego y moderno de pensar se significa con 'vida práctica', sino que incluye tanto la teoría como la práctica. La idea de la Escritura es que cuando la Palabra de Dios ilumina nuestros corazones "vemos" u "oímos", y así sabemos cómo hemos de "salir" tanto en nuestro pensamiento teórico como en lo que ordinariamente llamamos nuestra conducta práctica. La teoría pertenece a la parte del "hacer" de la expresión escritural. Nuestro "actos" de pensamiento así como nuestra conducta práctica constituyen nuestra *expresión* vital. Nuestra teoría, también, es parte de la obediencia que tenemos que rendir, parte de nuestro servicio religioso a Dios. No es un oráculo divino que haya venido a morar en nosotros. No es la ley; está sujeta a la ley. Pero nuestras "salidas" teóricas y nuestras "salidas" prácticas son "caminadas" bajo la dirección de la Palabra de Dios o, en el caso de los hombres incrédulos, de lo que la imaginación rebelde del corazón desobediente invoca para que asuma el papel religioso central de principio directivo de la vida (como, p.e., la razón).

Como pueden ver, aquí la Escritura nos capacita para reformar nuestros conceptos de "mundo de la teoría" y "mundo de la práctica" a la luz de su revelación religiosa central acerca de la naturaleza del hombre y del papel de la Palabra de Dios en la vida del hombre. He aquí un hermoso ejemplo del papel "ordenador" de la Palabra que hemos estado discutiendo. Tanto la teoría como la práctica adoptan un nuevo significado porque asumen una nueva *posición*, una respecto de la otra, y con respecto a la religiosa dimensión de profundidad de la vida del hombre que la Escritura revela.

LA RAZÓN ACTUAL DE ESTAS CONFERENCIAS

Y ahora quedará claro por qué he escogido para esta tercera serie de conferencias en Unionville un tema tal como la vida política. Junto con el resto del trabajo que he hecho aquí, y con las conferencias que doy en el Calvin College, por ejemplo en lógica y en filosofía griega, estas conferencias redondean nuestro primer encuentro, en el cual he intentado ser sugerente acerca de cómo es la vida tanto teórica como práctica del cristiano, cuando está dirigida correctamente por la Escritura. Cuando la teoría o los patrones de comportamiento práctico no se desarrollan a partir de la iluminación escritural del corazón entonces, debido a la inerradicable naturaleza religiosa del hombre, están *mal* dirigidos, desde un punto de partida represivo y distorsionante. Entonces los cristianos no tienen que aceptar las problemáticas, sino reformarlas. Esto es posible debido a la obra que la Palabra de Dios hace *al comienzo*.

Que del mundo entero de la práctica haya escogido específicamente para estas conferencias el área política no es sugerir en modo alguno que nuestra atención pueda ser distraída de otras áreas. La vida es una. La Asociación Cristiana del Trabajo del Canadá* ha descubierto que si ha de poner en claro la tarea del cristiano en el trabajo, debe abordar cuestiones mucho más comprensivas que el mero trabajo.

IMPORTANCIA DE LA VIDA POLÍTICA

No obstante, difícilmente habrá alguien que desee poner en disputa la importancia, e incluso la *urgencia*, de la reflexión cristiana sobre la tarea política. Pues a la vida política le concierne la *dirección que se toma en la vida del Estado* y el Estado, aunque es sólo un aspecto del Reino de Dios, está sin embargo

---

* Christian Labor Association of Canada (CLAC). Un importante sindicato cristiano que opera en diversas empresas del Canadá. [N. de los T.]

investido con el poder de la espada. Tiene, como subrayara Alsted,[†] una cierta *majestas* [majestad]. Este poder le fue otorgado por Dios, pero puede ser usado equivocadamente. Cuán horrible, cuán peor que una pesadilla puede ser el uso equivocado de este poder, será recordado por todos los que vivieron durante el reciente periodo de Stalin y Hitler. El poder de la espada desde luego es de temerse. Interviene en la vida de tu familia y la mía, en la vida de nuestra iglesia (piensen en el *Afscheiding** de 1834); desde luego, con su poder de espada el Estado entra en todas las áreas de la vida. Y este poder es utilizado. Será utilizado responsable o irresponsablemente, obediente o desobedientemente, pero *será utilizado*. Pues es parte de la estructura de la vida que Dios creó. Es así que el *modo* en que este poder se usará, la *dirección* que adoptará la vida del Estado en nuestro tiempo, dependerá de la naturaleza de la acción política que emerja en el Estado. En la producción, interpretación y administración de las leyes la dirección de la vida del Estado nos influencia a todos diariamente. Este elemento de dirección es simplemente el impulso religioso básico o central que está operante en toda la vida cultural humana (puesto que la vida *es* religión). Aquí tenemos una de las razones por las que el tema de la acción política es tan importante.

Una segunda cosa que la hace ser extremadamente importante es que, fuera de la pequeña y todavía poco influyente área del pensamiento escrituralmente dirigido, la vida humana y la sociedad han venido a ser frecuentemente *reducidas* en buena medida a las formas de la vida *estatal*, de modo que, visto desde el lado opuesto, el Estado ha venido a ser inflado, de un modo totalitario, hasta llegar a ser el todo de nuestra vida natural organizada en la sociedad. Con tanto de nuestra vida tan decididamente arrojada en los patrones de funcionamiento de la vida estatal, se torna muy importante que en nuestro pensamiento político nos arreglemos con lo que el Estado debiera ser realmente en nuestra vida.

URGENCIA DE LA REFLEXIÓN POLÍTICA

Por supuesto, hay aparte de la vida política muchos otros asuntos importantes acerca de los que se debe pensar. No obstante, todos nosotros estamos llegando a sentir la *urgencia* de una reflexión política madura. En los últimos meses aquí en Canadá, por ejemplo, en conexión con la CLAC, hemos sido testigos de un número de eventos que revelan bastante vívidamente el carácter monolítico, opresivo y totalitario del moderno liberalismo secular. Me refiero a las dificultades que la CLAC ha tenido con una serie de

---

[†] Johannes Heinrich Alsted (1588-1638), filósofo y jurista que fue profesor en Herborn. [N. de los T.]

* Secesión. El autor se refiere a la secesión que provocó la Corona neerlandesa en la Iglesia Reformada al tratar de imponerle ciertas reglas que no eran de su incumbencia. [N. de los T.]

instituciones canadienses. Aunque estos eventos pueden no parecer como estrictamente políticos o como asuntos de Estado, lo que está en cuestión es el "arreglo" u "orden" de la sociedad, la relación del Estado con la iglesia, con la religión, con el sindicato y, en particular, la cuestión de los poderes estatales públicos concedidos por los gobiernos a los sindicatos organizados privadamente. Ésta no es, por supuesto, más que la cuestión general de la soberanía de las esferas. Pero, debido a la tendencia totalitaria de la vida política (la tendencia arrasadora que surge debido a que no hay una compenetración propia en la estructura de nuestra vida ni, como consecuencia, en la naturaleza de las varias esferas de acción), sólo un entendimiento de este principio evangélico puede capacitarnos para liberarnos de la opresión totalitaria y encontrar la libertad de la vida en sus múltiples actividades que también los humanistas están realmente buscando, aunque ciegamente, y hacer eso llegando a entender la tarea positiva del gobierno, pero también sus límites inherentes. El debate entero en los Estados Unidos acerca de la ayuda estatal a las escuelas privadas y, en general, acerca del primer artículo de la Carta de Derechos de la constitución estadounidense, es de la misma naturaleza. Y las mismas preguntas subyacen al espantoso fenómeno del socialismo y el comunismo.

Para agregar a la urgencia del asunto, hay tanto en Estados Unidos como en Canadá una cierta inquietud política. En Canadá esto ha dado lugar al Nuevo Partido, y Stanley Knowles escribe que los canadienses están cansados de los viejos partidos conservador y liberal y desean un cambio. En nuestro tiempo, se perfila una realineación fundamental de fuerzas políticas como una posibilidad real.[*] Las nuevas formas que podrían surgir de la inquietud actual podrían ser determinantes de nuestra vida política juntos por muchos de los años venideros. En un tiempo que es tan terriblemente serio, cuando la corriente de la historia se acelera, ¿no debiéramos nuevamente inquirir el orden de Dios? Ahora, desde luego, es tiempo de que consideremos nuestra tarea política y se nos recuerde que la Palabra de Dios dirige también nuestra expresión vital política *desde el principio*.

DIVISIÓN DEL MATERIAL

Ésta es, entonces, la razón por la que estoy hablando sobre el tema *religión escritural y tarea política*. He decidido dividir el material en *tesis, antítesis* y

---

[*] Esto es particularmente cierto a principios del siglo xxi en México, donde ya operan un partido de inspiración catolicorromana (pan), uno de inspiración humanista revolucionaria (prd) y uno que solía estar inspirado en el humanismo liberal clásico (pri), aunque posiblemente desaparezca debido a su corrupción interna. Así, de los motivos religiosos que H. Dooyeweerd describe en *Las raíces de la cultura occidental* (Barcelona: Clie, 1998), sólo falta por brotar en México un partido inspirado en el motivo religioso cristiano escritural puro, o uno demócrata cristiano que agrupe a católicos y evangélicos en torno a ciertos consensos políticos. [N. de los T.]

síntesis. Pero ahora, en conexión con la compenetración política que aquí buscamos, agregando a cada una de estas palabras una frase calificadora, del modo siguiente:

- *Tesis*: su articulación política;
- *Antítesis*: las formas de su expresión política y su desarrollo en los tiempos modernos;
- *Síntesis*: su expresión política contemporánea.

A. LA TESIS

En el resto de este texto me gustaría dirigir su atención a *la articulación política de la tesis*. Les ayudará si recuerdan que por 'tesis' entiendo la verdad original de Dios, el orden o estructura *puesto* —este es el significado original de 'tesis'— en el acto de la creación, *cuyo conocimiento* es religiosamente trabajado en nosotros cuando la Palabra de Dios, el Evangelio de Jesucristo (la republicación en el segundo representante u hombre oficiante de ese orden de la creación, centrado en la vida de compañerismo federal entre Dios y el hombre), se apodera soberanamente de nuestros corazones.

Bajo esta luz, la acción política cristiana sólo puede ser acción política que esté integralmente dirigida por el control que tiene sobre nuestros corazones la Palabra de Dios, como Palabra una y principio director. Haré un esfuerzo por sugerir de *qué modo* dirige la Palabra de Dios los comienzos de nuestra "caminata" política.

POLÍTICA CON PRINCIPIOS

Nuestra recobrada compenetración en la Palabra de Dios, como el auténtico principio que ha de guiarnos en todo en la caminata de nuestra vida, nos libera, en principio, de la falta de metas, la apatía, el sinsentido —para acabar pronto, de ese *estar perdido* que caracteriza tanto de la vida humana, incluyendo la vida política, en nuestro tiempo. La Palabra de Dios nos capacita para actuar con *seguridad*, actuar de una manera efectiva que está destinada a ser sana o saludable (del latín '*salus*', que significa salvación) para la sociedad humana. Esto es decir dos cosas. Primero, que la vida política cristiana es una cuestión de principio y no, como lo es casi universalmente en el mundo que nos rodea, pragmática y oportunista.

Incluso nuestra actual política pragmática oportunista surge, como veremos en el siguiente capítulo, de una actividad política anterior que estaba dirigida por un principio. ¿Cómo podría ser de otro modo? La vida *es* religión y o bien la *segura* Palabra de Dios o bien un imaginado y *no confiable* sustituto se halla en ese lugar central y primero, dirigiendo nuestras "salidas" como *principium* o *arjé*. En realidad, toda actividad política es de principios. El principio que el hombre moderno había creído no es confiable, y la actual política pragmática oportunista se desarrolla a partir de una *pérdida de fe en la habilidad de ese principio para dirigir de un modo seguro*. De ahí su falta de metas.

Segundo, es decir que la acción política cristiana está llena de esperanza y gozo. Pues nuestro principio es, como hemos visto, la *segura* Palabra de Dios que ha entrado en nuestra vida para lograr aquello para lo que fue enviada, la redención del mundo. La Palabra de Dios no es sólo nuestra luz, por la que caminamos, sino también nuestro consuelo y promesa. Ofrece perspectivas para la vida humana también en su aspecto político. Conduce a la consumación de todas las cosas en Jesucristo. El Salmo 1 dice del hombre cuya vida es dirigida por la ley (Palabra) de Dios que "todo lo que hace prosperará".

LA POLÍTICA ES UN ASPECTO DE NUESTRA RELIGIÓN

La viviente y poderosa Palabra de Dios nos ubica en la luz de la verdad: nos revela que la vida en su plenitud integral es religión. La vida política cristiana es, por lo tanto, un aspecto de nuestra caminata vital con el corazón de una pieza delante de Dios. Pero la Palabra de Dios no nos revela meramente lo que es nuestra vida; por la gracia de Dios también nos engendra a nueva vida. Nos salva. Esto es, hace de la *vida de servicio* a Dios nuevamente una realidad (en principio). La Palabra de Dios, y sólo ella, es el *poder* que nos restaura en nuestro lugar (religioso) como *hombres* ante Dios (en tanto que opuestos a la "mente científica"), *hombres* de Dios enteramente preparados para toda buena obra (también la política). Nuestra vida política sólo es propiamente vista cuando se le mira como un aspecto de nuestro *Gottesdienst* [servicio a Dios] con todo el corazón, que Dios mismo nos ha regresado en su Hijo.

¿Dónde, en la vida *política* de hoy, encontramos tales *hombres* de Dios que, en Cristo, se les haya hecho estar nuevamente en su oficio humano ante la faz de Dios para que puedan examinar el orden completo de la creación, sabiendo que dondequiera en ese vasto orden de la creación su tarea responsable es servir a Dios fielmente, de acuerdo con su ley (p.e. soberanía de las esferas), en integridad o con el corazón de una pieza? La vida política cristiana tiene necesidad de tales hombres (con mentalidad política). De nuestra vida juntos como cristianos tales *hombres* de Dios deben levantarse para asumir sus responsabilidades en el sector *político*.

LA ANTÍTESIS RELIGIOSA TAMBIÉN ES REAL AQUÍ

Por supuesto, *toda* acción política es religión, aunque no debemos pasar por alto la diferencia entre la religión verdadera y la falsa. Puesto que toda la vida humana se vive a partir de la inerradicable y fundamental relación religiosa con Dios, toda vida política debe expresar la *creencia* de aquellos que están involucrados en ella. Esto es verdadero incluso donde se niega; su verdad es su enraizamiento en la seguridad de la ordenanza de la creación de Dios. Así, la vida política de la humanidad generalmente exhibirá la misma partición o antítesis religiosa que caracteriza a la vida humana como un todo. En su fe, e.e. en su certeza última, los "caminos" de los hombres divergen. Este es el significado de la revelación escritural. "Afortunada es entonces", escribió el profesor Mekkes una vez, "la tierra que sabe mantener del modo más puro posible, también en su política, esta fundamental y central divergencia de los "caminos" del hombre... Pues entonces la vida política de un país también da un claro testimonio del significado real de la vida humana. Donde esto no es el caso" —como la vida *es* religión— "se debe al hecho de que el universal principio cristiano de la vida ha sido relegado al trasfondo en la vida política por otros contrastes y divisiones que en la vida de la humanidad son solamente secundarios".[6]

En otras palabras, es afortunada la tierra cuyas divisiones políticas reflejan las diferencias *reales* de la vida humana, y no las imaginarias o secundarias. Si la religión *es* la directiva real última de todos nuestros "asuntos" vitales, si *realmente* determina las concepciones de los hombres, entonces cualquier intento de esconder esta básica división diciendo, por ejemplo, que todos nacemos siendo conservadores o liberales (a la Gilbert y Sullivan), o que todos somos o "burgueses" o comunistas, o cualquiera que sea la disyuntiva aceptada, es realmente equivalente a decir algo que básicamente no es verdadero. Ninguna de éstas es la división *importante* en nuestra vida, y el que lo piensa y lo dice se engaña. Al creer la mentira, uno es entonces conducido a una crecientemente distorsionada percepción de *lo que realmente está ocurriendo en la vida*. Nuestra vida siempre es de principio, e.e. dirigida por un *principium* religioso. Donde la vida política se vuelve genuinamente de principio, cuando los hombres en la política son impulsados a declarar lo que en última instancia los mueve a hacer el trabajo político que se echan a cuestas, la real división religiosa de los "caminos" de los hombres irá apareciendo cada vez más. Y la vida política se hará más vívida.

La vida política *cristiana* es un aspecto de nuestra religión, entendiendo esta última en el sentido verdadero que la Palabra de Dios nos ha mostrado una vez más. Es muy importante por lo tanto, nuevamente en este contexto, que distingamos claramente el significado *escritural* de la religión cristiana de una serie de malos entendidos o perversiones que muy desafortunadamente han surgido en el curso de los siglos para distraer a los creyentes de su tarea central e integral en este mundo.

---

[6] Mekkes, "Christelijke Politiek" ["Política cristiana"], en *Revolutionaire Staatkunde* **21** (1951), pp. 285-303.

LA RELIGIÓN CRISTIANA NO ES TEOLOGISMO

La religión cristiana no se entiende propiamente donde el "escuchar" religioso de la Palabra de Dios en su corazón ha sido restringido a significar un esfuerzo científico teológico por poner el sentido de la Escritura a la manera de un enunciado racionalmente articulado. La Palabra de Dios es, en el primer sentido, la poderosa Palabra de aquel con quien tenemos que ver, quien con toda la soberanía de aquel que nos aborda en ella, nos engendra a nueva vida, nos ilumina en nuestros corazones y dirige nuestra *entera* expresión vital. Nos pone en (el todo de) la verdad (integral). Ésta es nuestra *experiencia vital* integral de la verdad incluso antes de que podamos ponerla en términos analíticos. Esta verdad integral es mucho más que el modo teológico de entenderla. Es, antes que nada, *directora*, pero de *todas* nuestras "salidas" en la vida, y no meramente de las teóricas. Más aun, en el mundo de la ciencia (*Wissenschaft*), es directiva de *toda* nuestra articulación teórica, a partir de la plenitud de nuestra experiencia precientífica, y no meramente de nuestra formulación de proposiciones *teológicas*. Definitivamente, la religión cristiana no es la formulación (y aceptación) de proposiciones específicamente teológicas tomadas de la Palabra escrita de Dios, las cuales entonces se agregan a un cuerpo de (otros tipos de) conocimiento científico al que se llega a través de otro "centro personal de experiencia" que se halle fuera de la situación y directividad religiosa última de nuestras vidas (como, p.e., la razón), y así libre del *poder* reformador de la iluminadora Palabra de Dios sobre nuestros *corazones*. Esta perversión escolástica o teologista de la religión cristiana permitiría que la mayor parte de nuestra vida en este mundo estuviera libre del *poder* reformador de la Palabra divina, y así requiere ultimadamente que abandonemos la visión de la Palabra de Dios que la Palabra de Dios mismo imbuyó en nuestros corazones, esto es, que es el principio director de nuestra vida *en su integridad*. En tales círculos teologistas no se siente ninguna necesidad de una acción política cristiana, excepto quizá en el sentido de tratar con ciertas "cuestiones inmediatas".

LA RELIGIÓN CRISTIANA NO ES PIETISMO

La religión cristiana no es misticismo. No es escape del mundo. La religión escritural no es un asunto de Dios y algo llamado el "alma individual". En primer lugar, no es asunto del alma como algo separado. Pablo escribe: "Así que, hermanos, os ruego por las misericordias de Dios, que presentéis vuestros *cuerpos* en sacrificio vivo, santo, agradable a Dios, que es vuestro culto racional" (*Gottesdienst*) (Romanos 12:1).* En segundo lugar, la religión cristiana no es asunto de Dios e *individuos*. No es ascetismo; no es monasticismo.

---

* La cursiva es de Runner. [N. de los T.]

No es un pietismo individualista, el cual intenta adherir una piedad "perso-nal", "interior" a los modos "exteriores" de vivir del tiempo y la situación (típico acomodo o síntesis). No *hay* tal cosa como un lugar "interior" o "per-sonal", al cual podamos retirarnos para morar en quieto descanso, retirados de la gran lucha de los espíritus. En la Escritura, el alma o el corazón no es tal "lugar aparte"; es el punto de concentración religioso de mi vida, donde *yo* encaro a Dios, oigo su Palabra, y desde el cual soy conducido, en la totalidad de mi expresión vital corporal, en todos los tipos de relaciones y asociacio-nes con mis prójimos en el mundo, *en una cierta dirección, para trabajar en el mundo.*

Necesita especial énfasis en nuestro día que la religión cristiana no es un asunto de "individuos salvos" que anden por allí ejercitando algún tipo de influencia "personal" desde su supuesta vida "interior" en Cristo, mientras que a la así llamada vida "exterior", no reformada por el *poder* de la Palabra de Dios, se le permite andar en la moda aceptada de ese tiempo. Tal concepción es simplemente una sutil escapatoria del mundo: nuestra vida en el mundo es dejada aquí intocada; sólo hay influencia de una *persona* sobre otra *persona*, como se dice comunmente. Pero una persona humana, según la Escritura, es muy diferente de un "alma interior" concebida como algo retirado, una cosa aparte. La Escritura nos enseña que del hombre interior (corazón o alma) manan los "asuntos" de la vida. La religión en su estructura antitética también está en el mundo que nos rodea, no meramente en las "almas" de los hombres.

Los comunistas no hubieran sido capaces de venderle a grandes masas de hombres su caricatura de la religión cristiana como "opio de los pueblos" o el "pastel en el cielo" si los cristianos, en ver de entregarse a tales perver-siones y malos entendimientos de la religión cristiana como el teologismo, el misticismo y el pietismo, hubieran vivido más por la luz integral de la revelación escritural. Sabemos que, de acuerdo con la Escritura, *la religión cristiana es la redirección, en Cristo el segundo Adán, de la vida completa del hombre en el mundo.* En Cristo, el hombre es restaurado en su oficio, su responsable lugar asignado por Dios como presto siervo de Dios en el todo del orden de la creación.

EL CONCEPTO ESCRITURAL DE OFICIO

El concepto escritural de oficio pone en relieve dos características esenciales de la religión cristiana. Implica una *tarea en el mundo* y enfatiza el *carácter corporativo* de la asignación.

1. *Implica una tarea en el mundo*

'Oficio' implica la asignación de una tarea y el otorgamiento de un derecho a llevar a cabo esa tarea. Nuestra salvación no es algo que reciba un "alma separada" para disfrutar en algún lado, por encima de los asuntos de una supuesta vida "corporal"; es algo *a ser elaborado en las circunstancias concretas de nuestra vida en este mundo.* Los comunistas, lejos de estar en conflicto con la religión cristiana, se hallan más bien en posesión de la "traza" de verdad acerca de nuestra vida cuando sienten honestamente la necesidad de una salvación que tenga lugar aquí y ahora. Cuando decimos que el hombre cristiano es restaurado en su oficio, estamos diciendo que la religión completa, la vida completa del hombre, es la ejecución responsable e integral en el mundo de una tarea asignada por Dios, una ejecución que surge del "oír" la Palabra divina y que resulta en "actos" tanto teóricos como prácticos de amorosa obediencia. Por esta obediencia nuestra vida —muy concretamente— llega a salvarse. Esta salvación mediante la obediencia de nuestra vida como un todo, por supuesto, involucra la salvación por obediencia de nuestra vida en su aspecto político. Es así como se garantiza la *realidad* de una tarea política cristiana. Esto significa que un hombre integralmente cristiano no puede ignorar la faceta política de su tarea vital y, más aun, que tiene que ver esta tarea política no como una separada actividad en sí misma —como si la vida política fuera la vida concreta— sino siempre como una parte integral de su (religioso) caminar en la vida delante de Dios. La vida es religión. Bajo esta luz, llegamos a una verdadera compenetración en la naturaleza de la tarea política cristiana.

2. *Excluye el individualismo*

Al mismo tiempo, el concepto escritural de oficio excluye todas las formas de individualismo y apunta al carácter corporativo de la religión cristiana. No en nosotros como individuos, sino sólo *en Cristo* como miembros del cuerpo del cual él es la cabeza, al lado de todos nuestros hermanos en la fe, somos restaurados en nuestra tarea en el mundo. Cuando, como Adán, Cristo fue tentado en el desierto por Satanás, el corazón del hombre Cristo fue sostenido en el puño de la verdad, y él dio a cada una de las tentadoras palabras de Satanás la respuesta integral de la verdad. Cristo salvó el oficio del hombre, y a él le es dada toda autoridad. Él tiene el oficio y nosotros sólo en él. Aunque el Espíritu de Dios regenera los corazones de los hombres individuales, no es correcto decir que la redención por Dios del mundo en Cristo es la salvación de almas individuales. Dios ha establecido en su hijo un segundo hombre responsable a cargo del oficio, una segunda cabeza del género humano. Es la obra del Espíritu de Cristo unirnos a los hombres con esta nuestra cabeza. Habiendo estado Cristo en la verdad, a todos sus hijos que son así unidos a su vida en el cuerpo uno se les da también un entendimiento de la verdad. "Por su conocimiento justificará mi siervo justo a muchos". En este conocimiento de la verdad comunmente compartida nace la nueva y única genuina comunidad, con un entendimiento así también común de su tarea en el mundo.

En realidad, los hombres siempre se juntan en comunidades, y estas comunidades son siempre comunidades de fe, enraizadas en un entendimiento (religioso) común. Es por ello que los gobiernos, por mencionar algo, buscan despertar en sus ciudadanos una actitud religiosa de compromiso (el patriotismo). El individualismo no es una teoría correcta acerca de la vida del hombre; siempre es falsa, siempre está en conflicto con la realidad. Incluso donde los hombres están atareados teórica y prácticamente proclamando el individualismo, sus acciones los desmienten. Aquí tenemos la *realidad* religiosa detrás de la constantemente renovada búsqueda por el hombre de la comunidad genuina, ya sea a nivel local, nacional o internacional pero, del mismo modo —a la luz de la realidad de la Antítesis o división en el enraizamiento religioso de la humanidad—, la razón para la desilusión y fracaso a que están destinados todos los esfuerzos por construir una comunidad de la humanidad fuera del Cuerpo de Cristo. La Escritura no da ninguna esperanza a *tales* esfuerzos. Cuando Cristo retorne, su reino se establecerá de modo visible y universal, pero primero debe derrotar a todos sus enemigos. ¡La humanidad, por sí misma, no viene a ser un solo mundo! (Esto no significa que no podamos tener una organización mundial que discuta y regule nuestra vida *a la luz de nuestras diferencias*. Esto es una cosa muy diferente. La organización mundial puede significar más de una cosa y puede construirse en más de una manera.)

La religión cristiana es la gloriosa proclamación de que (por la gracia de Dios) la vida de la humanidad ha sido redirigida hacia Dios en su nueva cabeza. La humanidad y la vida en el mundo de la humanidad (e.e. los hombres *juntos*, corporativamente, en la totalidad de su expresión vital corporal, en todas las relaciones y modos de asociación que hace posible la ordenanza creacional) han sido salvadas, están siendo salvadas, y serán salvas en Cristo. *Juntos*, como órganos o instrumentos del cuerpo, la nueva comunidad que vive a la luz de la verdad, nosotros quienes estamos en Cristo, hemos de llevar a cabo nuestra tarea humana en el mundo. Así también la tarea (aspecto) político. Esta última, también, es parte de nuestra *confesión* común ante el mundo.

Acordemente, la tarea política cristiana no es algo individual que los cristianos puedan llevar a cabo de acuerdo con sus entendimientos individuales. No es algo que podamos sentir o no sentir, tomar o dejar como nos plazca, dependiendo de si "se da la casualidad" de que tenemos, o pensamos que tenemos, algún interés o habilidad políticos más desarrollados (en holandés: *een knobbel**). Por ejemplo, no podemos decir, como muchos "intelectuales"

---

* Literalmente, un chipote. [N. de los T.]

en Alemania solían hacerlo, que dejaremos la política a los políticos y los soldados. La tarea política cristiana es parte de la asignación divina, parte del mandato cultural para la raza humana; pero es una tarea dada al pueblo de Dios, la humanidad renovada, para lograrla conjuntamente a partir de su conocimiento, en Cristo, de la verdad. Es un aspecto de nuestro construir conjuntamente la genuina comunidad o reino que seguramente destruirá todos otros aquellos reinos ("comunidades") y durará por siempre.

LA DIFERENCIA ENTRE EL INDIVIDUALISMO
Y LA PARTICULARIZACIÓN DEL OFICIO

Lo hacemos juntos. Esto no es decir que todos hemos de participar en la tarea política del mismo modo o en el mismo grado. Pero esto no es lo mismo que decir meramente que algunos cristianos tienen una mentalidad política de modo natural y otros no, y que debemos dejar tales cosas a los expertos. Tenemos que ver aquí con la particularización del oficio en el cuerpo uno, donde todos tenemos una responsabilidad conjunta con el resto. No podemos *dejar* nuestra tarea a otros.

EL OFICIO SIGNIFICA SERVICIO Y ADMINISTRACIÓN

El oficio incluye tanto servicio como administración. El oficio significa, en primer lugar, servicio a Dios. Pero en segundo significa la administración, en su nombre, del mundo; una administración del amor y la solicitud de Dios hacia la criatura. Haré enseguida una breve observación acerca de cada uno de estos aspectos del oficio tal y como inciden en nuestro tema presente.

LA POLÍTICA CRISTIANA COMO SERVICIO A DIOS

La tarea política cristiana es antes que nada servicio a Dios. Es eso como parte de nuestra entera religión. Cuando asumimos nuestra tarea humana nos ponemos bajo la soberanía de Dios e inquirimos acerca de sus ordenanzas y mandamientos. Empezamos con la confesión: ¡El Señor reina! No nosotros, no el Azar o la Necesidad, no el *Zeitgeist* [Espíritu de los tiempos] o el Progreso, sino el Señor reina. Por lo tanto, debemos obedecerlo. Su gloria es nuestra primera preocupación.

LA DIVINA ESTRUCTURA DE LEYES

El principio de la soberanía de las esferas está ligado con la ordenanza creacional de Dios. La soberanía de las esferas no es ante todo un constructo intelectual de los hombres. Se convierte en eso cuando empezamos a *pensar* en él, pero primero es un *dato* de la Palabra de Dios, una *revelación* acerca de la estructura del mundo y de nuestro lugar en éste. Así, es una revelación acerca de la voluntad de Dios a la que tenemos que sujetarnos. Para el aspecto político de nuestra tarea, esto significa que tenemos que descubrir, a la luz de la realidad de la soberanía de las esferas, *qué pretende Dios que sea el Estado*. En el curso de la historia, el Estado emerge en una variedad de formas (los varios Estados) como resultado de la actividad positivadora de los hombres. Pero esta obra humana es obra *religiosa* y, como tal, está sujeta a la norma para toda actividad humana: la voluntad del Dios soberano. Si hemos de juzgar las varias formas históricas que ha asumido el Estado —y esto pertenece al aspecto profético de nuestro oficio o tarea humanos—, entonces tenemos que tener una iluminación de principios respecto a la estructura del Estado. El cristiano no debe aceptar como norma nada que Dios no haya ordenado para la peculiar "vida" del Estado. Acordemente, la tarea política cristiana ha de llegar a un reconocimiento de ese aspecto específico de la autoridad que Dios en su ordenanza creacional delegó al Estado.

De esta manera, dentro del Cuerpo de Cristo debe tener lugar una reflexión básica acerca de la estructura típica del Estado, su naturaleza peculiar y su tarea específica. A la luz de nuestro entendimiento en desarrollo del principio de la soberanía de las esferas, el Cuerpo cristiano debe arribar a una confesión (nuestra humana respuesta a la revelación de Dios) acerca de los *límites*, pero también la *tarea positiva* (limitada) del Estado. Especialmente, debe aclararse la *tarea modalmente cualificada del Estado*.

ILUSTRACIÓN DE LA CUALIFICACIÓN MODAL

Este último punto puede ser clarificado con la ayuda de una ilustración. El "Estado" es como la "bolsa de valores". Señalo hacia un cierto edificio y digo: "he ahí la bolsa de valores". Pero es verdadero sólo en un cierto sentido que en ese edificio encontraremos lo que llamamos la bolsa de valores. Mucha más actividad que la que propiamente se puede llamar de una bolsa de valores tiene lugar allí. Aquí, por ejemplo, se halla un hombre cuyos ojos son frecuentemente desviados hacia la hermosa joven en el balcón. Allí está otro que, "entre acto y acto", está pensando sobre esa difícil sección sobre el ser de Parmenides en el libro de filosofía griega que estaba leyendo la noche anterior. Y por allá hay otro hombre cuyos pensamientos están constantemente regresando a las maneras en que mejor puede cumplir sus responsabilidades paternales hacia sus niños en crecimiento. La vida concreta ahí sobre el piso de remates de lo que usualmente llamamos la bolsa de valores es el rango entero de la vida humana, la cual propiamente sólo puede ser descrita como religión. Las palabras 'bolsa de valores' requieren que se haga cierta abstracción de este rango pleno de actividad vital; se refieren a un tipo (modo) particular de estructura de leyes que de algún modo organiza lo que típicamente está sucediendo allí. Y así es también con el "Estado". No todo lo que sucede en el parlamento o el congreso es "vida estatal". Ni tampoco es todo lo que hace un Estado particular vida estatal típica. ¿En qué consiste, precisamente, la vida estatal? Debemos llegar a una tal delimitación *modal* de la tarea del Estado.

LA SITUACIÓN PRESENTE

No me gustaría dejar la impresión de que los cristianos siempre han tenido tal sabiduría en su posesión. El poder de la actitud sintética ha conducido a muchos cristianos, incluso de la Reforma protestante, a intentar entender nuestra vida, por ejemplo, en términos de la Naturaleza (el Estado) y la Gracia (la iglesia), de modo que poco progreso se pudo hacer hacia una delimitación propia de las tareas del Estado o la iglesia. Sin embargo, allí donde en años más recientes se ha venido entendiendo cada vez más el principio de la soberanía de las esferas, ha tenido lugar algún desarrollo en esta línea. Es aquí donde debemos comenzar.[7]

De este modo, la tarea política cristiana involucra el poner un hasta aquí a la política expansionista (totalitaria) que emerge en la vida del Estado, donde hombres que no viven por la luz de la Palabra de Dios y han perdido casi todo sentido de la soberanía de las esferas se hallan con una visión aplanada del Estado y la sociedad que no sabe de límites ordenados desde arriba, sino sólo de límites más o menos arbitrarios puestos por la voluntad popular o el gobernante. Aquí se halla un problema en el mundo moderno que es superado en la religión cristiana. En la mente política moderna, ¿quién hay que pueda llamar al Estado al (su) orden? El significado del oficio en la vida humana se ha perdido en gran medida; todo hombre transporta dentro de sí mismo la luz última, en su razón, y es así que tiene un derecho igual que cualquier otro para decir lo que el Estado debe hacer. Más aun, no hay un reconocimiento de ordenanzas divinas. Pero, a la luz de la revelación escritural, quién puede llamar mejor al Estado al orden que el hombre que se sabe llamado él *mismo* al orden por el alto Dios? ¿Que el hombre que tiembla ante la soberana Palabra-Ley de Dios?

LA POLÍTICA CRISTIANA NO ES UNA CUESTIÓN DE DETALLES

La tarea política cristiana se halla así ocupada con la *reforma interna* de la vida política misma como un aspecto de la renovación integral de nuestra vida en

---

[7] Déjenme mencionar, en particular: (1) H. Dooyeweerd, *De Christelijke Staatsidee* [*La idea cristiana del Estado*] y las muy importantes secciones relevantes del volumen 3 de su obra principal *A New Critique of Theoretical Thought* (la cual será publicada en esta Biblioteca de Filosofía Cristiana como *Una nueva crítica del pensamiento teórico* [N. de los T.]) (2) K. Groen, "Kriterium en begrenzing der Staatszaak" ["Criterio y límites de los asuntos del Estado"], cinco artículos en *Patrimonium* **66** (1955); también los artículos de Dooyeweerd en *Antirevolutionaire Staatskunde* **22** (1952), pp. 65ss.

obediencia a la divina Palabra de salvación. Por esta razón, nunca puede ser pensada en términos de alguna cuestión particular, de este o aquel asunto o punto de plataforma política. Un programa político cristiano nunca puede ser una plataforma de una causa tal como: no al alcohol, no a las prostitutas en nuestras calles, no a las conexiones con el bajo mundo, no al dinero débil, no a los programas médicos financiados por el Estado para los menos afortunados, un plan para no compartir la riqueza, un retorno al patrón oro, o lo que sea. Tomadas por sí mismas, todas esas cosas no tienen nada que ver en lo absoluto con la tarea política cristiana. Por la misma razón, un partido político cristiano sería un partido político *político*, no un partido de obreros o intelectuales o caballeros o campesinos.

Es sorprendente como incluso en los Países Bajos hoy mucha gente siente que los partidos políticos cristianos, después de un periodo de lucha contra el amenazante socialismo de Estado del tiempo de Kuyper, se han venido a orientar ahora sólo a las cuestiones de detalle. Esto, desde luego, no es verdad. Hemos visto ya que la verdad no es una colección de items desconexos y es realmente sorprendente ver cómo una y otra vez, en todas los tipos de cuestiones de detalle que parecen ser puramente "prácticas", están involucrados los mismos fundamentos de nuestra sociedad. No obstante, surge una situación peligrosa cuando la gente da crédito a tal visión positivista. Entonces las fes frecuentemente se toman como hechos. En el momento presente [1961], por ejemplo, los cristianos protestantes que no son conscientes del principio de la soberanía de las esferas, parcialmente debido a la larga historia de escolasticismo incluso en la teoría de los académicos protestantes, se inclinan con frecuencia aceptar *teorías* acerca de las relaciones existentes entre los varios sectores de nuestra vida como *simples hechos*, cuando en realidad no son hechos carentes de principios en lo absoluto, sino concepciones que surgen naturalmente de la larga tradición escolástica acerca del orden del mundo que conocemos como Naturaleza y Gracia, de tal teoría acerca de las partes y el todo, de una típica idea corporativa catolicorromana de subsidiariedad.

Un exministro del gobierno holandés que es miembro del Partido Holandés del Trabajo (*Partij van de Arbeid*) dio la impresión, en una conferencia que impartió en una clase de ciencias políticas del Calvin College, de que la antigua concepción de la acción política partidaria religiosamente dirigida estaba muriendo en los Países Bajos y que los hombres, cada vez más, estaban llegando a ver la sabiduría de dejar las cuestiones religiosas a las iglesias, permitiendo así que los partidos políticos tuvieran libertad para tratar con las cuestiones políticas. Al final de la conferencia se solicitaron preguntas y alguien preguntó si esta solución que él favorecía no era ella misma una solución filosófico-religiosa, que surgía de una cierta *concepción* de la relación entre religión y vida política. Su respuesta fue clásica, algo para recordar siempre. Simplemente dijo: *"Dat is even een moeilijk probleem"* ["desde luego, hay un pequeño problema aquí"]. Por supuesto. Pero no es *"even een moeilijk probleem"*. Es *el* problema. Su "solución" permite que se trate separadamente con los problemas puramente políticos porque *cree* que los varios aspectos de nuestra expresión vital corporal no están religiosamente dirigidos desde el corazón. La dificultad es que intentaría —de un modo totalitario— contrabandear su particular *fe religiosa* a todos sus con-ciudadanos *en nombre de los hechos positivos*. Esta cuestión acerca de lo que es un hecho sencillamente no es tan simple. No todo mundo aceptará la fácil identificación que hace este hombre de su creencia personal con "los hechos"; otros tienen otra *creencia*.

NI DE QUE HAYA CRISTIANOS EN POSICIONES POLÍTICAS

Habrá llegado a ser claro a estas alturas por qué una acción política cristiana nunca puede ser simplemente una cuestión de poner *personas* cristianas en posiciones políticas existentes. Desafortunadamente, muchos cristianos se sienten seguros tan pronto como ven la misma vieja vida política llevada por personas cristianas en vez de por personas supuestamente no cristianas. Como hemos visto, sin embargo, no podemos entrar directamente en lo "inmediato" porque la religión existe en toda actividad cultural humana, en todas las formas y organizaciones a las que los hombres han dado forma positiva, en el curso de los asuntos, y no sólo en los corazones de las personas. Debemos discernir los espíritus o direcciones de toda esa actividad cultural, distanciarnos de la incredulidad, y establecer nuestras salidas a la luz de la Palabra de Dios. La vida política cristiana no es la vida política aceptada del momento hecha por individuos cristianos; *es hacer la voluntad de Dios* desde el corazón en el sector político, ejercitando nuestro oficio en conformidad con la voluntad del [Dios] soberano como se revela en la Palabra de Dios.

LA POLÍTICA CRISTIANA ES SEGUIR A CRISTO

En esto somos "seguidores de Cristo", en el sentido escritural del término. Cristo fue el gran siervo de Jehová. Vino a hacer la voluntad de su Padre y hacer nada más que eso. A estar fielmente en el oficio del hombre, a ser siervo de Dios en el todo de la creación de su Padre. La voluntad de su Padre, leemos en Colosenses 1:20, fue *"por medio de él reconciliar consigo todas las cosas, así las que están en la tierra como las que están en los cielos"*.* Todo lo que ha venido a ser perturbado y distorsionado ha de ser vuelto a una relación correcta con el Padre, quien en la creación del mundo ha establecido su tesis o verdad y la ha declarado como *muy buena*. He aquí la redención *cósmica*

---

* Las cursivas son de Runner. [N. de los T.]

de Cristo, la *re-creación*, el regresar todas las cosas a las exigencias de la ley del orden de la creación. Ésta es la venida del Reino de Cristo, el reino de la justicia (la creación enderezada), servir el cual es también toda nuestra tarea en la vida (Mateo 6:33). Pues Cristo apuntó hacia el paralelo entre su trabajo y el nuestro cuando dijo: "como tú me enviaste al mundo, así yo los he enviado al mundo" (Juan 17:18). Jóvenes de la Reforma: cuando en medio de la vida repentinamente se pregunten "¿quién soy y qué hago aquí?" recuerden que la Palabra de Dios da un respuesta clara.

LA OBRA ÚNICA DE CRISTO COMO MEDIADOR

No obstante, acecha un gran peligro aquí. La acción política cristiana no es una *imitación* de Cristo. Como el todo de la vida cristiana de la que es un aspecto, es un *seguir* a Cristo. Pero un seguir a Cristo *en el sentido escritural*. Hemos de seguir a Cristo en su pronta obediencia a la voluntad de su Padre. *En Cristo* somos también agentes de la reconciliadora obra de recreación del mundo. Pero hay una parte del pasaje de Colosenses que recién hemos citado que fue entonces omitido: "haciendo la paz mediante la sangre de su cruz". No podemos olvidar que nuestro Señor tuvo que obedecer también la voluntad de su Padre en ese llamado vital totalmente único que él asumió, su trabajo de mediación. Esa fue su tarea y sólo de él. En esto Cristo no puede ser ni "imitado" ni seguido. De modo que tuvo que proseguir solo como el que cargó nuestros pecados y pagó el precio por nosotros. Nuestro seguir a Cristo en el sentido escritural empieza después de que esta única obra de mediación ha sido lograda y el Espíritu nos ha unido a Cristo. Los discípulos tuvieron que esperar con su servicio en Jerusalén hasta que el Espíritu fuera derramado sobre ellos. Sólo entonces pudieron ser enviados con poder al mundo. Hablar de la vida cristiana como una imitación de Cristo es no entender la *unicidad* de la posición de Cristo como mediador entre Dios y los hombres. Nuestro seguir a Cristo no es eso, sino que consiste en ser bautizados con el mismo Espíritu y hechos deseosos de hacer, en nuestro lugar *en Cristo*, la voluntad del Padre.

UNA PREGUNTA ERRÓNEA

La vida entera de Cristo sobre la tierra fue, en un sentido muy real, la inimitable vida del mediador. Por esa razón, la pregunta de si Cristo participó en la vida política de su día (hecha, desde luego, para descubrir si nosotros los cristianos, mediante la imitación, también tenemos una tarea política) es desde el comienzo una pregunta erróneamente formulada que un entendimiento propio de las Escrituras no permitiría y que, si se toma seriamente, sólo puede evocar respuestas incorrectamente formuladas. Lo que tenemos que hacer no es contestar la pregunta, sino rechazarla. Cristo vino a salvar el mundo en sus mismos fundamentos. De su obra mediatoria única y del trabajo fundador de sus apóstoles se habría de desarrollar una vida cristiana entera. De ello resultaría una elaboración gradual del nuevo camino, la nueva vida; una articulación de la verdad en la vida de la humanidad en todos sus frentes. Ahora, en Cristo, adheridos a su Cuerpo y en el poder del Espíritu, somos constituidos agentes de la obra reconciliadora de Dios en el cosmos. Este es el servicio de nuestra vida y a éste, como un aspecto, pertenece nuestro servicio político a Dios.

LA POLÍTICA CRISTIANA COMO ADMINISTRACIÓN DEL MUNDO

Además del servicio, el "oficio" incluye la administración. Servicio a Dios y administración del mundo no son dos cosas concretas separadas; son aspectos distinguibles del ejercicio de nuestro oficio. La Biblia enseña claramente (en conexión con el éxodo de pueblo de Dios desde Egipto) que Dios es especialmente glorificado en la redención, la administración propia, de su pueblo. Esto involucra primeramente una tierra especial (Palestina) y finalmente requerirá un nuevo cielo y una nueva tierra en la que more la justicia. Cristo vino a hacer la voluntad del Padre, pero la voluntad de Dios involucraba la administración de la creación de tal modo que por doquiera trajese un saludable (salvífico) reconocimiento de la Palabra-Ley de Dios. La creación entera es de Dios, está *realmente* sujeta a su ley, y cualquier administración salvífica de aquella será ella misma una de obediente sujeción y buscará por todos lados que se reconozca de corazón la Ley. Aquí estamos a punto de entender el significado escritural del amor. El amor cristiano involucra al mundo y a nuestro prójimo de un modo muy real, pero de un modo que los trae a sujetarse a la constituyente y preservadora de vida Ley de Dios. No hay amor genuino al prójimo que no sea al mismo tiempo y en primer lugar un amor de todo corazón a Dios, quien se ha revelado en su Palabra-Ley. Mucha del habla "yo-tú" de nuestro tiempo es vacía porque el "tú" se halla tan perdido como el "yo"; ambos deben "ser" en una relación propia con el Dios que se revela en su Palabra autoritativa.

La tarea política cristiana es traer al *mundo*, del modo político y para el lado político de su vida, la bendición de la preocupación redentora de Cristo por el mundo. Es una tarea dirigida a la sociedad humana en el mundo. Es genuinamente cristiana y significativa sólo cuando es una actividad de servicio al mundo, a toda la humanidad. Por esta razón nunca puede ser un esfuerzo camuflajeado para hacer avanzar los intereses de ciudadanos cristianos particulares, de comunidades más o menos cristianas *o incluso de las iglesias cristianas* tal y como están instituidas en un tiempo y lugar particulares. La acción *política* cristiana busca, no como actividad de cualquier iglesia instituida o grupo de iglesias, sino como una actividad *política del Cuerpo de Cristo*, re-formar el mundo en su aspecto político, de modo que allí también pueda llegar un reconocimiento de la buena y santa Ley de Dios, y que así las bendiciones que siguen a la obediencia puedan ser regadas sobre la vida de la humanidad.

No es la actividad centrada en el hombre, sino un esfuerzo por administrar el mundo como un servicio a Dios, quien es soberano en el mundo. Toda idea de cabildeos y grupos de presión queda por lo tanto excluida desde una visión escrituralmente dirigida de la tarea política del cristiano. La acción política cristiana, debo repetirlo, no tiene nada que ver con una búsqueda de los intereses particulares de la gente cristiana, con obtener lo que "nuestra gente" quiere. A menos, desde luego, que entendamos "los intereses del pueblo cristiano" en el sentido escritural integral de que el interés del pueblo cristiano es el interés no que esos cristianos tienen como personas separadas frente a otras personas o grupos de ciudadanos, sino el interés que tienen juntos con todas las criaturas de Dios, esto es, que al sujetarse dondequiera en sus vidas a las ordenanzas de Dios son salvos; la *salus* viene a la gente y al mundo (la justicia engrandece a la nación).

LA POLÍTICA CRISTIANA COMO TESTIMONIO

Al igual que el servicio y la administración, la tarea política cristiana es un *testimonio*. No es, por lo tanto, un asunto de "ganar en las urnas". Cuán frecuentemente he escuchado a los cristianos decir: si no puedes ganar en las urnas, no tiene caso comenzar una acción *política*. Pero los hijos de la Reforma no entran a la acción política cristiana porque vean la oportunidad de ganar. La obra política cristiana es un aspecto integral de nuestra vida cristiana. No tiene nada que ver con ganar. Por supuesto, en cualquier acción política uno está ansioso por adquirir el poder para dar dirección a la vida del Estado, el cual, por virtud de su oficio, tiene el poder de la espada. Pero, como el resto de la vida cristiana, la vida política es antes que nada un testimonio. Es un testimonio de la dirección que este aspecto de nuestra vida (también) debe adoptar a partir de la Palabra de Dios, si es que hemos de ser salvos.

En conexión con 'testimonio', pienso en las palabras del Rev. Marten Vrieze. Pues testimoniar en el sentido escritural

> no es meramente hablar, sino también hacer, sujetando los actos de uno a la Palabra de Cristo, pero también buscando lograr esa obediencia a los mandamientos de Cristo, ejerciendo tal influencia, que *venga* en la sociedad humana una sujeción a esa Palabra. . . [8]

---

[8] *Werker in Een Nieuwe Wereld* [*Los trabajadores en un nuevo mundo*], pp. 25ss.

EL EJEMPLO DE LA AECR

Creo que podemos usar el ejemplo de la AECR aquí de nuevo. Hemos esbo-
zado un credo educativo. Ese es nuestro testimonio. En ese credo expresa-
mos, confesamos ante Dios y el mundo, lo que pensamos que la obediencia
en la educación superior involucra. Pero ese no es el fin de nuestro testimonio. Ese es el credo de una organización de gente que en común ve las cosas
de ese modo. Pero la AECR va a ir al pueblo. Todos esperamos y oramos
que el pueblo verá que debe llegar una nueva alineación en esta área de la
vida canadiense. Eso será entonces una re-formación del pueblo canadiense.
Entonces llegará, a través de su apoyo, un centro de estudios Reformados.
donde una nueva generación será educada para salir a la práctica de la vida
y trabajar en una re-forma más integral de nuestra vida juntos en este continente. De este modo, mediante graduales pasos de obediencia, el Reino
de Dios se insinúa en nuestras vidas, con su paz y su alegría, no debido a
nosotros o a lo que hacemos, sino al poder re-formador de la Palabra de
Dios en nuestras vidas, impulsando a una renovación de las problemáticas.
Aquí estamos testificando en el sentido bíblico.

Lo mismo vale para nuestra vida política. Debemos dar expresión positiva al impulso central de la Palabra-Revelación de Dios para nuestras vidas
políticas en un "credo político". Este es el primer paso de un testimonio, primero para Dios y luego para el mundo entero. Pero también debemos buscar
lograr un reconocimiento de y una sujeción a la norma de Dios en la vida
política canadiense presionando a los hombres con *acción* política que testifi-
que apropiadamente la salvífica ley de un Dios de gracia en Cristo y provoque
una realineación política de las fuerzas humanas. Antes de terminar quiero
decir que llegará el tiempo en que involucrarse en tal testificación les costará
la cabeza. Desde luego, hoy mismo hay cristianos cuyas cabezas están siendo
cortadas, por así decirlo, y debemos orar por ellos diariamente no para que
"ganen en las urnas", sino para que puedan resistir en el día malo y, habiendo
acabado todo, estén firmes. Hay una gran diferencia. ¿Quién sabe cuándo
llegará nuestro día? Debemos estar y testificar, incluso cuando es dolorosa-
mente obvio que no tendremos ninguna influencia en las urnas. Ese es el
testimonio cristiano en el mundo, del cual nuestro testimonio político no es
más que un aspecto. En todo este trabajo político somos, después de todo,
sólo humildes instrumentos, por la gracia de Dios, de esa reconciliación que
Cristo introdujo en nuestro mundo perturbado por el pecado, y que continúa en el mundo mediante las operaciones del Espíritu de Cristo en los
corazones de aquellos que juntos constituyen el Cuerpo de Cristo.

Es fácil ver por lo que he dicho que el pensamiento y la acción política cristianos deben empezar desde un punto que el hombre moderno simplemente
no puede entender. Todas las cosas que hemos estado diciendo simplemente
son locura a su mente, locuras lisa y llanamente. Pero así es, desde luego, el
cristianismo mismo. Posiblemente haya una conexión.

CONFERENCIA 2

LA ANTÍTESIS:
LAS FORMAS DE SU EXPRESIÓN POLÍTICA
Y SU DESARROLLO EN LOS TIEMPOS MODERNOS

En el capítulo anterior hablé acerca de una articulación política del conocimiento religioso central que tenemos en Jesucristo. Vimos que toda nuestra vida, y en particular nuestra "vida" política, recibe su dirección por principios a partir del control que la Palabra de Dios tiene sobre nuestros corazones. Vimos al comienzo en qué *sentido* la Palabra de Dios dirige nuestras "salidas". Finalmente, tomamos nota de que una vida política genuinamente cristiana es un punto que el hombre moderno ya no puede entender. Es ahora mi esperanza que este capítulo clarificará aun más este último enunciado.

LA MODERNIDAD VIVE POR OTRO PRINCIPIO

Probablemente no le sorprenderá a usted escuchar que la vida política del mundo moderno se ha desarrollado a partir de (e.e. ha sido una elaboración o articulación de) un principio muy diferente, incluso antitético al principio escritural del que tratamos en el capítulo anterior. Su historia ha sido la articulación creciente, cambiante, o en desarrollo de este *principio* antitético.

Por virtud del orden de la creación, toda nuestra vida cultural debe articular o positivar (dar forma positiva a) una cierta dirección religiosa del corazón. La viva y poderosa Palabra de Dios, al ponernos en la verdad, es el director, el *arjé* o *principium* de nuestras vidas. Pero hay otro algo que asume el lugar de este auténtico principio en las vidas de otros. El incrédulo se *imagina* para sí un principio autoritativo directivo para que tome el lugar de la guía de la vida autoritativa *dada* por Dios, para suprimirla y suplantarla. Esto es lo que la Biblia entiende por los designios de los pensamientos del corazón del hombre (cf. Génesis 6:5; Romanos 1:21). Los hombres no meramente se ponen de pie, miran los hechos y razonan acerca de ellos.

Los hombres no meramente reúnen datos sensoriales más o menos simples (como "dados" en la experiencia), los ordenan racionalmente y así llegan a la verdad, como pretende el empirismo o el empiriocriticismo. Nuestra "experiencia" no empieza con, ni es dirigida por tales simples *sensa* síquicos de nuestra vida perceptivosensorial, o un innatamente poseído *a priori* lógico. Este es el primero y más serio error de la teorías epistemológicas actuales. El hombre es un ser *religioso*. Está involucrado *ab initio* en una "captación" radical, religiosa central, del sentido integral de las cosas. Primordialmente hay en el hombre o una aceptación religiosa de la verdad o una religiosa supresión distorsionante de la misma. El hombre reacciona obedientemente (habiendo sido regenerado e iluminado por la Palabra de Dios) o desobedientemente (e.e. suprimiendo, distorsionando) a la luz revelatoria del orden de leyes de Dios (el orden de la creación): lo hace en su vida sensorial, en la formación de sus conceptos lógicos —en resumen, en todas las maneras (modos) de su expresión vital. En todo lo que hace y piensa exhibe que es un ser *religioso*. Esto es lo que queremos decir cuando hablamos del "corazón" en el sentido escritural. *Todos* los "asuntos" de la vida de un hombre manan de su corazón.

LA IMAGINACIÓN APÓSTATA SUPRIME Y DISTORSIONA

La imaginación del corazón del incrédulo es *supresora*. El incrédulo no "escucha" la Palabra de Dios. La suprime porque la baja del lugar que *tiene* por virtud de la ordenanza creacional de Dios. Esto es decir, el incrédulo lo hace *en la imaginación de su corazón*. Y ahí también (puesto que debe haber una dirección *religiosa*) pone algo en lugar de la Palabra de Dios. Esto a la vez acarrea una distorsión de la verdad en el centro mismo de la vida del incrédulo. El incrédulo es un rebelde en contra de la verdad. Ya no vive *por ningún lado* a la luz de la Palabra de Dios, el cual es la salud (*salus*) de las naciones.

El rebelde no puede *realmente* cambiar el mundo. Está anclado en la ordenanza creacional, la voluntad del Dios soberano. Dios mantiene su Tesis. Incapaz de hacer un mundo en el que las relaciones sean distintas de las que realmente son, el hombre rebelde sólo puede *intentar, en su imaginación,* vivir en otro mundo que no es real. Pero incluso esto, por supuesto, sólo puede ser un experimento sin éxito. Pues no hay más que un mundo, y Dios *realmente vive* en el mundo que hizo. La única posibilidad abierta al hombre rebelde es malformar o *distorsionar en su imaginación* la *existente* poderosa y firmemente anclada verdad revelacional de la Tesis de Dios. Ésta es, entonces, la antítesis del hombre pecador, la tesis que él pondría en lugar de la tesis de Dios. La antítesis no puede tener el mismo lugar que la Tesis porque el ser que la postula —aunque sigamos la línea de postuladores hasta el Diablo mismo, el Padre de la Mentira— *no* es el Postulador. Sólo puede imaginarse, en las engañosas imaginaciones de su entenebrecido corazón, que es un tipo de postulador, como por ejemplo Kant se imaginó al hombre como un dador de forma por naturaleza, el asignador de significado, determinador de la constitución de las cosas. El mundo imaginado de la antítesis, como todos los ídolos, es sólo una *onding*,* algo que realmente no es nada. Lo que le da existencia en lo absoluto es la Tesis, de la cual la antítesis sólo puede ser una distorsión. La distorsión presupone el significado original y la constitución de las cosas, lo que Dios hizo (puso, postuló, tetizó). Como distorsión, sin embargo, presenta paradojas, conduce al deterioro y decadencia de la vida humana y la sociedad, y en última instancia al abismo.

USO PROPIO DE 'TESIS' Y 'ANTÍTESIS'

Esta manera de ver el asunto será de decisiva importancia para el modo en que usamos los términos 'tesis' y 'antítesis'. Muchos cristianos hablan de sí mismos algo vagamente, me temo, como el pueblo de la Antítesis. Cuando decimos que somos el pueblo de la Antítesis queremos decir que a través del Evangelio entendemos que hay una guerra *irreconciliable*, que presiona constantemente, en desarrollo dinámico hacia el fin de los tiempos (*escatón*), una relación fundamentalmente antitética entre la respuesta obediente del corazón humano y la desobediente (rebelde, revolucionaria), a la voluntad revelada de nuestro soberano; entre aquellos cuya inclinación prevaleciente de sus vidas está dirigida por la viva y poderosa Palabra de Dios, y aquellos cuya vida es un esfuerzo constante por suprimir la verdad de la luz de la creación (de la cual el Evangelio es la republicación) y sustituirla por lo que K. J. Popma una vez llamó *antevangelia* o seudoevangelios, la seudoluz.

USO ERRÓNEO

Este es, desde luego, un uso escritural del término 'antítesis'. Muchos de nosotros, sin embargo —y el tiempo apresurado y las presiones de nuestras vidas son aquí factores que contribuyen—, aferrándonos a la expresión 'somos el pueblo de la Antítesis', caemos sin pensar en un segundo significado, a saber, que el lado de esta fundamental lucha mundial de los espíritus en que se encuentra el cristiano es el lado de la antítesis. Aquí 'antítesis' ya no se refiere al hecho de la división de nuestra raza sino a uno de los lados. La idea es, entonces, que el mundo se halla en pecado y que ahora los cristianos, redimidos por Cristo y con el poder de su Espíritu, llegan a ese mundo con un *antí*doto

Esta manera de describir la situación, como si llegáramos con un principio opositor a un mundo que ya ha postulado su principio, siendo así nosotros los

---

* *'Onding'* significa absurdo en neerlandés. [N. de los T.]

proclamadores de la Antítesis al mundo de la supuesta Tesis, no hace justicia a la revelación escritural central acerca de la Verdad de Dios. Cuando usted dice que el Evangelio es la posición de la Antítesis, con ello dice que primero hay una Tesis, contra la cual viene a estar el Evangelio. Decir esto es dejar de ver que la obra de Cristo nos restaura en la verdad, que el Evangelio es una republicación de un orden, una luz natural, que es tan antigua como la creación. En Cristo somos una vez más hechos para "ver" la naturaleza del mundo de Dios y de nuestro lugar en él, "viendo" así también lo que tenemos que hacer. La recreación apunta hacia atrás a la creación. Somos regresados a la situación creacional de servicio dentro del orden nómico[*] de Dios, el cual no está "fijado" en el ser inmutable sino que se halla *seguro* en aquel que es fiel. Como ley-estructura fija es la condición o *a priori* óntico de todo lo que pasa. La Palabra de Dios en Cristo es una reiteración de lo que Dios dijo cuando en su revelación de obras creó el mundo. Al cristiano que ha sido salvado del mundo se le ha administrado realmente un antídoto a la ceguera de ese mundo pero, aun más, ha sido regresado a su situación criatural de oficiante. La posición cristiana no es la Antítesis sino la Tesis (ahora republicada en Cristo). La revuelta del hombre, engañado por Satanás para pensarse a sí mismo como el postulador de la verdad, contra la Tesis de Dios, es la posición religiosa antitética. El rebelde está en oposición a la verdad.

Cualquier movimiento en la iglesia cristiana que olvide que la re-creación nos regresa a la creación, y que predique solamente que debemos ser salvados del mundo por Cristo, aunque agregue "salvados para servir" (con lo cual *no* quieren decir vivir de acuerdo con la ley de Dios en la entera creación, trayendo a forma positiva todo lo que Dios ha puesto potencialmente en la misma, guiados en ello por el *poder* de la Palabra de Dios, sino que simplemente tienen en mente "ir al mundo a testificar de la salvación del alma por Cristo y para traer a otros a Cristo"), no está suficientemente dirigido escrituralmente. Puede ser pietista pero cabría mejor hablar claramente de una incipiente herejía, un primer alejamiento en caída del *sentido integral* de la Palabra-Revelación divina que dirige nuestras "salidas" vitales desde el corazón.

RESUMEN DE NUESTRA CONCEPCIÓN

Para mantener con exactitud el registro de la historia del mundo, entonces, tenemos que estar claros en el punto de que la Verdad que tenemos en Cristo es la Verdad de Dios o la Tesis, la cual no sólo viene *antes* de la antítesis del hombre rebelde (revolucionario) sino que también, debido a la

---

[*] 'Nómico' se deriva de la palabra griega *nomos* que significa ley. El orden nómico es el orden conformado por las leyes. [N. de los T.]

diferencia en *status* entre Dios como el real postulador y la criatura como un postulador meramente imaginario, está *presupuesta* en todos los esfuerzos apóstatas antitéticos por establecer y vivir la Verdad. La mentira depende de la Verdad para su formulación. Las enunciaciones de la antítesis sólo pueden entenderse a la luz de la Tesis. La vida que procede de un principio religioso antitético sólo puede ser captada cuando se ve a la luz de la Verdad. Necesitamos la luz de la Palabra de Dios para entender propiamente lo que está haciendo el hombre apóstata.

SU IMPORTANCIA PARA ENTENDER
LOS MOVIMIENTOS HISTÓRICOS

Es extremadamente importante mantener estas cosas en mente cuando nos apliquemos a entender los movimientos históricos. Hablando en general, sólo dentro del último siglo se han puesto los hombres a pensar seria y sistemáticamente acerca de lo que involucra hacer juicios históricos. ¿Cómo entendemos el significado de los eventos históricos? Por supuesto, no podemos entrar en esta pregunta ahora pero podemos decir que si nuestro entendimiento de tales eventos surge de dentro de la corriente del desarrollo histórico mismo, estamos condenados a una posición que "sentimos" en nuestros huesos no puede ser verdadera, e.e. el relativismo histórico. Esto significaría, por ejemplo, que un *Junker** alemán de mediados del siglo diecinueve sólo podría ver en la Reforma protestante aquello que su propia ubicación histórica le permitiera ver, y que un investigador estadounidense con mentalidad de negociante de mediados del siglo diecinueve sólo sería capaz de ver en este movimiento aquello que *su* vida (históricamente condicionada) le permitiera ver. Cada imagen de la Reforma protestante sería diferente, individualmente adquirida, carente de validez general. Según esta concepción, vemos un evento histórico como *relativo* al lugar en el flujo histórico que nosotros mismos ocupamos. Esto es el *relativismo histórico*. Los hombres han estado y aun están profundamente preocupados con este problema.[1] Pues, si fuera verdadero, entonces en la historia de los juicios históricos (digamos, acerca de la Reforma protestante) que tenemos que ver, no con una aproximación al *verdadero significado* de ese movimiento, sino sólo con una sucesión de juicios personales, históricamente relativos, y no hay un criterio que *no* esté él mismo limitado a un tiempo y lugar históricos, que nos permita juzgar *la verdad de la Reforma protestante*.

---

* Los *Junkers* eran los terratenientes militaristas prusianos. [N. de los T.]

[1] Un libro muy importante en esta discusión es el de Ernst Troeltsch *Der Historismus und seine Probleme* [*El historicismo y sus problemas*]. En inglés se puede leer, por ejemplo, Maurice Mandelbaum, *The Problem of Historical Knowledge* [*El problema del conocimiento histórico*]. (Para una crítica reciente, véase Roy Clouser, "A Critique of Historicism" ["Una crítica del historicismo"] en *Crítica* (revista de filosofía publicada por la Universidad Nacional Autónoma de México) **85** (1997), pp. 41-64.)

INTENTOS VANOS POR ESCAPAR DEL RELATIVISMO HISTÓRICO

No diré, para salir de la dificultad, que el investigador del siglo veinte de la Reforma protestante debe bajar las cortinas sobre el siglo veinte a su alrededor, por así decirlo, y "perderse" en los registros del dieciséis. Pues el siglo veinte no es meramente todo lo que nos rodea, sino que está *en* nosotros. *Nosotros* somos, en un sentido muy real, el siglo veinte. Tampoco servirá de nada que un académico clasicista diga que tiene un sentimiento absolutamente convincente de que el siglo cuarto antes de Cristo fue el siglo más grande e importante en la historia; pues podemos traer a colación un Henry Adams, quien tenía el mismo sentimiento acerca del siglo doce de la era cristiana. Puede fácilmente argumentarse que cada uno llega a su juicio acerca de la historia desde su propia situación en la historia.

Indudablemente, nosotros los hombres estamos profundamente influenciados por nuestra posición en la historia, y es una ganancia el haber sido hechos vívidamente conscientes de ella. Pero el hombre que hace juicios históricos es, en el nivel más profundo de su existencia, no un ser histórico sino un ser *religioso:* está parado sobre la permanente Verdad de la Palabra-Revelación de Dios, y hecho así capaz en Cristo de "ver" algo de la naturaleza verdadera de las cosas (y, específicamente, de la Reforma protestante), o está caído en un imaginado sustituto antitético que distorsiona. La luz de la Tesis es necesaria para el "entendimiento".

LA RELIGIÓN ESTá INVOLUCRADA
EN EL CONOCIMIENTO HISTÓRICO

Un ejemplo mostrará más claramente lo que tengo en mente. Si hemos de hacer un juicio histórico acerca de la obra del filósofo griego Platón, y acerca de sus conexiones históricas con otros filósofos griegos que lo precedieron y lo sucedieron, debemos entender lo que Platón está *diciendo realmente*. De acuerdo con el relativismo histórico, tenemos en la historia de los escritos históricos acerca de Platón sólo una sucesión de enunciados acerca de lo que *hombres posteriores vieron en Platón*. Pero, ¿dónde está el mismo Platón? ¿Qué estaba pasando realmente en ese entonces, en ese importante desarrollo de la vida humana en el siglo cuarto antes de la era cristiana? ¿Nos es *asequible* un genuino conocimiento histórico acerca de la misma? Y ahora, más aun, preguntaría: *¿Puede el historiador entender efectivamente el significado de lo que realmente estaba pasando* cuando Platón decidió que por añadidura a este mundo en constante cambio debía haber también un mundo de esencias-leyes inmutables, puramente inteligibles, llamadas (para hablar sólo de un tipo) "ideas", cuando confundió ley (lo que es ser un caballo) con cosa absoluta (el caballo mismo), ley y ejemplar? ¿O cuando en el mesoplatonismo y el neoplatonismo estas ideas de Platón fueron convertidas en contenidos apriorísticos del pensamiento de las mentes macrocósmicas y microcósmicas? ¿Puede el historiador entender lo que estaba pasando entonces, *a menos que, iluminado por la reenunciación de la naturaleza de las cosas en el Evangelio de Cristo Jesús, haya sentido el lugar y papel de la ley en el cosmos?* La ley no es una "cosa aparte", ni es un ejemplar. Uno no puede mirar a Cristo en su aparición histórica como el ejemplar (la ley) y preguntarse "qué haría Jesús?", como si esa fuera la ley para nuestra vida, sino que debemos mirar hacia la ley de Dios, a la cual Cristo el hombre también estaba sujeto. Pero, habiendo sido iluminado por la tesis (en su republicación, por supuesto), el historiador cristiano está en posición no sólo de "ver" qué se halla en la estructura de la creación de lo cual Platón se ocupa con su análisis, qué hay en la naturaleza de las cosas a las que su pensamiento *se refiere*, sino que al mismo tiempo se hace consciente de la *distorsión* (religiosa) en el enunciado antitético de Platón acerca de la ley.

La misma situación prevalece cuando nos ponemos a hacer juicios históricos acerca del desarrollo de la vida política del hombre occidental. Es imposible evaluar la historia propiamente, "entenderla", conocer la verdadera naturaleza de los varios "partidos" o "campos" o "mentalidades" o "movimientos" de nuestra occidental lucha política de los espíritus, a menos que seamos conscientes del sentido central e integral de la Palabra de Dios. Un conocimiento de la Tesis es siempre un prerrequisito para un entendendimiento de los varios enunciados históricamente elaborados de la antítesis, hechos por hombres que están caídos lejos de la Verdad.

Pero también es verdadero —exactamente igual que en el caso del entendimiento de Platón por el historiador— que debemos no sólo "ver" los agrupamientos, alineamientos, constelaciones y movimientos de nuestro tiempo a la luz de la divina Tesis sino también, a su luz, *ver estos movimientos*. En nuestro oficio en Cristo debemos escuchar *dolorosa y cuidadosamente* lo que se dice y hace. Ninguna cantidad de entendimiento religioso nos capacitará para juzgar el espíritu de Platón *si no escuchamos seriamente a Platón*. Estamos llamados a discernir los espíritus y eso involucra un estudio largo y laborioso, lejos de las presiones y los aplausos de los hombres. Tenemos que "experimentar" la vida política del mundo moderno por lo que *es*. Lo que la mayoría de los académicos modernos pasan por alto es que tanto el investigador como las acciones humanas que se investigan son *religiosas* en sus raíces. Sólo cuando intentamos entender los movimientos históricos de este modo somos proféticos como Dios en su creación nos hizo ser. Sólo entonces nos dirigirnos realmente a nuestros contemporáneos y a nuestro tiempo en el nombre de Cristo, como sus siervos, suplicándoles a ellos (y a él) que se reconcilien con Dios.

LA ENFERMEDAD DEL MUNDO POLÍTICO

En este espíritu volteamos a examinar —muy brevemente, desde luego— el "mundo" político moderno. Cuando pasamos por alto "cuestiones inmediatas" de la vida política contemporánea tales como la Crisis de Berlín[*] e intentamos "ver" la naturaleza del "mundo" político de nuestro tiempo, somos impactados por una cosa en particular: la *enfermedad* política. Por ninguna parte encontramos aquellos grandes *hombres* de Dios, que la Palabra equipa completamente para toda buena obra, que vean su tarea política de la manera que hemos explicado en el capítulo precedente. Ningún estadista trabajando para restaurar la sociedad humana en su aspecto político y producir un cuerpo sano. Ningún gran principio operativo en la acción política. Ninguna unidad corporativa de líderes políticos y pueblo. En vez de ello, *enfermedad*.[*] Politiquillos tratando con un problema inmediato (supuestamente técnico) tras otro. Gente pequeña precipitándose de un punto de apuro político a otro mientras gritan las sirenas del desastre, e.e. conforme los eventos políticos los fuerzan; saltando ciegamente, como conejos, ante el tronido de la escopeta. La vigorosa prosecución de la vida política es una cosa rara en el Occidente. Por doquier observamos lasitud y vida decadente. Y la partición entre una élite política y las masas desinteresadas.

Por ejemplo, todos sabemos cuán difícil es hacer que la gente vaya a votar incluso (en los EUA) para gobernador de un estado. Aquellos que intentan remediar esta situación inmediata lo hacen en el espíritu del tiempo, e.e. tratan de encontrar un modo, mediante un tipo de propaganda que es considerado apropiado, de atraer el interés del votante. Pon en la TV la (dizque) bella mujer que exhibe el último rimel como una que votará por tu candidato. Encuentra un candidato para el puesto político que sea fotogénico, un galán, un hombre agradable a los hombres, etcétera.

Por supuesto, hay hombres que encuentran en el "juego de la política" como se juega en la actualidad un camino hacia posiciones personales de poder e influencia, a una existencia social más plena. Localmente (en los EUA) se espera que los jóvenes republicanos o demócratas tengan el suficiente entusiasmo como para organizar un "reventón" de desfile la noche antes de una elección. El chiste es divertirse. Además, siempre está la posibilidad de una esfera más grande de personas conocidas e influencia, quizá de oportunidades financieras y poder. Pero estas cosas no deben ser confundidas con signos de una auténtica vida política. Toda esta ocupación es

---

[*] El autor se refiere a la creación del muro alrededor de Berlín, lo cual causó que mucha gente que había ido a trabajar en el lado Este quedara separada de su familia, en casos para siempre, y además provocó el aislamento terrestre de esa ciudad, la cual sólo pudo ser aprovisionada por aire por los Aliados. [N. de los T.]

[*] ¡Y eso que el autor no conoce la política mexicana! [N. de los T.]

una preocupación por cosas *no relacionadas*, para disfrazar el vacío detrás de toda la ocupación.

Hay verdad en la observación de que muchas personas están tan ocupadas asegurando su prosperidad material (e.e. amasando cosas y dinero) que no les queda tiempo para un genuino interés en la vida política. La revista *Fortune* en marzo de 1955, por ejemplo, anunció como conclusión de una encuesta que había hecho que a los típicos hombres de negocios jóvenes de 25 años de edad les gustaba la "filosofía del camino medio [del republicanismo de Eisenhower]... no tanto por su contenido real sino por el hecho de que proporciona una cubierta lógica a la ausencia de opinión política". Aquí vemos el incipiente nihilismo de un influyente segmento de nuestra generación más joven. Al declararse en favor de una posición de camino medio estaban abandonando toda apariencia de participación – ¡la que debieran tener los buenos ciudadanos!– en la vida política de su país sin, sin embargo, involucrarse en la *responsabilidad* de comprometerse claramente con una elección definida de dirección política, quedando al mismo tiempo libres para proseguir sus carreras de negocios sin interferencia. Estos jóvenes esperaban que la "moderación progresista" mantuviera las cosas como estaban sin ninguna crisis, para que pudieran seguir acumulando riqueza. (Un aspecto interesante de nuestro actual y desgastado "conservadurismo".)

UN ASPECTO DE LA APATÍA CULTURAL GENERAL

Esta carencia de genuino interés en la dirección de la vida política no es más que un aspecto de nuestra vida en general. Mientras escribía este texto apareció un artículo que llamaba la atención hacia la exorbitantemente alta tasa delictiva de nuestra ciudad capital [Washington]. El indignado escritor tenía esto que decir: "Se podría esperar que el pueblo estadounidense se alarmara y avergonzara de la condición representada por estas estadísticas. No hay evidencia de alarma, vergüenza o, siquiera, interés. Este escritor... cree que la ciudadanía en general está desinteresada porque le importa un comino la capital de los Estados Unidos. A los ciudadanos les gusta vacacionar aquí, visitar las Casa Blanca, mirar el Congreso. Eso es todo. Mera curiosidad".

Hace un par de años, un conocido financiero y escritor sobre asuntos internacionales estadounidense, en un discurso ante la Academia Americana de Ciencia Política y Social, declaró que la entera política exterior de los Estados Unidos en la posguerra no había sido exitosa debido a "la ignorancia, indiferencia y autosatisfacción" del pueblo estadounidense. "La causa más obvia que contribuye a nuestro fracaso nacional como líder mundial", declaró, "es la ignorancia –ignorancia de la geografía, ignorancia de los lenguajes y culturas distintas de la nuestra y, sobre todo, ignorancia de la historia". "Somos ignorantes", continuó, "no debido a que el conocimiento se encuentre más allá de nuestro alcance, sino porque no tenemos el suficiente interés para alcanzarlo. Nuestra ignorancia es expresión de una curiosa indiferencia". "Vivimos", dijo, "como si nada importara mucho, excepto nuevos coches, nuevas casas, nueva ropa, nuevos artefactos e impuestos más bajos".

El hombre que habló estas palabras concluyó, sin embargo, diciendo que nuestra indiferencia puede brotar del hecho de que el estadounidense promedio "se ha separado más y más del proceso democrático de la toma de decisiones". Ve la causa de esta separación en el hecho de que la toma de decisiones ha sido controlada cada vez más por "los grandes negocios y el gran gobierno". En esto último no puedo estar de acuerdo con él. Primeramente, los "grandes negocios" y el "gran gobierno" *tenían que desarrollarse*. Primero tenía que haber en la sociedad la posibilidad de que estos dos "grandes" tomaran el control. No: la causa de la enfermedad yace más profundamente. Dondequiera que miramos, incluso en las vidas de los individuos, encontramos la misma *enfermedad* política. Independientemente de lo que pensemos en detalle acerca de la vida política occidental, en general exhibe más las características de *muerte* política que de vida política. Una excepción *aparente* a esto se ve en la emergencia de los movimientos socialista y comunista. Discutiremos este fenómeno en el lugar apropiado.

NO HAY ELECCIÓN SIGNIFICATIVA

No obstante, una mirada más cuidadosa revelará que no es meramente un prostituirse tras las posesiones materiales lo que explica la carencia de una vida política genuina en el Occidente. Por el contrario, se puede brindar mucho apoyo a la proposición de que la concentración en asegurar la prosperidad material no se hubiera desarrollado hasta el grado que lo ha hecho si en una etapa anterior se hubiera hecho un esfuerzo genuinamente cristiano en la vida política por *proveer una elección realmente significativa de direcciones políticas*. Cuando los hombres no ven ningún significado, no encuentran la salida, se vuelven al aseguramiento de sus vidas personales e, *in extremis*, eso parece frecuentemente reducirse a amasar riqueza económica. Piense en los judíos que escaparon de la Europa Fortaleza de Hitler. Piense en la generación de mercenarios que apareció en Atenas al final de las guerras del Peloponeso, cuando la vida política griega estaba en un estado de abatimiento. Me parece claro que algo de esta suerte estaba involucrado.

Incluso los políticos que compiten por el puesto parecen tener dificultades para encontrar asuntos reales de cualquier magnitud sobre los cuales competir con los contrincantes. Más y más, la vida política aparece a nuestros contemporáneos como un asunto *técnico*. Si los que ocupan los puestos son solamente "buena gente" —y eso significa gente, por ejemplo, que no tiene contactos comprometedores con el "bajo mundo", con la industria del "chupe", con el tráfico de esclavos, etcétera— y son "competentes", la solución de los problemas llegará indudablemente en su momento, *independientemente de la afiliación partidista*, las plataformas sustentadas, etcétera. Cada vez tenemos más acciones ciudadanas para el "buen gobierno", política no partidista al nivel local (donde los problemas son "técnicos"), y cosas por el estilo.* Hablé en el capítulo anterior de ministro del gobierno holandés que realmente parecía creer que podía pasarle a las iglesias todas las cuestiones relativas a la cosmovisión religiosa y entonces dejar a los partidos sólo las cuestiones "técnicas" (!) del gobierno.** Aparentemente, incluso se engañó a sí mismo al pensar que esta solución que estaba proponiendo era ella misma ¡un asunto técnico!

Una socióloga de la Universidad de Cornell reportó recientemente que los estudiantes universitarios estadounidenses están "políticamente desinteresados [sin duda quería decir "no interesados"] y son apáticos". Pero es verdad que dondequiera que el ojo caiga sobre la vida política occidental marca un estado de *apatía*, estar a la deriva sin metas, carencia de significado (nihilismo). La explicación que esta socióloga dió de la apatía de los estudiantes universitarios es, creo, significativa. Son políticamente apáticos, dijo, porque "no hay programas claramente delineados en torno a los cuales unificarse, no hay respuestas claramente delineadas a los problemas que su generación confronta". Otra cuestión, por supuesto, es si la ausencia de programas y respuestas es lo que produce la enfermedad, o si es en sí misma una expresión de la enfermedad.

La queja de los estudiantes es sólo el lado político de la queja más general de Bertrand Russell. Russell habla por muchos de nuestros contemporáneos cuando dice que los hombres no pueden descubrir una sola meta clara por la cual luchar o un solo principio claro que pudiera guiarlos.

En el área política somos traídos un paso más cerca de la situación real cuando leemos en el libro de Stanley Knowles que junto con la desilusión política y la apatía en la política canadiense ha llegado "el claro reconocimiento de su causa básica, la carencia de cualquier línea real de demarcación entre los dos viejos partidos".[2] Aquí la carencia de vitalidad política es específicamente atribuída al carácter anodino de la "polaridad" conservador-liberal.

---

* Y qué decir de la "sociedad civil" que ha surgido en países como México, es decir, organizaciones que pretenden orientar la política nacional en determinadas direcciones al mismo tiempo que se declaran "apartidistas". Por supuesto que no son apartidistas, sino que usan capuchas como los grupos armados a cuyos intereses sirven, ya sea como correligionarios o como meros idiotas útiles. [N. de los T.]

** Esto es una referencia a los gobiernos tecnocráticos, de los cuales el régimen del Dr. Ernesto Zedillo en México (1994-2000) es un claro ejemplo. [N. de los T.]

2 S. Knowles, *El nuevo partido*, p. 4.

CONSERVADOR-LIBERAL

¿Qué se quiere decir con la polaridad liberal-conservador? ¿Qué se quiere decir con su carácter anodino? ¿De qué manera el carácter que aquí se le atribuye "causa" apatía política? Con respecto a la tercera de estas preguntas Knowles responde algo como esto: un sistema parlamentario funciona propiamente sólo si los partidos políticos que operan dentro del mismo —y éstos son esenciales a su funcionamiento propio— representan diferencias reales que ofrecen alternativas claramente delineadas, proveyendo así a la sociedad con la oportunidad de hacer elecciones reales; pero la historia canadiense reciente ha llevado a mucha gente a darse cuenta de que no hay diferencias reales entre los dos viejos partidos, que acordemente la actual constelación de la vida política en el Canadá no ofrece una elección significativa de direcciones políticas, y por lo tanto hace poca diferencia el que uno vote liberal o conservador, o desde luego el que uno vote en lo absoluto, excepto quizá para emitir un voto de protesta (¿cínico?) por un partido menor que no puede conseguir más que un poco de poder político en el Canadá.

Plantear las anteriores preguntas nos trae al corazón mismo de nuestro tema en este capítulo y, aunque tomará un poco de tiempo formularles respuestas, estoy seguro de que las respuestas traerán consigo una sorprendente cantidad de compenetración en la actual condición enferma del mundo político occidental y acerca de qué tarea se nos ha impuesto a los cristianos en esta situación a la luz de la divina Tesis.

Podemos decir sin mucho temor de contradiccón que la vida política del moderno mundo occidental se ha movido en gran medida alrededor de los dos polos de liberalismo (o progresismo) y conservadurismo. La misma universalidad del fenómeno indica algo del lugar central que debe tener en cualquier explicación de la vida política occidental.

TAMBIÉN VALE PARA LOS ESTADOS UNIDOS

En un primer pensamiento, alguien podría estar inclinado a negar que las etiquetas "liberal" y "conservador" pueden ser usadas para dar cuenta de cualquier modo válido o significativo de la vida política de los Estados Unidos. Ciertamente, no se puede decir que de los dos principales partidos políticos en los EUA el partido Democrático represente el movimiento del liberalismo y el partido Republicano el del conservadurismo. Por el contrario, ello *no* es, definitivamente, el caso. Estamos muy familiarizados con el hecho de que los grandes partidos políticos estadounidenses no están en primer lugar persiguiendo puntos de convicción política en lo absoluto, sino asociaciones más o menos oportunistas de varios intereses económicos, sociales y políticos —uno los podrían llamar matrimonios utilitarios. Es un aspecto de la crisis en la vida política en los EUA que nuestros partidos estén tan sin esperanza divididos en su punto de vista político. Pues sigue siendo cierto, como Groen van Prinsterer y Napoleón entre otros tan bien lo supieron, que los poderes reales en la vida, los manantiales y directores de la vida y el desarrollo cultural, son convicciones de fe. (¿No fue el mismo Napoleón el que dijo que al calcular las fuerzas a disposición de uno para hacer la guerra la moral era a los números como tres a uno?) Si los partidos estadounidenses desean volverse significantes como directores de la vida *política*, tendrán que abrazar puntos de vista *políticos* claramente delineados, un credo *político*. Que no tienen ahora este carácter es una pieza más de evidencia de que la vida política ha sufrido deterioro, que se ha convertido en la manera de asegurar que ciertos grupos económicos principales sean mantenidos en posiciones de poder, que se presta para la guerra comunista de clases (económicas). La vida *política* se ha metamorfoseado en una función de la vida económica. Pero entonces no funciona de un modo *político*. Ha perdido su *estructura y significado políticos*. Entretanto aunque los dos partidos mismos pueden no representar las dos actitudes modernas del conservadurismo y el liberalismo (progresismo), nuestros *agrupamientos políticos reales* sí lo hacen. El hecho es, simplemente, que en los EUA los agrupamientos políticos genuinos, los cuales frecuentemente guían a los bloques de voto que realmente se dan, no pueden ser identificados con las organizaciones partidarias. Estas últimas no representan lo que haya en los EUA de genuina creencia *política*. Nuestra vida política permanece siendo de estampa progresista o conservadora. Los partidos son, en buena medida, *políticamente* carentes de significado.

Un libro recientemente publicado en los EUA contiene este pedazo de diálogo relevante a lo que estamos diciendo. Un hombre de uno de los departamentos gubernamentales en Washington, D.C., está hablando con un militar que acaba de regresar de prestar un servicio en ultramar. El hombre del gobierno dice: "veamos, ahora que ha estado fuera durante dos años, ¿puede usted nombrar a los dos principales agrupamientos políticos en los Estados Unidos? Algo perplejo, el militar recién llegado contesta: "¿Por qué me pregunta? Supongo que los republicanos y los demócratas. ¿Que acaso no superan numéricamente a los otros?" A lo cual el hombre del gobierno responde: "Ya no, hijo. Aquellos son sólo "frentes" para propósitos electorales. Hay una diferente alineación hoy, la cual cruza todas las líneas partidarias regulares. Hoy en día, la mayoría de los estadounidenses pueden ser clasificados en dos grupos políticos principales —los liberales y los conservadores. Hay republicanos liberales y demócratas conservadores, por ejemplo. Y, aunque no sea más que para confundirte, hoy ninguna de esas palabras significa lo que solía significar".

Cito esto no debido a cualquier particular mérito que el libro pudiera tener, sino simplemente porque resume un hecho o dos que han sido observados por muchos. La vida política real de los EUA se divide en las dos clasificaciones de liberalismo y conservadurismo, como en cualquier otra parte del mundo occidental. Y los términos no siempre se refieren o, al menos, parecen referirse a la misma cosa.

Actualmente, el significado preciso de este fenómeno universal de la vida política occidental es el tema de un debate muy vivo. Se le dedica mucha reflexión. Una mirada a aquellas de nuestras revistas que tratan con temas históricos, políticos y éticos revelará que en la década pasada [la de los 1950s] se le han dedicado muchos artículos excelentes. Los libros sobre el tema del conservadurismo y el liberalismo son inclusive mejor conocidos. Una especie de reavivamiento de algún conservadurismo en los EUA, después de la Segunda Guerra Mundial, ha traído todo el problema de esta polaridad política a una discusión prominente y la ha convertido en un tópico de actualidad.

SIGNIFICADO DE "CONSERVADOR" Y "LIBERAL"

Una primera dificultad es la determinación del significado de los términos 'conservadurismo' y 'liberalismo'. Sobre este punto encontramos una gran confusión en los artículos de las revistas. Tome, por ejemplo, el término 'conservadurismo'. Naturalmente, el significado de este término tiene algo que ver con el conservar o el preservar. Mira hacia el pasado. Tiene en mente el mantener en buena condición lo que ya existe, lo que nos ha sido legado en la tradición. Pero surge la confusión tan pronto como uno pregunta acerca de *qué* es lo que hay que conservar. Por ejemplo, las posiciones de muchos que se autodenominan conservadores en 1961 hubieran sido consideradas como muy liberales en los 1920s. La cuestión es, por lo tanto, ¿qué punto o estado de cosas en la historia toma uno como aquello que debe ser conservado? ¿O acaso el conservador simplemente va detrás de los espíritus más radicales, ocupándose de conservar lo que aquellos espíritus más radicales han defendido y peleado por lograr? Si esto es el caso, ¿puede el conservadurismo ser una posición muy importante por derecho propio? ¿Qué puede oponer al progresismo de los espíritus más progresistas, si en algunos años su tarea será la de conservar las conquistas de los progresistas? ¿Acaso el conservadurismo simplemente ve con un ojo escéptico o simplemente prejuiciado a toda *innovación* como tal? De ahí la queja de algunos escritores sobre el tema, en el sentido de que la etiqueta 'conservadurismo' ha sido utilizada para justificar *cualquier* orden existente, en *cualquier* etapa de la historia; que uno no encuentra en los círculos conservadores ninguna indicación del carácter de las instituciones políticas y modo de vida del conservadurismo como una ideología que estuviera interesado en defender. El cargo que se levanta contra el conservadurismo como ideología es que "carece de lo que podría llamarse un ideal sustantivo". Si esto es el caso, podemos entender el reciente reportaje periodístico de que en la Rusia de Kruschev ¡el cargo de 'conservador' ha sido levantado contra el viejo camarada Molotov! Pero debemos ponderar más seriamente el argumento de un escritor reciente de que el movimiento *conservador* en los EUA ha sido la conservación de la tradición *liberal*, que los dos partidos políticos principales siguen tradiciones liberales y que, por lo tanto —en tanto que la Revolución estadounidense estuvo profundamente influenciada por las ideas de la Ilustración y estas ideas todavía representan la más poderosa fuerza moral e intelectual que sustenta la cultura estadounidense—, en este específico sentido estadounidense son *conservadores*.

Con los términos 'liberalismo' y 'progresismo' la situación no es siempre mucho más clara. ¿Qué significa ser progresista? ¿Progreso hacia *qué*? ¿Por qué tendrían los conservadores que oponerse a este progreso? De hecho, ¿qué no expresan frecuentemente los conservadores su deseo de progreso *real*? El hecho es que el liberalismo, tanto como el conservadurismo, parecen carecer de un "ideal sustantivo". Tanto 'progresista' como 'conservador' carecen de sentido aparte de su relación con una creencia acerca de *lo que debiera hacerse*, aparte de su relación con una norma. Entonces cada uno parece planear en el territorio del otro. Una broma describía al "hombre del escritorio de junto" como un "centrista radical". Richard Hofstadter nos dice en su libro *The American Political Tradition* [*La tradición política americana*] que Woodrow Wilson, al proponer que el poder del Estado fuera utilizado para *restaurar* los prístinos ideales estadounidenses, dijo estas palabras: "Si no creyera que ser progresista era preservar lo esencial de nuestras instituciones yo, por mencionar a alguno, no sería progresista". Interesantes palabras para ponderar, desde luego. ¿No preservaría todo genuino progreso una cierta continuidad con la acumulación de la sabiduría pasada tal y como se encarna en nuestras instituciones? Pero, ¿es esto ahora progresismo conservador o conservadurismo progresista? No; no estoy bromeando. Hofstadter describe la conversión de Wilson de conservador a progresista como algo "no más drástico que un cambio de énfasis". Más generalmente argumentaría en el libro que mencioné que nuestros políticos estadounidenses, liberales y conservadores, han tenido más en común entre sí que lo que la agitada retórica de la controversia política usualmente sugiere.

¿Es posible que haya un deslizamiento general hacia posiciones "liberales" y que el conservador venga, más despacito, por *el mismo camino*? Esta misma característica de *planeación* haría del conservadurismo algo en buena medida carente de significado como *director* de la vida política o como una *alternativa dinámica* al liberalismo en la vida política. El liberalismo parecería ser en ese caso el dinámico líder al frente, y el conservador el que siempre está adaptándose al mismo, adoptando sus posiciones.

Desde luego, el anterior análisis parecería ajustarse a mucho de lo que hemos conocido como conservadurismo en Canadá y los EUA. Explicaría el hecho de que los conservadores de hoy representan el liberalismo de ayer, que la posición "segura" sería un progresismo conservador o un conservadurismo progresista, o un centrista "republicanismo a la Eisenhower". Tal "centro" representaría entonces la corriente principal. Los proponentes de tal posición estarían seguros de estar jineteando la "ola del futuro" sin estirar sus cuellos lo suficientemente afuera como para ser calumniados de "reformadores" (en el sentido, entonces, de revolucionarios). Al mismo tiempo sería una confesión de que la vida política moderna, tal y como se representa por estos dos "movimientos", está viajando por *un solo camino*; que, acordemente, no se provee una *genuina elección de direcciones* en este tipo de estructura de vida política porque no hay diferencia de *dirección* entre el conservadurismo y el progresismo, sino sólo una diferencia en *tempo* a lo largo de la única (¿inevitable?) trayectoria de progreso marcado por nuestro creciente dominio racional-técnico (!) de las condiciones de nuestra existencia. En ese caso, sin embargo, no estamos tan alejados del juicio hecho por Stanley Knowles, en el sentido de que nuestra apatía es el carácter anodino de la polaridad conservador-liberal.

INTERRUPCIÓN TÉTICA

Habiendo llegado a este punto, donde podemos empezar a ver el sentido de aseverar la similaridad básica entre conservadurismo y liberalismo —al menos en Norteamérica, pues se ha argumentado que el conservadurismo británico y continental involucra más de una oposición a las ideas de la Revolución Francesa que han (supuestamente) inspirado a la tradición liberal—, interrumpo nuestra discusión del significado del desarrollo de las formas de la vida política moderna por un momento para hacer un enunciado *tético*. Conservación y progreso son dos características que *juntas* debieran marcar toda obra cultural humana. Cuando Dios puso al hombre en mayordomía, describió su tarea en estas palabras: mantener y cultivar el jardín. El hombre iba a "mantener" lo que estaba ya presente como un "bien", e iba a "cultivar", e.e. a producir dinámicamente una situación aun no existente que preservaba lo que era bueno del pasado pero lo desarrollaba aun más para la mayor gloria de Dios. Este "mantener" y este "cultivar", sin embargo, sólo se pueden entender propiamente en conexión con la divina tesis u orden nómico de la creación.

Una consideración de esta revelación escritural pondrá en claro por qué el conservadurismo y el progresismo no pueden ofrecer una genuina elección de direcciones en la vida política. De seguro, conservadurismo no es lo mismo que conservar o "mantener", y progresismo no es lo mismo que "cultivo" o desarrollo. Ambos "ismos" sugieren una caída del entendimiento integral original y la elevación de un aspecto o entendimiento parcial al lugar de un absoluto. El conservadurismo puede entonces igual de fácil convertirse en una reacción antiprogresista, y el progresismo puede igual de fácil convertirse en un celo ciego por algo "nuevo", ya sea que esa "novedad" sea progreso genuino o no. (Saber si el desarrollo es progreso requiere el conocimiento de una norma.) Pero la verdadera conservación y el verdadero progreso siempre van *juntos*: la conservación genuina involucra una creencia en el fiel mantenimiento por Dios de su ley (sobre la base de la cual puede ocurrir el desarrollo dinámico; pues una visión escritural de la ley no es idéntica a las teorías estáticas de la "ley natural"), y el progreso genuino significa trabajar en el camino de la *pretérita* obediencia fructífera a la ley divina hacia la futura y en expansión consumación del Reino de justicia de Cristo.

La conservación genuina y el progreso genuino deben caracterizar *juntos* toda actividad cultural humana; no pueden entonces ser convertidos en una elección de direcciones opuestas de la vida. No obstante, *hay* en la vida una dualidad de direcciones que requiere una *elección radical*. Como hemos visto, los dos caminos *religiosos* del hombre vendrán también a expresarse, a menos que la real naturaleza de las cosas sea oscurecida en la vida política. Esta real diferencia en la dirección de nuestros caminos nunca puede ser expresada, sin embargo, por la razón dada, en términos de conservadurismo y progresismo. ¿Entonces cómo? Ese es el problema.

FIJACIÓN RELIGIOSA DEL SIGNIFICADO

Antes de que pueda dar una respuesta a esa pregunta, debo decir algo más acerca de los modernos conservadurismo y progresismo políticos. Ya he observado que aparte de una referencia a alguna "norma", estos movimientos están privados de significado sustantivo. Mucha de la confusión que se encuentra en las discusiones acerca de ellos se atribuye a los demasiado estrechos límites dentro de los cuales se les considera frecuentemente; pues esta polaridad política es una característica universal de la vida política occidental moderna que tuvo su origen en ese fértil punto focal de la historia moderna que conocemos como la Revolución Francesa. Desde ese punto en la historia se ha extendido sobre el entero mundo occidental (y mucho más lejos). Podemos captar el significado real de 'conservadurismo' y 'progresismo', y de la estructura política de polaridad que se piensa constituyen estos dos movimientos, sólo cuando los investigamos *en el punto de su emergencia histórica*. Ese momento en la historia provee un punto de orientación —incluso, como veremos, una clase de norma— para "ver" (religiosamente) el significado de estos fenómenos (discernir sus "espíritus").

LA REVOLUCIÓN FRANCESA

¿Que fue, entonces, la Revolución Francesa? En todo lo escrito en la última centuria y media, la constelación de eventos que lleva este nombre destaca sobe todo lo demás. Desde el principio, los hombres estuvieron por doquier de alguna manera fascinados por ella. Casi sin excepción, los hombres de letras ingleses saludaron el movimiento revolucionario en Francia como la alborada de un nuevo día de esperanza para toda la humanidad. Recordará como Wordsworth, al reflexionar posteriormente sobre aquellos primeros días de la Revolución, escribió las frecuentemente citadas líneas:

> Bienaventuranza fue estar vivo en ese amanecer,
> Pero ser joven fue el mismo cielo.

Burke, por otro lado, aborreció lo que vio. Pero todos los hombres, no importa como la hayan visto, tuvieron una especie de presentimiento de que "tenían que vérselas" con lo que estaba teniendo lugar allí en Francia. Desde entonces, los hombres han estado intentando determinar incesantemente sus posiciones con respecto al aterrador evento. La idea de que la Revolución Francesa era una revolución mundial que afectaba fundamentalmente a toda la humanidad data del siglo dieciocho mismo. En 1796 Edmundo Burke escribió: "No es Francia extendiendo un imperio extranjero sobre otras naciones; es una secta que ambiciona un imperio universal, empezando con la conquista de Francia".

En nuestro tiempo ha habido un fuerte retorno a la concepción de que la Revolución Francesa es quizá el evento más fundamental de los tiempos modernos. Karl Jaspers, el filósofo existencialista alemán, escribe de ella que "fue un evento sin precedente en la historia humana, y desde la Revolución Francesa hay una conciencia específicamente nueva del significado, que originó una nueva época, de ese tiempo". En 1955 se publicó en Alemania un libro que tenía como su tema las artes plásticas de los siglos diecinueve y veinte como síntoma y símbolo de los tiempos. El autor, Hans Sedlemayer, historiador de arte en Munich, cree que la historia del arte no pertenece sólo a sí misma, sino que sirve para darnos conocimiento del hombre. Estas son las palabras iniciales de su libro *Verlust der Mitte* [*La pérdida del centro*]:

> En los años y décadas antes de 1789 se estableció una revolución interna en Europa, el alcance de la cual la mente no podía discernir: los eventos que agrupamos bajo el nombre 'Revolución Francesa' son solamente un aspecto más visible de esta horrible catástrofe interna. Hasta el presente no hemos logrado asir firmemente la situación que este evento ha creado, ni en el ámbito espiritual ni en el práctico.
>
> Entender lo que allí ocurrió es quizá la tarea más vital asignada a las ciencias históricas en general: en este punto de inflexión de la historia estamos interesados no sólo como *historiadores*, sino muy inmediatamente como *hombres*. Pues con él empieza nuestro presente, y a partir

de él llegamos a conocer nuestra situación, llegamos a conocernos a nosotros mismos.

Eso último es ciertamente el caso con nuestro entendimiento de nuestra situación política. Pero, ¿qué es lo que hace a la Revolución tan fundamental, que le presta el poder de fascinar a los hombres por doquier desde que ocurrió?

INTERPRETACIÓN RECIENTE DE LA REVOLUCIÓN

Edmundo Burke había ya usado lenguaje *religioso* para describir la Revolución cuando se refirió a ella como una secta que pretendía un imperio universal. Advirtió a los hombres de su tiempo que esto no era meramente un cambio de dinastía tales como los que la historia nos ha dado a ver repetidamente, sino *un nuevo tipo de evento político*. Era, de seguro, una reacción contra el mundo tradicional, pero fue algo mucho más profundo que eso. Fue nada menos que una revuelta de los hombres contra un orden que ellos mismos no habían puesto allí, una revuelta contra el orden divino de la creación.

Después de Burke, se dio una reacción en contra de esta interpretación de la Revolución, y muchos hombres han intentado verla como un esfuerzo para resolver una crisis socioeconómica peculiarmente francesa, aunque inusualmente profunda (¡la era del positivismo!) Pero en las décadas más recientes se observa un notable cambio de opinión. Los historiadores están regresando nuevamente a la convicción de que la cosa más importante acerca de la Revolución Francesa fue su ideología fundamental. La Revolución es nuevamente descrita como una irrupción violenta de las ideas revolucionarias del hombre moderno en la vida pública. Algunos incluso se aventuran a hablar de estas ideas revolucionarias como una fe viva. Incluso la idea de Burke de que era una revolución mundial ha sido rehabilitada. Por ejemplo, el profesor Georges Lefebre de la Sorbona, cuyo *El advenimiento de la Revolución Francesa* fue publicado en 1930, reescribió su libro en 1951, rehaciéndolo completamente para mostrar las implicaciones supranacionales de la Revolución. Gana terreno la idea de que las revoluciones en Suiza, las de 1830 y 1848, las revoluciones latinoamericanas, la Revolución rusa y mucho del espíritu revolucionario de Asia y África pertenece a *un movimiento continuo* del espíritu humano. El período de la historia desde la Revolución Francesa ha sido llamado la Era de la Revolución, y los hombres hablan de una "revolución permanente".

Una guerra religiosa: así caracterizó Edmundo Burke la Revolución Francesa. Groen van Prinsterer también vió la *naturaleza religiosa* de estos eventos, y describió su intención más profunda como *"een omkering der goddelijke orde"*, e.e. un derrocamiento del orden divino. Avanzaremos un gran paso hacia adelante cuando entendamos en qué sentido esta frase describe correctamente la Revolución.

LA REVOLUCIÓN Y EL RACIONALISMO

Las discusiones acerca del significado subyacente de la Revolución frecuentemente la relacionan con ese movimiento del espíritu humano en el siglo dieciocho que llamamos la Ilustración o la Edad de la Razón. No tengo objeción a esto, siempre y cuando veamos también esta Ilustración del siglo dieciocho como una segunda etapa en el desarrollo continuo del nuevo espíritu del *racionalismo*, ese movimiento revolucionario de pensamiento que surgió en el siglo diecisiete y dominó tanto éste como los siguientes dos siglos. Este espíritu racionalista significó la ruptura radical del hombre moderno con la religión cristiana.

De la Edad de la Razón escribió una vez Charles Frankel: "Desde el punto de vista de los historiadores, se puede identificar el patrón general de la Edad de la Razón. Su unidad de propósito tuvo un efecto decisivo en el curso del desarrollo histórico subsecuente". Y agrega:

> El esfuerzo especial de la Ilustración fue encontrar un fundamento en cada campo, desde las ciencias profanas a la revelación, de la música a la moral, de la teología al comercio, tal que el pensamiento y la acción pudiera hacerse independiente de la metafísica especulativa y la revelación sobrenatural. La religión fue tratada principalmente como un apéndice de la moral y discutida como si fuera parte de la física. La historia se escribió para ubicar la vida europea en una perspectiva balanceada entre otros modos de vida, ninguno de los cuales gozaba de la aprobación especial de Dios. En política, la concepción del derecho divino y la providencia sobrenatural fueron reemplazadas por el "contrato social", de modo que los gobiernos pudieran ser evaluados como instrumentos del deseo humano. En la filosofía moral, el esfuerzo consistió en basar los códigos naturales sobre la ley natural o los "hechos bien establecidos" de la sicología humana.

Es importante observar lo que se dice aquí acerca de la política. Aunque lo enunciado está orientado más hacia la Ilustración del siglo dieciocho, el hecho es que el siglo dieciocho no desarrolló realmente una nueva teoría política; hizo un llamado a la acción política sobre la base de la teoría racionalista del siglo diecisiete. Rousseau es la figura clave aquí. Pues él es considerado como el que dio a la Revolución Francesa su carácter definitivo, e.e. su tendencia la organización *abstracta* y, mirando hacia adelante por un momento, él es el escritor *par excellence* del liberalismo. No obstante, las ideas de su *El contrato social* y otros escritos políticos se han de encontrar en gran medida en Locke, Grocio y Pufendorf. Estas ideas pertenecen al moderno movimiento racionalista en general. Su carácter revolucionario, incluso ya en el *De jure belli et pacis* [*Del derecho en la guerra y la paz*] de Hugo Grocio (1625) se hecha de ver en la esperanza que abriga de una amistad internacional basada en la ley de la naturaleza. Como decía el famoso historiador francés Paul Hazard:

> La guerra, la violencia, el desorden, los cuales la ley de Dios no reprime sino más bien sufre, e incluso justifica, como parte de un designio inescrutable, todos los males de los cuales el hombre es heredero —quizá llegará el día en que una ley humana los mitigue, los elimine. Es así que estamos invitados, con múltiples pretextos para tal atrevimiento, a pasar del orden de la Providencia al orden de la humanidad".
>
> En vez de la ley de Dios, el contrato social. En vez de la soberanía de Dios, la soberanía del pueblo (soberanía popular, *volkssouvereiniteit*, voto de la mayoría, etcétera).

EL ESPÍRITU DE LA ÉPOCA

Puesto que los cristianos en los Estados Unidos argumentan frecuentemente que la Revolución Francesa estaba relacionada con el pensamiento continental [europeo], más radical que nuestro trasfondo anglosajón, y que por lo tanto análisis tales como este en el que estamos involucrados son realmente irrelevantes para entender la vida cultural estadounidense, será bueno llamar la atención al nombre de Locke en la explicación anterior. Locke y los deístas ingleses tuvieron una gran influencia sobre Voltaire, quien revivificó estas ideas a su regreso a Francia. Aquí no se puede distinguir lo inglés de lo continental. Las ideas son comunes al movimiento racionalista moderno. Tenemos que ver aquí con el espíritu de la época. Las ideas están por todos lados.

Déjeme citar a Ernst Cassirer sobre el tema. Nos dice:

> El racionalismo político del siglo diecisiete fue un rejuvenecimiento de las ideas estoicas. Este proceso empezó en Italia pero después de un corto tiempo pasó a toda la cultura europea. En rápido progreso, el neoestoicismo pasó de Italia a Francia; de Francia a los Países Bajos, a Inglaterra, a las colonias americanas... Cuando en 1976 sus amigos le pidieron a Tomás Jefferson que preparara un bosquejo de la Declaración de Independencia de los Estados Unidos, empezó con estas palabras: "Tenemos estas ideas como autoevidentes: que todos los hombres son creados iguales; que están dotados por su creador con ciertos derechos inalienables; que entre éstos están la vida, la libertad y la búsqueda de la felicidad. Que, para asegurar estos derechos, se instituyen gobiernos entre los hombres, los cuales derivan sus justos poderes del consenso de los gobernados". Cuando Jefferson escribió estas palabras apenas era consciente de que estaba hablando el lenguaje de la filosofía estoica. Este lenguaje podía

darse por sentado, pues desde los días de Lipsius y Grocio había tenido un lugar común con los grandes pensadores políticos. Las ideas fueron consideradas como axiomas fundamentales no susceptibles de ulterior análisis y no necesitados de demostración. Pues expresaban la esencia del hombre y el mismo carácter de la razón humana. La Declaración de Independencia de los Estados Unidos había sido precedida y preparada por un evento incluso más grande: la Declaración de Independencia intelectual que encontramos en los teóricos del siglo diecisiete. Fue en ésta donde la razón había declarado primeramente su poder y su reclamo de gobernar la vida social de los hombres. Se había emancipado del tutorado del pensamiento teológico; podía mantener su propio terreno.[3]

En la misma obra leemos:

> Los escritores de la Gran Enciclopedia y los padres de la democracia estadounidense, hombres como D'Alembert, Diderot, y Jefferson, apenas hubieran entendido la pregunta de si sus ideas eran nuevas. Todos ellos estaban convencidos de que estas ideas eran en un sentido tan viejas como el mismo mundo. Fueron consideradas como algo que había sido siempre, en todas partes y creído por todos: *quod semper, quod ubique, quod ab omnibus* (¡la antigua fórmula de la ortodoxia catolicorromana!) Decía La Bruyère: "*La raison est de tous le climats*".[4]

EL CONCEPTO DE *RATIO*

Debemos mirar más cuidadosamente este concepto de razón si deseamos entender el carácter revolucionario del moderno movimiento del racionalismo. En Descartes se ilustra su significado de la mejor manera. Este hombre, frecuentemente llamado el padre del modo "moderno" de filosofar se halló a la mitad de su vida, después de haber disfrutado la mejor educación secundaria disponible en Europa,[*] siendo su mente una curiosa mezcla de verdad y falsedad. Su necesidad (¡religiosa!) de certeza lo condujo al poco tiempo a considerar el sistema de pensamiento geométrico de su día como modelo de la perfecta claridad que deseaba en toda su experiencia.[**] En las demostraciones de la geometría, todo paso conlleva claridad y necesidad. Un paso particular en la demostración de un teorema se sigue con la necesidad de la demostración lógica del paso previo, y cada paso previo del anterior, hasta que llegamos a los primeros axiomas y postulados a partir de los cuales el sistema entero es generado. ¿Y qué hay con esos *comienzos* del pensamiento geométrico? También son claros y necesarios. No al modo de la demostración lógica (deductiva), sino porque brillan con su propia luz racional.

---

[3] *El mito del Estado*, pp. 208ss.
[4] *Ibid.*, pp. 221ss.
[*] En el colegio jesuíta de La Flèche, en París. [N. de los T.]
[**] Recuérdese que Descartes es el creador de la geometría analítica. [N. de los T.]

Son autoevidentes. Son verdades absolutas. Descartes procedió entonces a agrandar esto que encontró en la geometría para convertirlo en la estructura de todo el pensamiento humano el cual según él es siempre, esencialmente, pensamiento geométrico. Todos los sucesivos pasos del razonamiento pueden ser demostrados por deducción lógica; los puntos de partida son ciertas *ideas innatas* que portan en sí mismas la luz de la verdad. Descartes llamó a este cuerpo de ideas innatas —las ideas de Platón convertidas en conceptos *a priori* en la filosofía de la Edad Helenística y que claramente se encuentran en el pensamiento de Aurelio Agustín— *lumen naturale* (luz natural, luz de la naturaleza si por 'naturaleza' uno entiende nuestra naturaleza racional).

EL CONCEPTO DE *RATIO* ES RESULTADO
DE LA RELIGIÓN APÓSTATA

Aquí, en esta *ratio* o razón encontramos la clave para el carácter religioso y revolucionario del movimiento racionalista en general, más específicamente ahora de la Ilustración y la Revolución Francesa. Esta *ratio* no es meramente nuestro humano poder de entender. Es el entendimiento dirigido por ideas supuestamente *a priori* o innatas, consideradas como la luz y verdad originales, que nos muestra como "salir", como conducir nuestras vidas. La *ratio* o Razón del racionalista es más que mero pensamiento racional; en este concepto el pensamiento racional contiene dentro de sí el *principium* de nuestra vida que dirige todos nuestros caminos. Este concepto es el resultado de la religión apóstata; es un sustituto represivo de la Palabra de Dios, el verdadero *principium* que nos conduce por caminos de salvación. Es por lo tanto un ídolo, un *onding*,* algo que no existe y que sólo puede ser concebido (si bien como *distorsión de la verdad*) debido a que en la verdad de la divina tesis está el *principium* de la Palabra divina. En este moderno racionalismo —ahora quedará claro el significado del término— los hombres han reemplazado la soberana Palabra de redención, que el mismo Dios ha otorgado por gracia, con su propio yo racional más profundo, tomándolo como la luz, la Palabra-Ley, el principio director de nuestra vida entera.

TEORÍA POLÍTICA RACIONALISTA

Esto fue verdad no sólo del "mundo" de las cosas físicas, sino también de los mundos de los que tratan la estética y la ética, y también del mundo de la vida política. Hobbes siempre buscó una teoría del cuerpo político que fuera igual en claridad, en método científico y en certeza, a la teoría galileana de los cuerpos físicos. Y Hugo Grocio siempre creyó que podía desarrollar una "matemática de la política". En este punto, como Cassirer cuenta la historia,

---

* '*Onding*' significa absurdo en neerlandés. [N. de los T.]

surgió otra cuestión que fue de vital importancia para el ulterior desarrollo del pensamiento político. Concediendo que es posible, e incluso necesario, demostrar una verdad política o ética del mismo modo que una verdad matemática, ¿dónde podemos encontrar el *principio* de tal demostración? Si hay un método "euclideano" para la política debemos suponer que, también en este campo, estamos en posesión de axiomas y postulados que son incontrovertibles e infalibles. Es así que se convirtió en la meta principal de cualquier teoría política encontrar y formular esos axiomas.[5]

La mayor parte de los pensadores del siglo diecisiete sintió, sin embargo, que estos principios racionales primordiales de la vida política del hombre habían sido encontrados hacía mucho tiempo. Sólo tenían que ser expresados

en lenguaje lógico, el lenguaje de las ideas claras y distintas. Para encontrarlos, uno sólo tenía que disipar las nubes que hasta entonces habían oscurecido la clara luz de la razón —olvidar todas nuestras ideas y prejuicios preconcebidos.

Como razón (*ratio*), nuestro pensamiento estaría dirigido por un comienzo absolutamente seguro y claro (autoevidente) que dirige de un modo definido y que no es otra cosa que una parte-raíz *a priori* de nuestra naturaleza humana racional. Todo hombre pensante, cuando conduce (correctamente) esta investigación hacia la fuente u origen-raíz de su pensamiento, tendrá que volverse consciente de los principios fundamentales para la vida. La verdad es del hombre común. Es en esta conexión que Cassirer habla de Tomás Jefferson y de las palabras con que se abre la Declaración de Independencia de los Estados Unidos (citadas arriba). Jefferson y los hombres de su tiempo creyeron que lo que habían dicho no era más que el "sentido común" del asunto, cualquiera que haya sido el asunto acerca del que se estaba pensando. Las suposiciones fueron que lo racional es real y lo real es racional, que lo racional está claro para todo hombre (propiamente) pensante, y que la verdad racional es la misma en todas las épocas y climas (pues la Razón es siempre y dondequiera la misma).

Todos estos pensamientos pueden ser encontrados, al menos en forma seminal, en la obra de René Descartes, cuyo *Discurso del método* en su primer párrafo reza así:

El buen sentido es, de todas las cosas entre los hombres, la más igualitariamente distribuida; pues todo mundo piensa que está tan abundantemente dotado del mismo que, incluso aquellos que son los más difíciles de satisfacer en todo lo demás, usualmente no desean una medida más grande de esta cualidad que la que ya poseen. Y en esto no es probable

---

[5] *Ibid.*, p. 208.

que estén todos equivocados: Más bien se ha mantener la convicción, como testimonio del poder de juzgar correctamente y distinguir la verdad del error, que lo que es propiamente llamado buen sentido o razón es por naturaleza igual en todos los hombres; y que la diversidad de nuestras opiniones, consecuentemente, no surge de algún ser dotado con una porción de razón más grande que los otros, sino solamente de esto: que conducimos nuestros pensamientos por diferentes caminos y no fijamos la atención sobre los mismos objetos. Pues no es suficiente poseer una mente vigorosa; el primer requisito es aplicarla correctamente. Las mentes más grandes, como son capaces de las más altas excelencias, están abiertas también a la más grandes aberraciones; y aquellos que viajan muy lentamente pueden hacer todavía mucho mayor progreso, siempre y cuando se mantengan en el camino recto, que aquellos que lo abandonan mientras corren.

ESTE RACIONALISMO POLÍTICO
ES LA BASE DE LA DEMOCRACIA MODERNA

Estas suposiciones de Descartes y del movimiento racionalista se convirtieron en la base intelectual —en realidad *religiosa*— de las instituciones sociales y políticas de la democracia moderna. Si la "diversidad de nuestras opiniones" es el resultado meramente del hecho de que no todos encontramos un modo adecuado de aplicar nuestros poderes racionales, entonces todo lo que se necesita es un sistema de educación pública, universal, para elevar a todos los hombres al nivel de una ciudadanía iluminada y responsable. Esta fue la conclusión que extrajo una centuria subsecuente. Entonces podríamos poner nuestra confianza en la voluntad popular y el voto popular, y consentir a la voluntad de la mayoría.

Esta base racionalista de nuestras democracias modernas es una forma —subjetivista— de la *teoría de la ley natural* (donde 'natural' se refiere a nuestra naturaleza racional, que es la ley). Además de ser, como se pensaba, autoevidente, esta teoría podía apelar a una historia ininterrumpida desde el tiempo de la filosofía helenística (estoica en un grado importante), a través de los juristas romanos, los padres de la iglesia, los filósofos escolásticos y los conciliaristas de la iglesia medieval tardía. Esta larga e ininterrumpida historia, a su vez, convenció aun más a los hombres del carácter autoevidente de la teoría racionalista. Es a esta larga historia a lo que Walter Lippman se refiere cuando habla de la "filosofía pública"; citando a Ernest Barker, dice:

> Por más de dos mil años el pensamiento europeo ha sido influido por la idea de que las facultades racionales de los hombres pueden producir una concepción común de la ley y el orden que posee una validez universal.[6]

---

[6] W. Lippman, *The Public Philosophy* [*La filosofía pública*] pp. 81ss.

Esta ley natural o ley de la naturaleza racional humana, continúa Lippman, es un orden racional de la sociedad humana "en el sentido de que todos
los hombres, cuando sean sincera y lúcidamente racionales, lo considerarán
como autoevidente".[7]

Las revoluciones estadounidense y francesa a finales del siglo dieciocho,
así como los regímenes políticos que establecieron, se hallaron entre los
mejores frutos de estas suposiciones del racionalismo. En el siglo diecinueve
las suposiciones se cuestionaron e incluso, en muchos ámbitos, se rechazaron. Uno de los problemas principales de la teoría política contemporánea
es la rehabilitación de esta antigua base o el descubrimiento de una nueva
que sea satisfactoria. Walter Lippman escribió el libro que hemos citado
como un intento de rehabilitación.

EL "AXIOMA" DEL CONTRATO ESTATAL: EL INDIVIDUALISMO

Uno de los axiomas supuestamente autoevidentes de este pensamiento
político fue la doctrina del contrato estatal. Esto significó que el orden
político podía ser reducido a "actos individuales libres, a una sumisión contractual voluntaria de los gobernados" en lo que ellos consideraban como su
propio interés. Aquí no hay la idea de una sociedad corporativa a la cual Dios
le ha dado oficios, sino una colección de hombres individuales, racionales e
iguales. Aquí no hay la idea de un servicio a Dios y una administración en su
nombre de toda la tierra, sino sólo un acuerdo contractual en interés de los
individuos contratantes. (Ésta es, sin lugar a dudas, la profunda razón religiosa del desarrollo de la política moderna como *belangenpolitiek*, una política
de intereses personales y de grupo.) En esta teoría del contrato vemos el *individualismo* de la teoría política racionalista. No es que la Palabra-Ley de Dios
haya puesto en el orden de la creación una estructura estatal típica, con su
propia autoridad (delegada y limitada), y que nosotros los hombres hayamos
sido creados para ésta y otras estructuras nómicas. Al principio, de acuerdo
con la teoría, sólo hay hombres individuales, que entonces hacen un contrato, en su propio interés, para vivir juntos en una comunidad política. La
Palabra-Ley que constituye el Estado como una posibilidad yace en la raíz
vital racional de cada individuo pensante.

TAMBIÉN FE EN UNA COMUNIDAD BÁSICA

Al mismo tiempo, sobre la base de la supuesta comunidad (axiomática) de la
razón, había en esta perspectiva individualista la posibilidad de *comunidad*.
El mismo carácter autoevidente de los conceptos de principio o innatos de
la razón común compelía a un reconocimiento común. Este reconocimiento

---

[7] *Ibid.*, p. 95.

común de lo que cada hombre pensante, al retornar en el pensar (propiamente) hacia las raíces de su pensamiento, seguramente ha de encontrar como su más profunda luz y verdad, garantiza la verdadera comunidad entre todos los hombres que piensan con corrección.

Aquí sentimos nuevamente el motivo religioso en acción en la rápida conquista por el racionalismo de los corazones de los hombres occidentales. Para el siglo diecisiete, la —al menos aparente— unidad de la sociedad europea había sido destruida. La concordia y la unidad son un asunto de religión. Cuando Dios abre los corazones de los hombres para hacer escuchar su voluntad, resulta una unanimidad (literalmente, unidad de corazón: *homonia* en griego; *concordia* en latín), e.e. la disposición a hacer la voluntad (revelada) del Padre. La unidad de los hombres se logra en su devoción con íntegro corazón a una ley. Nuestra unidad y concordia aquí en la tierra tiene un origen suprahistórico en el Reino de Dios: con la divina apertura del corazón, la mente de Cristo, la cabeza, se forma en todos los miembros del cuerpo.

Los pensadores paganos de los tiempos antiguos nunca tuvieron un entendimiento tan claro de la relación entre nuestra entera vida en este mundo y su raíz suprahistórica en la relación religiosa con Dios y su ley. No obstante, escritores como Aristóteles y Cicerón se percataron de que una sociedad verdaderamente estable es imposible donde hay disensión o discordia no acerca de asuntos triviales, por supuesto, sino de asuntos últimos; específicamente, acerca de la autoridad o poder supremo o último en la sociedad. Ortega y Gasset escribió: "la concordia implica una creencia firme y común acerca del ejercicio del poder supremo". En el Estado, que para los antiguos era la ligadura omniabarcante de la sociedad, tenía que haber acuerdo en lo fundamental, y tal acuerdo estaba garantizado por la sanción religiosa. Varias deidades olímpicas sellaban la autoridad de las varias ciudades Estado griegas; la antigua religión romana aseguraba una creencia común en la autoridad de la república romana.

Cuando la creencia común deja de estar ahí, surge una crisis de fundamentos. Tal crisis surgió en el tiempo de Cicerón: la creencia en la antigua religión de los romanos se había ido y, con ella, la base para la estabilidad en la vida del Estado. ¿Qué sucede en una sociedad cuando se ha perdido una creencia firme en la soberanía última? Cicerón se hizo esta pregunta. La sociedad *requiere* de la función ejecutiva. Al carecer de una solución genuina, acude a una *provisional*. Tal solución provisional fue el Imperio romano. Un balance de fuerzas, de voluntades humanas rivales.

LA NECESIDAD DE COMUNIDAD
EN LA EUROPA MODERNA TEMPRANA

En el siglo dieciséis, después del humanismo anticristiano del Renacimiento italiano, la Reforma había acabado con cualquier comunidad de fe que todavía hubiera quedado en Europa con respecto a la autoridad última. Puesto que prácticamente todos los hombres de la época estaban comprometidos con el axioma de que tenía que haber un acuerdo en lo fundamental si es que iba a haber una sociedad estable, las amargas luchas que tuvieron lugar entre las fuerzas de la Reforma y la Iglesia católica y el Imperio son enteramente comprensibles. Cada grupo, convencido de la verdad de su posición, estaba dedicado a ganar el consenso común de los europeos. Cuando esto resultó imposible, se recurrió a otra solución provisional: la Paz de Augsburgo religiosa de 1555, por la cual la religión luterana recibió un *status* legal dentro del Imperio, se reconoció el principio *Cuius regio eius religio* [la religión del lugar es la del príncipe], y se concedió a los súbditos el privilegio de emigrar sin ser molestados. Esta solución provisional acentuó la autonomía local de los príncipes y contribuyó así al ulterior derrumbe del Imperio.

Los hombres que pensaron fundamentalmente acerca de la situación europea se dieron cuenta de que un equilibrio mecánico de fuerzas no era la solución a la cuestión de la estabilidad europea. Pero, ¿qué hacer? Entretanto, los calvinistas, quienes habían crecido en número y habían contado con muchos líderes enérgicos en un número de ciudades importantes, no fueron reconocidos en la "solución" de 1555. Las guerras de religión que estallaron fueron seguidas por la Paz de Westfalia de 1648. Este tratado confirmó la Paz de Augsburgo religiosa de 1555 y extendió sus estipulaciones a las iglesias reformadas. La tolerancia estaba ahora asegurada para las tres grandes comunidades religiosas del Imperio. Dentro de estos límites, los gobiernos estaban comprometidos a permitir por lo menos el culto privado, la libertad de conciencia y el derecho a la emigración.

LA COMUNIDAD DE RAZÓN DEL RACIONALISMO
SATISFACE LA NECESIDAD

Esta Paz de Westfalia permaneció como la base de la ley pública europea hasta la irrupción de la Revolución Francesa. La tolerancia que concedía era del viejo tipo pero desde entonces la persecución, incluso de los grupos no reconocidos en el tratado, fue la excepción más que la regla. Una razón principal para esta tolerante ejecución de sus estipulaciones no fue meramente que los hombres se estaban fastidiando por la lucha; fue algo mucho más positivo. Casi imperceptiblemente, las mentes de los hombres se habían vuelto más tolerantes. Esta tolerancia era la expresión de una *nueva perspectiva* del mundo que estaba ganando seguidores rápidamente, especialmente entre los líderes culturales en las primeras décadas del siglo diecisiete. Leibniz, uno de los más grandes pensadores de la época, trató durante toda su vida de encontrar una base para la reunificación de las

varias comunidades cristianas, pero fue inútil. Empezó a parecer como si
un orden de acuerdo universal, tan necesario para una sociedad estable,
no pudiera estar ya basado en un confesión común del dogma cristiano.
Muchos pensadores líderes estaban llegando a la convicción de que, si iba a
haber un sistema verdaderamente universal de ley, ética y religión, tendría
que estar basado en principios tales que pudieran ser reconocidos por toda
nación, credo y secta. La antigua teoría de las verdades de razón universales
y necesarias, una forma de la teoría de la ley natural, se ofreció a sí misma.
En su gran necesidad los hombres cayeron sobre ella como sobre un salvador. Los principios universalmente aceptables que se necesitaban como
fundamento común para la cultura europea se afirmaban ahora —hubiera
parecido que muy dogmáticamente, si no hubieran tenido una historia tan
larga— como la posesión *a priori* de todo hombre en su vida racional. La
guerra se abolió en principio. La paz y la comunidad se encontrarían con
certeza.

LA MODERNA MENTE RACIONALISTA

Para este tiempo nos es posible ver cuán fundamental es esta teoría del racionalismo en la historia del moderno hombre occidental. Es una "idea" tan
fundamental que conduce a una reconstrucción (revolución) de la sociedad
europea en su integridad. En el concepto de razón el hombre se asegura con
respecto a las dos necesidades básicas (¡y relacionadas!) de *certeza* y *comunidad*. Concebido como teniendo sus raíces más esenciales en esta *ratio*, el
hombre es el soberano poseedor de la verdad; es más, en su yo más profundo *es* la verdad y por ello no puede ser separado de ella. (Es por ello
que el tema posterior de la autoseparación o autoenajenación del hombre,
el cual se encontró ya en Hegel, adquirió una fuerza extraordinaria.) Se
halla básicamente en casa en un mundo que abre sus secretos a la penetración racional. No hay necesidad de salvación; el hombre está bien con
el mundo. Y, por lo que concierne al futuro, está plenamente confiado en
que el creciente control de su medio ambiente mediante técnicas racionales.
Sólo es asunto de elaborar los detalles. El hombre racionalista es optimista.
La innovación continua y la experimentación sin fin son el camino hacia el
dominio. No hay luz *reveladora* del orden de la creación. No hay un orden
para el que haya sido creado. La razón, como luz original, puede ignorar
cualquier cuestión relativa a una luz de la creación. Genera su propio orden a
partir de sí misma como *pensamiento creativo... Construye* su mundo. Siendo
siempre y por doquier la misma, producirá —ultimadamente— un mundo.
El reino de las almas bienaventuradas, e.e. el reino de los hombres buenos o que piensan correctamente, queda asegurado si tan sólo actuamos
de acuerdo con la razón. Procediendo bajo esta luz, los hombres siempre

progresarán hacia adelante y arriba hasta que alcancen una ciudad del hombre *natural*, terrenal y común. La comunidad universal. No hay lugar en este racionalismo para una antítesis de dirección fundamental y profunda en la vida humana —sólo para la comunidad. La obra de Cristo y el Espíritu Santo se ha tornado superflua. No cabe aquí el pensamiento de un Cristo retornando a *poner como estrado de sus piés* al enemigo e instalar su reino. La posibilidad de comunidad reside no en la conversión y obediencia común a Cristo, sino en la elaboración de nuestra comunmente compartida racionalidad. Aquí tenemos el trasfondo para la fe que tienen tantos de nuestros contemporáneos en los efectos saludables de las creencias compartidas, la discusión democrática, la reunión del poblado. Cuando Franklin Roosevelt fue a Yalta a hablar con Stalin, se sintió seguro de que si se pudieran despejar la emoción y los malentendidos históricamente surgidos (el prejuicio) el análisis racional revelaría a todos los participantes, de manera común, la verdad de la situación, todos los hombres serían gobernados por la luz de esa verdad, y se podría entonces erigir una comunidad mundial de naciones.

LA NATURALEZA RELIGIOSA ANTITÉTICA DE LA "MENTE" MODERNA

Si todo esto estaba involucrado en la nueva "mente" de los siglos diecisiete y dieciocho, podemos entender muy bien las entusiastas procesiones hacia el "santuario" de la diosa Razón que caracterizaron el apogeo de la Revolución Francesa. Y ahora podemos ver por qué dije antes que esta revolución puede servir no sólo como punto de orientación, sino como un *tipo de norma* para fijar los significados de los dos movimientos políticos de las últimas dos centurias. Pues la Revolución Francesa es desde luego, fundamentalmente, la irrupción en la vida práctica cotidiana del hombre del abandono *religioso* en su corazón de la ley de Dios, y su sustitución por la ley de su propio pensamiento racional creativo. De modo que Burke y Groen van Prinsterer estaban en lo correcto en que la revolución tiene que ver crucialmente con la *dirección religiosa* radical de la vida del hombre sobre la tierra. Sólo tal estimación de la misma puede dar cuenta adecuadamente de la muy peculiar fascinación que tiene para tantos hombres.

Como un *omkering der goddelijke orde* —un derrocamiento del orden divino— se revela como revolución en el *sentido religioso*, una revolución en contra de la ley y el orden de Dios, contra el gobierno de Cristo, contra el testimonio del Espíritu Santo —en pocas palabras, contra la revelación escritural de la verdad. Este carácter profundamente religioso de la moderna mente revolucionaria —que también derrumba la experiencia cotidiana acumulada para reconstruirla de un modo abstracto y ahistórico, y que de esta manera exhibe también un carácter revolucionario contra el cual reaccionó tan violentamente la Escuela Histórica de jurisprudencia del siglo diecinueve— se presenta así como un esfuerzo por articular, a la manera de una distorsión antitética, la Tesis de Dios. La Tesis de Dios es nuestra norma; esta cosa perversa que surge en los "designios" del corazón del hombre, vista a la luz de la Tesis como una distorsión producida por los engaños de ese antiguo y primer rebelde, el diablo, se ofrece a sí misma como un *tipo de norma*. De este modo podemos fijar el significado religioso de los movimientos políticos del mundo moderno.

TRES ACTITUDES EMERGEN DE LA REVOLUCIÓN

Usted está familiarizado con la historia de la Revolución Francesa. Es tan fundamental que debemos regresar constantemente a ella. De qué manera la "gloriosa" marcha revolucionaria hacia adelante y arriba en el nombre de la diosa Razón tan rápidamente se convirtió en el baño de sangre conocido como Reino del Terror. No tenemos tiempo aquí para describir esta repentina y horrenda metamorfosis. Es importante notar ahora que el Terror forzó a los hombres a rendir cuentas de lo que había sucedido. Y así resultó que de los violentos y torturantes eventos revolucionarios emergió un cierto número de actitudes humanas distintas que ahora trataré de describir.

1. *Los creyentes consistentes*

Estaban, primero, los *creyentes consistentes*. Algunos hombres, viendo el baño de sangre en todo su horror, continuaron determinados en un curso directo. Creían plenamente en su causa, la cual era que la religión, y específicamente la religión cristiana, había sido una superstición mala que había impedido a los hombres ese dominio completo de las condiciones de su existencia que traería paz y bendición sobre la tierra. Querían liberarse enteramente de su esclavitud pasada a tales ataduras y entregarse de todo corazón a la tarea de la autorredención. Podían hacerlo con el poder de la razón. La razón mostraría el camino hacia el increíblemente glorioso futuro de la humanidad. Pero tenían que seguir sus exigencias. *Tenían que ser consistentes sin importar qué.* Aquellos que habían aprendido a aplicar de la mejor manera sus poderes racionales a la conquista del entorno eran los que hablaban con la propia autoridad de la razón; fueron líderes del racionalismo (una distorsión de la idea de oficio).

Suponga ahora, por un momento, que usted realmente *cree* en esta teoría racionalista y que usted es uno de los miembros de la élite del pensamiento racional y la planeación; uno de los miembros del consorcio cerebral. Cómo actuaría cuando el bienestar o el sufrimiento de la humanidad depende de la decisión racional que *usted*, como pensador de élite, debe hacer en un momento específico de la historia, en ese momento en que la eternidad parece concentrar su peso de significado sobre usted y usted está, por así decirlo, infinitamente consciente de que su decisión involucra la salvación o la destrucción de la raza humana. Usted es el experto, no lo olvide, el único que ha racionalizado todos los factores y sabe cuál es realmente la situación. Y ahora usted *hace* su decisión. Ésta es, sin duda, el camino prescrito por la razón; es la Palabra-Ley. Pero entonces algún insignificante campesino o trabajador se pone de pie en una reunión política por allí y dice: no queremos eso; queremos libertad para seguir nuestro propio camino. Y ahora usted, el experto en pensar que ha analizado exhaustivamente la situación de un modo racional, sabe que el curso deseado por su impertinente pequeño opositor sería desastroso, algo como genocidio o suicidio de la raza. ¿Cómo miraría a esta persona que le hace resistencia? Pero claro que como una amenaza para la humanidad. Tal reacción por parte de un racionalista realmente creyente es comprensible. Los expertos en pensar pensarán para sí mismos: Pero hemos estudiado todos los factores involucrados. Nosotros solos podemos ver cuál es la situación y qué requiere. Si estas gentes no nos siguen se autodestruirán. Así que *tienen* que seguirnos. Y si no, *¡que les corten la cabeza!*

Su idealismo abstracto

No es que los de la élite racionalista sean asesinos malvados. Desde luego, en la Revolución Francesa algunos de los responsables del Terror fueron hombres de un calibre muy grande y de noble sentimiento. Pero al mismo tiempo carecían de compasión y fueron implacables porque creían que el principio gobierna la vida y que se tenía que hacer prevalecer el principio verdadero. Ellos, la élite de la razón, con su análisis racional y planeación técnica tenían que hacer al mundo seguro para todos sus habitantes. Las masas desinformadas y necias tenían que ser forzadas a obedecer los claros dictados de la razón. Después de todo la *salus* de todo el pueblo, incluso de todos los pueblos, se hallaba en juego. Así que procedieron a cortar cabezas. Por una devoción de corazón indiviso a su principio. Fíjese usted, por un (¡algo abstracto, de seguro!) *amor a toda la humanidad.*

Nunca debemos pasar por alto esta motivación idealista de muchos creyentes en la causa racionalista. Estoy seguro, por ejemplo, de que muchos creyentes en el comunismo han experimentado precisamente una motivación tal. El hecho es repetidamente testificado por aquellos que posteriormente "perdieron la fe", como por ejemplo Whittaker Chambers en su profundamente conmovedor libro *Witness* [*Testigo*]. Cuando ofrecemos una versión de las horribles acciones de los revolucionarios, no debemos minimizar esto. Dostoievski ha escrito varias veces acerca de las posibilidades destructivas e incluso criminales de la razón.

En *The Possessed* [*Los poseídos*], se muestra a un grupo de intelectuales políticos como poseídos por diablos, listos para conjurarse, mentir, incluso matar por los ideales abstractos del progreso, la razón, el socialismo.[8]

Su concepto revolucionario de libertad

Estos *creyentes radicales* en la causa de la revolución estaban en su camino (la idea moderna del progreso). Se liberarían de la superstición y las cadenas que los habían restringido en el pasado y avanzarían hacia la libertad —no hay leyes, excepto las que sean libremente autoimpuestas en su cálculo de su interés propio— en la naciente Edad del Hombre. No había un orden revelado de la creación (e.e. soberanía de las esferas) ya dado ahí, *para* el cual estuvieran hechos, que los guiara en sus actos; el mundo era un mundo plenamente *abierto* y la experimentación si fin era la ruta libre a recorrer. No hay estructura-ley para el matrimonio, no hay familia, no hay una semana de siete días enraizada en la voluntad de Dios. Hay que intentar las comunas, una semana de diez días, la cohabitación regulada por el Estado. Esta es la mentalidad que caracterizó a la Revolución china. ¡Parece haber sido tan *verdadera* allí como siempre lo ha sido en revoluciones previas! Los revolucionarios siempre están involucrados en un esfuerzo *contra* la estructura de la realidad, pero también ésta siempre los detiene. Pues Dios mantiene su verdad; son restringidos por el divino orden nómico, también en los "oficios" que Cristo mantiene. Los revolucionarios no conocen ni aman la verdad de que ser libre es ser redimido de los engaños de ese antiguo rebelde, Satanás, y vivir para Dios en términos de la ley que nos puso y para la cual nos hizo. Buscan "libertad" pero se encuentra encadenados por doquier. Humillados y derrotados, se ponen de pie otra vez y siguen peleando. Quieren, por encima de todo, ser "libres". Algunas veces tales "creyentes" no se hayan lejos del Evangelio del Reino. Como cristianos, debemos tener una palabra significativa para ellos y no pasarlos de largo.

2. Los creyentes "resignados"

Además de los creyentes radicales o seguros había un segundo grupo, cuya actitud hacia el Terror viene a algo como esto: la idea de la revolución está bien pero simplemente no podemos soportar todo ese derramamiento de sangre. Este grupo no objeta los principios de la revolución, sino sólo la *rapidez* y *completud* con las que procedieron a instaurarlos los creyentes seguros. Querían viajar en la misma dirección pero a un paso más lento. Fueron enteramente abstractos en su lógica y más prestos para acomodarse a los

---

[8] W. Barret, *Irrational Man* [*El hombre irracional*].

requerimientos de la situación inmediata. Podrían ser llamados los creyentes *resignados*. Defendían abiertamente la "libertad" y también para ellos la libertad significaba romper las ataduras que los habían tenido sometidos en el pasado a la autoridad "espiritual" y "secular", y construir un futuro sobre el fundamento de la Ilustración racional. De modo que eran progresistas de corazón: habiendo roto, como primera generación enteramente ilustrada, con el control que las pasadas supersticiones y prejuicios tenían sobre ellos, no podían mirar hacia el pasado en búsqueda de guía, sino sólo hacia un futuro enteramente abierto de nueva construcción, innovación y novedad. El progreso era lo nuevo que llegaría. Sólo que el programa no debía ser llevado a efecto de una manera tan despiadada. Para garantizar el éxito, los líderes de la revolución tendrían que habérselas más concretamente con la situación existente. Éstos eran los moderados o liberales de la revolución.

3. *La reacción conservadora*

Una tercera reacción a la violencia de la revolución criticó las ideas fundamentales del movimiento revolucionario pero no las criticó de modo suficientemente fundamental. Los hombres que compartieron este punto de vista general representaron varias tradiciones y sostuvieron la posición común por varias razones. Lo que tenían en común era un temor al razonamiento abstracto de los revolucionarios, a la tendencia arrasadora de sus ideas, a su rechazo radical al pasado (no ilustrado) en favor de la innovación y lo nuevo. Estos hombres estuvieron opuestos al innovacion*ismo*, al progres*ismo*. Deseaban conservar los valores del pasado, el orden social tradicional, los modos establecidos. Algunos eran conservadores muy oportunistas, que deseaban por sobre todo aferrarse a sus tierras y riqueza heredadas, a sus posiciones y privilegio. Pero muchos creían realmente en un orden que es previo a nuestro hacer. Una gran parte del grupo estaba indudablemente constituido por aquellos que todavía representaban, aunque fuera vagamente, la antigua idea sintética de la cristiandad medieval, transmitida en Inglaterra, por ejemplo, por los influyentes escritos de Richard Hooker. La debilidad que caracteriza a todo pensamiento de síntesis es la debilidad de este grupo. No se hace ningún intento por traer la luz integral de la Tesis a incidir en el origen religioso antitético de la ideas revolucionarias. Hablan del dedo de Dios en la historia, del designio, incluso de la operación providencial en el lento moler del molino de la historia. Pero, junto con los cristianos que en sus propias mentes pueden estar de algún modo pensando en el Dios de la Escritura, hay otros que están pensando en términos de la jerarquía de formas de Aristóteles, o del reino de puras esencias inteligibles de Platón, o del logos cósmico estoico —en otras palabras, en un orden *inteligible* del mundo. Es precisamente la síntesis que intenta una fusión de estas antitéticas construcciones filosóficas griegas con la revelación escritural del orden nómico de Dios. Cuando este grupo se refiere a Dios y al "dedo de Dios" o providencia lo que quiere es satisfacer tanto a los cristianos como a los hombres de los antiguos modos griegos de pensar. Tal y como lo ve en Tomás de Aquino. Un orden intelectual del orden natural, modelado siguiendo a Platón y Aristóteles, *y la revelación de que hay un orden de la creación, pero éste entendido en el sentido del primero.* Es esta actitud de síntesis lo que impide que el conservadurismo se convierta en un movimiento político genuinamente cristiano que pudiera resultar influyente, incluso decisivo, en nuestro perturbado tiempo. Pues el conservadurismo, fundamentalmente, al igual que la mente racionalista de los siglos diecisiete y dieciocho que profesa despreciar en tantos puntos, tiene miedo a una vida cultural religiosamente dividida. Debe, por lo tanto, apelar a los hombres *razonables* y es así que nunca llega al fondo de la crisis de nuestra cultura.

He aquí, brevemente bosquejadas, las tres actitudes básicas que emergieron claramente del holocausto de la Revolución Francesa: los creyentes seguros, frecuentemente llamados radicales, quienes determinaron la *dirección* original de la vida política en la nueva era revolucionaria; los progresistas moderados o liberales, quienes siguieron por principio en la misma dirección pero más gradualmente, acomodándose más a las circunstancias existentes; y los conservadores, quienes vieron más cosas en el pasado que deberían ser conservadas y consecuentemente reaccionaron contra el innovacionismo abstracto de los revolucionarios.

EL ANÁLISIS DE UN HISTORIADOR CONTEMPORÁNEO

Éste es esencialmente el análisis que Groen van Prinsterer hizo ya en los 1830s. Para mostrarle que no es meramente la visión de un cristiano holandés reformado decimonónico, déjeme referirlo a uno de los más destacados historiadores de la cultura de los Estados Unidos, el historiador de Harvard Crane Brinton, quien dice sustancialmente lo mismo. Esta declaración suya ocurre en su excelente libro *Ideas and men*:

> No podemos entrar aquí en el curso de la Revolución Francesa —la cual fue occidental en sus repercusiones, no meramente francesa. Para sus autores, así como para sus enemigos, fue un campo de experimentación para las ideas de la Ilustración. Aquí se llevó a efecto en realidad el experimento de abolición del antiguo mal ambiente y la instauración del nuevo buen ambiente. El experimento produjo el Reino del Terror, Napoleón y una guerra sangrienta. Es obvio que algo salió mal. No obstante, los líderes intelectuales de la humanidad de ninguna manera extrajeron la simple conclusión de que las ideas detrás del experimento eran completamente erróneas. Extrajeron desde luego muchas conclusiones, y a partir de estas conclusiones es comprensible mucho de los siglos diecinueve

y veinte. En los siguientes capítulos haremos una división muy burda entre aquellos que, aunque impactados por la Revolución, siguieron sosteniendo las ideas básicas de la Ilustración, con el tipo de modificaciones apropiadas para la gente respetable de la clase media; aquellos que atacaron estas ideas como básicamente falsas; y aquellos que atacaron estas ideas, al menos como estaban incorporadas a la sociedad decimonónica, como básicamente correctas pero distorsionadas o no logradas o no llevadas lo suficientemente lejos. Poniendo el asunto en términos tomados de la política, consideraremos los puntos de vista del centro, la derecha y la izquierda.[9]

Brinton pone al partido que gradualmente prevaleció en la vida política, los moderados, en el centro, a los radicales a la izquierda y los conservadores a la derecha. Esto es práctica común. Como puede ver, ¡el acuerdo con el análisis que Groen hizo hace cien años es impactante!

LOS ESTADOS UNIDOS FUERON ARRASTRADOS POR LA CORRIENTE REVOLUCIONARIA

Muchos cristianos estadunidenses siguen creyendo que los Estados Unidos de América es esencialmente una tierra cristiana, y que el movimiento revolucionario que hemos estado describiendo ha tenido poca, si es que alguna influencia aquí. Sólo puedo decir que esto no es el caso. Ya me he referido a la influencia de John Locke y los deístas sobre Voltaire. Su influencia sobre los padres fundadores de los Estados Unidos es también bien conocida. Ningún hombre por sí solo ha tenido más influencia en el pensamiento político de los Estados Unidos que Locke. En realidad, ha sido más influyente aquí que en Inglaterra. Más aun, Crane Brinton habla de la cosmovisión del siglo dieciocho, modificada como lo ha sido en los dos últimos siglos, como "todavía en el fondo nuestra cosmovisión, especialmente en los Estados Unidos",[10] y escribe nuevamente que nosotros los estadunidenses somos ahora los principales herederos y representantes de lo que llama "la actitud hacia el mundo" de la Ilustración.[11] William Barret también está ciertamente en lo correcto cuando cuando dice que "los dos principales competidores en la actual situación internacional están ambos enraizados en la Ilustración", en tanto que "reflejen cualquier concepción general del hombre". De Estados Unidos, en particular, escribe que "fue fundado en el siglo dieciocho, en el apogeo de la Ilustración, y por hombres que participaban en la clara racionalidad de ese periodo". Su conclusión es que "de lo que el estadunidense

---

[9] C. Brinton, *Ideas and Men* [*Ideas y hombres*], p. 410. También en *The Shaping of the Modern Mind* [*La formación de la mente moderna*], p. 146.
[10] C. Brinton, *The Shaping of the Modern Mind*, p. 21.
[11] *Ibid.*, p. 139.

no se ha hecho consciente aun es de la sombra que rodea a toda Ilustración humana".[12] Podría llamar a Cassirer a testificar, y a un ejército de otros de nuestos mejores historiadores. Déjeme simplemente referirme a un artículo altamente significativo que apareció en la revista *Fortune* en el número de febrero de 1951. El principal artículo de este número empieza en la página 69 y lleva el significativo título: "La proposición estadunidense: una revolución permanente en los asuntos del hombre". La revolución permanente —este es, de acuerdo con la revista *Fortune*, el significado de los Estados Unidos. El escritor de este artículo dice que "los EUA representan una revolución en los asuntos humanos que había estado en preparación durante muchos cientos de años, pero que fue realmente acometida en el siglo dieciocho y ha sido llevada a cabo desde entonces". Describe esta revolución como "la del individuo humano contra todas las formas de esclavitud; contra todas las formas de poder terrenal, ya sea espiritual, político o económico, que busquen gobernar al hombre sin consultar su voluntad individual" (!). Dice que "en esta revolución hay una proposición que llamamos la proposición estadunidense debido a que se encuentra enunciada muy sucintamente en los escritos y discursos de los fundadores de este país. Pero a los ojos de aquellos fundadores no era meramente una proposición para los estaduni-denses; era universal: una proposición para la humanidad que señaliza no meramente una revolución americana, sino una revolución humana" (!).

LA REVOLUCIÓN PERMANENTE

El mismo artículo habla de la Revolución estadunidense como de la revo-lución *permanente* (experimentación progresiva continua), y el escritor sugiere que esta frase fue una invención de León Trotsky. Pero permítame citar a Groen van Prinsterer, quien declaró en 1860:

> pero cómo pueden olvidar [los amigos cristianos de van Prinsterer] ...que el trastocamiento en las áreas religiosa, política y social, que no una revolución temporal sino una condición, un estado de cosas revo-lucionario, *que la revolución permanente fue y sigue siendo la consecuencia ineludible de la negación de la dependencia del hombre con respecto a...Dios.*[13]

Este es Groen en 1860. A la luz de la Tesis, la Palabra de Dios, Groen "vio" lo que transpiraba y fue capaz de proveer un auténtico entendimiento y análisis de la verdadera situación. Esta es la situación en el mismo corazón de la cual se encuentran también ubicados los estadunidenses. Es la situación universalmente prevaleciente en nuestro mundo occidental. ¡Si los cristianos a lo largo y ancho del mundo occidental hubieran tan solo escuchado hace cien años a Groen, el profeta!

---

[12] W. Barret *Irrational Man*, pp. 241ss.
[13] "Le Parti Anti-révolutionaire et Confessionel dans l'Eglise Réformée des Pays-Bas" ["El Par-tido Antirrevolucionario y confesional en la Iglesia Reformada Neerlandesa"].

EVALUACIÓN DE LOS RADICALES Y LOS LIBERALES

Después de que la primera etapa de la Revolución había seguido su curso, la dirección de la vida política occidental recayó en gran medida en los liberales o moderados, para quienes los radicales o creyentes seguros aparecían como extremistas. Acordemente, hoy la mayoría de las personas piensan en la izquierda — e.e. los socialistas y comunistas — como el partido del extremo. Es saludable, por lo tanto, hacer que Groen nos recuerde, como lo hace en su famoso libro *Ongeloof en Revolutie* (*Incredulidad y revolución*) que el grupo que así llamamos extremista es realmente el partido de la fe, el de los hombres que creyeron que el principio dirige la vida y que tuvieron el valor de vivir conforme a su fe. En esta conexión, es interesante notar que Whittaker Chambers en *Witness* (*Testigo*) habla de los comunistas como el único segmento de la humanidad que todavía tiene fe en algo. (Aquí se encuentra, entonces, una sobresaliente excepción a la apatía prevaleciente. Pero, ¡¿dónde están los cristianos?!) Los liberales, por otro lado, aunque de acuerdo con los principios que dirigían la revolución, vacilaban, se acomodaban, ajustaban su curso de acción en su propio —frecuentemente muy material— interés. Estos liberales nos han enseñado a nosotros, quienes vivimos en una historia que ellos en general han moldeado, a creer que la revolución se desvió debido a los *excesos* de los radicales. Groen el cristiano pone en claro —y este es una asunto fundamental que hay que poner en claro— que no fue el *exceso* lo que estuvo equivocado, sino la esencial *dirección* revolucionaria de los eventos. El *principium* proclamado por los revolucionarios no es el *principium* de la vida: es una distorsión antitética. Seguir su conducción, no importa a qué ritmo, sólo puede conducir a una enfermedad de la sociedad y su destrucción última, excepto por la intervención de Dios, quien siempre mantiene su tesis y contiene la destrucción que perpetran los malvados.

Groen tenía respeto hacia los radicales de la revolución en tanto que eran *creyentes*. Habían visto algo de la estructura real de la vida. Su influencia era destructiva porque tenían una creencia falsa y abstracta. Habían puesto su fe en una razón abstractamente concebida, un ídolo. Los liberales, de seguro, se movían generalmente hacia adelante en la misma corriente revolucionaria, pero sus ajustes a partir de consideraciones así llamadas prácticas y utilitarias los hicieron aparecer más *zakelijk* (aplicados a los negocios) y tendían a oscurecer el principio religioso impulsor que aun se hallaba operativo en el curso de los eventos.

EL PELIGRO *RADICAL* DEL LIBERALISMO

El mérito del entendimiento profético de Groen fue que pudo proferir la fuerte advertencia de que la misma destrucción que el radicalismo trae consigo es inherente al liberalismo. Su iluminador y manifiestamente correcto análisis puede ser muy brevemente reproducido en dos enunciados que cita de su amigo estadista alemán Stahl en *Ongeloof en Revolutie*:

> el partido democrático [una palabra usada hace cien años y aun ahora para designar a los radicales —N. del T.] el cual es descrito por sus oponentes liberales como *el partido de la anarquía*, ofrece una crítica del partido liberal que es correcta. Pero esta crítica apropiada, que dirige a los liberales, no lo convierte en un partido correcto. Por el contrario, puesto que el mismo es una aplicación más completa y más enérgica del principio de la revolución, también es un error peor y más pernicioso que el partido liberal. De seguro, no hay nada bueno en el doble ánimo y la irresolución, pero la forma consistente del error es incluso peor que abrazarla con doble ánimo.[14]

Al primer enunciado de Stahl Groen le pega la observación de que, mientras esto es así, debemos al mismo tiempo tener presente que aquellos que abrazan el principio de la revolución inconsistentemente (los liberales) están en realidad preparando el camino para ese mismo resultado final que aborrecen. Aquí cita a Stahl por segunda vez:

> No temo la enfermedad *aguda* de la *democracia* [que aquí significa radicalismo —N. del T.]; temo la enfermedad *crónica* del liberalismo. No temo la *revolución radical*, sino más bien la *disolución gradual*.[15]

Si puedo agregar un testimonio propio, pienso que nosotros, los cristianos de hoy, debiéramos ponderar estas palabras por un largo tiempo. ¿En qué dirección está nuestra vida política lentamente jalándonos *a lo largo de los años?*

EXTENSIÓN DE "MENTE REVOLUCIONARIA"

Aunque durante el siglo diecinueve el radicalismo permaneció siendo un movimiento periférico —p.e. Saint-Simon, Fourier, Proudhon, Herzen, el populismo ruso—, el alcance de la influencia de las ideas revolucionarias se extendió gradualmente. Después de la Revolución Francesa la lucha entre las clases empezó de nuevo en Suiza, la cual se hallaba entonces tan estimulada por el ejemplo francés que el objeto no era ya meramente recuperar los antiguos derechos populares, sino introducir las nuevas "igualdad" y "fraternidad" abstractas. El año 1798 vio incluso el completo derrocamiento de la constitución suiza y el establecimiento de la república helvética. Con las subsecuentes revoluciones de 1830 y 1848, la mente secularista del liberalismo fue llevada a las grandes masas de trabajadores quienes, como resultado

---

[14] G. van Prinsterer, *Ongeloof en Revolutie* [*Incredulidad y revolución*], p. 170, n. 24.
[15] *Ibid.*

de la Revolución Industrial y sus injusticias, estaban empezando a encontrar su voz colectiva. Sobre los conservadores cayó la tarea extremadamente pesada de intentar resistir la tarea revolucionaria. De este modo, el paisaje político del siglo diecinueve llegó a estar dominado por las dos figuras del liberalismo y el conservadurismo.

LIBERALISMO VS. CONSERVADURISMO

Tan cautivado había sido el hombre occidental por este arremetedor espectáculo, que la elección entre el progresismo de los liberales y el (originalmente) firme rechazo por los conservadores de la superficial y abstracta "Razón" de la Ilustración en aras de la sabiduría acumulada de las edades, fijada en la prescripción y el prejuicio, la tradición y el hábito, no podía sino aparecer como la elección más fundamental con la que estarían confrontados. Este es el punto de vista que el siglo veinte ha heredado (pero en una forma modificada a ser todavía descrita). Se dice que la disyuntiva política, la alternativa política, la elección radical en la vida *política* es la del liberalismo *versus* el conservadurismo.

ÉSTA NO ES LA ALTERNATIVA BÁSICA

Me aventuré a sugerir arriba que el contraste entre el conservadurismo y el liberalismo o progresismo nunca ha de ser identificado con la diferencia en dirección (religiosa) radical que hay realmente en la vida humana y que, en un desarrollo histórico sano, deberá alcanzar *articulación política*. En el mandato cultural que, como parte de la ley divina para la vida, define nuestra tarea en el mundo, hay tanto un elemento conservador como uno dinámico o progresista. A Adán se le ordenó que mantuviera y adornara el jardín. La conservación y el progreso no son las elecciones alternativas de una disyunción (que juntas agoten las posibilidades y sean mutuamente exclusivas); son, de hecho, aspectos *complementarios* de la tarea humana integral. (Veremos en un momento que la organización de la vida política en los dos partidos del conservadurismo y el liberalismo ha conducido finalmente al franco enunciado de que son complementarios entre sí.)

Vimos, más aun, que para que esos dos términos sean significativos, deben ser vistos en relación con una norma que se encuentra por encima de ellos, a saber la ley de Dios que declara lo que es bueno y lo que es malo. Con respecto al progreso, la cuestión crucial no es la impaciente de los revolucionarios, acerca de cuán aprisa estamos avanzando, sino la de si estamos avanzando *en la dirección buena*. No todo cambio es mejora o progreso. Hay un orden de la creación para dirigirnos, el conocimiento del cual ha sido republicado en Cristo Jesús. Este es el verdadero progreso, o lo bueno en su aspecto progresista: Que se dé una medida creciente de obediencia a esta voluntad revelada de nuestro creador y redentor, de modo que se logre el propósito del advenimiento de Cristo al mundo y de nuestra vida en el mismo como agentes de su reconciliación, e.e. que todas las cosas sean regresadas a una correcta relación con el Padre. Por otra parte, lo viejo que ha llegado a nosotros del pasado no es ni totalmente bueno ni totalmente malo. La obediencia y desobediencia religiosa de generaciones pasadas, y el efecto del testimonio y contención de Dios, son elaboradas en la capacidad formativa de los modos e instituciones tradicionales, las prescripciones y prejuicios que heredamos y transmitimos. Las formas de nuestras instituciones y organizaciones expresan una creencia acerca de la naturaleza de nuestra vida y de cómo sus problemas han de ser abordados y resueltos. Este pasado heredado debe ser proféticamente juzgado a la luz de la norma (Tesis). El profesor Vollenhoven resume el tema muy limpiamente. Ver este asunto del conservadurismo y el progresismo a la luz de la central ley divina del amor es ver

> que no podemos resignarnos a o consentir en lo que es malo, no importa con que títulos de rancio abolengo pueda venir a nosotros o rodeado de qué halo de gloria sin precedentes pueda presentársenos, y... que en la lucha por lo que es bueno no hemos de quedarnos sin un testimonio aunque al principio a duras penas pueda llamar la atención de los conservadores o los progresistas".[16]

PERO EXPLICA LA SACROSANTIDAD DEL SISTEMA BIPARTIDISTA

Hemos visto ya cómo resultó que, cuando en el curso del siglo diecinueve la posibilidad de participar en la determinación de la dirección de la vida del Estado se abrió a las masas de hombres recién despertadas, la organización de la vida política recayó, con excepción de los movimientos radicales más o menos periféricos, en las dos supuestas direcciones del liberalismo y el conservadurismo. En un cierto momento profundo de la historia del hombre occidental, esta elección apareció en el horizonte político como la elección decisiva y radical de la humanidad. Esto explica el sentimiento de alta estima por el sistema bipartidista y su deseabilidad ideal, un sentimiento que frecuentemente se aproxima a atribuirle un carácter sacrosanto. Nosotros sabemos que esta elección no es la elección radical entre el bien y el mal. Pero no podemos consentir a esta situación diciendo que hay mal por doquier en esta vida y nada es un bien sin mezcla. El asunto es una cuestión de *principio*. (Un tercer "camino medio" propuesto no ayuda; tal "medio" está completamente definido por los dos "extremos", los cuales en este caso no son extremos genuinos.) Hay varias observaciones qué hacer sobre esto.

---

[16] D. H. Th. Vollenhoven, *Conservatisme en Progressiviteit in de Wetenschap* [*Conservadurismo y progresividad en la ciencia*] (Kampen: Kok, 1960).

ULTERIOR ANÁLISIS DEL LIBERALISMO

En primer lugar, el liberalismo que generalmente tomó el control en la dirección de la vida política no fue, como ya lo he indicado, una articulación radical o consistente del compromiso religioso antitético representado por el racionalismo. Los liberales no fueron creyentes de corazón; fueron hacedores de compromisos. Habían visto correctamente la destrucción que había seguido a una aceptación con todo el corazón del pseudoprincipio de la "Razón". Si hubieran extraído la conclusión de que el principio del racionalismo era un ídolo, nada más que una distorsión de la verdad, hubieran estado en el camino correcto. Pero este no es el verdadero significado del movimiento liberal en la vida política moderna. Los liberales no ofrecieron ninguna crítica por principios a la fe de los radicales; meramente criticaron lo despiadado de su ejecución. Querían un curso ordenado y quieto de los eventos, lo que alguien ha llamado la "revolución silenciosa". Estos capitalistas burgueses, destetados del cristianismo, absorbieron el espíritu de la Ilustración. Pero necesitaban paz y quietud para sus intereses de negocios. Se acomodaron a lo que llamaron la situación factual. Se ajustaron a los hechos.

Los liberales, sin distanciarse de los principios que dirigían el radicalismo, se convirtieron en hábiles ajustadores. Dijeron que permitían que la situación inmediata los guiara. Desde luego, uno nunca puede entender la situación "factual" inmediata más que a la luz de un principio. Y eso es justamente lo que estaba faltando en el liberalismo. Reculando de las consecuencias de vivir de todo corazón a la luz del antiprincipio o principio antitético de los revolucionarios radicales, no encontraron nada que tomara el lugar del principio mismo. O, más bien, intentaron permitir que los "hechos" tomaran el lugar de un principio. En este punto se hallan sin dirección, ciegos, a la deriva con los inmediatos así llamados hechos de ocupación cotidiana para tener un modo de vivir. Los liberales se volvieron oportunistas. O "flexibles", como les gusta decirlo. Pero en realidad significa ciegos, y si Dios no hiciera que su Tesis incidiera con fuerza también sobre ellos, se hallarían *completamente* perdidos. La dificultad con su posición es que la situación "factual" de la que hablan es una cosa religiosamente mezclada, en la que la obediencia y desobediencia religiosas del comportamieno humano pretérito se hallan entretejidas, y que para lograr salir de esta miserable situación presente hacia la gloria de la salvación futura se requiere la dirección de un principio que sea seguro, de modo que podamos "ver" que hemos de hacer y trabajar de un modo verdaderamente *reformativo*, para traer todo a sujeción al gobierno de Dios, de acuerdo con su santo orden de la creación.

El liberalismo no reforma de acuerdo con la norma, y nada más que eso es nuestro llamamiento humano. Al rechazar la guía de la Palabra de

Dios, el liberalismo no puede ofrecer ninguna resistencia al pseudoprincipio antitético de la revolución. En realidad, en la medida en que algún principio *debe* estar presente, es el principio de la moderna revolución racionalista. Pero, al mismo tiempo, su horrendo carácter revolucionario queda oscurecido bajo su "flexible" convivencia con los "hechos" (a los que, dicho sea de paso, los científicos les seguirán la pista para nuestra conveniencia: ¡el cientificismo!). El liberalismo tira constantemente hacia la izquierda, sin que seamos conscientes de ello. Groen tenía razón al temer la *geruisloze revolutie* [revolución silenciosa].

ULTERIOR ANÁLISIS DEL CONSERVADURISMO

Del mismo modo, el movimiento conservador, que había encontrado su voz "antirrevolucionaria" en Edmundo Burke (*Reflexiones sobre la revolución en Francia*, 1790) y en varios escritores continentales [europeos], frecuentemente catolicorromanos, fue más capaz que el liberalismo de ofrecer una *resistencia con principios* a la gradual pero constante "deriva hacia la izquierda". En verdad, los conservadores estaban opuestos al innovacionismo. No aceptaron la doctrina arrasadora de la "razón" común; rechazaron la noción de que no hay más orden que el efectuado por la *ratio* "ordenadora". Pero el conservadurismo no estaba dispuesto a tratar radicalmente con la raíz *religiosa* de la revolución.

IMPORTANCIA DE GROEN VAN PRINSTERER

Esto fue lo que vio Groen van Prinsterer, y su entendimiento profético y obediencia evangélica lo elevan por encima de todos los otros conservadores de su tiempo. Fue lo que lo condujo a romper con el conservadurismo. Su acto de obediencia evangélica le ha dado a los Países Bajos en los siglos diecinueve y veinte una historia política diferente de la de los países anglosajones. La diferencia no es un asunto de diferencias nacionales o raciales: es una diferencia en entendimiento religioso. En su entendimiento religioso Groen fue más allá del conservadurismo. Su análisis fundamental puede resumirse en una o dos frases: "Para eliminar el mal no es suficiente combatir sus síntomas, sino que *se tiene que eliminar el germen*. El único antídoto a la incredulidad sistemática es la creencia".[17] Fe radical e integral, diríamos.

NUESTRA URGENTE SITUACIÓN

El *principio* del racionalismo era (y sigue siendo) malo. Había necesidad de una *resistencia con principios*. Esto se necesitaba en el tiempo de Groen;

---

[17] *De Antirevolutionaire en Confessionele Partij in de Nederlands Hervormde Kerk* [*El Partido Antirrevolucionario y Confesional en la Iglesia Reformada Neerlandesa*], pp. 67ss.

hoy hay apenas una última oportunidad para que los cristianos traigan el Evangelio de Jesucristo a la esfera política. Esto es hoy un asunto de la mayor urgencia. Es una cosa terrible que por todo el mundo los teólogos y "hombres de la iglesia" muy raramente dan muestras de apreciar este problema. Frecuentemente su falla —pues eso es precisamente lo que es—, estoy convencido de ello, ha de atribuirse al hecho de que su entrenamiento y experiencia tradicional los han influenciado a ver la Palabra de Dios como una fuente para sus juicios teológicos y práctica eclesiástica. Pero todos nosotros, si hemos de tener una palabra poderosa y redentora para nuestros tiempos, debemos redescubrir la Palabra de Dios como el principio director de nuestra vida entera.

IMPOTENCIA DEL CONSERVADURISMO PARA CAMBIAR LA MAREA

El conservadurismo fue más sensible que el liberalismo al hecho de que el *principio* operativo en el nuevo movimiento político y que lo conducía en su curso era un principio erróneo. Pero el conservadurismo no estaba en posición de reafirmar la Palabra de Dios en su sentido revelatorio integral como el único antídoto posible. Desde el comienzo, el movimiento político conservador pertenece al mundo moderno. Edmundo Burke provenía de un trasfondo *Whig** y había asimilado muchas nociones del humanismo y la "Ilustración" prevalecientes. Nadie pensaba en articular políticamente la división religiosa entre la aceptación de la Palabra de Dios como principio directivo integral de la vida y la aceptación de un pseudoprincipio antitético. En los círculos cristianos, el teologismo, el misticismo y el pietismo habían ya debilitado sobremanera cualquier entendimiento que los cristianos hubieran tenido del sentido *escritural* de la Palabra de Dios y la religión cristiana. Pero, más allá de eso, el conservadurismo no fue un movimiento específicamente cristiano. Esto explica su *impotencia para cambiar la dirección religiosa que la vida política había tomado.*

El conservadurismo apelaba a un orden racional o inteligible que era visible en la historia, un orden con el que el hombre *racional* pudiera tratar y hablar. Debido a que los cristianos, desde el tiempo de los padres de la iglesia tempranos, habían intentado hacer una síntesis de los (religiosamente antitéticamente dirigidos) resultados de pensamiento de los pueblos antiguos clásicos con la revelación de Dios en su Palabra, habían sido incapaces de ver los peligros de asumir un testimonio político común con los incrédulos y generalmente se habían unido a los conservadores en un movimiento *contra* los movimientos revolucionarios. Desafortunadamente para el mundo moderno entero, el conservadurismo no podía ser genuinamente

---

* Los *Whigs* en Inglaterra son los aristócratas, terratenientes y nobles; actualmente integran en el Parlamento la bancada de los lores. [N. de los T.]

*anti*rrevolucionario. Groen van Prinsterer, el confesante del Evangelio, sí lo fue, pero con principios.

Los cristianos debieron haber testificado el orden de la creación que está anclado en la voluntad del creador (y republicado en el Evangelio) y los divinamente ordenados (y revelados) *oficios* en la vida humana, en los que el hombre en su oficio triple como profeta, sacerdote y rey es llamado por Dios a "positivar" (a dar forma positiva en la historia a) la ley central del amor para los varios sectores de la vida humana en las constantemente cambiantes circunstancias. Entonces hubieran estado compelidos a romper con las estáticas, intelectualistas y reduccionistas teorías de la ley natural, y hubieran introducido en la discusión cultural moderna una palabra viva (de la revelación de Dios), muy relevante y urgentemente necesitada. Pues necesitamos una ley segura que no obstante permita el desarrollo histórico dinámico por parte del hombre.

RELACIÓN DEL CONSERVADURISMO
CON LA ESCUELA HISTÓRICA DE DERECHO

Pero el conservadurismo no hizo nada por el estilo. El conservadurismo cae en una identificación del orden de Dios (el cual siempre permanece como norma o ley para el desarrollo histórico, acerca del cual el hombre en la historia siempre debe profetizar) con *lo que se ha desarrollado en la historia.* A las construcciones de pensamiento abstractas racionalistas de Voltaire y Rousseau, y la famosa *Déclaration des droits de l'homme et du citoyen* [*Declaración de los derechos del hombre y del ciudadano*] Burke opuso el *crecimiento orgánico* de la ley constitucional y las instituciones inglesas. El movimiento conservador se volvió un estrecho aliado de la Escuela Histórica de Derecho. Nos dice Cassirer que "los fundadores de la Escuela Histórica de Derecho declararon que la historia era la fuente, el mismo origen del derecho. No hay autoridad sobre la historia".[18] Los derechos del hombre no son aquellos abstractamente concebidos "derechos naturales" de los revolucionarios, supuestamente sancionados por las ideas que de la ley tiene una "Razón" que es vista como la autoridad "ordenadora" última. El conservador ve la legitimación de los derechos del hombre y las instituciones en el *rancio abolengo* de estos derechos. La ley de Dios, la cual declara por doquier lo que es bueno y lo que es malo, es arrastrada a la historia e identificada con el "dedo de Dios", la elaboración gradual del derecho en el desarrollo de la historia. El religiosamente responsable lugar de oficio es rebajado e identificado con lo que en el curso de la historia ha adquirido autoridad. Así la visión escritural religiosa de la realidad ha sido reducida aquí, de hecho, a una forma de relativismo histórico. Todo lo que se haya establecido y ganado reconocimiento

---

[18] E. Cassirer, *The Myth of the State* [*El mito del Estado*], p. 228.

en el lento "crecimiento" de la historia es correcto. Aquí vemos un parentesco fundamental con la concepción "Ilustrada" de la positiva corrección de todo lo que es, la noción dieciochesca de la evolución cultural universal (el optimismo), especialmente con respecto a los "oficios" u órdenes históricamente establecidos. No hay aquí ley divina distinta y por encima del desarrollo cultural, no hay desviación o apostasía religiosa del hombre desarrollándose en sus tareas positivadoras en todas las varias áreas de su actividad vital, ninguna necesidad de *reforma* religiosa en todas aquellas áreas por hombres cuyos corazones hayan sido renovados, iluminados y dirigidos por la soberana Palabra de Dios, quienes son restaurados por Dios en el Oficio y los oficios. ¿Es todo el cambio histórico "crecimiento orgánico"? ¿No hay conflictos *irresolubles* en la historia, que expresen una *antítesis fundamental de dirección religiosa* en la vida humana? Poner estas pregunta aquí es suficiente para señalar el trasfondo antiescritural del pensamiento conservador.

DERRUMBE DEL RELATIVISMO HISTÓRICO

Una vez habiendo tomado esta posición dentro del desarrollo histórico, el conservador está perdido. Pues la historia se nos presenta en un flujo continuo. Al comienzo los conservadores, fieles a su criterio de *derechos históricamente adquiridos*, defendieron los órdenes y clases de la sociedad europea, intentaron mantener —contra las innovaciones de la nueva sociedad, concebida de un modo "puramente racional"— las antiguas condiciones patriarcales, la sociedad como un "organismo". Pero, de modo directo, su problema real empezó a presionarlos. Si los derechos son históricamente adquiridos, ¿qué hay de los "derechos" del nuevo movimiento revolucionario? Este movimiento estaba ganando un amplio apoyo entre las clases industriales en ascenso (porque éstas también ignoraban o eran ajenas a una visión escritural de su vida) que se habían consolidado en el tiempo de Napoleón. ¿Qué tan lejos tenía que ir *este* desarrollo histórico, y por cuánto tiempo tenía que prevalecer, antes de integrarse también al lento "crecimiento" de la historia? En otras palabras, ¿qué tan rancio es el rancio "abolengo"? ¿Qué tan felices hubieran estado los cristianos que se apegaban al movimiento conservador con su "ideología" conservadora en un país asiático o africano, donde la iglesia cristiana carecía de derechos históricamente adquiridos mientras que, digamos, el canibalismo sí los tenía?

DETERIORO DEL CONSERVADURISMO

El conservador, a menos que se hiciera más consciente de la urgente necesidad de una respuesta radicalmente cristiana a los problemas involucrados,[19]

---

[19] Como lo hizo Groen van Prinsterer, en principio, en los Países Bajos, aunque él también haya permanecido enredado *en su pensamiento teórico* en esta Escuela Histórica de Derecho, de

podía recaer en una defensa reaccionaria del pasado, de intereses *ya* creados, y perder así toda relevancia genuina, carecer de una comprensión significativa de lo dinámico, lo novedoso en la historia; o podía encontrarse en la infeliz posición de ir detrás de los más progresistas logros de los liberales (o los espíritus más radicales), sirviendo principalmente como un freno al movimiento dinámico de la innovación. Especialmente, conforme el poder de la fe cristiana menguaba en una Europa que se secularizaba rápidamente y la creencia en la metafísica (las antiguas concepciones griegas acerca de un orden inteligible, por ejemplo, libres de o mezcladas con elementos de la revelación bíblica) se aproximaba a su derrumbe, la posición del conservadurismo se fue convirtiendo cada vez más en la de una corrección de camino medio, de "tómalo con calma", del curso más vital desarrollado por los liberales. Se puede ver ahora por qué se ha levantado el cargo de que "el conservadurismo como ideología carece de lo que podría llamarse un ideal sustantivo", e.e. una norma o principio propio mediante la cual pudiera desarrollar una posición distintiva. La etiqueta 'conservadurismo' ha sido utilizada para justificar *cualquier* orden existente en *cualquier* etapa de la historia y uno no encuentra en los círculos conservadores ninguna indicación del carácter de las instituciones políticas y modo de vida que el conservadurismo como ideología estaría interesado en defender.

ALGUNOS MOVIMIENTOS EN LOS ESTADOS UNIDOS

Podemos ahora reconocer los dos movimientos del liberalismo y el conservadurismo como el clima de opinión en el que surgió la república estadounidense. Con respecto a la Declaración de Independencia de los EUA, hubieron aquellos hombres más Ilustrados alrededor de Jefferson que concibieron su lucha con Inglaterra principalmente en términos del razonamiento abstracto del Preámbulo de la Declaración. Pero hubieron también hombres como John Adams, a quienes les preocupaba más el "largo tren de abusos" que enumera la Declaración. Similarmente, al tratar de formular el sentido de Revolución estadounidense, algunos hablaban en términos de "derechos naturales" abstractos pero hubieron muchos conservadores como John Adams, quien defendió la Revolución como un ascenso hacia los derechos de los ingleses, hacia derechos antiguos, históricamente adquiridos. De ahí el interés que tenía Adams en que la Declaración enumerara los abusos. Es profético de la futura importancia del movimiento conservador estadounidense que Adams firmara la Declaración aunque su tendencia a la abstracta teoría "Ilustrada" no representara sus ideas sobre el sentido de la Revolución estadounidense. Encontramos ya aquí el conservadurismo,

---

modo que había un conflicto entre su percepción religiosa de la situación y las inadecuadas estructuras teóricas mediante las cuales intentaba formular lo que sentía.

carente de toda resistencia basada en principios, siendo *arrastrado hacia la izquierda.*

CRÍTICA RELIGIOSA DE AMBOS MOVIMIENTOS Y DE LA ESTRUCTURA POLAR

Por donde quiera en el mundo de la vida política moderna encontramos esta polaridad liberal-conservador. Ambos movimientos representan un significado que es pernicioso porque es una caída respecto del significado original del orden nómico de la Tesis de la creación de Dios. El liberalismo separa la "libertad" y el "progreso" de su conexión con la posición responsable del hombre en su oficio, donde está llamado a dar forma a la realidad en la libertad de una sujeción de todo corazón a la ley de Dios, sustentadora de la vida, y así proclama una destructiva doctrina de la *libertad.* El conservadurismo arrastra el oficio religioso del hombre hacia los órdenes y establecimientos históricamente surgidos, y por lo tanto nos presenta una perspectiva distorsionada y peligrosa de la *autoridad.* Por lo tanto, ninguno de estos dos movimientos políticos puede ser aceptable para los cristianos. Pero entonces se sigue que la organización de la vida política de un pueblo en un territorio nacional en este tipo de estructura polar es igual de inaceptable. Pues la disyunción implicada no es apropiada. Ninguna de las alternativas está correctamente formulada y hay otra posición política posible: una vigorosa articulación política del conocimiento religioso central de la divina Tesis que los cristianos tienen en Cristo. Una visión escrituralmente dirigida de la libertad y el progreso, de la autoridad, del orden social y los límites del orden político (soberanía de las esferas), de la naturaleza de la comunidad y de una genuina comunidad *política,* de la correcta manera de intentar un orden legal mundial a la luz de la división religiosa fundamental del género humano, de la manera de votar y del gobierno cotidiano en una comunidad fundamentalmente dividida en sus lealtades últimas. Donde los cristianos no permiten que su protesta *basada en principios* se escuche en contra de la actual estructuración de la vida política, y no hacen ningún intento por articular su propia fe política, difícilmente se puede decir que estén testificando en su tiempo y lugar. Pero entonces no se podrán quejar cuando encuentren que les es imposible expresarse dentro de las formas culturales de su tiempo y se encuentren así echados de la vida pública de la nación *como cristianos.*

ULTERIOR DETERIORO DEL LIBERALISMO

Hemos visto algo ya del modo en que el conservadurismo se deterioró y se vació de significado a lo largo del siglo diecinueve. Pero el liberalismo, un compromiso de los burgueses capitalistas desde el principio, sufrió ulterior deterioro. El derrumbe de la fe en las construcciones metafísicas, que caracterizó las décadas medias del siglo, enfrió cualesquiera convicciones que todavía hubieran tenido los hombres acerca de la capacidad de la "Razón" para dirigir sus vidas. En el curso ulterior del siglo estaba amaneciendo una conciencia de que los hombres no razonan igual en todas las eras y lugares. Las investigaciones antropológicas y etnológicas enseñaron a los europeos la relatividad del entendimiento racional. La creencia de la Ilustración en una razón común empezó a desvanecerse y, con ella, la fuerza del movimiento revolucionario. No tomó mucho tiempo alcanzar la conclusión de que, si el razonamiento del hombre es diferente en diferentes situaciones, no puede ser un director o principio autoritativo al frente (*a priori*) para guiarnos en la vida, sino posiblemente parte de nuestra adaptación a la vida, un instrumento más alto de adaptación a un entorno físico contingente. Donde tal conclusión fue alcanzada, los hombres se quedaron sin un principio que los guiara (porque su fe había sido un ídolo, una nada) en un turbulento mundo de estados factuales. Este desarrollo condujo al movimiento liberal también a una posición de movimiento ciego dentro de las situaciones factuales que supuestamente "decían algo" acerca de cómo actuar. Y el conservadurismo, que también compartía el efecto del desarrollo recién bosquejado, va cada vez más a la zaga. Empezamos a entender el cargo levantado por Stanley Knowles acerca del carácter anodino del conservadurismo y el liberalismo, y el fenómeno contemporáneo de la apatía política (excepto entre los creyentes radicales). Todo mundo simplemente va hacia donde los "hechos" conducen, se mueve conforme los "hechos" lo dictan.

COMPLEMENTARIEDAD DENTRO DE UNA RACIONALIDAD COMÚN

Aunque lo entendieron de modo diferente, ambos movimientos han heredado la creencia religiosa apóstata en la *unidad* fundamental de los procesos racionales del hombre (los conservadores la obtienen generalmente en la síntesis medieval de enseñanzas helenísticas acerca de las ideas *a priori* con una interpretación de Romanos 1 y 2, por ejemplo, a la luz de esas enseñanzas). Ahora bien, ambos se encuentran inmersos en una supuesta "factualidad común" que o bien habla comúnmente a los hombres o puede ser dominada mediante la aplicación de una tecnología común. Y mientras que el movimiento liberal tradicional experimenta de manera más progresista hacia una nueva y *ampliada* libertad, el grupo tradicionalmente conservador sirve como un freno a la innovación y busca mantener el orden *establecido*. Se oye hoy en día frecuentemente el argumento de que el sistema bipartidista o de dos movimientos necesariamente presupone una comunidad de compromiso con principios últimos y que los dos polos de la vida política estadounidense [y en general anglosajona], en vez de proveer *alternativas radicales*, debieran pensarse como *complementarios* entre sí. Necesitamos, se dice entonces, tanto experimentación atrevida como el mantenimiento de la continuidad histórica, pero sobre el trasfondo de una creencia fundamental. Como escribió Walter Lippmann:

Pues la tolerancia de las diferencias sólo es posible en el supuesto de que no hay una amenaza vital a la comunidad. La tolerancia no es, por lo tanto, un principio suficiente para tratar con la diversidad de opiniones y creencias. Ella misma depende del principio positivo del acomodo. El principio hace un llamado a esforzarse por encontrar *acuerdo más allá de las diferencias*.[20]

INTOLERANCIA DE LA "MENTE" MODERNA

Aquí se puede ver a Lippmann firmando la sentencia de muerte de aquellos que vivirían radical e integralmente por la poderosa Palabra del Dios viviente. El cristianismo será tolerado donde y sólo donde permita que se le integre al resto de la vida de la humanidad. La confesión de que la vida humana está caracterizada por una división *fundamental* es *intolerable*. La ironía de la situación es que Lippmann deriva una esperanza, para su esquematización racionalista, de la larga historia de acomodo que es típica de la mentalidad sintética.[21] Estamos confrontados aquí con la misma vieja —y *fundamentalmente intolerante*— aserción de la *unidad* de la raza humana al margen de una sumisión común al gobierno de Cristo de acuerdo con la Palabra-Ley de Dios. Hay, de seguro, una unidad de la raza aparte de Cristo: el esfuerzo concertado de los hombres, por ejemplo, para construir una Torre de Babel (o un mundo unido contra el gobierno de Cristo). Contra todos los tales esfuerzos, el cristiano debe mantenerse firme para salvar al género de la autodestrucción. ¿Dónde, en la perspectiva de Lippmann, puede estar —qué espacio tiene el privilegio de ocupar (con el favor del Sr. Lippmann)— para testificar la Palabra verdadera de Cristo acerca de la comunidad?

TEMOR A LAS GUERRAS DE RELIGIÓN

Se puede ver el temor a las viejas guerras de religión tras los escritos de muchos escritores contemporáneos. Es una indicación de la unidad del así llamado periodo moderno de la historia el que estemos regresando ahora al punto en que se inició la solución "moderna". Donde los cristianos viven por la Palabra de Dios, aquellos que están "fuera" no tienen por qué temer que vaya a haber nuevas guerras de religión. Pues los cristianos han aprendido en el periodo moderno que, de acuerdo con la Palabra de Dios, las armas que tienen como creyentes son las armas del Espíritu y de la Palabra de Dios, que es poderosa para cambiar los "caminos" del hombre. El peligro para la humanidad se halla en la intolerancia del radicalismo, del (así llamado) liberalismo y de un conservadurismo que se ve a sí mismo como un polo de un género humano unido (monolítico).

[20] W. Lippmann, *The Public Philosophy* [*la filosofía pública*], p. 132. Las cursivas son mías.
[21] Cf. *ibid.*, p. 131.

Un entendimiento más profundo en nuestro tiempo

Nuestros tiempos se están volviendo más radicales. Esto es, se están acercando a la raíz de las cosas. En el sentido, por ejemplo, de la frase de Carlos Marx: "Ser radical es ir a la raíz de la cuestión. Ahora la raíz de la humanidad es el hombre". William Barret escribe:

> Tras el problema de la política, en la era presente, se halla el problema del hombre... cualquiera que desee inmiscuirse en la política hoy en día más vale que llegue a algunas conclusiones previas acerca de lo que es el hombre y cuál, finalmente, es el sentido de la vida humana. Dije 'finalmente' de modo deliberado, pues desatender las primeras y últimas cosas no queda —como lo esperan las personas "prácticas"— sin castigo, sino que tiene un desastrosa manera de regresar por la puerta de atrás y de perturbarlo todo. Los discursos de nuestros políticos no muestran ningún reconocimiento de esto; y no obstante en las manos de esos hombres, en ambos lados del Atlántico, se encuentra el catastrófico poder de la energía atómica.[22]

Dura realidad de la antítesis

Pero, entre más nos acercamos a la raíz de la crisis política de nuestros tiempos, nos hacemos más conscientes de la división *radical* de nuestra humana raza en su lealtad última, su fe última. *Hay* una antítesis en nuestra vida, y la creencia en un género fundamentalmente único en su confesión de la verdad y el principio verdadero es una *creencia falsa*. Ninguna articulación cultural de tal fe falsa podrá ser jamás saludable para el género; no está basada en *realidades*. Pero, entretanto, mientras los cristianos traten de vivir dentro del área de creencia y acción que el hombre occidental decrete como tolerable, nuestra vida será constantemente arrastrada en la dirección de la catástrofe final, la destrucción que es justamente atribuida a ese más antiguo rebelde y su revolución del nihilismo.

La crítica de Groen a un individualismo irresponsable

En todo esto, ¿ha de permanecer ocioso el cristiano aceptando el lugar —así de pichicateado— que el hombre moderno le asigna, mientras observa cómo sus prójimos preparan su propia destrucción y también la de la Tierra? Hubieron aquellos en el tiempo de Groen que así lo pensaban, y las palabras de Groen para ellos son también aplicables a nosotros:

> Nos quejamos de Thorbecke [*nosotros* podríamos decir de los demócratas estadounidenses], de la Cámara Baja, y luego de los modernistas, y luego

---

[22] W. Barret, *Irrational Man*, p. 243.

de los católicos, y luego de todo lo que pudiera sugerirse; y olvidamos quejarnos acerca de nosotros mismos, nuestra pasividad, tibieza, cobardía. Para nosotros, quizá en doble medida, es el reproche que hice en la Cámara Baja contra los conservadores... de no ser "un partido político activo" sino un observador llorón, siempre un espectador afligido, que no ejerce ninguna influencia en el curso de los eventos que se le presentan... Debo llamar vuestra atención a la casi total falta de espíritu cívico, de un sentido de ciudadanía, a la indiferencia hacia los asuntos públicos con el que el futuro de los Países Bajos [*nosotros* podemos poner aquí de México, España, Argentina, etcétera [N. de los T.]] es abandonado a la incredulidad (y la revolución), a que este rasgo de carácter, que caracteriza a la cristiandad generalmente en nuestro día, es altamente alarmante y está indudablemente relacionado con ese egoismo que es el enemigo constante también del cristiano. He dicho repetidamente que estamos aquí en el hogar, el Estado y la iglesia consumidos por la desprecio individualista hacia la más simple exigencia de nuestra devoción cristiana y patriótica al deber... Aunque no temamos injustamente la *teoría del individualismo*, estemos especialmente en guardia contra el individualismo de nuestros propios corazones.[23]

Aquí Groen cita a De Tocqueville:

El individualismo es un sentimiento deliberado y apacible que inclina a cada ciudadano a separarse de la masa de sus iguales y a sustraerse puertas adentro con sus familiares y amigos de modo que, después que ha erigido una pequeña sociedad para su propio uso privado, pueda sin remordimiento abandonar la sociedad como un todo a su suerte.[24]

A esto Groen agrega este elocuente enunciado: "*vaderlandsliefde lost zich op in huisvaderlijk familiezwak*", lo cual es decir que justificamos el abandono de nuestro llamamiento político (como un aspecto integral de nuestro llamamiento humano) al asumir, en un grado exagerado y enfermizo, nuestras obligaciones como cabezas de nuestras familias.

DOS PROBLEMAS URGENTES

1. *¿Cómo abandonar la dirección revolucionaria?*

Me parece que dos problemas debieran tener al mismo tiempo la atención de todos nosotros los que pertenecemos a Jesucristo y vivimos por la Palabra de Dios. *El primero es: ¿cómo es posible abandonar el actual curso revolucionario del desarrollo político?* Hemos visto que hay en realidad un solo "principio" y una sola dirección en la vida política moderna. La dirección es la dirección que

---

[23] G. van Prinsterer, *Ongeloof en Revolutie* [*Incredulidad y revolución*], Smitskamp, pp. 331 ss, n. 35.
[24] *Ibid.*

le fue dada originalmente por la fe que los radicales y la revolución tenían en la capacidad de la "Razón" para ser el *Principium* de la vida humana y la sociedad. Los liberales viajan, a un paso más lento y quizá por una ruta más desviada, en la misma dirección revolucionaria. Los conservadores, en el mejor de los casos, pueden demorar el desarrollo revolucionario, aunque, si lo demoran al defender males e injusticias más antiguas, sólo sirven con ello para fortalecer el deseo de los hombres de una nuevo mundo progresista y maravilloso de privilegios extendidos. Sobre la base de un análisis similar Groen predijo ya en 1845, tres años antes de la publicación del *Manifiesto comunista*, el avance en Occidente del liberalismo al socialismo y del socialismo al comunismo. ¡No sorprende que los comunistas estén tan confiados [en 1960] acerca del futuro del Occidente!

¿Cómo podemos, entonces, salirnos de esta aparentemente inexorable corriente hacia la izquierda? Reconociendo que no hay una necesidad histórica inevitable, sino simplemente la articulación de un pseudoprincipio antitético (y por lo tanto falso y destructivo). No necesitamos grandes números de soldados para combatir la amenaza —en cualquier caso no podrían llegar a la raíz del mal—, sino sólo un testimonio fiel y de corazón íntegro de los cristianos que muestre a la Palabra de Dios como el verdadero principio de la vida. El Espíritu de Dios, usando la Palabra de Dios, puede hacer que las estructuras que emanan de un principio falso se desmoronen y se desbaraten como un castillo de naipes, al convertir *los corazones de los hombres* a la verdad. Debemos atrevidamente oponer principio contra "principio" y articular, para el aspecto político de nuestras vidas, el conocimiento religioso central que tenemos en Cristo. Ésta es siempre una parte necesaria, y en nuestro tiempo sumamente urgente, de nuestra simple obediencia evangélica.

2. *Cómo lograr un abierto reconocimiento de las realidades*

El segundo problema que nos confronta a los cristianos en el mundo político contemporáneo —y aquí alcanzamos la raíz más profunda y más fuertemente atrincherada del cáncer, y el momento más peligroso de la operación cultural— es el de *cómo vamos a hacer que nuestros contemporáneos vean que para una vigorosa vida política tiene que haber un reconocimiento libre y abierto de la factual división (religiosa) de la raza humana.* Para lograr esto tendremos que convencerlos de que su propia confianza en la unidad de la comunidad humana (e.e. la unidad *potencial*), enraizada en una racionalidad común y/o la experiencia común, no es un axioma necesario de la razón que sea siempre y por doquier la misma, ni una necesidad pragmáticamente sentida, sino nada menos que una fe religiosa que está en conflicto irresoluble con una fe escrituralmente dirigida, y que una fe religiosa u otra siempre da dirección, no importa cuán escondida de la observación pueda estar, a todas las actividades vitales de todos lo hombres.

LA TAREA COMÚN: BUSCAR LA INSTRUMENTACIÓN POLÍTICA PROPIA

Tenemos que hacer esto para llevar a nuestros prójimos al lugar en el que *buscarán diligentemente con nosotros los instrumentos o estructuras políticos propios con los cuales se instrumente esta convicción.* Para nosotros los cristianos, esto es sólo dar la necesaria atención a la recomendación apostólica de que debemos vivir, tanto como sea posible, en paz con todos los hombres. El humanista debiera desear lo mismo.

El sistema bipartidista o de dos movimientos, y lo que Arthur Schlesinger Jr. ha llamado nuevamente el "principio vital de la república", e.e. la absoluta sujeción a las decisiones de la mayoría (y así a la elección por voto mayoritario),[25] son en realidad instrumentaciones de una creencia en la soberanía de las personas, las cuales también son concebidas como fundamentalmente unidas y por lo tanto tolerantes de sus divisiones políticas. Pero se han encontrado otras formas de vida política —p.e. la representación proporcional— que permiten a los cristianos y a otros vivir lo que ellos creen y aun así existir en la comunidad política. Como ejemplo de lo que quiero decir, déjeme citar un significativo pasaje de otro libro de Crane Brinton:

> ...el sistema bipartidista puede ahora ser visto como una generalización ideal derivada de ciertos momentos dramáticos de la historia inglesa y estadunidense —la lucha entre federalistas y antifederalistas, los seguidores de Gladstone y los de Disraeli. Incluso en el mundo anglosajón la historia ha sido alterada por "terceros partidos", bloques, deserciones y otras variantes. La adopción casi inmediata por la Asamblea Nacional de una organización a grandes rasgos de acuerdo con grupos, y la subsecuente recurrencia de este método en la mayoría de los países con gobierno parlamentario, ciertamente sugiere que el sistema parlamentario es al menos viable. Bien se puede argumentar que si la función principal de un parlamento no es gobernar sino proveer un foco para la opinión pública, es mejor que un sistema bipartidista que trata de disfrazar tal diversidad.[26]

LA TAREA CRISTIANA A LA LUZ
DE LA MODERNA HISTORIA POLÍTICA

Esto debe darnos a los cristianos el valor para introducir tales discusiones en la vida política de nuestros países. Desde luego, tales opiniones de nuestros contemporáneos no son la *fuente* de la valentía que debemos mostrar. Ésta es la Palabra de Dios. No sólo estamos llamados a ser testigos de la verdad; somos también nacidos "por la palabra de verdad, para que seamos primicias de sus criaturas" (Santiago 1:18). Debemos ser los primeros con

---

[25] A. Schlesinger, *The Age of Jackson* [*La era de Jackson*], p. 143.
[26] C. Brinton, *A Decade of Revolution: 1789-99* [*Una década de revolución: 1789-99*], p. 15.

un mensaje político basado sobre las *realidades* reveladas en la Palabra. Esta es nuestra tarea reformadora en el mundo, para la cual estamos calificados por el Espíritu de Dios, quien aplica la Palabra de Dios a nuestros corazones al principio de nuestro "camino" y así renueva la problemática de nuestro "caminar" desde el comienzo. En este trabajo podemos derivar muchos beneficios de los trabajos de Abraham Kuyper y el Partido Antirrevolucionario holandés.

Habiendo visto de qué modo la Palabra de Dios dirige nuestras "salidas" políticas desde el comienzo, y cual es la naturaleza del actual mundo político, creo que tendremos que llegar a la conclusión de que sólo nos queda un camino: la construcción de una comunidad de opinión y la formación de un partido político cristiano como instrumento para lograr la necesaria reforma íntegra de nuestra vida política. La formación de tal partido traerá por sí misma una importante reorganización y realineación en la sociedad canadiense [o latinoamericana o española [N. de los T.]], el tipo de testimonio más poderoso en el sentido bíblico de la Palabra.

CONFERENCIA 3

LA SÍNTESIS:
SU EXPRESIÓN POLÍTICA CONTEMPORÁNEA

Hemos visto que la acción política cristiana en el sentido escritural está muy lejos de ser el apoyo de esta o aquella medida particular, y ciertamente no es el apoyo de cuestiones particulares porque (se piense que) son del interés de iglesias establecidas o de bloques de ciudadanos cristianos (que tienen ciertos "derechos" sociales y económicos que han de ser defendidos) o de una moralidad pública considerada por alguna iglesia u otra como deseable; sino que es una articulación, para el aspecto *político* de nuestra vida, del Evangelio integral de Jesucristo, que es una batalla en pro de un orden *político* que se halle en conformidad con el divino orden de la creación (soberanía de las esferas), que es un esfuerzo en aras de una reforma *fundamental* e *integral* de nuestra vida *política* a partir de la Palabra de Dios, el *principium* de nuestra vida entera y la republicación de la divina tesis.

Si, entonces, por añadidura, se muestra que las varias *organizaciones de esfuerzo político* en nuestro mundo político son, de un modo u otro y de una manera más o menos confiable, consistente e intensa, articulaciones de un pseudoprincipio opuesto o antitético de orden, de libertad y de autoridad; y si algunas veces, por añadidura, la *organización total* de las formas del esfuerzo político dentro de un territorio nacional particular pretende expresar la elección de direcciones políticas que es posible o tolerable dentro de una supuesta comunidad de razón, de modo que las alternativas políticas deben ser complementarias más que antagonistas entre sí, testificando así esta forma de organización total en favor de la unidad de la raza humana y la posibilidad de comunidad fuera de una obediente sumisión a la ley de Dios, sustentadora de la vida humana, y de esta manera dejando de presentar a los hombres la elección *real* y básicamente significativa que hay en la vida humana entre aquellos caminos que son en principio desobedientes (puesto que "construyen" otro principio) y los caminos obedientes a la ley de Dios tal y como está revelada en su Palabra; si todo lo anterior, entonces no es adecuado —es más: no es posible— que un cristiano que desee cumplir con su deber político hacia Dios ingrese en una u otra de esas estas organizaciones de convicción y esfuerzo a las cuales los hombres en el puño de las ideas modernas (o, en el mejor de los casos, en el puño de un cristianismo aguado o una actitud religiosa sincretista acomodada a las modernas ideas humanistas) han dado forma (como *expresión* de su idea), y trate de ejercer una influencia "cristiana" en el mismo. Pues lo "cristiano" *en el sentido escritural* requiere un ataque fundamental e integral (*el todo* como *uno*) a la misma *idea* que da a la organización moderna su significado y su dirección e influencia de largo alcance.

Ni puede el cristiano, cuya vida ha de estar integralmente dirigida por la Escritura, decidir seguir una política de estar brincando de una a otra de estas organizaciones modernas. Pues la salvación que la Palabra de Dios trae, también para el aspecto político de nuestras vidas, no ha de encontrarse intentando equilibrar, por ejemplo, el "orden" y la "seguridad" del socialismo con la "libertad" del liberalismo. 'Orden' y 'seguridad' y 'autoridad' y 'libertad' han de entenderse a la luz del Evangelio, y no tienen los mismos significados en los movimientos que conocemos como conservadurismo, liberalismo, socialismo y comunismo. No se puede hacer que una idea equivocada de la libertad (como la del liberalismo) —que también es esclavizante y destructiva, pues sólo la nueva vida en Cristo trae algo saludable a nuestro humano caminar— "equilibre" una idea errónea de autoridad (como la del conservadurismo). La Palabra de Dios debe asumir el control *integral* de nosotros, de modo que nuestra visión de estas cuestiones sea *reformada de acuerdo con la Verdad*. Nuestro testimonio político debe ser de este tipo radical e integral. Si no lo es, ni ilumina la oscura situación ni abre caminos de salvación en nuestras "salidas".

NECESIDAD Y CARÁCTER FRUCTÍFERO DE LA ORGANIZACIÓN

Si hemos de ir más allá del campo de influencia de las ideas revolucionarias para articular claramente el principio de la Palabra de Dios contra el pseudoprincipio que las formas modernas de esfuerzo político articulan de un modo u otro; si frente a la caída en dirección opuesta al Significado (apostasía) del liberalismo y el conservadurismo, del socialismo y el comunismo, hemos de declarar, como siervos fieles de Jesucristo y embajadores de su reconciliación, la Verdad de Dios, entonces tendremos que *organizar nuestra convicción cristiana integral*. Cuando hagamos eso daremos tal testimonio que, con la bendición de Dios, tendrá realmente lugar un *realineamiento de fuerzas políticas* en la vida nacional. Así como la erección de la Universidad Reformada Libre de Amsterdam compelió a los humanistas a "reconocer" de un cierto modo práctico, aunque no querían, la realidad de una diferencia religiosa básica en la vida de la humanidad que es importante para la manera en que los hombres se involucran en el mundo de los estudios, y así como el trabajo de la AECR forzará a los hombres a encarar los problemas y cuestiones sobre los que de otra manera no tendrían que decidir, pues las organizaciones modernas esconden y ocultan la diferencia más real que hay entre los hombres, así también la organización de un esfuerzo político integralmente cristiano forzará a nuestros prójimos a reconocer la *realidad* de que un principio religioso dirige toda nuestra vida y de que hay una profunda división religiosa en nuestra especie. Esto no tiene por qué conducir a las guerras de religión, como hemos visto, pero podría traer una convivencia pacífica a la luz de *realidades*, una búsqueda pacífica de modos políticos de convivencia que *reconozcan* la dura realidad del carácter radical de la religión y de la división radical de nuestra especie dentro del orden de la creación.

Esto mismo es ciertamente un objetivo altamente deseable. No hay testimonio cristiano, en el sentido escritural de 'cristiano', en el intento por vivir constantemente con formas de vida política humanistamente diseñadas, que oscurecen el entendimiento humano de la *realidad*, y con ello necesariamente olvidando el oficio profético, sacerdotal y real del hombre en Cristo, de *reformar* estas formas para hacer que nuestra vida se conforme más a las exigencias de la *saludable* ley de Dios y veamos así su salvación incorporada a la vida nacional de nuestro pueblo.

SIMPLE OBEDIENCIA EVANGÉLICA

Finalmente, entonces, con una organización política tal como la que hemos sugerido no solamente damos testimonio de la realidad de la Antítesis; no sólo ofrecemos una *genuina elección política* que derive su *significatividad* del hecho de que concuerda con las líneas *reales* de división que yacen en el mismo corazón del desarrollo dinámico de nuestra vida humana y así expresa —casi quiero decir existencialmente (no existencialistamente)— el significado de la historia religiosa de la humanidad, haciendo también de este modo la mejor contribución posible a que salgamos de nuestro actual abatimiento político (pues hemos visto que la apatía y aparente falta de significado en la "vida" política de hoy han de atribuirse a una pérdida de creencia en un principio guía y a la ausencia de una elección realmente significativa entre las organizaciones existentes de esfuerzo político —y aquí el señor Knowles ve bien aunque escoge, como es comprensible que lo haga el hombre moderno, una articulación más radical del pseudoprincipio, de modo que no provee la solución de una genuina *elección entre principios directivos*), sino que *estaremos simple y llanamente haciendo la tarea que la Palabra de Dios nos impone como cristianos.*

LA SITUACIÓN ACTUAL

¿Cómo es entonces, si esto puede decirse de modo tan categórico, que no encontramos tal testimonio político cristiano integral por ningún lado en este subcontinente norteamericano?* ¿Cómo es que lo que encontramos es el mismo tipo de cosa que hemos estado rechazando repetidamente a lo largo de estos capítulos?

1. *El hombre masa*

Pues es un hecho que muchos confesantes del nombre de Cristo parecen diferir poco del típico "hombre masa" del siglo veinte, quien simplemente acepta cualesquiera formas culturales que encuentra en su entorno inmediato y hace uso diario de ellas sin ningún reconocimiento del esfuerzo humano que estuvo involucrado primero en darles forma y después en ponerlas a su disposición; también sin ningún agradecimiento, sin ningún sentido de responsabilidad —¡la moderna pérdida del sentido del hombre como hombre en oficio!— para preservar y reformar constantemente a la luz de la norma. ¿Cómo es esto posible? Pues vimos en el primer capítulo que la tarea política es una parte integral del llamamiento del cristiano y no puede ser dejada a los "expertos".

2. *Conservadurismo*

Más aun, muchos cristianos protestantes que han pensado algo sobre la política han estado ligados de un modo u otro al movimiento conservador y frecuentemente lo siguen estando. En el Canadá, por ejemplo, el Partido Conservador tradicionalmente consistía en gran medida de las clases inglesas establecidas, los teológicamente calvinistas presbiterianos escoceses y aquellos descendientes de los Padres peregrinos estadounidenses que habían subido hacia el Canadá. ¿Cómo es esto posible? Pues expliqué en el segundo capítulo que, aunque el conservadurismo fue históricamente un esfuerzo por combatir el principio progresista de la Revolución, fue como tal un fracaso completo porque no llegó a vivir por la luz del único principio genuino de vida que puede superar el pseudoprincipio revolucionario: la dadora de vida y directora de la vida Palabra del Dios viviente, y pervirtió la verdadera naturaleza del oficio al bajarla de su lugar y significado religiosos e identificarla con intereses y derechos históricamente establecidos, privándola con ello de cualquier criterio por el cual juzgar entre aquello en el desarrollo de nuestra vida que es bueno (de acuerdo con la norma), y debe así ser conservado, de aquello que es malo y debe así ser reformado (nuevamente, mediante los trabajos culturales dinámicos y reformadores de los

---

* ¿O en el indoespañol o latinoamericano? [N. de los T.]

hombres de acuerdo con la norma). Como un esfuerzo por dar una *dirección* diferente en la vida política, el conservadurismo está totalmente agotado; se ha desgastado. Los esfuerzos de un Russell Kirk no serán provechosos a menos que él, como Groen van Prinsterer, vaya más allá del conservadurismo hacia una articulación política de la divina tesis tal y como ha sido republicada en el Evangelio. Donde tantos cristianos se adhieren al conservadurismo, el poder del Evangelio en ellos pierde su sal política. ¿Cómo pueden ser tales cosas?

3. *Más movimientos dinámicos*

A esta luz, es comprensible que muchos de la generación más joven de cristianos, deseando ser más dinámicos, sean vistos involucrados en pasarse a movimientos más liberales. En Europa, y en ciertos círculos protestantes estadounidenses "más amplios", números crecientes de hombres que se autodenominan cristianos se han vuelto incluso a explorar lo que llaman un "socialismo cristiano". En nuestros propios círculos, más conservadores, apenas hemos llegado más lejos que el liberalismo, pero en nuestros círculos eclesiásticos inmediatos estamos en la desagradable situación de que el esfuerzo político y los votos de la "mitad" de nosotros están cancelando la influencia política de la otra "mitad". Esto es incluso defendido diciendo que ¡"nosotros" debemos hacer que nuestra influencia se sienta *dondequiera!* Un colega mío a quien hablé de este tema después de nuestra última campaña presidencial hizo el curioso comentario de que después de la elección siente las ganas de tomarse una aspirina y echarse a dormir. ¿Podría ser esto el comienzo de un entendimiento de que algo ha fallado? ¡A duras penas suena como el *varón* de Dios, enteramente preparado para toda buena obra por la Palabra y el Espíritu de Dios, trabajando en confiada fe hacia la consumación de nuestra salvación en el Último Día! ¿Cuál es, nuevamente, el significado de todo esto?

4. *La preocupación con lo inmediato*

Por dondequiera encontramos cristianos en la política muy apurados, al igual que nuestros políticos occidentales, tratando con cuestiones de detalle una a una, con problemas inmediatos con los que se tropiezan, con crisis que estallan de súbito, sin ningún entendimiento de los principios que han estado operativos produciendo las situaciones "factuales", e incluso sin ningún entendimiento, en las circunstancias, de la luz guía de su principio vital. Estos hombres están constantemente escuchando la expresión de actitudes "conservadoras" y "liberales", quizá incluso de las socialistas, e intentan encontrar una resolución de su dificultad en términos de estas cuestiones

inmediatas, olvidando el choque de principio que, bajo la actual organización de la vida política, se halla muy oscurecido, permitiéndonos así que
seamos empujados constantemente hacia la izquierda. Muchos cristianos en
política incluso se burlan de todo discurso acerca de principios operativos
en las situaciones políticas *factuales*, y muestran cuán atrapados están en la
situación inmediata y la mentalidad modernas (y así cuán *poco* están dirigidos por la Palabra) repitiendo la vacua propaganda de nuestro tiempo –p.e.,
para citar una muestra que recogí en mi entorno cristiano inmediato no hace
mucho, que "Romney podría muy bien ser presidenciable si estuviéramos
deprimidos al momento de necesitar un candidato". Hermanos: ¿cómo es
posible que ello ocurra?

5. La "guerra de clases" cristiana

Incluso encontramos en nuestros círculos cristianos la "guerra de clases"
en débil miniatura, como cuando un miembro de nuestras iglesias que ha
logrado trepar la escalera económica para convertirse en un sólido conce-
sionario automotriz me informa que vota por los republicanos porque así
asegura la protección de sus intereses –¡y que él sea tan bien cuidado es ciertamente bueno para las iglesias, ¿no?, puesto que la iglesia necesita mucho
dinero!–, mientras que, unos días después, otro miembro de la misma iglesia me informa que vota por los demócratas porque ese es el partido que se
acuerda de las personas comunes –aquí viene con una vaga referencia a la
kleine luyden (gente pequeña) de Abraham Kuyper.

(Ahora bien, estoy seguro de nosotros la "gente común" debemos ser
"recordados" pero ¿es éste el criterio para un esfuerzo político cristiano?
¿Somos nosotros la "gente pequeña" "recordados" en el Partido Demócrata
de la manera correcta? ¿No hay más que un pueblo, reducido a los grandes
propietarios y a los pequeños deposeídos? ¿O hay una humanidad religiosamente dividida, cuya vida es mucho más compleja y profunda que sus
funciones socioeconómicas? ¿Es la "gente común" del Partido Demócrata
de este hombre la misma *kleine luyden* de Abraham Kuyper, y es el "recordar" el mismo en ambos casos? ¿No se haya operativa aquí la visión racionalista reduccionista de la sociedad, pero *no observada por el cristiano*, que se
identifica con las luchas políticas de este partido?)

No obstante, de este modo los cristianos mismos se abren a la posición
de que la historia de la humanidad está dominada por la guerra de clases económicas, en cuyo corazón se haya la noción de la coerción de los
desposeídos por los propietarios, la cual creció en el curso de la Revolución industrial en Occidente y pertenece a la fase capitalista de desarrollo
económico en un industrialismo en expansión. Aquí la polaridad de conservador y liberal fue absorbida por la idea de la guerra de clases. ¿Cómo es
posible que podamos oír tales cosas entre los cristianos?

FALTA LA ACCIÓN POLÍTICA CRISTIANA

Por donde quiera que miramos, ni escuchamos ni vemos nada de un pueblo de Dios, un orden de la creación, el oficio del hombre restaurado en Cristo, sino sólo encontramos a nuestro pueblo cristiano disperso en todos los campos, haciendo uso de las herramientas usuales del negocio: recomiendan cabildeos y grupos de presión para salvaguardar y promover los intereses de "nuestra gente"; lideran acciones ciudadanas destinadas a asegurar el "buen gobierno" (lo cual, incidentalmente, significa algo con lo que los incrédulos atrapados en la moderna mentalidad revolucionaria pueden estar perfectamente de acuerdo) y una "moralidad pública" aceptable para los ciudadanos de clase media. ¿Cuál es, pues, el significado de todo esto?

INDIVIDUALIDAD DE JUICIO, NO DE EXPLICACIÓN

Una cosa es cierta: no puede ser explicado —aunque se han hecho esfuerzos en esta dirección— apelando a la *individualidad* y *relatividad* de nuestro juicio en una *confundente diversidad* de circunstancias. Hemos visto que tal individualismo no es fiel a la realidad. Detrás de toda la diversidad de circunstancias y la multiplicidad de hechos se halla operativo el *principio religioso*. Del mismo modo, nuestro juicio en su nivel religioso profundo está dirigido por la Palabra una de Dios o por un sustituto imaginado. La vida como un todo, la vida en su integridad, es religión. Como creación de Dios, el mundo, incluyendo toda la actividad cultural de creyentes y no creyentes por igual, es un *orden de ley*. Incluso la carencia de ley de los hombres está limitada por la ley de Dios. A nuestra vida caída ha venido una Palabra de Dios, un principio vivo y poderoso que nos engendra a nueva vida y dirige *todas* sus "salidas". La Palabra de Dios establece una *comunidad en la Verdad*. No; los cristianos no están separadamente abandonados a sus juicios *individuales* en una multitud de situaciones *individuales*. De hecho, *este mismo intento* por parte de los cristianos de *explicar las diferencias de opinión* que se encuentran entre ellos cuando se trata de juzgar nuestra responsabilidad cultural, específicamente aquí política, *mediante una teoría individualista* apunta a la causa *más profunda*: la mentalidad sintética. (Después de todo, usar una teoría individualista cuando la Palabra de Dios la excluye es ¡*no* estar dirigido en algún punto por la Palabra de Dios!)

LA EXPLICACIÓN ES LA MENTALIDAD SINTÉTICA

No. No se trata de una inexplicable y aparentemente irresoluble diferencia de juicio entre los cristianos con la que de alguna manera simplemente debemos aprender a vivir —lo cual significaría que no hay una Palabra de Dios común que sea luz a nuestros pies— sino un fracaso por parte de los cristianos en dar a la Palabra de Dios el lugar en sus vidas *que exige para sí misma*, un fracaso en sentir la verdadera naturaleza de la Palabra de Dios o el papel que (soberanamente) viene a cumplir como *principium* directriz radical de toda nuestra vida en su unidad integral —ésta es la causa de nuestras actuales diferencias con respecto a nuestra tarea cultural y los medios por los cuales hemos de llevarla a cabo. Esto es algo que se negará repetidamente pero que sin embargo es verdadero. No es que juzguemos las situaciones históricas de modo diferente sino más bien, cuando nos ponemos a pensarlo, que hacemos diferente uso de la Palabra de Dios al juzgar las situaciones históricas. Las actuales diferencias acerca de nuestra tarea política entre los cristianos reformados de este continente surgen, en primer lugar, *de diferentes actitudes hacia la Palabra de Dios misma*, hacia el papel que tiene que jugar al dirigir nuestro juicio acerca de aquella situaciones históricas; surge, básicamente, de diferentes posiciones relativas al *alcance de la validez de la Palabra de Dios*.

ILUSTRACIONES CONTEMPORÁNEAS DE LA MENTALIDAD SINTÉTICA

Para demostrar que tal es el caso, permítame referirme a un par de artículos que tratan con nuestro tema, que han aparecido en años recientes en círculos cristianos reformados de los Estados Unidos. Antes de citar estos artículos hay algo personal en mi corazón que debo decir. En el pasado he tenido experiencias que indican que hay cierto peligro involucrado en criticar públicamente artículos escritos por hombres en cuya estrecha cercanía hacemos nuestro trabajo cotidiano. Me ha sorprendido mucho encontrar que tal crítica es vista aquí y allá como algo muy parecido a un acto de hostilidad. Con toda sinceridad, me gustaría preguntar, ¿no es una actitud infantil y tonta? ¿Cómo podría la investigación científica y la tan necesaria polémica o choque de concepciones ser jamás llevada a cabo en una atmósfera tan sofocante? ¿Qué no son los artículos publicados intentos por llegar a la verdad del asunto? ¿Se hallan estos artículos por encima de la crítica? ¿Qué es lo principal: la verdad o nuestro prestigio personal? Si todavía no hay acuerdo entre nosotros sobre temas que son públicamente discutidos, ¿no puede ser expresado el desacuerdo que hay? ¿No es lo importante que todos nosotros juntos, como el pueblo de Dios que somos, alcancemos un reconocimiento cada vez más pleno de la Palabra de Dios sobre nuestras vidas? Para ese fin, ¿no es una discusión en constante avance acerca de los principios que gobiernan nuestra expresión vital (pensamientos y obras) saludable e incluso altamente necesaria? No debería decir, entre cristianos, que en mi crítica de estos artículos no hay nada de rencor personal, que ningún esfuerzo se hace aquí por establecer mi autoridad por encima de la autoridad de otro. En mi crítica sólo hay un esfuerzo determinado, a la luz de la Palabra de Dios, por entender la relación de esa Palabra con nuestra vida en el mundo; es un debate al nivel de la *reflexión de principios*.

Más aun, obviamente no estoy afirmando que las opiniones actuales de los escritores cuyos artículos voy a citar sean idénticas con las opiniones que expresaron en sus artículos. Estoy tratando con expresiones de opinión publicadas que, como tales, tenían evidentemente la intención de influenciar las opiniones de otros hombres, y no he sabido —debo decirlo— de ningún esfuerzo por retirar o modificar estas opiniones. Hasta donde se sabe, se sostienen como esfuerzos por influenciar la mentalidad del cuerpo cristiano y voy a tratarlas como tales.

EL PRIMER ARTÍCULO

El primer artículo es "Una mirada al holandés", por el Dr. John T. Daling.[1] Aunque mucho en este artículo requiere comentario, por el momento sólo hay tiempo para hacer una crítica más bien central. Recordará que estoy usando este y otro artículo como ejemplos del hecho de que nuestras diferentes actitudes hacia, por ejemplo, la organización de una actividad política radical e integralmente cristiana, no surgen de una relatividad de juicio en situaciones históricas complejas que de alguna manera se muestren irreducibles, sino esencialmente de diferentes actitudes fundamentales —demostrablemente de allí, intencionadamente o no— acerca de la relación de la Palabra de Dios con nuestra vida en el mundo, de diferentes concepciones acerca del alcance de la validez de la Palabra de Dios.

Al hablar de la división de la vida política y social holandesa "a lo largo de líneas filosoficorreligiosas (o confesionales)", el profesor Daling usa la palabra 'tripartidismo', la cual significa (dividido entre) tres partes —lo cual tampoco es correcto, pues al lado del movimientos liberal, protestante y catolicorromano menciona que está el muy importante movimiento socialista del Partido del Trabajo (*Partij van de Arbeid*) y el recientemente organizado Partido Socialista Pacifista (*Pacifistisch Socialistische Partij*)— y dice:

> estoy seguro de que la causa de este "tripartidismo" no es directamente una deducción de principios a partir de un sistema teológico específico. Más bien, el tripartidismo tiene orígenes históricos generales y ha sido sociológicamente condicionado o influenciado. Sus raíces están profundamente hincadas en edades pasadas de tradición, y de conflicto social así como religioso.[2]

[1] J. T. Daling, "A Look at the Dutch" ("Una mirada al holandés"), *The Reformed Journal* **7** (1957), pp. 22-27.

[2] *Ibid.*, p. 25.

ANÁLISIS DEL PRIMER ARTÍCULO

Lo que quiero que note en este enunciado es, primero, que nuestro vivir de acuerdo con la Palabra de Dios no es entendido como religión en el sentido que hemos manejado aquí, sino como una "deducción por principios a partir de un sistema teológico específico". La religión cristiana ha sido reducida —de modo cientificista— a un sistema teológico. Este sistema de pensamiento, y no la Palabra de Dios como una Palabra *integral* viva y poderosa que se apodera de nuestros corazones e ilumina y dirige todas nuestras "salidas" en la historia y la sociedad, es vista como "el principio"; y a partir de este sistema teológico de pensamiento se pueden hacer "deducciones de principios" para la vida. *Pero esa vida se halla allí.* En segundo lugar, por lo tanto, note que al "mundo" de la "deducción de principios a partir de un sistema teológico" se contrapone un segundo "mundo" de desarrollo histórico e influencia sociológica. Después de una típica *reducción* cientificista de la religión cristiana a la teología, y de posibles "deducciones" de tal sistema teológico para la "vida", queda un gran mundo de historia y sociedad *el cual, de alguna manera independiente de la teología* (la religión entendida en ese sentido), *también dirige nuestras "salidas"*.

Que este análisis nuestro es correcto, y que están involucradas las más serias consecuencias, se puede ver en una sección básica del artículo, donde leemos:

> Me he convencido de que el camino holandés es parte del sistema holandés; que el sistema holandés es un sistema altamente integrado, muy complicado y delicadamente balanceado; que este sistema ha sido en gran medida condicionado históricamente y sociológicamente; y que muchas de las "posiciones" y "prácticas" reformadas en las áreas culturales son, casi inevitablemente, más resultado del condicionamiento histórico y sociológico que de consideraciones de "principio". Consecuentemente, incorporar sin cualificaciones significativas una parte del sistema holandés, ya sea del área social, económica, política, educativa o eclesiástica —incluso sobre la base del ser 'Reformado'— a otro sistema (sea estadounidense, sudafricano, húngaro, norafricano, srilankés, japonés, mexicano, etcétera) es, en el mejor de los casos, tener una poco inteligente falta de consideración de la historia y la sociología. El camino holandés, incluyendo el "ser Reformado" en las áreas culturales, funcionan [sic] bastante bien para el holandés porque todo su complejo histórico y sociológico le es peculiar.
>
> Es un desatino argumentar que el sistema holandés es *mejor* que el estadounidense o el estadounidense mejor que el holandés. Esto sería como argumentar que una pera es mejor que un durazno. Ambos caminos o sistemas pueden ser descritos y analizados con respecto a varios rasgos o características, pero compararlos para ver cuál es mejor es fútil. Simplemente son *diferentes*. No hay duda que el sistema holandés es mejor que el

sistema estadounidense para el holandés, pero de ello no se sigue que el sistema holandés sea mejor para los estadounidenses. Tienen diferentes raíces históricas y condicionamiento sociológico. Si realmente creemos que Dios se revela a sí mismo en la historia, entonces el hecho de la diferencia cultural debe ser tomado seriamente.[3]

En las palabras "más un resultado del condicionamiento histórico y sociológico que de consideraciones de 'principio'" encontramos la típica *limitación* escolástica del rango de validez de las verdades reveladas de la fe (la Palabra de Dios vista como la fuente de un sistema teológico) *y la consecuente emergencia de grandes áreas de la vida que son concebidas en contra, por ende fuera, de la esfera de influencia de nuestro principio teológico* (!), el "mundo" escolástico de la naturaleza (y la historia). El profesor Daling está tan seguro de la independencia de la religión (que para él no es más que teología con deducciones) con respecto a lo que él llama las influencias históricas y sociológicas —debe estar usando 'sociológico' en el sentido de 'social'— que declara que el camino holandés, *incluyendo el "ser Reformado" en las áreas culturales*, funcionan [sic] muy bien para los holandeses porque son holandeses, esto es, debido a que "todo su complejo histórico y sociológico le es peculiar".[4]

El profesor Daling ve así los "caminos" culturales del holandés como gobernados más bien por este "complejo histórico y sociológico", que es peculiarmente holandés, que por el principio religioso, y lo que está diciendo realmente, a la luz de su argumento completo, es que los que los hombres frecuentemente crecen acostumbrados a llamar "Reformado" en la actividad cultural no es eso en lo absoluto, sino simplemente el desarrollo histórico de condiciones peculiares a la sociedad holandesa, y que seguir pensando en tales actividades culturales como dirigidas por un principio *religioso* ("teológico") es sólo seguir autoengañándose.

Y conste que en este punto no estoy recibiendo los golpes contra el programa específico de alguna organización cristiana en los Países Bajos u otro lugar, como si algún programa particular u otro *fuese* desde luego "Reformado". Lo que me interesa aquí del análisis del profesor Daling es que argumenta que tal actividad cultural no es realmente "Reformada", sino que está influenciada *histórica* o *sociológicamente*. Es este *contraponer* la historia y la sociedad a lo "Reformado" lo que dice tanto. El profesor Daling podría haber dicho, por ejemplo, que si tal actividad organizativa no es realmente "Reformada" (e.e., para él, esencialmente dirigida por una deducción de principios a partir de un sistema teológico "Reformado"), entonces es conservadora, o liberal, o marxista, o lo que sea. Pero no contrapone una fe a otra —y esto

---

[3] *Ibid.*, p. 27.
[4] Las cursivas son mías.

es algo que encuentro altamente significativo. En contraposición a un "principio Reformado" (escolásticamente reducido y científicamente concebido), él pone influencias históricas y sociológicas que, ahora, ve como independientes de la dirección de un "principio" religioso.

Se sigue de lo que dice el profesor Daling primeramente, entonces, que hay un error en ver la Palabra de Dios como directiva para todos nuestros "caminos" ("caminos" que han "hecho" nuestra historia y han dado forma a nuestra sociedad) y en ver que *todo* en la vida es así (integralmente) religión, verdadera o apóstata. Se sigue, en segundo lugar, que postula otros "aspectos" de la vida, e.e. históricos y sociológicos, y que les otorga una *autonomía* real con respecto a su principio religioso (reducido a lo teológico).

DIRECCIÓN DE LA VIDA SUPUESTAMENTE EXTRARRELIGIOSA

¿Qué es, realmente, este "complejo histórico y sociológico"? Es vida concreta independiente *pero* separada de la (dirección de la) religión (la teología). Es el "mundo" escolástico de la "naturaleza", y *éste también* (esto es, *además* de la religión, en el entendimiento reduccionista cientificista del profesor Daling, la cual dirige *algunas* de nuestras salidas, las "de principios", mediante deducciones a partir de un sistema teológico) es directivo de nuestros "caminos" culturales.

LA CULTURA COMO ORGANISMO

¿*Cómo* es que es así directivo? Aquí el profesor Daling acude a la analogía del organismo. Una cultura, digamos la cultura holandesa o la estadounidense, es como un organismo. Los "caminos" de una cultura que se desarrollan son como las características en desarrollo de un organismo. Así como la piel y el sabor de un durazno se desarrollan a partir de la naturaleza interna de la "durazneidad" del durazno, la peculiar y única naturaleza del durazno, así los "caminos" de una cultura son la excrecencia o expresión de la naturaleza única del sistema de vida cultural en medio del cual surgen. Los "caminos" son "dirigidos" por la naturaleza única de la cultura. Vistos a esta luz, nunca se puede "argumentar" que los "caminos" de las culturas sean mejores o peores: cada cultura da lugar (necesariamente) a caminos que le son "propios". Cuando los caminos de una cultura se introducen en otra, sólo pueden ser peligrosos *fremde Körper* [cuerpos extraños]. Los "trasplantes culturales" son en general imposibles. De este modo, el profesor Daling puede concluir que "es un desatino argumentar que el sistema holandés es *mejor* que el estadounidense o el estadounidense mejor que el holandés. *Esto sería como argumentar que una pera es mejor que un durazno*.[5] Ambos caminos

---

[5] Estas cursivas son mías.

o sistemas pueden ser descritos y analizados con respecto a varios rasgos o características, pero compararlos para ver cuál es mejor es fútil. Simplemente son *diferentes*". El profesor Daling procede a extraer la muy peligrosa conclusión: "Si realmente creemos que Dios se revela a sí mismo en la historia, entonces el hecho de la diferencia cultural debe ser tomado seriamente". Esto es la absolutización de lo que se ha desarrollado históricamente, visto como algo aparte de la norma divina. ¿De qué manera se zafa el profesor Daling de este relativismo cultural e histórico?

VISIÓN ANTIESCRITURAL DE LA CULTURA

Estamos familiarizados con el punto de vista de que las culturas son como organismos por el trabajo de hombres como Spengler y Toynbee. *Es un punto de vista acerca de la cultura humana, pero no un punto de vista escrituralmente dirigido*. El desarrollo de la sociedad humana no es como la maduración (y putrefacción) de una pera. El hombre encabeza la creación en la posición (religiosa) de oficio, y los "caminos" que encuentra para vivir su vida los encuentra en los caminos (religiosos) de obediencia o desobediencia a la ley divina, incluyendo muchos tipos de *leyes normativas*, las cuales son leyes de un tipo diferente del de las *leyes naturales*, de acuerdo con las cuales maduran los duraznos y las peras. No es verdad que no podamos comparar los "caminos" de las culturas en cuanto a si son mejores o peores: hay un solo Dios y una ley divina por encima de todos nosotros, y la humanidad es una comunidad religiosa, dirigida por la Palabra de Dios o un sustituto imaginario distorsionante.

El hecho es que no es posible sostener un punto de vista de la sociedad humana escrituralmente dirigido y esta concepción organicista (apóstata). El profesor Daling lo puede hacer sólo porque ya ha reducido la revelación escritural acerca de la religión y el principio. Su "mentalidad" es una mentalidad sintética, una mentalidad *dividida* (no integral).

UNA SEGUNDA EXPRESIÓN CONTEMPORÁNEA DE LA SÍNTESIS

Es sumamente importante ver lo que quiero decir aquí si hemos de llegar a una vida cristiana integral y escrituralmente dirigida en este continente norteamericano. Pues estamos rodeados por modos de pensar profundamente arraigados que sólo tal mentalidad sintética hace "posible". Por ejemplo, encontramos la misma concepción organicista de la cultura expresada en el segundo artículo al que quiero llamar la atención en la presente discusión, el artículo "Calvinism and Political Action" por el Dr. William Spoelhof.[6] Frecuentemente se ha recomendado el estudio de este artículo. Le daremos una

---

[6] W. Spoelhof, "Calvinism and Political Action" ["El calvinismo y la acción política"] en *God-Centered Living* [*Una vida centrada en Dios*], que son las actas de un simposio publicadas por el Comité de Acción Calvinista (estadounidense) en 1951, pp. 159-173.

cuidadosa atención. Nuevamente, hay mucho en este artículo que requiere comentario, pero ahora debo confinarme a esta concepción organicista de la cultura que también subyace al pensamiento del Dr. Spoelhof. Déjeme citar unos cuantos enunciados que inciden en el asunto.

> Hay varias proposiciones, básicas a todos los tipos de acción política en los Estados Unidos, que deben ser entendidas completamente antes de que se contemple cualquier tipo de acción. La primera y más importante de éstas es: las instituciones políticas, así como las instituciones sociales, económicas y culturales, son excrecencias o expresiones de una conciencia nacional. Las instituciones políticas, no importa donde se encuentren, expresan el genio de la nación en la que se desarrollan. Como tales, estas instituciones nunca son meros transplantes exitosamente desarrollados en otra parte... las instituciones francesas son lo que son debido a que son francesas, y las instituciones holandesas son holandesas, y las instituciones estadounidenses son estadounidenses... Las instituciones políticas y la acción política dentro de las formas y estructuras de cualquier país deben brotar del *volkskarakter* [carácter del pueblo] y ajustarse a su propia distintividad indígena... Debemos trabajar dentro de la esfera de la tradición política estadounidense y practicar y no tratar de imponer métodos y enfoques que son nuevos en la escena estadounidense... Un partido político confesional iría en contra de toda la tradición estadounidense y, como tal, no sería del gusto de un gran número de estadounidenses, ni siquiera entre los que se llaman calvinistas... Los partidos políticos estadounidenses están con mucho basados en hombres y en lo que es conveniente, no en principios... Los partidos europeos buscan *dividir* a los hombres en grupos políticos cohesivos sobre la base de principios e ideologías... Los partidos políticos estadounidenses, por otra parte, no *dividen* sino que *unifican* hombres con principios e ideologías contrarios y en conflicto... Los programas de los partidos deben ser, por lo tanto, generales por necesidad, pues ningún partido puede darse el lujo de afrentar a un bloque de interés grande si desea ganar una elección. El dogma fijo, la adherencia rígida a un cuerpo de principios, y un programa permanente al que hay una consistente adherencia son, por lo tanto, extraños a nuestro sistema de partidos.

ALARMANTES CONCLUSIONES DE ESTOS ARTÍCULOS

Y entonces este tanto de la conclusión del Dr. Spoelhof:

> Se pueden extraer, a partir de esta breve presentación de la naturaleza del sistema de partidos estadounidense, una serie de conclusiones que afectan la acción política calvinista en los Estados Unidos... En primer lugar, cualquier intento de formar un partido político efectivo sobre la base de principios verticales está destinado al fracaso. Esto vale sin importar cuáles sean esos principios, pero es doblemente verdadero si esos principios son de naturaleza confesional.

Me parecería que si hemos de vivir por el principio de la Palabra de Dios entonces lo que el Dr. Spoelhof está diciendo es que cualquier intento por vivir consistentemente por esa Palabra está condenado al fracaso en los Estados Unidos. Esa Palabra, sin embargo, tiene este notable *poder*, de que engendra a nueva vida. Y esto debe ser proclamado. Y promete una gran bendición a la obediencia. Por lo tanto, me alarmo mucho cuando leo, también como conclusión del artículo del profesor Daling, que "nuestra tarea es vivir la *fe* Reformada de un modo estadounidense en el sistema estadounidense. Este sistema tiene raíces, condiciones, un genio que son muy diferentes del holandés... Pero ahora es tiempo... de que nosotros los estadounidenses expresemos la *fe* Reformada en términos de nuestro genio". Si nuestro "sistema" y nuestro "genio" no están religiosamente dirigidos, ¿entonces qué son? ¿De dónde proviene su existencia, su dirección? ¿Qué hay allí que exista libre de la situación de la creación y la dirección de la ley de Dios?

EL CULPABLE ES LA SÍNTESIS

En estos dos artículos encontramos todos los términos familiares de esta perspectiva *mundana* —uso el adjetivo advertidamente para significar una perspectiva que, ignorando la fundamental relación religiosa de la entera creación con su creador, intenta entender el *mundo en términos de sí mismo*— de la cultura humana: *Volksgeist, Volkskarakter*, genio. Es una concepción que se volvió prominente en la así llamada Escuela Histórica de Derecho a mediados del siglo diecinueve y que, como hemos visto, se ha convertido en parte del arsenal del movimiento conservador. El oficio y la autoridad fueron desbancados de su significado religioso para apegarse a lo que ha crecido históricamente. La cultura es vista como algo encerrado en sí mismo, como el desarrollo de un fruto hacia la madurez, no como una vida religiosa ante el rostro del Dios viviente en términos de su orden nómico. Sólo piense, si hemos de tomar esta teoría en serio, que entonces todas aquellas gigantescas *luchas de la fe*, en las que los cristianos holandeses de un hace un siglo pelearon por un *Lebensraum* [espacio vital] contra el opresivo liberalismo que en aquel entonces mantenía un asfixiante control de la cultura holandesa, no resultaría ser más que *¡la expresión natural del genio holandés!* Nos vemos forzados a preguntarnos: ¿Cómo es posible que entre hombres que son cristianos se sigan manteniendo concepciones que no sólo entran en conflicto con la integral luz de la Palabra de Dios, sino que son claras distorsiones de lo que Dios ha logrado en medio de un pueblo obediente? La respuesta es: *la síntesis*.

QUÉ ES LA SÍNTESIS

Ahora bien, ¿qué es esta síntesis realmente? La síntesis es una larga y poderosa tradición destructiva en los círculos cristianos. No es lo mismo que el eclecticismo, el cual usualmente significa que una selección de puntos de vista *limitados* o *de detalle* es recolectada a partir de una variedad de fuentes *sin considerar los principios sistemáticos* que en las fuentes originales dan su significado específico a estos detalles. La síntesis tiene que ver precisamente con los principios de estructuración total. Hemos visto que la verdad es *una*, que la Palabra de Dios es el principio integral de nuestra vida al ser una republicación del sentido religioso integral del orden de la creación, y que los hombres rebeldes se "imaginan" religiosamente pseudoprincipios de estructuración *total* que, privados de la luz de la Verdad, vician el significado del *todo*. La síntesis es un intento por mantener juntas la Verdad de la Palabra de Dios con una u otra de estas construcciones apóstatas del significado *total* de la existencia. Por supuesto, puesto que la Palabra de Dios y los esfuerzos del pensamiento filosófico griego son ambos pronunciamientos acerca de la totalidad de significado, y los segundos son una apostasía religiosa o un estar cayendo lejos del significado de la Verdad de Dios proclamada en la primera, el esfuerzo por mantenerlos juntos nunca puede ser realmente exitoso.

SU IMPOSIBILIDAD

Barret ha visto algo de esto: "San Pablo ubica este centro en la fe; Aristóteles en la razón. Y estas dos concepciones, mundos separados, muestran cómo en su mismo venero el entendimiento cristiano del hombre diverge completamente del de la filosofía griega, *no importa cuánto hayan tratado los pensadores posteriores de ponerse a horcajadas sobre este abismo*".[7] El mismo autor, apenas un poco después, muestra otra vez un notable entendimiento cuando dice:

> La armonía medieval se logró por un precio: En el pensamiento de Sto. Tomás de Aquino..., la obra cumbre de la síntesis, el hombre es —para usar la imagen de Groethuysen— realmente un centauro, un ser divido entre los órdenes natural y teológico. En el orden natural, el hombre tomista es aristotélico —una criatura cuyo centro es la razón y cuya forma sustancial es el alma racional—; y Sto. Tomás, el cristiano, nunca pestañea al comentar el pasaje en la *Ética* de Aristóteles que afirma llanamente que la razón es nuestro verdadero y real yo, el centro de nuestra identidad personal, sino que se limita a exponerlo en un acuerdo sin ambages. Esto podría excusarse como simplemente la exposición pedagógica de un maestro identificándose con su texto; pero en la *Summa*

---

[7] W. Barret, *Irrational Man*, p. 82. Las cursivas son mías.

theologiae repite que el intelecto especulativo o teórico es la función más alta del hombre, a la que todas las demás están subordinadas. Este animal racional en el orden natural está subordinado, seguro, a lo sobrenatural; pero nuevamente a través de una visión intelectual —la final, la de la esencia de Dios— que da forma a la voluntad y la purifica. Esto es desde luego una síntesis, pero ¡cuán lejos hemos viajado desde la experiencia del hombre bíblico o de los cristianos primitivos, cuya fe fue sentida como algo que taladraba las entrañas y el vientre del espíritu de un hombre![8]

LA SÍNTESIS TIENE UNA LARGA HISTORIA

Sí. Tal síntesis es, desde luego, imposible *en principio*. Y aun así, por todos los largos siglos de la historia de la Iglesia, ha sido una característica dominante del pensamiento de los cristianos. Al principio, los así llamados padres de la iglesia, criados en uno u otro sistema filosófico antes de convertirse al cristianismo, vinieron después —de manera consciente o inconsciente— a *leer las Escrituras a la luz de aquellos sistemas griegos*. El contenido de la Escritura, o *theologia*, fue pensado como la *philosophia christiana* o la contraparte cristiana de la filosofía griega. Pero todo un mundo de pensamiento pagano que en realidad, estando desprovisto de un conocimiento de la Verdad, era un represivo sustituto religioso de esa Verdad, había sido introducido de este modo en el pensamiento de los cristianos y sancionado con autoridad escritural. (El profesor Vollenhoven llama a éste el método de la eiségesis y la exégesis, de poner en el texto lo que después se encuentra en él.) Un ejemplo prominente es la visión griega intelectualista de la "ley natural", la cual fue puesta en la revelación escritural de la Verdad en lugares tales como Romanos 1 y 2.[9]

En esta *síntesis patrística* se necesitaba cribar los productos de la reflexión filosófica griega (religiosamente dirigida en apostasía) del verdadero significado de la revelación de Dios. *Tal* criba, desafortunadamente, nunca llegó, sino que en la *síntesis escolástica* se separó el material filosófico griego del material de la teología cristiana o revelada. De este modo, los hombres también distinguieron la filosofía de la teología (cristiana). Ahora los resultados de la tradición filosófica griega fueron reconocidos por lo que eran *y se les permitió estar* como un cierto preámbulo "natural" a la teología cristiana (e.e. dirigida por la teología). *Aquí, por primera vez en los círculos cristianos, se*

---

[8] *Ibid.*, p. 88.
[9] Para obtener algún entendimiento en esta gigante confusión de dos mundos de pensamiento, compare la discusión en los primeros nueve capítulos de Carlyle y Carlyle, *A History of Mediaeval Political Theory in the West* [*Una historia de la teoría política medieval en Occidente*] con los capítulos siete y ocho de Berkouwer, *De Algemene Openbaring* [*La revelación común*], que tratan con los primeros dos capítulos de Romanos.

declaró libre en principio al pensamiento filosófico griego tradicional (incluyendo esa teología racional o natural) de la dirección de la teología revelada o sobrenatural (e.e. de la Escritura cientificistamente entendida).

LA SÍNTESIS EN EL PURITANISMO ESTADOUNIDENSE

Esta síntesis escolástica se ve, por ejemplo, en un hombre que fue una de las principales "autoridades" de los puritanos que vinieron a América, Johann Heinrich Alsted de Herborn (1588-1638), cuando divide la teología en *theologia naturalis* y *theologia supranaturalis*. La primera es para él esa teología *"quae procedit e principiis naturali intellectus lumine notis, pro rationis humanae modo"* ["que procede de los principios naturales de la luz del intelecto, al modo de la razón humana"], mientras que la *theologia supranaturalis alias arcana*, por otro lado, proporciona un conocimiento *"quae procedit e principiis notis lumine fidei, supra (et not praeter, non contra) humanae rationis modum"* ["que procede de los principios de la luz de la fe, por encima (no sin, no en contra) del modo de la razón humana"].

El escolasticismo protestante encontró, desde el principio, un hogar entre los puritanos americanos; tal pensamiento escolástico distinguía una verdad alcanzada por la razón "natural" de la verdad comunicada por la Revelación y apropiada por la fe. Se perdió de vista la naturaleza religiosa integral del hombre (que no permite un funcionamiento independiente de la razón "natural") y de la Verdad. Puesto que el ámbito de la "naturaleza" era en realidad los *anti*escriturales resultados de pensamiento de la filosofía griega, surgió una creciente tensión entre los dos así llamados mundos de la "naturaleza" y la "gracia". En los escolásticos tardíos las dos "verdades" divergieron hasta el punto de estar en desacuerdo y ser ambas "verdaderas". Pues el motivo escolástico continuó siendo sostenido en las palabras, otra vez, de nuestro escolástico protestante Alsted: *"Gratiam non destruit naturam, sed eam perfecit...Natura gratiam commendat, gratia naturam emendat"* ["la gracia no destruye la naturaleza, sino que la perfecciona... la naturaleza recomienda la gracia, la gracia enmienda la naturaleza"] (e.e. estamos nuevamente ante las *Lehnsätze* [proposiciones de apoyo] teológicas, deducciones "de principios" a partir de un sistema teológico que son un tipo de *corrección marginal*, pero no una reforma integral de una vida que posee sus propias leyes de desarrollo).

Y EN EL CALVINISMO ESTADOUNIDENSE

Este escolasticismo protestante dominó, en las postrimerías del siglo diecinueve, la misma ciudadela del presbiterianismo ortodoxo en los Estados Unidos. El profesor A. A. Hodge, de la famosa familia de teólogos del Seminario de Princeton, escribió:

Definimos la razón como la facultad natural del hombre de alcanzar la verdad, incluyendo su entendimiento, corazón, conciencia y experiencia, actuando bajo circunstancias naturales, y sin ninguna asistencia sobrenatural. Y definimos la fe, por otra parte, como el asentimiento de la mente [¡favor de notar!] a la verdad, por el testimonio de Dios dándonos conocimiento a través de canales sobrenaturales... La razón establece el hecho de que Dios habla pero, cuando sabemos lo que Él dice, le creemos porque lo dice Él.[10]

CONSECUENCIA: LA IMPOTENCIA DE LOS CRISTIANOS

Dondequiera que tal mundo *independiente* de naturaleza y razón fue aceptado, independientemente *en principio* de la dirección religiosa de (y así también de la reforma por) la Palabra de Dios, allí los cristianos pudieron, además de aferrarse a su teología tradicionalmente recibida (con su deducciones "de principios" o *Lehnsätze*), seguir los modos actuales de pensamiento que apelaban a la "razón" de su tiempo y situación. Habiendo sido restringida la religión cristiana a un ámbito *supranatural* de teología revelada, el cristiano como *homo rationalis* quedaba *libre* (de la Escritura) para adoptar cualquier cosa que los hombres encontraran generalmente "razonable" para esta vida de naturaleza, de historia, de sociedad natural. Los cristianos que han seguido el patrón sintético generalmente se han desarrollado dentro de los parámetros de la "mente" moderna, desde su aceptación de un principio absolutamente *a priori*, a la relativización de este *a priori*, a la confesión de que sólo somos guiados por los hechos "positivos", al actual pragmatismo oportunista. Desapareció toda idea de "regresar todas las cosas a una correcta relación con el Padre", toda idea de actividad reformadora en la áreas culturales. El deterioro de la *mitmenschliche* [solidaridad con el prójimo], de esta solidaridad con nuestro prójimo, sólo fue modificada por una repetición seca y polvorienta de fórmulas teológicas tradicionales, de las cuales se había ido todo poder reformador pleno. Porque el *poder* está en la Palabra de Dios como principio de nuestra vida integral. Aquí somos testigos de la actual impotencia del cuerpo cristiano en esta más fundamental crisis de nuestra cultura.

NUESTRA ESPERANZA Y *FORTALEZA*

Es este escolasticismo protestante, esta "mente" sintética, lo que explica las actuales concepciones entre nosotros acerca de la actividad cultural cristiana. Nuestra esperanza es que a través de las Conferencias Unionville y el

---

[10] A. A. Hodge, *Outlines of Theology* [*Bosquejo de teología*] (1983), pp. 49ss. Cfr. H. E. Runner, *Christian Perspectives, 1960* [*Perspectivas cristianas, 1960*], pp. 154ss. y R. N. Niebuhr, *Resurrection and Historical Reason* [*Resurrección y razón histórica*], p.e. pp. 105-125.

testimonio de la AECR crezca el deseo entre todos nosotros los cristianos de unirnos de todo corazón a la oración del salmista: Integra mi corazón en el temor de tu nombre. Debemos aprender de nuevo que somos el pueblo del principio de vida. No debemos tener miedo. Toda la revelación de Dios en su Palabra está llena de ilustraciones de que el hombre debe ser débil para que Dios revele su fortaleza. El poder de renovar la vida de la humanidad se halla en la Palabra del Dios viviente. Sólo seamos testigos de esa Palabra y veremos la *maravilla* del poder de Dios.

Me gustaría terminar estas páginas con una cita del profesor Herman Dooyeweerd:

> [La idea cristiana del desarrollo cultural] continúa observando la tensión interna entre la realidad pecaminosa y la exigencia plena de la ley divina... Esta exigencia es aterradora cuando consideramos lo mucho que las ordenanzas temporales trabajan bajo el poder destructivo de la caída en el pecado. Aterrador también, cuando pone ante nosotros nuestra tarea como cristianos en la lucha por el poder de la formación cultural. Pues nos hace una exigencia que como seres humanos pecadores no podemos satisfacer de ningún modo. Y nos conmina, en la miseria de nuestros corazones, a buscar refugio en Cristo, de cuya plenitud, *no obstante*, un cristiano puede derivar la confianza de fe para llevar a cabo la lucha incesante por el control del desarrollo cultural. Este es el notable "no obstante" de la fe cristiana... El pensamiento filosófico cristiano tiene que pelear por eludir la autoexaltación, porque está dirigido en su raíz a Cristo. Toda la lucha que la cristiandad positiva tiene que llevar a cabo por la dirección del proceso de apertura no está dirigida contra nuestros congéneres, en cuyo pecado participamos, cuya culpa es nuestra y a quienes debemos amar como nuestros prójimos. Esa lucha está dirigida contra el espíritu de las tinieblas que nos ha arrastrado con él en la apostasía contra Dios, y que sólo puede ser resistida con el poder de Cristo... Como cristianos, odiaremos ese espíritu debido al amor de la creación de Dios en Cristo Jesús.[11]

Oremos para que el Espíritu de Cristo nos convierta en esos hombres de Dios, enteramente preparados para toda buena obra, también en la arena política de nuestro tiempo. Se le dice al hombre que se deleita en la ley del Señor: todo lo que hace prosperará.

---

[11] H. Dooyeweerd, *A New Critique of Theoretical Thought II*, pp. 364ss.

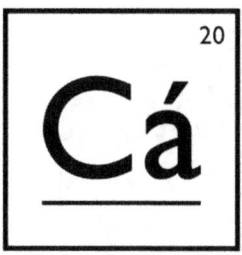

Acerca del Cántaro Institute
Heredando, Informando, Inspirando

El Cántaro Institute es una organización cristiana evangélica confesional establecida en el año 2020, la cual busca recuperar las riquezas del protestantismo histórico para la renovación y edificación de la Iglesia contemporánea y promover la filosofía cristiana de la vida para la reforma religiosa del Occidente y el mundo Iberoamericano.

Creemos que a medida que la Iglesia cristiana regresa a la fuente de las Escrituras como su última autoridad para todo conocimiento y vida, y sabiamente aplica la verdad de Dios a cada aspecto de la vida, fiel en espíritu a los reformadores, su actividad misiológica resultará no solo en la renovación de la persona humana, sino también en la reforma de la cultura, un resultado inevitable cuando la verdadera amplitud y naturaleza del evangelio es expuesta y aplicada.

www.ingramcontent.com/pod-product-compliance
Lightning Source LLC
Chambersburg PA
CBHW061139120626
46546CB00005B/1847